普通高等教育经管类专业"十三五"规划教材

新编经济法实用教程

(第 3 版)

万志前　廖震峡　主　编

胡承华　陈　静　副主编

清华大学出版社

北　京

内 容 简 介

本书主要为非法学专业经济法课程的教学需要而编写，系统介绍了规范经济管理活动的主要法律制度，主要内容包括经济法基础知识、企业法律制度、破产法律制度、物权法律制度、合同法律制度、知识产权法律制度、证券法律制度、票据法律制度、竞争法律制度、产品质量法律制度、消费者权益保护法律制度等。

本书内容通俗易懂，实用性强，可作为工商管理、会计学、经济贸易等相关专业的教材和参考书，也可供从事经济法律事务或相关研究工作的人员参考阅读。

本书教学资源下载网址为http://www.TUPWK.com.cn。

本书封面贴有清华大学出版社防伪标签，无标签者不得销售。

版权所有，侵权必究。举报：010-62782989，beiqinquan@tup.tsinghua.edu.cn。

图书在版编目(CIP)数据

新编经济法实用教程 / 万志前，廖震峡 主编. —3版. —北京：清华大学出版社，2019(2023.1重印)
(普通高等教育经管类专业"十三五"规划教材)
ISBN 978-7-302-53534-8

Ⅰ. ①新⋯ Ⅱ. ①万⋯ ②廖⋯ Ⅲ. ①经济法－中国－高等学校－教材 Ⅳ. ①D922.29

中国版本图书馆 CIP 数据核字(2019)第 180076 号

责任编辑：崔 伟 高晓晴
封面设计：周晓亮
版式设计：思创景点
责任校对：成凤进
责任印制：宋 林

出版发行：清华大学出版社
网　　址：http://www.tup.com.cn，http://www.wqbook.com
地　　址：北京清华大学学研大厦A座　　　邮　编：100084
社 总 机：010-83470000　　　　　　　　　邮　购：010-62786544
投稿与读者服务：010-62776969，c-service@tup.tsinghua.edu.cn
质 量 反 馈：010-62772015，zhiliang@tup.tsinghua.edu.cn

印 装 者：北京鑫海金澳胶印有限公司
经　　销：全国新华书店
开　　本：185mm×260mm　　印　张：19.75　　字　数：518千字
版　　次：2010年12月第1版　2019年11月第3版　印　次：2023年1月第7次印刷
定　　价：58.00元

产品编号：084329-02

修订说明

2019年12月28日，第十三届全国人民代表大会常务委员会第十五次会议通过了对《中华人民共和国证券法》(简称《证券法》)的第三次修订。

2020年5月28日，第十三届全国人民代表大会第三次会议通过《中华人民共和国民法典》(简称《民法典》)。

2020年10月17日，第十三届全国人民代表大会常务委员会第二十二次会议通过了对《中华人民共和国专利法》(简称《专利法》)的第四次修改。

2020年11月11日，第十三届全国人民代表大会常务委员会第二十三次会议通过了对《中华人民共和国著作权法》(简称《著作权法》)的第三次修改。

本书原有部分内容与已制定或修改的《民法典》《专利法》《著作权法》《证券法》的规定存在不一致的地方，因此本次修订进行了大量修改，以适时反映最新的立法内容。

本次修订的原则是：主体内容和结构不变，仅对书中与现行《民法典》《专利法》《著作权法》《证券法》不一致的地方进行修改。涉及修改的主要章节是经济法基础知识、物权法律制度、合同法律制度、知识产权法律制度、证券法律制度。此外，教材中其他章节涉及《民法总则》《民法通则》《物权法》和《合同法》的法律名称均替换为《民法典》，相应的法条序号亦相应修改。

本次教材修订由万志前和廖震峡完成。

由于编者水平有限，错漏之处在所难免，尚祈读者、专家不吝赐教，以便我们进一步修改与完善。

编 者
2021年1月

前　言

近年来，我国制定和修改了诸多经济方面的法律法规，但目前很多非法学专业的经济法教材尚未体现这些最新内容。同时，此类教材所涵盖的内容过于庞杂，对每章内容的介绍又过于简单，影响学生利用教材进行自主学习，且对学生参加相关专业资格考试的指导性和针对性不强，帮助不大。鉴于此，编者根据最新修订的法律法规和非法学专业经济法课程设置的要求，选取与社会主义市场经济密切相关的重要法律制度加以介绍，希望能对学生掌握经济法律知识、参加专业资格考试、提高分析和解决经济法律纠纷的能力及今后的工作有所助益。

本书内容涵盖经济法基础知识、企业法律制度、破产法律制度、物权法律制度、合同法律制度、知识产权法律制度、证券法律制度、票据法律制度、竞争法律制度、产品质量法律制度、消费者权益保护法律制度等，共计 11 章。本书体系和内容不同于法学类经济法教材，安排了诸多传统民商法的内容，如物权、合同、知识产权、票据等法律制度。

本书除了内容新，突出知识的科学性、实用性和体系性之外，在编写设计上具有以下特点：

(1) 每章开始的"任务清单"中，列明本章的基本理论、基本概念、基本制度，对学习内容由易到难依次提出了解、掌握、理解三个层次的要求，明确每章主要内容的同时，可以作为本章的思考题。

(2) "任务清单"后设置一个较易上手的小案例(即"思考一个小问题")，以引发读者的学习兴趣。

(3) 每章只简要介绍相关基础理论，不做深入的探讨与分析，结合重要知识点穿插相关案例(即"大家讲坛")，适合课堂讨论；章中还配有适量的图表，以加深对知识点的理解与运用。

(4) 对不便在正文中阐述的有关背景知识，以"知识拓展"形式体现，供有兴趣的同学阅读。

(5) 章末精选适量的作业与思考题，包括单项选择题、多项选择题和案例分析题(即"同步训练"和"解决几个大问题")。选择题多为历年注册会计师经济法科目考试题和司法考试题；案例分析题多为经典案例，有的选自实际经济纠纷，有的选自相关资格考试中的试题，侧重培养学生运用经济法律知识分析和解决经济纠纷的能力。

本书由万志前、廖震峡担任主编，胡承华、陈静担任副主编。各章编写分工如下：第 1 章(经济法基础知识)、第 4 章(物权法律制度)、第 5 章(合同法律制度)由万志前编写；第 2

章(企业法律制度)、第 3 章(破产法律制度)、第 7 章(证券法律制度)由廖震峡编写；第 6 章(知识产权法律制度)、第 8 章(票据法律制度)由胡承华编写；第 9 章(竞争法律制度)、第 10 章(产品质量法律制度)、第 11 章(消费者权益保护法律制度)由陈静编写。全书由万志前和廖震峡老师统稿，配套课件由廖震峡老师制作。

全书语言准确、流畅、简洁、通俗易懂，有较强的可读性，适合非法学专业的本、专科学生阅读，也可作为相关专业资格考试的辅导教材。本书提供丰富的教学资源，如教学课件、习题答案等，便于教师教学，下载网址为 http://www.tupwk.com.cn。

本书在编写过程中得到湖北蕙风和律师事务所的帮助，该事务所合伙人陈静律师亲自参加了本书的架构设置与内容编写，在此表示衷心的感谢。

本书在编写和出版过程中，得到清华大学出版社编辑的大力支持与帮助，在此表示衷心的感谢。

由于编者学识水平有限，错漏之处在所难免，尚祈读者不吝赐教，以不断提高本书的编写质量。

编　者
2019 年 10 月

目录

第1章 经济法基础知识 ... 1
1.1 经济法概述 ... 1
- 1.1.1 经济法的概念 ... 1
- 1.1.2 经济法的调整对象 ... 2
- 1.1.3 经济法的特征 ... 2
- 1.1.4 经济法的形式 ... 3

1.2 经济法律关系 ... 5
- 1.2.1 经济法律关系的概念 ... 5
- 1.2.2 经济法律关系的主体 ... 5
- 1.2.3 经济法律关系的内容 ... 7
- 1.2.4 经济法律关系的客体 ... 8
- 1.2.5 经济法律关系的产生、变更与终止 ... 8

1.3 民事法律行为与代理 ... 9
- 1.3.1 民事法律行为 ... 9
- 1.3.2 代理 ... 13

1.4 诉讼时效 ... 17
- 1.4.1 诉讼时效的含义 ... 17
- 1.4.2 诉讼时效的期间 ... 17
- 1.4.3 诉讼时效的起算、中止、中断与延长 ... 17

1.5 违反经济法的法律责任 ... 19
- 1.5.1 经济法律责任的概念 ... 19
- 1.5.2 违反经济法法律责任的形式 ... 19
- 1.5.3 解决经济纠纷的方式 ... 19

同步训练 ... 22

第2章 企业法律制度 ... 25
2.1 企业法律制度概述 ... 25
- 2.1.1 企业分类 ... 25
- 2.1.2 企业法律体系 ... 26

2.2 个人独资企业法 ... 27
- 2.2.1 个人独资企业的设立 ... 27
- 2.2.2 个人独资企业的事务管理 ... 28
- 2.2.3 个人独资企业的解散和清算 ... 29

2.3 合伙企业法 ... 29
- 2.3.1 合伙企业的种类 ... 29
- 2.3.2 合伙企业的设立 ... 30
- 2.3.3 普通合伙企业的法律规定 ... 31
- 2.3.4 有限合伙企业的法律规定 ... 36
- 2.3.5 合伙企业的解散和清算 ... 38

2.4 公司法概述 ... 39
- 2.4.1 公司分类 ... 39
- 2.4.2 公司法人财产权 ... 41
- 2.4.3 股东权 ... 41
- 2.4.4 公司设立程序 ... 44
- 2.4.5 公司登记事项 ... 46

2.5 有限责任公司 ... 47
- 2.5.1 有限责任公司的设立 ... 47
- 2.5.2 有限责任公司的组织机构 ... 48
- 2.5.3 公司董事、监事、高级管理人员的资格和义务 ... 52
- 2.5.4 一人有限责任公司的特别规定 ... 52
- 2.5.5 国有独资公司的特别规定 ... 53
- 2.5.6 有限责任公司的股权转让 ... 54

2.6 股份有限公司 ... 55
- 2.6.1 股份有限公司的设立 ... 55
- 2.6.2 股份有限公司的组织机构 ... 57

2.7 公司的其他制度 ... 60
- 2.7.1 公司股票 ... 60
- 2.7.2 公司债券 ... 63

2.7.3 公司财务会计……………64
2.7.4 公司合并、分立、增资、
减资………………………67
2.7.5 公司解散和清算…………69
同步训练……………………………71

第3章 破产法律制度……………78
3.1 破产法概述……………………78
3.1.1 破产………………………78
3.1.2 破产原因…………………79
3.1.3 破产法及其适用范围……80
3.2 破产申请与受理………………81
3.2.1 破产申请的提出…………81
3.2.2 破产申请的受理…………82
3.3 管理人与债务人财产…………84
3.3.1 管理人……………………84
3.3.2 债务人财产的一般规定…85
3.3.3 破产撤销权与无效行为
制度………………………88
3.4 债权人会议……………………89
3.4.1 债权人会议的组成………89
3.4.2 债权人会议的具体内容…89
3.4.3 债权人委员会……………90
3.5 破产债权………………………91
3.5.1 破产债权的范围…………91
3.5.2 债权的申报………………92
3.5.3 债权的确认………………94
3.6 重整与和解制度………………95
3.6.1 重整与和解制度概述……95
3.6.2 重整申请和重整期间……96
3.6.3 重整计划…………………97
3.6.4 和解程序…………………100
3.7 破产清算程序…………………101
3.7.1 破产宣告…………………101
3.7.2 破产费用和共益债务……102
3.7.3 破产财产的管理、变价与
分配………………………103
3.7.4 破产程序的终结…………104
同步训练……………………………105

第4章 物权法律制度……………109
4.1 物权通则………………………109
4.1.1 物权一般规定……………109
4.1.2 物权变动…………………112
4.2 所有权…………………………115
4.2.1 所有权概述………………115
4.2.2 所有权的种类……………116
4.2.3 所有权的取得……………117
4.2.4 建筑物区分所有权………118
4.2.5 共有………………………120
4.2.6 相邻关系…………………122
4.3 用益物权………………………122
4.3.1 土地承包经营权…………122
4.3.2 建设用地使用权…………123
4.3.3 居住权……………………124
4.3.4 地役权……………………125
4.4 担保物权………………………126
4.4.1 担保物权概述……………126
4.4.2 抵押权……………………126
4.4.3 质押权……………………129
4.4.4 留置权……………………131
4.5 占有……………………………133
4.5.1 占有的概念………………133
4.5.2 占有的种类………………133
4.5.3 占有的效力………………133
4.5.4 占有的法律保护…………134
同步训练……………………………134

第5章 合同法律制度……………137
5.1 合同与合同编…………………137
5.1.1 合同的概念与分类………137
5.1.2 合同编概述………………139
5.2 合同的订立……………………139
5.2.1 合同订立程序……………140
5.2.2 缔约过失责任……………142
5.3 合同的内容与形式……………144
5.3.1 合同的内容………………144
5.3.2 合同的形式………………145
5.4 合同的效力……………………146
5.4.1 合同效力概述……………146
5.4.2 无效合同…………………146
5.4.3 可撤销合同………………147

5.4.4 效力待定合同 …………… 147
5.5 合同的履行 ………………… 148
   5.5.1 合同履行的原则 ………… 148
   5.5.2 合同履行的规则 ………… 149
   5.5.3 双务合同的履行抗辩权 … 150
   5.5.4 合同的保全 ……………… 151
5.6 合同的担保 ………………… 153
   5.6.1 合同担保概述 …………… 153
   5.6.2 保证 ……………………… 154
   5.6.3 定金 ……………………… 156
5.7 合同的变更、转让和终止 … 158
   5.7.1 合同的变更 ……………… 158
   5.7.2 合同的转让 ……………… 158
   5.7.3 合同的终止 ……………… 160
5.8 违约责任 …………………… 163
   5.8.1 违约责任概述 …………… 163
   5.8.2 承担违约责任的方式 …… 164
   5.8.3 免责事由 ………………… 165
5.9 典型合同 …………………… 166
   5.9.1 买卖合同 ………………… 166
   5.9.2 赠与合同 ………………… 168
   5.9.3 借款合同 ………………… 169
   5.9.4 租赁合同 ………………… 170
   5.9.5 承揽合同 ………………… 171
   5.9.6 运输合同 ………………… 172
同步训练 …………………………… 173

第6章 知识产权法律制度 ………… 177
6.1 知识产权法概述 …………… 177
   6.1.1 知识产权的概念与特征 … 177
   6.1.2 知识产权法的概念 ……… 179
6.2 著作权法 …………………… 179
   6.2.1 著作权与著作权法的概念 … 179
   6.2.2 著作权的主体 …………… 180
   6.2.3 著作权的客体 …………… 182
   6.2.4 著作权的内容 …………… 182
   6.2.5 著作权的保护期限和限制 … 183
   6.2.6 邻接权 …………………… 185
   6.2.7 著作权和与著作权有关的
         权利的保护 ……………… 187
6.3 专利法 ……………………… 188
   6.3.1 专利法概述 ……………… 188

   6.3.2 专利权的主体及归属 …… 188
   6.3.3 专利权的客体 …………… 190
   6.3.4 授予专利权的条件 ……… 190
   6.3.5 专利权的取得、终止和
         无效 ……………………… 191
   6.3.6 专利权的内容与限制 …… 193
   6.3.7 专利权的保护 …………… 195
6.4 商标法 ……………………… 197
   6.4.1 商标法概述 ……………… 197
   6.4.2 商标注册 ………………… 199
   6.4.3 注册商标的续展、转让、
         使用许可 ………………… 203
   6.4.4 注册商标的无效宣告 …… 204
   6.4.5 商标使用的管理 ………… 205
   6.4.6 注册商标专用权的保护 … 205
同步训练 …………………………… 207

第7章 证券法律制度 ……………… 210
7.1 证券法概述 ………………… 210
   7.1.1 证券的概念 ……………… 210
   7.1.2 证券市场 ………………… 211
   7.1.3 证券市场主体 …………… 212
7.2 证券的发行与承销 ………… 213
   7.2.1 证券发行方式 …………… 213
   7.2.2 证券发行条件 …………… 215
   7.2.3 证券发行程序 …………… 218
   7.2.4 证券承销 ………………… 219
7.3 证券的上市交易 …………… 220
   7.3.1 证券上市交易的概念和
         条件 ……………………… 220
   7.3.2 证券交易方式 …………… 221
   7.3.3 证券交易的终止 ………… 222
   7.3.4 禁止的交易行为 ………… 223
7.4 上市公司收购 ……………… 225
   7.4.1 上市公司收购概述 ……… 225
   7.4.2 上市公司收购规则 ……… 226
7.5 信息披露 …………………… 227
   7.5.1 信息披露的内容 ………… 228
   7.5.2 信息披露的管理与监督 … 230
同步训练 …………………………… 231

第8章 票据法律制度 ……………… 235
8.1 票据法一般理论 …………… 235

8.1.1 票据的种类、特征和功能 ············ 235
8.1.2 票据上的法律关系 ······ 236
8.1.3 票据行为 ··············· 238
8.1.4 票据权利和票据责任 ···· 240
8.1.5 票据丧失及补救 ········ 242
8.1.6 票据抗辩 ··············· 243
8.2 汇票 ···························· 245
8.2.1 商业汇票 ··············· 245
8.2.2 银行汇票 ··············· 252
8.3 本票和支票 ·················· 253
8.3.1 本票 ····················· 253
8.3.2 支票 ····················· 254
同步训练 ··························· 256

第9章 竞争法律制度 ············ 260
9.1 竞争法律制度概述 ········· 260
9.1.1 竞争和竞争法的概念 ···· 260
9.1.2 反不正当竞争法与反垄断法的关系 ················ 261
9.2 反不正当竞争法 ············ 261
9.2.1 反不正当竞争法概述 ···· 261
9.2.2 不正当竞争行为的表现形式 ················ 262
9.2.3 不正当竞争行为的法律责任 ················ 265
9.3 反垄断法 ······················ 266
9.3.1 反垄断法概述 ·········· 266
9.3.2 垄断协议 ··············· 267
9.3.3 滥用市场支配地位行为 ···· 270
9.3.4 经营者集中 ············ 272
9.3.5 滥用行政权力排除、限制竞争 ························ 274
同步训练 ··························· 276

第10章 产品质量法律制度 ········ 279
10.1 产品质量法概述 ··········· 279
10.1.1 产品的概念 ············ 279
10.1.2 产品质量的概念 ······ 280
10.1.3 产品质量法 ············ 280
10.2 产品质量监督 ··············· 281
10.2.1 产品质量监督的概念 ··· 281

10.2.2 产品质量监督管理制度 ···················· 281
10.3 经营者的产品质量责任和义务 ························ 283
10.3.1 生产者的产品质量责任和义务 ···················· 283
10.3.2 销售者的产品质量责任和义务 ···················· 284
10.4 产品质量责任制度 ········· 285
10.4.1 产品责任与产品质量责任 ···················· 285
10.4.2 产品质量责任的方式 ···· 286
同步训练 ··························· 288

第11章 消费者权益保护法律制度 ························ 291
11.1 消费者权益保护法概述 ··· 291
11.1.1 消费者的概念 ········· 291
11.1.2 消费者权益保护法的概念 ······················ 292
11.1.3 消费者权益保护法的立法宗旨和基本原则 ········ 292
11.2 消费者的权利 ··············· 293
11.2.1 消费者权利的概念 ···· 293
11.2.2 消费者的具体权利 ···· 293
11.3 经营者的义务 ··············· 296
11.3.1 经营者义务的概念 ···· 296
11.3.2 经营者的具体义务 ···· 296
11.4 消费者权益的保护 ········· 298
11.4.1 消费者权益的国家保护 ······················ 298
11.4.2 消费者权益的保护组织 ······················ 298
11.5 消费者权益争议的解决 ··· 299
11.5.1 消费者权益争议的解决途径 ······················ 299
11.5.2 赔偿责任主体的确定 ···· 300
11.5.3 侵犯消费者权益的法律责任 ······················ 301
同步训练 ··························· 302

参考文献 ···························· 306

第1章 经济法基础知识

任务清单

序号	任务	要求
1	经济法的特征与形式	了解
2	经济法律关系的主体、内容和客体	掌握
3	经济法律事实	掌握
4	民事法律行为的有效要件	理解
5	无效、可撤销和效力待定的民事法律行为	理解
6	代理的含义、无权代理和表见代理	理解
7	诉讼时效的中止与中断	理解
8	解决经济纠纷的方式	了解
9	诉讼与仲裁的区别	掌握

思考一个小问题

张某今年17岁，在镇啤酒厂做临时工，每月有2000元的收入。为了上班方便，张某在镇里租了一间房。7月，张某未经父母同意，欲花800元钱从李某处购买一台旧彩电，此事遭到了父母的强烈反对，但张某还是买了下来。10月，张某因患精神分裂症丧失了民事行为能力。随后其父找到李某，认为他们之间的买卖无效，要求李某返还钱款，取走彩电。你认为张某父亲的要求是否有法律上的依据？

1.1 经济法概述

1.1.1 经济法的概念

现代意义上的经济法，是在自由资本主义经济发展到垄断资本主义经济的过程中，国家对经济发展中出现的垄断、不正当竞争、市场失灵等问题进行干预而产生和发展起来的。国家调节、干预经济活动不能随意而为，需要有法律的规范、保障和限制。一般认为，经济法是指调整国家管理和协调经济活动过程中所发生的经济关系的法律规范总称。

我国目前没有形式意义上的经济法法典，只有实质意义上的经济法。现行经济法是由诸多的法律、法规构成的一个整体，如《中华人民共和国民法典》《中华人民共和国公司法》《中华人民共和国反垄断法》《中华人民共和国反不正当竞争法》等。随着社会主义市场经济的不断发展，全面依法治国的不断推进，我国的经济法体系将会日益丰富和完善。

1.1.2　经济法的调整对象

任何法律部门都有其独特的调整对象，经济法亦不例外。经济法调整的经济法律关系主要有以下几类。

1. 市场主体管理关系

在经济活动中，市场主体是其中最关键、最活跃的因素。国家为了协调经济运行，通过立法对市场主体资格的取得、变更与丧失予以必要的管理和干预。这主要体现为：明确规定市场主体的设立、变更与终止，内部机构的设置与职权范围，以及财务制度等事项。在此过程中所形成的管理关系，属于经济法的调整对象。

2. 市场运行协调关系

经济活动是市场主体相互之间的交往活动。为了协调市场运行，保障市场经济活动的便捷、高效与安全，必须为市场主体开展经济活动、进行经济交往提供一套行为规范和准则。这套行为规范和准则所调整的社会关系，即市场运行协调关系。

3. 市场秩序规制关系

国家为维护社会主义市场经济秩序、规范市场主体行为，而对市场主体的生产经营行为加以干预和约束所发生的关系，即为市场秩序规制关系。其本质是国家对微观经济的管理关系。在这类关系中，主体一方为国家经济管理机关，另一方为从事生产经营的市场主体，它们之间基于生产经营行为的引导、调节、控制、监督、查处和制裁等发生的社会关系，由市场规制法调整。

4. 宏观经济调控关系

国家为了实现经济总量的基本平衡，保持国民经济持续、快速、健康发展而运用各种经济手段或方法调节和控制国民经济结构及其运行而形成的关系，即为宏观经济调控关系。其主要包括：计划关系、财政关系、金融关系、收入分配关系、价格管理关系、产业关系、固定资产投资关系、区域经济协调关系等。

1.1.3　经济法的特征

经济法具有法律的一般基本特征，即国家意志性、规范性和强制性。与其他法律部门相比，经济法又有其自身特点。

1. 综合性

经济法的综合性表现为：调整方法的多样性，经济法往往运用民事、行政、刑事及技术等方法调整某一经济关系；调整范围的广泛性，经济法调整的内容既包括宏观经济领域，也包括微观经济领域，涉及工业、农业、商贸、财政、税收、金融、统计、审计、会计、海关、物价、环保、土地等范畴；规范的多元性，即实体规范与程序规范相结合，强行性规范、任意性规范与提倡性规范相结合，域内效力与域外效力相结合，公法规范与私法规范相结合等。

2. 经济性

经济法直接作用于经济领域，并具有经济目的性，其经济性不言而喻。主要表现为：经济法往往将经济制度、经济活动的内容和要求直接规定为法律；经济法反映了经济生活的基本规律,服务于经济基础,由经济基础所决定并受其制约;经济法调整的手段主要是经济手段,即以经济规律和客观现实为依据而确立的具有经济内容的手段。

3. 协调性

经济法是顺应生产社会化的要求而产生和发展起来的,是国家对经济生活干预的产物,重在维护社会整体利益,体现公法特征;同时,经济法也要抑制国家对经济生活的非法干预,保护个体利益,体现私法特征。故经济法在调整社会经济关系过程中,要兼顾社会整体利益和个体利益,通过协调二者之间的矛盾,促进社会经济协调、稳定地发展。

4. 政策性

经济法是国家参与经济活动、调节经济关系的产物,在此过程中,国家的经济体制和经济政策无疑对经济法的发展和变化产生影响,经济法也必须反映并回应社会经济生活和政治形势的变化,呈政策性特性。

1.1.4 经济法的形式

经济法的形式,亦称经济法的渊源,是指经济法律规范存在和表现的形式。从世界范围而言,经济法的形式主要有制定法、判例法、政策与惯例、学说与法理等类型,在我国则主要表现为制定法。

1. 宪法

宪法是一国的根本法律,规定该国根本的社会制度、国家制度、国家机构、公民的基本权利和义务等。

我国宪法由最高权力机关全国人民代表大会制定和修改,具有最高的法律地位和法律效力。一切法律、行政法规、地方性法规和规章均不得与宪法相抵触。宪法中所规定的,诸如"中华人民共和国的社会主义经济制度的基础是生产资料的社会主义公有制,即全民所有制和劳动群众集体所有制。""国家实行社会主义市场经济。国家加强经济立法,完善宏观调控。"等是经济法的重要渊源。

2. 法律

这里的法律作狭义理解,仅指全国人民代表大会及其常务委员会制定的规范性文件,其效力和地位仅次于宪法,是经济法最主要、最核心的表现形式,如《中华人民共和国公司法》《中华人民共和国证券法》等。此外,全国人民代表大会及其常务委员会做出的决议、决定、规定、办法以及立法解释等规范性文件,也属于"法律"类经济法的形式。

3. 行政法规

行政法规是国家最高行政机关国务院制定的规范性文件,其地位和效力仅次于宪法和法律。经济法大量以行政法规的形式存在,这是由政府对经济的广泛管理、参与所决定的,如《中华人民共和国公司登记管理条例》等。此外,国务院发布的决定和命令,同行政法规具有同等的法律效力,也属于经济法的表现形式。

4. 地方性法规

省、自治区、直辖市的人民代表大会及其常务委员会根据本行政区域的具体情况和实际需要,在不同宪法、法律、行政法规相抵触的前提下,可以制定地方性法规。设区的市的人民代表大会及其常务委员会根据本市的具体情况和实际需要,在不同宪法、法律、行政法规和本省、自治区的地方性法规相抵触的前提下，可以对城乡建设与管理、环境保护、历史文化保护等方面的事项制定地方性法规，法律对设区的市制定地方性法规的事项另有规定的，从其规定。

> **知识扩展**：赋予设区的市地方立法权
>
> 党的十八届四中全会决定提出，明确地方立法权限和范围，依法赋予设区的市地方立法权。为落实好党中央的精神，根据各方面的意见，《中华人民共和国立法法》(2015 年修正)第七十二条第二款规定，设区的市的人民代表大会及其常务委员会根据本市的具体情况和实际需要，在不同宪法、法律、行政法规和本省、自治区的地方性法规相抵触的前提下，可以对城乡建设与管理、环境保护、历史文化保护等方面的事项制定地方性法规，法律对设区的市制定地方性法规的事项另有规定的，从其规定。设区的市的地方性法规须报省、自治区的人民代表大会常务委员会批准后施行。省、自治区的人民代表大会常务委员会对报请批准的地方性法规，应当对其合法性进行审查，同宪法、法律、行政法规和本省、自治区的地方性法规不抵触的，应当在四个月内予以批准。

5. 规章

规章分为部门规章和地方政府规章。部门规章是指国务院各部、委员会、中国人民银行、审计署和具有行政管理职能的直属机构，根据法律和国务院的行政法规、决定、命令，在本部门的权限范围内所制定的规范性文件，如财政部发布的《中华人民共和国发票管理办法》等。地方政府规章是指省、自治区、直辖市和设区的市、自治州的人民政府，根据法律、行政法规和地方性法规所制定的规范性文件，如武汉市人民政府发布的《武汉市火车站地区综合管理规定》。

6. 司法解释

司法解释是指最高司法机关，主要是最高人民法院就司法实践中有关案件的审理和法律适用提出的指导性意见或解释。这种解释通常是有关法律适用的普遍性指导意见，对市场主体具有普遍约束力，是经济法的重要表现形式之一，如最高人民法院 2020 年 12 月 25 日颁布的《关于适用<中华人民共和国民法典>有关担保制度的解释》等。

7. 国际条约与惯例

国际条约是指我国同外国签订的双边、多边协议和其他具有条约、协定性质的文件。国际惯例是指以国际法院等各种国际裁决机构的判例体现或确认的国际法规则和国际交往中形成的共同遵守的不成文习惯。国际条约一经生效，即对签订国产生法律约束力，国际惯例一经接受，便产生法律效力。

此外，习惯也是经济法的表现形式。《中华人民共和国民法典》(以下简称《民法典》)第十条规定，处理民事纠纷，应当依照法律；法律没有规定的，可以适用习惯，但是不得违背公序良俗。

> 【大家讲坛 1-1】
>
> 下面有四条关于法律渊源的表述：①国务院制定的《建设工程质量管理条例》属于行政法规；②全国人民代表大会常务委员会有权制定法律；③地方性法规是指地方人民政府就地方性事务制定的规范性法律文件的总称；④只有直辖市、省会市和国务院批准的较大市的人民代表大会及其常务委员会才有立法权。
>
> 上面的表述正确的有哪些？请简要说明理由。

1.2 经济法律关系

1.2.1 经济法律关系的概念

经济法律关系是法律关系的一种。理解经济法律关系，需先知悉法律关系的内涵。

1. 法律关系

法律关系是指法律规范在调整人们行为的过程中形成的权利义务关系。与其他社会关系相比较，由法律规范调整而形成的一种社会关系，以法律上的权利与义务为内容，由国家强制力保证实施。

法律规范调整的社会关系不同，形成的法律关系也不同。调整平等主体之间的财产关系和人身关系而形成的法律关系，谓之民事法律关系；调整行政管理关系而形成的法律关系，谓之行政法律关系；调整犯罪与刑罚关系而形成的法律关系，谓之刑事法律关系；调整经济管理与协调关系而形成的法律关系，谓之经济法律关系等。

2. 经济法律关系

经济法律关系，是指经济法主体在国家管理和协调社会经济活动与运行过程中，根据经济法律规范所形成的权利义务关系。其包括以下几层含义：经济法律关系是经济领域中发生的意志关系；经济法律关系由经济法律规范调整而产生；经济法律关系是具有经济内容的权利义务关系；经济法律关系具有强制性。

经济法律关系的基本构成要素包括主体、内容和客体。

1.2.2 经济法律关系的主体

1. 经济法律关系主体的概念

经济法律关系主体，即经济法主体，是指参与经济法律关系，依法享有经济权利和承担经济义务的当事人。享有权利的当事人为权利主体，承担义务的当事人为义务主体。

2. 经济法律关系的主体资格

经济法律关系的主体资格，是指当事人参与经济法律关系，享有经济权利和承担经济义务的资格或能力。任何组织或个人要成为经济法律关系的主体，必须具备一定的主体资格，即具有相应的权利能力和行为能力。

1) 权利能力

权利能力，又称权利义务能力，是指能够参与法律关系，依法享有一定的权利和承担一定的义务的法律资格。自然人的权利能力和组织(如法人)的权利能力的取得与范围不尽相同。自然人的权利能力始于出生，终于死亡，且所有自然人的权利能力一律平等。组织的权利能力始于成立，终于解体，每个组织的权利能力不同，其权利能力的范围取决于该组织成立的宗旨和业务范围。

2) 行为能力

行为能力，是指法律关系主体能够通过自己的行为实际取得权利和履行义务的能力。自然人的权利能力与行为能力往往不一致，有权利能力不一定有行为能力，有行为能力则一定有权利能力。我国将自然人的行为能力分为三类。

(1) 完全行为能力人。即达到一定法定年龄、智力健全、能够对自己的行为负完全责任的自然人。根据《民法典》的规定，18 周岁以上的自然人为成年人，具有完全民事行为能力，可以独立实施民事法律行为。16 周岁以上的未成年人，以自己的劳动收入为主要生活来源的，视为完全民事行为能力人。

(2) 限制行为能力人。即行为能力受到限制，只能从事与其年龄、智力或精神状况相适应的民事法律行为的自然人。根据《民法典》的规定，8 周岁以上的未成年人、不能完全辨认自己行为的成年人为限制民事行为能力人，其实施民事法律行为由其法定代理人代理或者经其法定代理人同意、追认，但是可以独立实施纯获利益的民事法律行为或者与其年龄、智力相适应的民事法律行为。

(3) 无行为能力人。即不能以自己的行为享有权利、履行义务的自然人。根据《民法典》的规定，不满 8 周岁、不能辨认自己行为的成年人为无民事行为能力人，由其法定代理人代理实施民事法律行为。

组织(如法人)的行为能力与自然人的行为能力不同，其行为能力取决于其业务范围。而且，组织的行为能力和权利能力同时产生，同时消灭。

【大家讲坛 1-2】

张三为某大学管理学院学生，现年 21 岁，无经济来源，两年前向李四借款 1 万元做生意，生意亏本，现在无力偿还。李四需要用钱，某一天正巧碰到张三的父母送张三到学校，便找到张三父母要求还钱。李四的做法是否有法律依据？

3. 经济法律关系主体的范围

1) 国家机关

作为经济法律关系主体的国家机关，主要是指国家权力机关和国家行政机关中的经济管理机关。国家权力机关是指全国和地方各级人民代表大会及其常务委员会。根据我国宪法规定，权力机关在各自的职权范围内审查、批准国民经济和社会发展计划以及计划执行情况的报告，审查、批准预算和预算执行情况的报告。在行使这些职能时，其是经济法律关系的主体。国家行政机关中的经济管理机关，主要是指依据宪法和行政法及其他有关法律、法规设立，承担组织、管理和协调经济职能的组织或者机构。

2) 企业

企业是指拥有独立财产，以营利为目的，具备一定组织机构，从事生产、流通和服务性活动的经济实体，包括各类法人企业和非法人企业。

3) 事业单位

事业单位是指由国家财政或其他单位拨款，不以营利为目的的文化、教育、卫生等组织。它们往往以法人资格参与经济法律关系。

4) 社会团体

社会团体是指由人民群众或组织依据自愿原则组织的进行社会活动的社会组织，包括群众团体、公益组织、文化团体、学术研究团体、协会等。

5) 自然人、个体工商户和农村承包经营户

通常情况下，自然人、个体工商户和农村承包经营户统称为个人。农村承包经营户是指农村集体经济组织的成员或家庭，在法律允许的范围内，按照承包合同规定从事商品经营的主体。个体工商户是指有经营能力的自然人或家庭依法核准登记，领取个体户营业执照，以盈利为目的，从事工商业经营的个体经济。

6) 国家

国家是一个特殊的主体。在某些特殊场合，如发行国债、对外签订政府贷款和担保合同等，必须以国家的名义进行，此时国家便成为经济法律关系的主体。

> **知识扩展：《民法典》颁布的意义**
>
> 2020年5月28日，第十三届全国人民代表大会第三次会议表决通过《中华人民共和国民法典》（2021年1月1日起施行），是"一部固根本、稳预期、利长远的基础性法律"，被称为"社会生活百科全书"。《民法典》是市场经济的基本法，是民事权利保护的宣言书，广泛确认了市场主体享有的权利。《民法典》为市场主体的经济活动提供了基本规则，为依法行政、公正司法提供了基本遵循，有利于我国法治国家、法治政府、法治社会建设，有利于坚持和完善中国特色社会主义制度、推进国家治理体系和治理能力现代化、增进人民福祉和保障人民群众美好幸福生活，为全面依法治国、推进国家治理体系和治理能力的现代化，实现中华民族伟大复兴的中国梦奠定了坚实的制度基础。

1.2.3 经济法律关系的内容

经济法律关系的内容，是指经济法律关系主体依法所享有的经济权利和承担的经济义务。经济法律关系主体的经济权利和经济义务因经济法律关系性质的不同而有所差别。经济权利和经济义务相互依存、相伴而生，既对立又统一。

1. 经济权利

经济权利是指经济法律关系的主体在经济管理和经济协调关系中依法为一定行为或不为一定行为和要求他人为一定行为或不为一定行为的资格。其主要包括以下方面。

1) 经济职权

经济职权是指国家机关依法行使经济管理与协调职能时所享有的权利，它是国家干预和调整社会经济生活的主要依据。经济职权由法律直接规定或经由法律授权而确立，具有强制性和专属性。国家机关必须正确行使经济职权，不得滥用、抛弃或转让。经济职权的内容主要有决策权、许可权、审批权、命令权、确认权、协调权、监督权等。

2) 经营管理权

经营管理权是指经济组织对所有人授予其经营管理的财产所享有的处置权以及由此所产生的管理权。经营管理权既包括生产经营决策权、资产使用权等财产经营权，也包括内部机构设置、人事制度管理等经济管理权。

3) 物权

物权，是指权利人依法对特定的物享有直接支配和排他的权利，包括所有权、用益物权和担保物权。

4) 债权

债权是指因合同、侵权行为、无因管理、不当得利及法律的其他规定，权利人请求特定义

务人为或者不为一定行为的权利。与物权不同的是，债权是一种典型的相对权，只在债权人和债务人之间发生效力，原则上不能对抗第三人。

5) 知识产权

知识产权是指自然人、法人或其他组织对科学技术和文化艺术领域的智力成果和工商业领域的识别性标记与成果享有的法定权益。知识产权主要包括著作权、专利权和商标权。

6) 股权

股权是指股东对公司直接投资而享有的权利，分为自益权和共益权，前者是指股东为自身利益可单独主张的权利，如股息分配请求权；后者是指股东参与公司事务管理的权利，如就公司重大事务行使表决权。

2. 经济义务

经济义务是指经济法律关系主体为了实现特定主体的权利，在法律规定的范围内必须为或不为某种经济行为。其主要内容包括：贯彻国家的方针和政策，遵守法律和法规的义务；正确行使经济职权和经济权利的义务；服从国家机关监督管理的义务；依法纳税的义务；履行双方约定的义务；法律规定的其他经济义务。

1.2.4　经济法律关系的客体

经济法律关系的客体，是指经济法律关系的主体享有的经济权利和承担的经济义务所共同指向的对象。经济法律关系的客体十分广泛，概而言之可分为三类。

1. 物

法律意义上的物，是指人身之外的，能为人们控制和支配，有一定经济价值并以物质形态表现出来的客观实体。

2. 经济行为

经济行为，是指经济法律关系主体为实现某种特定的经济目的而实施的行为，主要包括经济管理行为和履行行为。前者如国家机关的决策行为、命令行为、审批行为和监督检查行为等，后者如为了满足对方的需求而为一定行为或不为一定行为。

3. 智力成果

智力成果，又称精神产品，是指由人所创造的智力成果和工商业标记。它主要包括作品、发明、实用新型、外观设计、商标等。随着社会进步和科学技术的发展，智力成果作为经济法律关系客体的重要性将日益凸显。

此外，权利亦可成为经济法律关系的客体。权利本是经济法律关系的内容，但当某种权利成为另一权利的对象时，该权利就可成为法律关系的客体。例如，土地使用权的客体是土地，但当用土地使用权抵押时，土地使用权则成为抵押法律关系的客体。

1.2.5　经济法律关系的产生、变更与终止

1. 经济法律关系产生、变更和终止的概念

经济法律关系的产生、变更与终止，是指由于一定的客观情况的出现，使特定经济法律关系主体之间的某种经济权利和经济义务关系形成、改变和消灭。如买卖合同的签订，会导致买

卖法律关系的产生；买卖合同的主体合并、标的变更、权利义务变化，会导致买卖法律关系的变更；借款合同的债权人放弃债权，会使借款法律关系消灭。

2. 经济法律关系产生、变更和终止的条件

经济法律关系的产生、变更和终止需要具备一定的条件，包括法律规范和法律事实。

1) 法律规范

法律规范是经济法律关系产生、变更和终止的法律依据，没有法律规范，则无相应的法律关系。法律规范所规定的是一般或抽象的权利和义务关系，针对的是不特定的主体，并非现实的经济法律关系。经济法律关系中的权利和义务是具体的或现实的，是法律规范在调整和规范法律关系主体参与经济活动的过程中所形成的，是法律规范所规定的抽象权利和义务关系的具体化。

2) 法律事实

法律事实，是指法律规范所规定的，能够引起法律关系产生、变更和终止的客观情况或现象。它是法律规范和法律关系联系的中介，无法律事实，法律规范所规定的抽象法律关系就不能转化成具体法律关系。

法律事实按照其发生是否与当事人的意志有关，可分为事件和行为。

事件，是指不以当事人的主观意志为转移，能引起经济法律关系的产生、变更或终止的客观事实。事件包括自然事件和社会事件，前者如自然灾害、人之生老病死、时间经过等，后者如社会革命、战争、罢工等。

行为，是指当事人做出的，能够引起经济法律关系产生、变更和终止的有意识的活动。行为包括法律行为和事实行为。前者是以意思表示为要素的，旨在设立、变更、终止民事权利义务关系的行为。后者是不以意思表示为要素，行为人所实施的行为一旦符合法律规定的构成要件，就会因法律规定而引起一定法律后果的行为。

> **【大家讲坛 1-3】**
>
> 甲科研单位与乙公司之间签订了买卖合同，向乙公司转让其专门为该公司研发制造的一台仪器。但由于在合同履行前发生了地震，甲科研单位办公楼倒塌导致仪器被毁坏，不能按期履行合同。乙公司据此解除了双方的买卖合同。
> 引起甲科研单位与乙公司经济法律关系终止的法律事实是什么？

1.3 民事法律行为与代理

1.3.1 民事法律行为

1. 民事法律行为的概念和特征

民事法律行为是民事主体通过意思表示设立、变更、终止民事法律关系的行为。其具有以下特征。

1) 以意思表示为要素

意思表示是指行为人将其内心意思，以一定的方式表达于外的行为。只有内心意思但不表达于外，则不构成意思表示，民事法律行为不能成立；行为人表达于外的意思如果不是其真实意思，就会影响民事法律行为的效力。意思表示是民事法律行为的核心，也是区别民事法律行为与事实行为的重要标志。

2) 以设立、变更或终止权利义务为目的

以设立、变更或终止权利义务为目的，即民事法律行为必须能够引起行为人预期的法律后果，这是判断某项行为是否构成民事法律行为的一个重要标志。在社会经济生活中，人们的行为多种多样，若行为并无设立、变更或终止权利义务的目的，便不属于民事法律行为，如散步、闲谈等。

> 【大家讲坛1-4】
>
> 张一生(男)与李一世(女)均为完全民事行为能力人。两人在大学一年级时就开始谈恋爱，两人都信誓旦旦，此生不离不弃。大四毕业时，因不在同一城市，李一世提出分手，张一生要求李一世退还恋爱期间的礼物(价值共计约4000元)。
>
> 恋爱关系是否属于民事法律关系？张一生要李一世退还礼物的请求有法律上的根据吗？

2. 民事法律行为的分类

1) 单方行为、双方行为和共同行为

这是以法律行为所需的意思表示构成为标准而做的分类。单方行为，仅由当事人一方的意思表示即可成立的法律行为，如债务免除、代理权的授予、立遗嘱、行使解除权等。双方行为，是指由两个意思表示一致而成立的法律行为，如订立买卖合同。共同行为是指由同一内容的多个意思表示一致而成立的法律行为，如合伙、社团法人的设立行为。

2) 有偿法律行为和无偿法律行为

这是以法律行为的一方当事人承担义务是否要求对方给付对价为标准所做的分类。有偿法律行为是指当事人互为给付一定对价(包括金钱、财产、劳务)的法律行为，如买方为获得对方的货物而支付价款。无偿法律行为是指一方当事人承担给付一定代价的义务，而他方当事人不承担相应给付义务的法律行为，如赠与行为、无偿保管等。

3) 实践法律行为和诺成法律行为

这是以法律行为的成立是否以交付实物为标准所做的分类。实践行为，指于意思表示之外还须有物之交付方能成立的法律行为。诺成行为，指仅依意思表示便可成立的法律行为。

4) 要式法律行为和不要式法律行为

这是以法律行为的成立是否必须采用特定形式为标准而做的分类。要式法律行为是指法律规定必须采取一定的形式或者履行一定的程序才能成立的法律行为，如《民法典》第七百八十九条规定，建设工程合同应当采用书面形式。不要式法律行为是指法律不要求采取特定形式，可由当事人自由选择形式即可成立的法律行为。

5) 主法律行为和从法律行为

这是根据法律行为相互间的附属关系而做的分类。主法律行为是指不以其他的法律行为的存在为前提，就可以独立成立的法律行为。从法律行为是依附于主法律行为而存在的法律行为。如甲向乙借款1万元，由丙做保证人，此例中，存在两个法律行为，即甲与乙之间的借贷行为和丙与乙之间的保证行为。其中，前者是主法律行为，后者是从法律行为。

除以上分类外，法律行为还有生前行为与死因行为、双务法律行为和单务法律行为、独立法律行为和辅助法律行为、有因法律行为和无因法律行为之分。

3. 民事法律行为的有效要件

民事法律行为的有效是指法律行为能引起权利义务的设立、变更、终止的法律效力，能产生当事人所预期的法律效果。民事法律行为的成立是民事法律行为有效的前提，已成立的民事法律行为，并不当然具有发生预期法律效果的效力。民事法律行为是否发生预期法律效果，还要看其是否符合民法规定的有效要件。

根据《民法典》第一百四十三条的规定，具备下列条件的民事法律行为有效：①行为人具有相应的民事行为能力；②意思表示真实；③不违反法律、行政法规的强制性规定，不违背公序良俗。

1) 行为人具有相应的民事行为能力

行为人包括自然人、法人和非法人组织。对于自然人而言，无行为能力人进行的行为不具有法律效力，限制行为能力人只能进行与其能力相应的法律行为，完全行为能力人除法律另有规定外，原则上可以为任何民事法律行为。对于法人和其他组织而言，其行为能力范围一般以核准登记的生产经营和业务范围为准，在该范围内所为的法律行为方为有效。但超出其经营范围的经济行为，也并非绝对无效。

2) 意思表示真实

民事法律行为以意思表示为核心要素，它要求行为人的意思表示必须是自愿的、真实的。如意思表示得不真实或不自由则影响法律行为的效力，如基于重大误解所为的行为属于可撤销的法律行为。

3) 不违反法律、行政法规的强制性规定，不违背公序良俗

不违反法律和行政法规是指意思表示的内容不得与法律和行政法规的强制性或禁止性规定相抵触。民法对于合法并没有正面定义，而是采取"不违法便合法"的原则予以确定。不违背公序良俗是指民事法律行为在目的上和效果上不得有损社会经济秩序、社会公共秩序和社会公德，不得损害国家及各类社会组织和个人的利益。

在绝大多数情况下，民事法律行为只要具备以上三个实质要件就发生法律效力，但在某些特殊情况下，民事法律行为还须具备形式要件。《民法典》第一百三十五条规定，民事法律行为可以采用书面形式、口头形式或者其他形式；法律、行政法规规定或者当事人约定采用特定形式的，应当采用特定形式。如果行为人进行某项特定的民事法律行为时，未能采用法律规定的特定形式，则不能产生法律效力。

4. 附条件和附期限的民事法律行为

1) 附条件的民事法律行为

附条件的民事法律行为，是指在民事法律行为中规定一定的条件，并且把该条件的成就或不成就作为确定行为人的民事权利和民事义务发生或者失去法律效力根据的民事法律行为。

法律行为所附条件应满足如下要求：条件是将来发生的事实，已发生的事实不能作为条件；条件是不确定的事实，确定不发生或确定要发生的都不能称为条件；条件是当事人约定的，而非法定的；条件是合法的事实，不得违法、违背道德或损害社会公共利益。

2) 附期限的民事法律行为

附期限的民事法律行为，是指在民事法律行为中约定一定期限，并把该期限的到来作为行为人的民事权利和民事义务发生、变更、消灭前提的民事法律行为。期限和条件既有相同之处，

又有各自的特点。不同之处在于：期限是确定的、将来一定能到来的；而条件则属将来是否发生不确定的事实。法律行为所附期限可以是明确的期限，如某年某月某日，也可以是不确定的期限，如"某人死亡之日"。

> 【大家讲坛 1-5】
>
> 甲父病危住院，所居房屋一直空着。于是，甲和乙签订一份租赁合同，约定如果甲父死亡，则甲将房出租给乙居住。对于这一民事法律行为，有下列四种表述：①既未成立，也未生效；②已成立，但未生效；③是附条件的合同；④是附期限的合同。
> 上面的表述哪些是正确的？

5. 无效的民事法律行为

1) 无效民事法律行为的概念

无效民事法律行为，是指欠缺民事法律行为的有效要件，不发生行为人预期的法律效力的民事法律行为。无效民事法律行为有全部无效和部分无效之分。部分无效不影响其他部分民事行为效力的，其余部分仍对当事人有约束力。如《民法典》第七百零五条规定，租赁合同期限不得超过 20 年。超过 20 年的，超过部分无效。若当事人签订 30 年期的租赁合同，该租赁合同为部分无效合同，20 年之内的租赁合同有效，超过部分(10 年)无效。

2) 无效民事法律行为的种类

根据《民法典》的规定，无效的民事法律行为主要包括以下几种：无民事行为能力人实施的民事法律行为；行为人与相对人以虚假的意思表示实施的民事法律行为；行为人与相对人恶意串通，损害他人合法权益的民事法律行为；违反法律、行政法规的强制性规定的民事法律行为，但是该强制性规定不导致该民事法律行为无效的除外；违背公序良俗的民事法律行为。

3) 无效民事法律行为的法律后果

(1) 返还财产。当事人因无效民事行为取得的财产，应当返还给受损失的一方。返还财产以财产存在为前提。以提供劳务为内容的法律行为，则不适用返还财产。

(2) 折价补偿。不能返还或者没有必要返还的，应当折价补偿。

(3) 赔偿损失。有过错的一方应当赔偿对方因此所受的损失，双方都有过错的，应当各自承担相应的责任。

(4) 其他制裁。如果行为人因实施无效民事法律行为而损害国家利益或社会利益的，可以给予行政处分、罚款，构成犯罪的，还要依法追究刑事责任。

6. 可撤销的民事法律行为

1) 可撤销民事法律行为的概念

可撤销民事法律行为是指行为人的意思与表示不一致及意思表示不自由，导致非真实意思表示，法律并不使之绝对无效，而是权衡当事人的利害关系，赋予表意人撤销权的民事行为。可撤销民事行为在撤销前，为有效；该行为一经撤销，其效力溯及于行为开始时无效。

2) 可撤销民事法律行为的种类

根据《民法典》的规定，可撤销的民事法律行为主要包括以下几种。

(1) 重大误解。基于重大误解实施的民事法律行为，行为人有权请求人民法院或者仲裁机构予以撤销。

(2) 欺诈。一方以欺诈手段，使对方在违背真实意思的情况下实施的民事法律行为，受欺诈方有权请求人民法院或者仲裁机构予以撤销。第三人实施欺诈行为，使一方在违背真实意思的情况下实施的民事法律行为，对方知道或者应当知道该欺诈行为的，受欺诈方有权请求人民法院或者仲裁机构予以撤销。

(3) 胁迫。一方或者第三人以胁迫手段，使对方在违背真实意思的情况下实施的民事法律行为，受胁迫方有权请求人民法院或者仲裁机构予以撤销。

(4) 显失公平。一方利用对方处于危困状态、缺乏判断能力等情形，致使民事法律行为成立时显失公平的，受损害方有权请求人民法院或者仲裁机构予以撤销。

3) 撤销权

撤销权是权利人以其单方的意思表示变更或撤销已经成立的民事行为的权利。可撤销民事行为的撤销，应由撤销权人向人民法院或仲裁机构提出变更和撤销的请求。当事人请求变更的，人民法院应当予以变更；当事人请求撤销的，人民法院可以酌情予以变更或撤销。

根据《民法典》第一百五十二条的规定，有下列情形之一的，撤销权消灭：当事人自知道或者应当知道撤销事由之日起 1 年内、重大误解的当事人自知道或者应当知道撤销事由之日起 90 日内没有行使撤销权；当事人受胁迫，自胁迫行为终止之日起 1 年内没有行使撤销权；当事人知道撤销事由后明确表示或者以自己的行为表明放弃撤销权；当事人自民事法律行为发生之日起 5 年内没有行使撤销权。

4) 可撤销民事法律行为的后果

如果享有撤销权的当事人未在法定的期间内行使撤销权，则可撤销民事法律行为就确定有效，对当事人具有约束力。如果可撤销的民事法律行为被依法撤销，则发生与无效民事行为相同的法律后果。

> 【大家讲坛 1-6】
>
> 甲汽车销售公司与乙汽车制造公司签订了一份汽车买卖合同。由于甲公司的业务员丁某对汽车型号不太熟悉，因此，在签订合同时，将甲公司想买的 B 型号轿车写成了 A 型号轿车。虽然乙公司提供的型号不是甲公司原想购买的 B 型号轿车，但 A 型号轿车销量也不错。甲公司按照合同约定提货并支付了货款。
>
> 丁某的行为属于民法上的什么行为？其效力如何？甲公司在支付货款后是否还能行使撤销权？

1.3.2 代理

1. 代理的概念和特征

1) 代理的概念

代理是指代理人在代理权限内，以被代理人的名义与第三人实施法律行为，由此产生的法律后果直接由被代理人承担的一种法律制度。狭义的代理指直接代理，又称显名代理，即以被代理人的名义进行的民事法律行为，后果直接归属于被代理人。广义的代理包括直接代理和间接代理。间接代理又称隐名代理，是指代理人以自己的名义进行民事法律行为，而使其后果间接地归属于被代理人，如行纪行为。本书所讲的代理为狭义代理。

代理关系的主体包括代理人、被代理人(亦称本人)和第三人(亦称相对人)。代理关系包括三种关系：一是被代理人与代理人之间的代理权关系；二是代理人与第三人之间的法律行为的关系；三是被代理人与第三人之间的承受代理行为法律后果的关系。

2) 代理的特征

(1) 代理人以被代理人的名义实施法律行为。代理人必须以被代理人的名义实施法律行为，非以被代理人的名义而以自己的名义代替他人实施法律行为，如行纪行为，不属代理行为。

(2) 代理人直接向第三人为意思表示或受意思表示。代理行为旨在与第三人设立、变更或终止权利义务关系。因此，只有代理人直接向第三人为意思表示或受意思表示，才能实现代理之目的。这使代理行为与其他委托行为，如代人保管物品等行为区别开来。

(3) 代理人在代理权限内独立地为意思表示。代理人在代理权限内，有权根据情况独立判断，并进行意思表示。非独立进行意思表示的行为，如传达、代书等均不属代理行为。

(4) 代理行为是具有法律意义的行为。代理行为应能引起民事法律后果，即通过代理人所为的代理行为，能够在被代理人与第三人之间产生、变更或消灭某种民事法律关系。如果不产生法律后果，即使在形式上是受人委托进行某项活动，诸如代人招待客人等行为，不能在委托人与第三人之间产生民事法律关系，不属于民法上的代理行为。

(5) 代理行为的法律效果直接归属于被代理人。尽管代理行为是在代理人与第三人之间进行的，但却在被代理人与第三人之间设立、变更或终止了某种权利义务关系，故其法律后果应由被代理人承担。

2. 代理的适用范围

1) 代理可适用的范围

(1) 代理适用于民事主体之间设立、变更或终止权利义务的法律行为。诸如买卖、承揽、租赁等，自然人、法人或其他组织均可以委托代理人代为办理。

(2) 法律行为之外的代理，如代办房屋产权登记、商标注册、专利申请、代为税务登记和纳税，代理民事诉讼等。

2) 不适用代理的事项

(1) 依据行为性质不得代理。例如约定必须由特定人完成的义务，如文艺表演、绘图等，因与债务人的技术水平、创作能力分不开，必须由债务人亲自履行，不能由他人代理。

(2) 依照法律规定应由本人亲自进行的行为。如立遗嘱、婚姻登记等行为不得由他人代理。

(3) 违法行为不得代理。如非法侵害他人人身、财产的行为，买卖毒品等行为，均不能代理。

(4) 根据法律规定，只有某些民事主体才能代理的行为，他人不得代理，如代理发行证券只能由有证券承销资格的机构进行。

3. 代理的种类

1) 委托代理

这是基于被代理人的委托而发生的代理，委托代理人按照被代理人的委托行使代理权。被代理人的委托可以基于委托合同，也可依据合伙关系、职务关系等发生。委托代理中的授权行为一般以授权委托书的形式表现。

委托代理可以采用书面的形式，也可以采用口头的形式。采用书面形式的，授权委托书应当载明代理人的姓名或者名称、代理事项、权限和期间，并由被代理人签名或者盖章。代理人知道或者应当知道代理事项违法仍然实施代理行为，或者被代理人知道或应当知道代理人的代理行为违法未做反对表示的，被代理人和代理人应当承担连带责任。代理人需要转委托第三人代理的，应当取得被代理人的同意或者追认，但是在紧急情况下代理人为了维护被代理人的利益需要转委托第三人代理的除外。转委托代理经被代理人同意或者追认的，被代理人可以就代理事务直接指示转委托的第三人，代理人仅就第三人的选任以及对第三人的指示承担责任。转委托代理未经被代理人同意或者追认的，代理人应当对转委托的第三人的行为承担责任。

2) 法定代理

法定代理是指非依本人的意思而是依照法律规定直接产生的代理，法定代理人依照法律的规定行使代理权。法定代理中，被代理人一般为欠缺行为能力的人，其不能对法定代理人的代理活动进行监督、控制，因此，法定代理权的范围由法律直接规定。

4. 代理权滥用的禁止

代理人行使代理权必须符合被代理人的利益，做到勤勉尽责、审慎周到，不得滥用代理权。代理权滥用的主要情形包括以下几点。

1) 自己代理

代理人以被代理人的名义与自己实施民事法律行为为自己代理。在自己代理中，代理人同时以自己的名义和被代理人的名义在自己及被代理人之间进行民事法律行为，难以为被代理人的利益计算。因此，自己代理除非得到被代理人的同意或追认，否则无效。

2) 双方代理

同一代理人代理双方当事人实施同一项民事法律行为为双方代理。在双方代理中，被代理人的意志与第三人的意志集中于代理人一人，不存在双方意思表示。同自己代理一样，双方代理有违代理原则。《民法典》规定，代理人不得以被代理人的名义与自己同时代理的其他人实施民事法律行为，但是被代理的双方同意或者追认的除外。

3) 代理人和第三人恶意串通

这是指代理人和第三人实施法律行为时进行意思联络，故意损害被代理人利益的行为。代理人和第三人恶意串通，损害被代理人利益的，由第三人和代理人负连带责任。

5. 无权代理

无权代理，是指行为人不具有代理权而以他人名义实施代理行为。无权代理不具备代理的实质特征，即欠缺代理权，但具备代理行为的表面特征，即以他人名义实施代理行为。广义的无权代理包括狭义的无权代理和表见代理。

1) 狭义的无权代理

狭义的无权代理，是指行为人既没有代理权，也没有令第三人相信其有代理权的事实或理由，而以本人的名义所为的代理。主要包括没有代理权的代理、超越代理权的代理、代理权终止后的代理三种情况。

(1) 狭义无权代理的效力。无权代理的效力应属效力待定，如要确定其效力，则需本人追认。若本人不予追认，则不能依代理制度对本人发生代理行为的效力。若该无权代理行为具备一般民事法律行为的有效要件，虽不发生代理行为的效力，仍产生一般民事法律行为的效力，并由该无权代理人自己作为当事人承担法律效果。但本人知道他人以本人名义实施民事行为而不做否认表示的，视为同意。

法律为保护本人的利益，赋予其追认权。为保护无权代理之相对人的利益，赋予其催告权和撤销权。相对人有权催告被代理人在一定期限(30日)内追认，本人在该期限内未追认的，视为拒绝追认。善意的相对人在被代理人行使追认权之前,可撤销其对无权代理人(行为人)已做出的意思表示。撤销应当以通知的方式做出。

(2) 狭义无权代理的责任。无权代理行为,行为人实施的行为未被追认的,善意相对人有权请求行为人履行债务或者就其受到的损害请求行为人赔偿。但是,赔偿的范围不得超过被代理人追认时相对人所能获得的利益。相对人知道或者应当知道行为人无权代理的,相对人和行为人按照各自的过错承担责任。

> 【大家讲坛 1-7】
>
> 甲商场业务员乙到丙公司采购空调,乙见丙公司生产的浴室防水暖风机小巧实用,尤其在北方没有来暖气之前,以及停止供暖之后的一段时间内对普通家庭非常实用,遂自行决定购买了一批暖风机。货运到后,甲商场即对外销售该暖风机。后因该市提前供应暖气,暖风机的销量大减。甲商场这时想到是乙自作主张购买的暖风机,遂拒绝支付货款。丙公司因收不回货款而诉至法院。
> 本案中甲商场是否应支付货款?

2) 表见代理

表见代理,指本属于无权代理,但因本人与无权代理人之间的关系,具有授予代理权的外观即所谓外表授权,致相对人信其有代理权而与其为法律行为,使发生与有权代理同样的法律效果。表见代理制度的设立目的,旨在保护交易安全和保护善意的第三人。

(1) 表见代理的构成要件主要包括:以被代理人名义为代理行为;行为人无代理权;须有使相对人相信其有代理权的表征;相对人为善意。

(2) 表见代理的表现形式:一是被代理人有将代理权授予他人的意思表示,而实际并未授权。二是被代理人将某种有代理权的证明文件(如盖有公章的空白介绍信)交给他人,他人以该种文件使第三人相信其有代理权并与之进行法律行为。三是代理人未及时收回文件。代理关系终止后,被代理人未收回盖有公章的空白合同、介绍信或代理证书,第三人基于此文件而与行为人实施民事行为。但无权代理人私刻公章,伪造他人的营业执照或合同书等,假冒他人名义与第三人为法律行为,或偷盗他人印章、营业执照、加盖公章的空白合同书,失主已经在指定的报刊上以合理的方式做出了公告,但无权代理人仍以上述文件与第三人为法律行为,不构成表见代理。

(3) 表见代理的效力。表见代理产生与有权代理相同的效力,即表见代理对本人产生有权代理效力,本人应受表见代理人与相对人之间实施的民事法律行为的约束。

> 【大家讲坛 1-8】
>
> 张某是某企业的销售人员,随身携带盖有该企业公章的空白合同书,以便对外签约。后张某因收取回扣被企业除名,但空白合同书未被该企业收回。张某以此合同书与他人签订了购销协议。
> 该购销协议的法律效力如何?

6. 代理关系的终止

委托代理终止的情形主要有:代理期间届满或者代理事务完成;被代理人取消委托或者代理人辞去委托;代理人丧失民事行为能力;代理人或者被代理人死亡;作为代理人或者被

代理人的法人、非法人组织终止。

被代理人死亡后，有下列情形之一的，委托代理人实施的代理行为有效：代理人不知道并且不应当知道被代理人死亡；被代理人的继承人予以承认；授权中明确代理权在代理事务完成时终止；被代理人死亡前已经实施，为了被代理人的继承人的利益继续代理。

法定代理终止的情形主要有：被代理人取得或者恢复完全民事行为能力；代理人丧失民事行为能力；代理人或者被代理人死亡；法律规定的其他情形。

1.4　诉讼时效

时效是指时间经过在法律上产生的效力，即一定的事实状态继续一定期间之后，发生取得权利或消灭权利的法律后果的制度。时效制度包括取得时效和诉讼时效。取得时效是指财产的占有人以所有的意思，善意地、公开地、和平地持续占有他人财产达到法定期间，即依法取得该项财产权利的法律制度。我国现行法律无取得时效制度的规定，仅有诉讼时效的规定。

1.4.1　诉讼时效的含义

诉讼时效，又称消灭时效，是指权利人在一定期间内不行使请求法院保护其民事权利的权利，即丧失了该权利，不能请求法院依诉讼程序强制义务人履行义务的法律制度。诉讼时效期间届满后，胜诉权消灭，实体权利并不消灭。

1.4.2　诉讼时效的期间

诉讼时效期间是指权利人请求人民法院或仲裁机关保护其民事权利的法定期间。诉讼时效期间从知道或者应当知道权利被侵害时起计算，包括普通诉讼时效期间、特别诉讼时效期间和最长诉讼时效。

1. 普通诉讼时效期间

普通诉讼时效期间又称一般诉讼时效期间，是指在一般情况下普遍适用的诉讼时效。《民法典》第一百八十八条第一款规定，向人民法院请求保护民事权利的诉讼时效期间为3年。

2. 特别诉讼时效期间

特别诉讼时效也叫特殊诉讼时效，是指法律规定的仅适用于某些特殊民事法律关系的诉讼时效。如国际货物买卖合同和技术进出口合同争议提起诉讼或者申请仲裁的期限为4年，自当事人知道或应当知道其权利受到侵害之日起计算。

3. 最长诉讼时效

最长诉讼时效，是指诉讼时效期间为20年的诉讼时效。《民法典》第一百八十八条第二款规定，自权利受到侵害之日起超过20年的，人民法院不予保护。

1.4.3　诉讼时效的起算、中止、中断与延长

1. 诉讼时效的起算

诉讼时效期间自权利人知道或者应当知道权利受到损害以及义务人之日起计算。法律另有

规定的，依照其规定。当事人约定同一债务分期履行的，诉讼时效期间自最后一期履行期限届满之日起计算。无民事行为能力人或者限制民事行为能力人对其法定代理人的请求权的诉讼时效期间，自该法定代理终止之日起计算。未成年人遭受性侵害的损害赔偿请求权的诉讼时效期间，自受害人年满十八周岁之日起计算。

> **【大家讲坛 1-9】**
>
> 2017 年 11 月 1 日夜，赵某在回家路上被人用木棍从背后击伤。住院治疗 2 个月后，于 2018 年 1 月 1 日出院。因治疗伤情，花去医药费 2 万元。经过调看监控录像，赵某于 2019 年 4 月 20 日查明，将其打伤的是社会闲杂人员钱某。
>
> 赵某要求钱某赔偿的诉讼时效应从什么时间开始计算？

2. 诉讼时效的中止

诉讼时效中止又称诉讼时效期间不完成，指在诉讼时效期间进行中，因发生一定的法定事由使权利人不能行使请求权，暂时停止计算诉讼时效期间，待阻碍时效期间进行的法定事由消除后，继续进行诉讼时效期间的计算。根据《民法典》第一百九十四条的规定，在诉讼时效期间的最后 6 个月内，因下列障碍，不能行使请求权的，诉讼时效中止：①不可抗力；②无民事行为能力人或者限制民事行为能力人没有法定代理人，或者法定代理人死亡、丧失民事行为能力、丧失代理权；③继承开始后未确定继承人或者遗产管理人；④权利人被义务人或者其他人控制；⑤其他导致权利人不能行使请求权的障碍。自中止时效的原因消除之日起满 6 个月，诉讼时效期间届满。

3. 诉讼时效的中断

诉讼时效的中断是指在诉讼时效进行中，因发生一定的法定事由，致使已经过的时效期间统归无效，待时效中断的法定事由消除后，诉讼时效期间重新计算。根据《民法典》第一百九十五条的规定，有下列情形之一的，诉讼时效中断，从中断、有关程序终结时起，诉讼时效期间重新计算：①权利人向义务人提出履行请求；②义务人同意履行义务；③权利人提起诉讼或者申请仲裁；④与提起诉讼或者申请仲裁具有同等效力的其他情形。

4. 诉讼时效的延长

诉讼时效的延长，是指人民法院对已经完成的诉讼时效，根据特殊情况而予以延长。这是法律赋予司法机关的一种自由裁量权，至于何为特殊情况，则由人民法院判定。

知识扩展：《民法典》施行后需要废止的法律

根据《民法典》第一千二百六十条规定，《民法典》自 2021 年 1 月 1 日起施行。《中华人民共和国婚姻法》《中华人民共和国继承法》《中华人民共和国民法通则》《中华人民共和国收养法》《中华人民共和国担保法》《中华人民共和国合同法》《中华人民共和国物权法》《中华人民共和国侵权责任法》《中华人民共和国民法总则》同时废止。

1.5 违反经济法的法律责任

1.5.1 经济法律责任的概念

法律责任是指行为人因违法行为、违约行为或者法律规定而应承担的不利的法律后果。经济法律责任是指经济法主体对其违反经济法义务或者不当行使经济法权利的行为所应承担的具有强制性的法律后果。行为人违反经济法规定的法定义务，超越经济法规定的法定权利或者滥用权利、破坏正常的经济法律关系的，应承担相应的经济法律责任。

1.5.2 违反经济法法律责任的形式

1. 民事责任

民事责任是指因侵权、违约或者依照民事法律的规定所应承担的法律责任。民事责任大体可分为违约责任和侵权责任。根据《民法典》第一百七十九条的规定，承担民事责任的方式主要有：停止侵害；排除妨碍；消除危险；返还财产；恢复原状；修理、重作、更换；继续履行；赔偿损失；支付违约金；消除影响、恢复名誉；赔礼道歉。

法律规定惩罚性赔偿的，依照其规定。承担民事责任的方式，可以单独适用，也可以合并适用。

2. 行政责任

行政责任是指由国家行政机关或者国家授权的有关单位对违反经济法的单位或个人依法采取的行政制裁。行政责任大体可分为行政处分和行政处罚。一般公民、法人应承担的法律责任有：警告，罚款，没收违法所得和非法财物，责令停产停业，暂扣或者吊销许可证、执照，行政拘留以及劳动教养等。行政机关工作人员因违法应该承担的法律责任，主要有警告、记过、记大过、降级、撤职、开除。

3. 刑事责任

刑事责任是指违反经济法，造成严重后果，触犯国家刑事法律，由国家审判机关依法给予行为人以相应的刑事制裁。根据《中华人民共和国刑法》的规定，刑事责任分为主刑和附加刑。主刑有管制、拘役、有期徒刑、无期徒刑、死刑；附加刑有罚金、剥夺政治权利、没收财产。

1.5.3 解决经济纠纷的方式

经济法律关系的主体在经济管理和经济活动中不可避免地会发生纠纷。为了保护当事人的合法权益，维护社会经济秩序，必须使用有效手段，及时处理纠纷。解决纠纷的方式主要有：和解、调解、仲裁、诉讼。和解是指在没有第三方主持的情况下，纠纷当事人就争执的问题进行协商并达成协议的纠纷解决方式。调解即由有争议的双方请求中立的第三方为双方解决争议的方式。和解与调解均无强制执行力。

如果当事人不能通过协商或调解解决经济纠纷的,可选择仲裁或诉讼,以下分别进行阐述。

1. 仲裁

1) 仲裁的含义

仲裁是指纠纷当事人在自愿基础上达成仲裁协议,将纠纷提交仲裁机构审理,并由其做出对争议各方均有约束力的裁决的一种解决纠纷的制度和方式。仲裁的前提是纠纷双方有仲裁协议。

根据《中华人民共和国仲裁法》(以下简称《仲裁法》)的规定,平等主体的公民、法人和其他组织之间发生的合同纠纷和其他财产权益纠纷可以仲裁;婚姻、收养、监护、扶养、继承纠纷和依法应当由行政机关处理的行政纠纷不适用仲裁。

2) 仲裁申请与答辩

申请人提出仲裁申请时应当提交仲裁协议、仲裁申请书和证明文件,并应按仲裁委员会制定的费用表预交费用。仲裁申请书中应载明双方当事人的名称、地址、申请仲裁所依据的仲裁协议、仲裁请求、理由和证据。仲裁委员会收到申请人的仲裁申请书后,经审查认为符合受理条件的,即向申请人和被申请人发出仲裁通知,同时将仲裁规则、仲裁员名册和费用表附送双方。被申请人应在规定的期限内向仲裁委员会提交答辩书。申请人不提交答辩的,不影响仲裁程序进行。一方当事人若申请财产保全的,仲裁委员会应将当事人的申请依照民事诉讼法的有关规定提交人民法院。

3) 仲裁庭的组成

仲裁庭一般应由 3 名仲裁员或 1 名仲裁员组成。当事人应在收到仲裁通知之日起规定的期限内在仲裁员名册中各自选定或者委托仲裁委员会主任指定一名仲裁员。第三名仲裁员是首席仲裁员,由双方当事人在名册中共同选定或共同委托仲裁委员会主任指定,如果双方未能共同选定或共同委托仲裁委员会主任指定第三名仲裁员,则由仲裁委员会主任指定。如果双方约定由 1 名仲裁员审理案件,则该仲裁员产生的办法与首席仲裁员办法相同。当事人对仲裁员的公正性和独立性产生合理怀疑时,可以书面向仲裁委员会提出要求其回避的请求。

4) 审理与裁决

仲裁委员会应采取开庭审理的方式仲裁。仲裁庭开庭审理案件时不公开进行,双方当事人、仲裁员及其他与案件有关人员均不得向外界透露案件审理情况。如果双方当事人要求公开审理,由仲裁庭做出是否公开审理的决定。当事人可以自行和解,达成和解协议的,仲裁庭根据和解协议做出裁决书,也可以撤回仲裁申请。仲裁庭在做出裁决前,可以先行调解。调解达成协议的,仲裁庭应当制作调解书或者根据协议的结果制作裁决书。调解书与裁决书具有同等法律效力。裁决书自做出之日起发生法律效力。

5) 执行

当事人应当履行裁决。一方当事人不履行的,另一方当事人可以向仲裁机构所在地具有管辖权的人民法院申请执行。受理申请的人民法院应当根据仲裁裁决予以执行。受理申请的人民法院如果发现仲裁裁决违法,则有权不予执行。对于人民法院不予执行的仲裁裁决,当事人可以按诉讼程序向人民法院提起民事诉讼。

> **知识扩展：民商事仲裁与劳动仲裁的区别**
>
> 经济仲裁是平等民商事主体间的合同纠纷和其他财产纠纷的一种解决方式。劳动仲裁是解决劳动者与用人单位之间劳动纠纷的一种解决方式。二者在适用对象(前者为平等民事主体之间的民事经济纠纷关系；后者为个人与单位之间劳动争议纠纷)、仲裁机构的设立依据(前者依照《仲裁法》的规定由地市人民政府组建的专门处理经济纠纷的独立部门；后者依据劳动法律法规规定，在劳动部门设立的处理劳动争议的组织)、立案条件(前者以仲裁协议为前提，非必经程序；后者不以仲裁协议为前提，是必经程序)、适用法律(前者适用的是《民法》《合同法》《仲裁法》等民商事法律、法规以及国际惯例和商业规则；后者适用的是《劳动法》《劳动合同法》及其相关法律法规)、仲裁效力(前者为一裁终局，裁决一经做出即具有法律效力；后者在多数情况下可提起诉讼)等方面均不同。

2. 诉讼

诉讼是指国家司法机关在案件当事人和其他诉讼参与人的参与下，以事实为根据，以法律为准绳，办理刑事、民事、行政案件所进行的一种活动。

根据《中华人民共和国民事诉讼法》的规定，提起诉讼必须符合下列条件：原告是与本案有直接利害关系的公民、法人和其他组织；有明确的被告；有具体的诉讼请求和事实、理由；属于人民法院受理民事诉讼的范围和受诉人民法院管辖。除此之外，还须具备以下条件：当事人没有事先或事后约定仲裁协议；当事人没有就同一事实、同一诉讼标的再行向法院提起诉讼。

我国人民法院审理经济纠纷案件实行两审终审制。经济纠纷的诉讼一般包括一审程序、二审程序、执行程序三个阶段。但并非每一案件都必须经过这三个阶段。如果一审判决、裁定做出后，当事人不上诉或在法定期限内未上诉以及一审经过调解结案，则不发生二审程序，一审判决、裁定即发生法律效力。当事人不服一审判决、裁定而上诉，则进入二审程序。二审为终审，从二审判决、裁定做出之日起，即发生法律效力。当事人不履行发生效力的判决、裁定，另一方当事人可以向法院申请强制执行。当事人对生效的判决、裁定仍不服的，可在2年内申请再审，但不影响判决、裁定的执行。

判决是指法院对案件的实体问题依法做出的具有法律效力的结论性判定。裁定是指法院对案件诉讼程序的事项做出的判定。两者都是国家行使审判权，依照法定程序做出的具有法律效力的结论性判定。判决与裁定的主要区别如表1-1所示。

表1-1 判决与裁定的主要区别

	判决	裁定
针对事项	实体争议与请求事项	程序事项
时间与数量	在案件审理终结时做出，一般一个案件一个有效判决	发生于诉讼的各阶段，一个案件可能有多个裁定
形式	书面形式	书面形式和口头形式
上诉	一审判决均可上诉，判决书送达之日起15日内向上一级人民法院提起	只有不予受理、管辖权异议、驳回起诉的裁定可上诉，裁定书送达之日起10日内向上一级人民法院提起

3. 仲裁与诉讼的区别

作为两种解决经济纠纷的主要方式，仲裁与诉讼的主要区别如表1-2所示。

表 1-2 仲裁与诉讼的主要区别

	仲裁	诉讼
启动条件	必须有仲裁协议(事前、事后均可)，否则仲裁机构不予受理	不需要有约定，只要一方起诉符合法定条件即可
机构不同	仲裁委是由人民政府组织有关部门和商会统一组建，中国仲裁协会是其监督机构。仲裁员大多为兼职	法院的机构是国家法律的审判机构
裁判者选择不同	可选择仲裁员	不可选择审判员
管辖不同	协议管辖	地域管辖和级别管辖
程序不同	一审终局制，当事人不得就同一事实再次申请仲裁，也不能向人民法院再行起诉、上诉。一般不公开审理	可经过一审、二审和再审三个阶段。无特殊情况必须公开审理
裁决执行不同	无自己的执行机构，由人民法院执行裁决通过	有自己的执行庭，执行生效判决、裁定
文书形式不同	裁决书和调解书	判决书、裁定书、调解书

同步训练

一、单项选择题

1. 某县政府为鼓励县属酒厂多创税利，县长与酒厂厂长签订合同约定：酒厂如果完成年度税收 100 万元的指标，第二年厂长和全厂职工都可以加两级工资。该合同的性质是(　　)。
   A. 双方民事法律行为   B. 无效民事行为
   C. 附条件民事法律行为   D. 不属于民事法律行为

2. 2017 年 10 月 1 日，范某从曹某处借款 2 万元，双方没有约定还款期。2018 年 3 月 22 日，曹某通知范某还款，并留给其 10 天准备时间。下列说法正确的是(　　)。
   A. 若曹某于 2021 年 4 月 2 日或其之后起诉，法院应裁定不予受理
   B. 若曹某于 2021 年 3 月 22 日或其之后起诉，法院应判决驳回其诉讼请求
   C. 若曹某于 2021 年 4 月 2 日或其之后起诉，法院应裁定驳回其起诉
   D. 若曹某于 2021 年 4 月 2 日或其之后起诉，法院应判决驳回其诉讼请求

3. 李某准备送给张某一辆自行车，在赠与行为中附以下几个条款，下列条款中属于民法中所说条件的是(　　)。
   A. 张某将李某的仇人孙某的房子烧毁   B. 张某考上大学
   C. 天下雨   D. 明年元旦

4. 何某向某商店购买一枚标签为"天然钻石"的钻石戒指，后经鉴定得知是人造钻石。何某遂与商店多次交涉，历时 1 年零 3 个月，未果。现何某欲诉请法院撤销该买卖关系，则法院对该行为(　　)。
   A. 不予支持，已超过行使撤销权的 1 年的除斥期间
   B. 可支持，商店主观上存在欺诈的故意
   C. 可支持，未过 2 年诉讼时效
   D. 可支持，双方系因重大误解订立合同

5. 甲公司经常派业务员乙与丙公司订立合同。乙调离后，又持盖有甲公司公章的合同书与

尚不知其已调离的丙公司订立了一份合同，并按照通常做法提走货款，后逃匿。对此甲公司并不知情。丙公司要求甲公司履行合同，甲公司认为该合同与己无关，予以拒绝。下列选项正确的是(　　)。

  A. 甲公司不承担责任　　　　　　　　B. 甲公司应与丙公司分担损失

  C. 甲公司应负主要责任　　　　　　　D. 甲公司应当承担责任

 6. 根据《民法典》的有关规定，普通诉讼时效期间为(　　)。

  A. 1 年　　　　　B. 2 年　　　　　C. 3 年　　　　　D. 4 年

 7. 甲公司向乙公司租赁一台挖掘机，并签订了合同，约定租期 1 个月，租金 1 万元。引起这个合同法律关系的法律事实是(　　)。

  A. 租赁行为　　　B. 交付挖掘机行为　　　C. 支付租金行为　　　D. 签订合同行为

二、多项选择题

 1. 根据《民法典》的有关规定，下列选项中，属于无效民事法律行为的有(　　)。

  A. 不满 8 周岁的丫丫自己决定将压岁钱 500 元捐赠给希望工程

  B. 李某因认识上的错误为其儿子买回一双不能穿的鞋

  C. 甲企业业务员黄某得到乙企业给予的回扣款 1000 元，而代理甲企业向乙企业购买了 10 吨劣质煤

  D. 丙公司向丁公司转让一辆无牌照的走私车

 2. 根据《民法典》的规定，下列情形中，属于代理权滥用的是(　　)。

  A. 代理他人与自己进行民事活动

  B. 超越代理权的代理

  C. 代理双方当事人进行同一民事行为

  D. 代理人与第三人恶意串通，损害被代理人的利益

 3. 2021 年 4 月 1 日，A 企业与 B 银行签订一借款合同，借款期限为 1 年。如 A 企业在 2022 年 4 月 1 日借款期限届满时不能偿还借款本息，根据我国《民法典》的规定，下列情形中，可以引起诉讼时效中断的事由包括(　　)。

  A. 2022 年 6 月 1 日银行 B 对 A 企业提起诉讼

  B. 2022 年 5 月 10 日银行 B 向 A 企业提出偿还贷款本息的要求

  C. 2022 年 5 月 16 日 A 企业同意偿还借款

  D. 2022 年 6 月 5 日发生强烈地震

 4. 根据《民法典》的规定，下列行为中，不能代理的有(　　)。

  A. 约稿　　　　　B. 遗嘱　　　　　C. 房屋买卖　　　　　D. 离婚

 5. 下列行为中，能引起债的法律关系产生的法律事实是(　　)。

  A. 甲建设单位向若干施工企业发出招标公告

  B. 乙企业在银行取款时，由于工作人员疏忽多支付其 2 万元

  C. 丙施工企业的塔式起重机倒塌将附近一超市砸毁

  D. 丁建设单位将施工企业遗留的施工设备代为保管

 6. 新科医学研究所与华容投资公司发生联合开发磁疗设备的合同纠纷，新科医学研究所根据合同中的仲裁条款向甲仲裁委员会申请仲裁，甲仲裁委员会对该争议做出仲裁裁决后，下列表述不正确的是(　　)。

A. 该裁决立即产生法律效力 B. 如果当事人不服，可以向人民法院起诉
C. 如果当事人不服，可以向人民法院上诉 D. 如果当事人不服，可以重新申请仲裁

7. 下列争议中，可以适用《仲裁法》的是(   )。
   A. 甲公司与其职工王某因解除劳动合同发生的争议
   B. 丁公司与戊公司因原材料买卖合同发生的争议
   C. 乙与丙因农村土地承包合同发生的争议
   D. 李某与张某因房屋所有权发生的争议

解决几个大问题

1. 2021年4月5日，A公司业务员王某到B公司联系有关事宜，见B公司急需20台日产索尼牌彩电，于是未经公司授权，就与B公司签订了销售20台日产索尼牌彩电的合同。B公司4月15日将20台日产索尼牌彩电的价款6.5万元通过银行汇给A公司，A公司于4月20日、4月25日两次送货到B公司，共计15台彩电。后由于市场日产索尼彩电销路很好，于是，A公司就先顾零售，而未继续给B公司供应5台彩电。B公司多次与A公司联系，A公司均以"暂时无货"为由，拒不提供5台彩电。后B公司人员亲眼看见A公司在零售这款彩电，于是又找A公司，要求立刻供货，否则A公司应按合同支付违约金并退款。而A公司则以业务员王某未经授权就签了合同，是无权代理为由认为合同是无效合同。

请根据以上案例，回答下列问题：
(1) 本案中王某未经授权擅自代理订立的合同是否有效？为什么？
(2) 在A公司未继续供应5台彩电的情况下，B公司能否主张撤销与A公司签订的合同？为什么？
(3) 无权代理被追认和不被追认的法律后果有什么不同？本案属于哪种情况？

2. 陆丰、刘文系同事，2009年10月陆丰因办出国手续向刘文借款2万元，写有借条，约定在出国前返还借款。后陆丰出国，并在国外生活了近3年。其间，陆丰虽与刘文一直有联系，但对借钱一事却只字未提。2012年12月30日，陆丰回国，此时，刘文因女儿病重急需用钱，找到陆丰，陆丰当即表示尽快还钱，并在原借条上写下"2013年1月10日前还清"。2013年1月15日，刘文再找到陆丰时，陆丰称其债务早已过诉讼时效，不用返还。

请根据以上案例，回答下列问题：
(1) 陆丰对刘文债务的诉讼时效实际上是否已经届满？
(2) 陆丰于2012年12月30日在借条上写下的"2013年1月10日前还清"的行为有何效力？
(3) 刘文能否通过诉讼要回陆丰所欠的钱款？

第 2 章 企业法律制度

任务清单

序号	任务	要求
1	企业和公司的分类	了解
2	个人独资企业的设立和事务的管理	掌握
3	合伙企业的设立和事务的执行	掌握
4	合伙企业份额的转让与出质	理解
5	合伙企业的损益分配与债务清偿	理解
6	合伙人的入伙与退伙	掌握
7	特殊的普通合伙企业	了解
8	公司法人财产权和股东权	了解
9	公司的设立条件和程序	掌握
10	公司的组织机构设置	掌握
11	一人有限责任公司	了解
12	公司的股票和债券	理解
13	公司的财务会计和利润分配	理解
14	公司的变更与终止	了解

思考一个小问题

黎明设立了一家个人独资企业，登记时表明以夫妻共有的写字楼作为出资。企业存续期间，其妻龚丽购买体育彩票中奖 100 万元，1 个月后提出与黎明离婚。离婚诉讼期间，黎明的独资企业宣告解散，清算时发现还欠银行贷款本息 120 万元。那么龚丽彩票中奖的 100 万元可以拿来偿还该独资企业的债务吗？

2.1 企业法律制度概述

2.1.1 企业分类

企业是指依法设立的，以营利为目的，从事生产经营活动的经济组织。不同种类的企业，法律对其设立条件、组织机构、事务执行、投资人权利义务等方面的规定有所差异。

1. 法人企业和非法人企业

企业按法律地位可以分为法人企业和非法人企业。依照《民法典》的规定，法人是具有民事权利能力和民事行为能力，依法独立享有民事权利和承担民事义务的组织。并非所有的企业都具有法人资格，依照《中华人民共和国公司法》(以下简称《公司法》)设立的公司企业就是法人企业，公司独立享有法人财产权，独立以自己的名义进行经营和承担民事责任。

依照《中华人民共和国个人独资企业法》《中华人民共和国合伙企业法》设立的合伙企业、个人独资企业是非法人企业，不具有法人资格。但是，法律允许该企业以其企业字号的名义从事民事活动，如签订合同、提供服务等，也可以确定一人或者数人代表企业从事上述活动。不过，这些非法人组织自身并无完整的清偿债务的能力，当其财产不足以清偿债务的，由其出资人或者设立人承担无限责任。

2. 个人独资企业、合伙企业、公司企业

企业按出资者性质分为个人独资企业、合伙企业、公司企业。个人独资企业是由一个自然人投资，并以其个人财产对企业债务承担无限责任的经济组织。合伙企业是由数个投资人共同出资、共同经营、共享收益、共担企业债务责任的经济组织。公司是由股东出资并以其出资额或者所持股份为限对公司承担责任，公司以其全部财产对公司债务承担责任的法人企业。

我国的公司包括有限责任公司和股份有限公司两种组织形式。我国的合伙企业包括普通合伙企业和有限合伙企业两种组织形式。合伙企业、个人独资企业依照《公司法》以外的法律设立，又称为非公司企业。

3. 内资企业和外商投资企业

企业按投资来源分为内资企业和外商投资企业。内资企业是指在中国境内设立的，由我国投资者投资举办的企业。外商投资企业是指依照中国法律在中国境内设立的，全部或者部分由外国投资者投资的企业。

这里所说的外商投资，是指外国的自然人、企业或者其他组织(以下称外国投资者)直接或者间接在中国境内进行的投资活动。包括下列情形：外国投资者单独或者与其他投资者共同在中国境内设立外商投资企业；外国投资者取得中国境内企业的股份、股权、财产份额或者其他类似权益；外国投资者单独或者与其他投资者共同在中国境内投资新建项目；法律、行政法规或者国务院规定的其他方式的投资。

2.1.2 企业法律体系

企业法是调整企业在生产经营活动产生的经济管理关系和财产经营关系的法律规范的总称，我国的企业法律体系是由一系列规定企业设立、登记、治理、运营、终止及权利义务等法律关系的法律规范组成。从我国现行的法律文件看，企业法可归为以下几个方面。

1. 企业主体法律

企业主体法律主要有《中华人民共和国公司法》，包括《中华人民共和国商业银行法》《中华人民共和国保险法》《中华人民共和国证券法》等法律法规中的有关公司的规定。非公司法律主要有《中华人民共和国个人独资企业法》《中华人民共和国合伙企业法》。外商投资企业法律主要有《中华人民共和国外商投资法》等。

2. 企业登记管理法律

企业登记管理法律包括《中华人民共和国企业法人登记管理条例》《中华人民共和国公司登记管理条例》《中华人民共和国合伙企业登记管理办法》《个人独资企业登记管理办法》《企业名称登记管理规定》等法律法规。

3. 企业资格终止法律

规范企业资格终止的法律主要有《中华人民共和国企业破产法》，在企业主体法中也有企业资格终止的规定。

2.2 个人独资企业法

2.2.1 个人独资企业的设立

1. 设立条件

1) 投资人为一个中国自然人

根据《中华人民共和国个人独资企业法》(以下简称《个人独资企业法》)的规定，个人独资企业的投资人只能是自然人，不包括法人或其他经济组织，数人之家庭也不能直接成为个人独资企业的投资人。投资人只能是具有中国国籍的自然人，外商投资企业不适用《个人独资企业法》。法律、行政法规禁止从事营利性活动的人，不得作为投资人申请设立个人独资企业，如国家公务员、党政机关领导干部、法官、检察官、警官、商业银行工作人员等。

2) 有合法的企业名称

个人独资企业的名称应当符合国家有关规定，并应当与其责任形式及从事的营业相符合，名称中不能出现"有限""有限责任""公司"或者"合伙"字样，可称为厂、店、园、工作室等。

3) 有投资人申报的出资

法律对设立个人独资企业的出资数额未做明确规定，投资人可以用货币出资，也可以用实物、土地使用权、知识产权或者其他财产权利出资，但不能以"劳务"出资。非货币出资的，应将其折算成货币数额。如果以"家庭共有财产"出资的，应当在设立(变更)登记申请书上注明；未注明的，视为以"个人财产"出资。

4) 有固定的生产经营场所和必要的生产经营条件

生产经营场所包括企业的住所和与生产经营相适应的处所。从事临时经营、季节性经营、流动经营和没有固定门面的摆摊经营，不得登记为个人独资企业。

5) 有必要的从业人员

企业要有与其生产经营范围、规模相适应的从业人员，具体人数法律没有规定。

2. 设立登记

投资人或委托代理人应向企业所在地的登记机关提交规定文件，申请设立登记。除企业登记机关能够当场登记的以外，登记机关应在收到设立申请文件之日起 15 日内，对符合条件的，予以登记，发给营业执照。个人独资企业可以设立分支机构，由投资人或委托代理人向分支机构所在地登记管理机关申请登记，分支机构的民事责任由设立该分支机构的个人独资企业承担。

> 👁 **【大家讲坛 2-1】**
>
> 在某区政府办事大厅的企业登记窗口，陆续有几个人向工作人员咨询办理个人独资企业登记事宜，其中有刑满释放的无业人员甲，某商业银行的工作人员乙，有不良信用记录的个体工商户丙，一年前曾担任过某破产企业总经理的丁。
>
> 他们当中谁可以作为投资人申请设立个人独资企业？

2.2.2 个人独资企业的事务管理

1. 企业事务的管理方式

个人独资企业的机构如何设置、事务如何管理等问题均由投资人决定。投资人可以自行管理企业事务，也可以委托或者聘用他人管理企业。投资人应当与受托人或者被聘用人员(受聘人)签订书面合同，明确对其委托的具体内容、授予其权利的范围，以及他们应履行的义务、报酬和责任等。

投资人对受托人或者受聘人有关权利义务的限制，只对受托人或者受聘人有效，不得对抗善意第三人。

2. 受托人或者被聘用的人员的义务与权限

受托人或者受聘人应当履行诚信、勤勉义务，按照与投资人签订的合同尽其所能管理个人独资企业的事务。

受托人或受聘人不得存在下列行为：利用职务上的便利，索取或者收受贿赂；利用职务或者工作上的便利侵占企业财产；挪用企业的资金归个人使用或者借贷给他人；擅自将企业资金以个人名义或者以他人名义开立账户储存；擅自以企业财产提供担保；未经投资人同意，从事与本企业相竞争的业务；未经投资人同意，同本企业订立合同或者进行交易；未经投资人同意，擅自将企业商标或者其他知识产权转让给他人使用；泄露本企业的商业秘密；法律、行政法规禁止的其他行为。

受托人或者受聘人管理个人独资企业事务时违反与投资人订立的合同，给投资人造成损害的，承担民事赔偿责任。

> 👁 **【大家讲坛 2-2】**
>
> 甲设立个人独资企业"青檬水果店"，委托乙负责日常营业，授权其 20 万元以下的交易可自行决定。一次，乙以水果店名义向丙购进 30 万元的水果。丙认为乙就是老板，依约供货。甲得知后，向丙出示给乙的授权委托书，认为乙行为越权，该交易无效，自己最多只能承担 20 万元的付款义务，余款应由乙支付。双方由此发生争议。
>
> 甲是否可以只承担 20 万元的付款义务？

3. 企业债务清偿

个人独资企业无独立承担民事责任的能力，其投资人对本企业的财产依法享有所有权，企业的权利可以依法进行转让或继承，企业债务也由其投资人承担。当个人独资企业的财产不足以偿还债务时,其投资者要以出资以外的其他个人财产对企业的债务承担无限责任。

如果投资人在申请企业设立登记时,明确以"个人财产"出资的,仅以个人财产对企业债务承担无限责任;如果明确以"家庭共有财产"出资的,必须以家庭共有财产对企业债务承担无限责任。

2.2.3 个人独资企业的解散和清算

1. 企业的解散

个人独资企业的解散,指个人独资企业终止活动,使其民事主体资格消灭的行为。个人独资企业有下列情形之一时,应当解散:投资人决定解散;投资人死亡或者被宣告死亡,无继承人或者继承人决定放弃继承;被依法吊销营业执照;法律法规规定的其他情形。

2. 企业的清算

1) 确定清算人

个人独资企业解散,投资人可以自行清算,但受托人、受聘人、投资人的继承人不能作为清算人;债权人不能要求参加清算,只能申请人民法院指定清算人。

2) 通知和公告债权人

投资人自行清算的,应当在清算前15日内书面通知债权人;无法通知的,应当予以公告。债权人应当在接到通知之日起30日内,未接到通知的应当在公告之日起60日内,向投资人申报其债权。

3) 财产清偿顺序

个人独资企业解散的,财产应当按照下列顺序清偿:所欠职工工资和社会保险费用→所欠税款→其他债务。个人独资企业财产不足以清偿债务的,投资人应当以其个人的其他财产予以清偿。

4) 清算期间和清算后投资人的责任

清算期间,个人独资企业不得开展与清算目的无关的经营活动。在按前述财产清偿顺序清偿债务前,投资人不得转移、隐匿财产。

个人独资企业解散后,原投资人对个人独资企业存续期间的债务仍应承担偿还责任,但债权人在5年内未向债务人提出偿债请求的,该责任消灭。

5) 注销登记

个人独资企业清算结束后,投资人或者人民法院指定的清算人应当编制清算报告,并于清算结束之日起15日内向原登记机关申请注销登记。

2.3 合伙企业法

2.3.1 合伙企业的种类

1. 普通合伙企业

普通合伙企业,是由普通合伙人组成,每个合伙人对合伙企业债务都承担无限连带责任的企业。特殊的普通合伙企业是普通合伙企业的一种特殊形式,某些合伙人在特殊情况下只以其在合伙企业中的财产份额为限承担责任。

2. 有限合伙企业

有限合伙企业,是由普通合伙人和有限合伙人组成,普通合伙人对合伙企业债务承担无限连带责任,有限合伙人以其认缴的出资额为限对合伙企业债务承担责任的企业。

2.3.2 合伙企业的设立

1. 设立条件

1) 有2个以上合伙人

根据《中华人民共和国合伙企业法》(以下简称《合伙企业法》)的规定,设立普通合伙企业必须有2个以上的合伙人,《合伙企业法》对合伙人数的上限未做规定,由设立人根据所设企业的具体情况决定。设立有限合伙企业应有2个以上50个以下的合伙人,至少应当有1个普通合伙人。合伙人可以是自然人、法人和其他组织。合伙人为自然人的,应当具有完全民事行为能力。国有独资公司、国有企业、上市公司以及公益性的事业单位、社会团体不得成为普通合伙人,但可以成为有限合伙人。法律法规禁止从事经营的人员如国家公务员、党政机关领导干部、法官、检察官、警官、商业银行工作人员等不能成为合伙人。

2) 有书面合伙协议

合伙企业是以合伙协议为基础设立的企业,是典型的契约型企业。合伙协议是合伙人之间关于设立合伙企业和相互权利义务关系的合同。合伙协议应当遵循自愿、平等、公平、诚实信用原则由全体合伙人协商一致,以书面形式订立,经全体合伙人签名、盖章后生效。修改或者补充合伙协议,应当经全体合伙人一致同意,合伙协议另有约定的除外。合伙人依照合伙协议享有权利、履行义务,合伙人违反合伙协议的,应当依法承担违约责任。

合伙协议应当载明下列事项:合伙企业的名称和主要经营场所的地点;合伙目的和合伙经营范围;合伙人的姓名或者名称、住所;合伙人的出资方式、数额和缴付期限;利润分配、亏损分担方法;合伙事务的执行;入伙与退伙;争议解决办法;合伙企业的解散与清算;违约责任等。

有限合伙企业合伙协议除符合有关普通合伙企业的规定外,还必须载明法定的其他专门事项。

合伙协议未约定或者约定不明确的事项,或合伙人履行合伙协议发生争议的,合伙人可以通过协商解决。不愿通过协商或者协商不成的,可以按照合伙协议约定的仲裁条款或者事后达成的书面仲裁协议,向仲裁机构申请仲裁。合伙协议中未订立仲裁条款,事后又没有达成书面仲裁协议的,可以向人民法院起诉。

3) 有合伙人认缴或者实际缴付的出资

出资是每个合伙人的法定义务,也是出资人取得合伙人资格的前提。合伙协议生效后,合伙人应当按照合伙协议的规定缴纳出资,并遵守以下规定:

(1) 合伙人可以用货币、实物、知识产权、土地使用权或者其他财产权利出资;合伙人以非货币出资的,需要评估作价的,可以由全体合伙人协商确定,也可以由全体合伙人委托法定评估机构评估。

(2) 普通合伙人可以以劳务出资，有限合伙人不得以劳务出资。合伙人以劳务出资的，其评估办法由全体合伙人协商确定，并在合伙协议中载明。

(3) 合伙人应当按照合伙协议约定的出资方式、数额和缴付期限，履行出资义务。有限合伙人应当按照合伙协议的约定按期足额缴纳出资；未按期足额缴纳的，应当承担补缴义务，并对其他合伙人承担违约责任。

(4) 以非货币财产出资的，依照法律、行政法规的规定，需要办理财产权转移手续的，应当依法办理。

(5) 合伙人按照合伙协议的约定或者经全体合伙人决定，可以增加或者减少对合伙企业的出资。

4) 有合伙企业的名称和生产经营场所

合伙企业的名称应当符合有关法律规定，企业名称中应当含有企业的组织形式。合伙企业的名称不能标有"公司""有限公司""有限责任公司""股份有限公司"等字样，应根据企业种类，普通合伙企业必须标明"普通合伙""特殊普通合伙"字样，有限合伙企业必须标明"有限合伙"字样。

经企业登记机关登记的合伙企业主要经营场所只能有一个，并且应当在其企业登记机关登记管辖区域内。

5) 法律法规规定的其他条件

2. 设立登记

申请设立合伙企业，应当由全体合伙人指定的代表或者共同委托的代理人向企业登记机关提出申请。除企业登记机关能够当场登记的外，登记机关应当自受理申请之日起 20 日内，对符合规定条件的予以登记，发给合伙企业营业执照。合伙企业设立分支机构，应当向分支机构所在地的企业登记机关申请设立登记，领取营业执照。

2.3.3 普通合伙企业的法律规定

1. 企业事务执行

1) 合伙事务的执行方式

(1) 合伙协议可以约定由全体合伙人对外代表合伙企业，共同执行合伙事务，享有同等的权利，都有对外代表权。既可以约定合伙事务由全体合伙人共同做出决定，也可以约定由全体合伙人分别单独执行部分合伙事务。合伙协议未约定或者全体合伙人未决定委托执行事务合伙人的，全体合伙人均有合伙事务执行权。

(2) 按照合伙协议的约定或者经全体合伙人决定，合伙事务可以约定委托一个或部分合伙人对外代表合伙企业，执行合伙事务，其他合伙人不再执行合伙事务，不具有对外代表权。每一合伙人有权将其对合伙事务的执行权委托其他合伙人代理，而自己不参与合伙事务的执行。被委托的合伙人不按合伙协议或者全体合伙人的决定执行事务的，其他合伙人可以决定撤销该委托。

合伙企业对合伙人代表权的限制不得对抗善意第三人。获得某项合伙事务执行权的合伙人，依照授权范围对外代表合伙企业的行为，对全体合伙人发生法律效力。

不执行合伙事务的合伙人有权监督执行事务合伙人执行合伙事务的情况；合伙人有查阅合

伙企业会计账簿等财务资料的权利；合伙人分别执行合伙事务的，执行事务合伙人可以对其他合伙人执行的事务提出异议。

(3) 除合伙协议另有约定外，经全体合伙人一致同意，合伙企业可以聘任合伙人以外的人担任合伙企业的经营管理人员。合伙企业应与受聘人签订书面合同，明确委托的具体内容、授权的范围。

受聘人不是合伙企业的合伙人，应当在合伙企业授权范围内履行职务；其超越合伙企业授权范围履行职务，或者在履行职务过程中因故意或者重大过失给合伙企业造成损失的，依法承担赔偿责任。

受聘人的经理行为，对全体合伙人发生法律效力，合伙企业对受聘人职权的限制不得对抗善意第三人。

2) 合伙人的义务

合伙事务执行人向不参加执行事务的合伙人报告企业经营状况和财务状况；合伙人不得自营或者同他人合作经营与本合伙企业相竞争的业务；除合伙协议另有约定或者经全体合伙人一致同意外，合伙人不得同本合伙企业进行交易；合伙人不得从事损害本合伙企业利益的活动。除依法退伙或法律另有规定的外，合伙人不得请求分割合伙企业财产，也不得私自转移或处分合伙企业财产。

合伙人违反《合伙企业法》规定或者合伙企业的约定，从事与本合伙企业相竞争的业务或者与本合伙企业交易的，该收益归合伙企业所有；给合伙企业或者其他合伙人造成损失的，依法承担赔偿责任。

> 👁 【大家讲坛2-3】
>
> 俞林是某普通合伙企业的合伙人。该合伙企业经营手机销售业务。按合伙企业协议约定，俞林不执行合伙企业事务，所以想自己开一家销售手机的个人独资企业。在俞林和其他合伙人商量这件事时，大多数合伙人没意见，就一个合伙人不同意。俞林认为自己不执行合伙企业事务，自己办个企业也不影响合伙企业经营，希望其他合伙人不要阻拦。
>
> 如果其他合伙人都同意，俞林是否可以开办个人独资企业？能否通过修改合伙协议让俞林达到目的呢？

3) 合伙事务的决议办法

合伙人对合伙企业有关事项做出决议，由合伙协议对决议办法做出约定；合伙协议未约定或者约定不明确的，实行合伙人一人一票并经全体合伙人过半数通过的表决办法。

合伙人分别执行合伙事务的，执行事务合伙人可以对其他合伙人执行的事务提出异议。提出异议时，应当暂停该项事务的执行。如果合伙事务发生争议，按照上述决议办法做出决定。

根据《合伙企业法》第三十一条的规定，除合伙协议另有约定外，合伙企业"改变合伙企业的名称，改变合伙企业的经营范围、主要经营场所的地点，处分合伙企业的不动产，转让或者处分合伙企业的知识产权和其他财产权利，以合伙企业名义为他人提供担保，聘任合伙人以外的人担任合伙企业的经营管理人员"等事项应当经全体合伙人一致同意。

与上述规定类似的，在《合伙企业法》中还有一些需要由全体合伙人或其他合伙人"协商一致""全体合伙人协商确(决)定""一致同意"的规定，如订立、修改或者补充合伙协议，对非货币出资评估作价，委托合伙事务人等。

2. 企业的损益分配

合伙企业的利润分配、亏损分担，按照合伙协议的约定办理；合伙协议未约定或者约定不明确的，由合伙人协商决定；协商不成的，由合伙人按照实缴出资比例分配、分担；无法确定出资比例的，由合伙人平均分配、分担；合伙协议不得约定将全部利润分配给部分合伙人或者由部分合伙人承担全部亏损。

3. 企业财产份额转让

合伙人财产份额的转让，是指合伙人向他人转让其在合伙企业中的全部或者部分财产份额的行为。

合伙人之间转让在合伙企业中的全部或者部分财产份额时，应当通知其他合伙人。

合伙人向合伙人以外的人转让其在合伙企业中的全部或者部分财产份额时，须经其他合伙人一致同意，但合伙协议另有约定的除外。作为合伙人以外的人依法受让合伙财产份额后，即成为合伙企业的合伙人，新的合伙人依照《合伙企业法》和修改后的合伙协议享有权利，承担责任。

合伙人向合伙人以外的人转让其在合伙企业中的财产份额的，在同等条件下，其他合伙人有优先购买权，但合伙协议另有约定的除外。

4. 企业财产份额出质

合伙人财产的出质，是指合伙人以其在合伙企业中的财产份额作为质押标的，与他人签订质押合同，担保债权人债权实现的行为。合伙人以其在合伙企业中的财产份额出质的，须经其他合伙人一致同意，否则，该出质行为无效。由于合伙人以企业财产份额出质可能导致该财产份额依法发生权利转移，所以合伙人擅自以其在合伙企业中的财产份额出质，因此给其他合伙人或善意第三人造成损失的，由行为人依法承担赔偿责任。

> **【大家讲坛 2-4】**
>
> 甲、乙、丙三人投资设立了一家经营运输的普通合伙企业。后甲在向丁借款时，用其在合伙企业中的出资即一辆卡车出质。合伙人乙和丙得知后表示反对，强行将这辆卡车开了回来。后来，甲到期不能偿还丁的借款，丁要求合伙企业赔偿。
>
> 甲的出质行为是否有效？丁的损失应由谁来赔偿？

5. 企业债务清偿

合伙企业对其债务，应当以企业全部财产优先清偿，债权人不应首先向合伙人个人直接请求债权。当合伙企业的全部财产不足以偿付到期债务时，各合伙人应以出资之外的其他个人财产对企业债务承担无限连带责任。

合伙人由于承担连带责任，所清偿数额超过合伙协议约定的分担比例时，该合伙人有权就超过部分向其他未支付或者未足额支付应承担数额的合伙人追偿。确定合伙人债务分担比例的方式，与合伙企业的损益分配方式一致。

> **知识扩展：无限连带责任**
>
> 　　合伙人对合伙企业债务依法承担无限连带责任，法律另有规定的除外。合伙人的无限责任，是指当合伙企业的全部财产不足以偿付到期债务时，各合伙人不是以在合伙企业中的财产份额为限，而是要持续地以出资之外的其他个人的全部财产对企业的债务承担偿还责任，直至清偿完毕。
>
> 　　合伙人的连带责任，是指当合伙企业的全部财产不足以偿付到期债务时，每一个合伙人都有清偿合伙企业全部债务的义务。合伙协议对合伙人之间债务分担比例的约定对债权人没有约束力，债权人可以请求全体合伙人中的一人或者数人承担全部或部分清偿责任，也可以按照自己的意愿向各合伙人分别追索。合伙人不得以其出资的份额大小、合伙企业债务另有担保人、合伙协议的约定等理由拒绝承担无限连带责任。

6. 合伙人债务清偿

合伙人发生与合伙企业无关的个人债务，应先以其自有财产清偿。合伙人自有财产不足以清偿的，该合伙人可以以其从合伙企业中分取的收益用于清偿；债权人也可以依法请求人民法院强制执行该合伙人在合伙企业中的财产份额用于清偿。

相关债权人不得以其债权抵销其对合伙企业的债务，也不得代位行使合伙人在合伙企业中的权利。

人民法院强制执行合伙人的财产份额时，应当通知全体合伙人，其他合伙人有优先购买权；其他合伙人未购买，又不同意将该财产份额转让给他人的，依法为该合伙人办理退伙结算，或者办理削减该合伙人相应财产份额的结算。

> **【大家讲坛2-5】**
>
> 　　甲是A普通合伙企业的合伙人，因故欠合伙企业以外的乙人民币10万元，无力用个人财产清偿，算上甲从A合伙企业分得的收益仍不够偿还。乙想代替甲行使在A合伙企业的权利，直接变卖甲在A合伙企业的财产份额用于清偿，遭到A合伙企业反对。因为乙也有欠A合伙企业的部分货款未能偿还，所以乙又想用甲的欠款抵销。
> 　　乙的想法是否有法律依据？

7. 入伙

入伙，是指在合伙企业存续期间，合伙人以外的第三人加入合伙企业并取得合伙人资格的法律行为。

1) 入伙的条件和程序

新合伙人入伙，除合伙协议另有约定外，应当经全体合伙人一致同意，并依法订立书面入伙协议。订立入伙协议时，原合伙人应将原合伙企业的经营状况和财务状况如实告知新合伙人。

2) 新合伙人的权利和责任

新合伙人与原合伙人享有同等权利，承担同等责任；入伙协议另有约定的，从其约定。新合伙人对入伙前合伙企业的债务承担无限连带责任，不论入伙人与原合伙人就此问题是否有其他约定，其约定都不得对抗合伙企业的债权人。

8. 退伙

退伙，是指在合伙企业存续期间合伙人退出合伙企业并消灭其合伙人资格的法律行为。

1) 退伙的原因

退伙的原因包括自愿退伙和法定退伙，如表 2-1 所示。

(1) 自愿退伙，是指合伙人基于自愿的意思表示而退伙，包括协议退伙和通知退伙。

(2) 法定退伙，是指合伙人因出现法律规定的事由而退伙，分为当然退伙和除名退伙。

表 2-1 退伙的原因

自愿退伙		法定退伙	
协议退伙	通知退伙	当然退伙	除名退伙
合伙协议约定了合伙期限的，有下列情形之一，合伙人可以退伙： (1) 合伙协议约定的退伙事由出现 (2) 经全体合伙人一致同意 (3) 发生合伙人难以继续参加合伙的事由 (4) 其他合伙人严重违反合伙协议约定的义务	合伙协议未约定合伙期限的，有下列情形，合伙人可以退伙： 合伙人在不给合伙企业事务执行造成不利影响的情况下，可以退伙，但应当提前 30 日通知其他合伙人	合伙人有下列情形之一的，应当退伙： (1) 自然人死亡或者被依法宣告死亡 (2) 个人丧失偿债能力 (3) 法人或者其他组织依法被吊销营业执照、责令关闭、撤销，或者被宣告破产 (4) 必须具有相关资格而丧失该资格 (5) 合伙人在合伙企业中的全部财产份额被强制执行	合伙人有下列情形之一的，经其他合伙人一致同意，可决议将其除名： (1) 未履行出资义务 (2) 因故意或者重大过失给合伙企业造成损失 (3) 执行合伙事务时有不正当行为 (4) 发生合伙协议约定的退伙事由

合伙人被依法认定为无民事行为能力人或者限制民事行为能力人的，经其他合伙人一致同意，可以依法转为有限合伙人，普通合伙企业依法转为有限合伙企业。其他合伙人未能一致同意的，该无民事行为能力或者限制民事行为能力的合伙人退伙。

2) 合伙人资格和财产的继承

合伙人死亡或依法宣告死亡，合伙人的合法继承人可以继承该合伙人在合伙企业中的合伙人资格或财产份额。具体情形如下：

继承人如果具备完全民事行为能力，按照合伙协议约定或者经全体合伙人一致同意，从继承开始之日起，可取得普通合伙人资格。继承人为无民事行为能力人或者限制民事行为能力人的，经全体合伙人一致同意，可以依法成为有限合伙人，普通合伙企业依法转为有限合伙企业。全体合伙人未能一致同意的，合伙企业应当将被继承合伙人的财产份额退还该继承人。

有下列情形之一的，合伙企业应当向合伙人的继承人退还被继承合伙人的财产份额：继承人不愿意成为合伙人；法律规定或者合伙协议约定合伙人必须具有相关资格，而该继承人未取得该资格；合伙协议约定不能成为合伙人的其他情形。

3) 退伙结算

合伙人退伙，其他合伙人应当与该退伙人按照退伙时的合伙企业财产状况进行结算，退还退伙人的财产份额。如有未了结的事务，则等到了结后清算。退还财产的办法，依合伙协议约定或者由全体合伙人决定，可以退还货币，也可以退还实物。退伙人对给合伙企业造成的损失负有赔偿责任的，应相应扣减其应当赔偿的数额。

合伙人退伙时，合伙企业财产少于合伙企业债务的，退伙人的分担方式与合伙企业的损益分配方式一致。

退伙人不论退伙时是否承担了其应承担的合伙企业债务份额，对基于其退伙前的原因发生的合伙企业债务，承担无限连带责任。退伙人履行了无限连带责任后有权向其他合伙人追偿。

> 【大家讲坛2-6】
>
> 　　某普通合伙企业合伙人甲死亡，其未成年子女乙是其唯一合法继承人。乙认为自己因继承甲合伙企业的财产份额自动取得合伙人资格，其他合伙人认为乙可以继承甲的财产份额，但不能成为合伙人。
> 　　乙怎样才能成为合伙企业的合伙人？

9. 特殊的普通合伙企业

1) 特殊的普通合伙企业的概念与法律适用

特殊的普通合伙企业，是指以专业知识和专门技能为客户提供有偿服务的专业服务机构，如会计师事务所、医师事务所、律师事务所等，可以设立为特殊的普通合伙企业。特殊的普通合伙企业必须在其企业名称中标明"特殊普通合伙"字样，以区别于普通合伙企业。在法律适用上，除《合伙企业法》对特殊的普通合伙企业的专门规定外，适用有关普通合伙企业的规定。

2) 特殊的普通合伙企业的责任形式

特殊的普通合伙企业责任形式的确定，关键取决于造成合伙企业损失的合伙人执业时的主观心理状态。合伙人在执业活动中因故意或者重大过失造成合伙企业债务的，应当承担无限责任或者无限连带责任，其他合伙人以其在合伙企业中的财产份额为限承担责任；非因故意或者重大过失造成的，由全体合伙人承担无限连带责任。所谓重大过失，是指明知可能造成损失而轻率地作为或者不作为。

部分合伙人执业活动中因故意或者重大过失造成的合伙企业债务的，以合伙企业财产对外承担责任后，该合伙人应当按照合伙协议的约定对给合伙企业造成的损失承担赔偿责任。

2.3.4 有限合伙企业的法律规定

在法律适用上，除《合伙企业法》中对有限合伙企业的特殊规定外，适用有关普通合伙企业及其合伙人的一般规定。

1. 企业事务执行

1) 合伙事务的执行方式

有限合伙企业由普通合伙人执行合伙事务，有限合伙人不执行合伙事务，不得对外代表有限合伙企业。

有限合伙人的下列行为，不视为执行合伙事务：参与决定普通合伙人入伙、退伙；对企业的经营管理提出建议；参与选择承办有限合伙企业审计业务的会计师事务所；获取经审计的有限合伙企业财务会计报告；对涉及自身利益的情况，查阅有限合伙企业财务会计账簿等财务资料；在有限合伙企业中的利益受到侵害时，向有责任的合伙人主张权利或者提起诉讼；执行事务合伙人怠于行使权利时，督促其行使权利或者为了本企业的利益以自己的名义提起诉讼；依法为本企业提供担保。

2) 有限合伙人权利

有限合伙人可以同本企业进行交易，但合伙协议另有约定的除外。有限合伙人可以自营或者同他人合作经营与本有限合伙企业相竞争的业务，但合伙协议另有约定的除外。合伙企业如果限制有限合伙人的上述权利，应当在合伙协议中做出约定。

> 【大家讲坛 2-7】
>
> 　　胡鹏是一个有限合伙企业的有限合伙人，很少过问企业事务。2018 年，企业讨论转让合伙企业的知识产权和为第三人提供担保的事情也没和他商量，胡鹏虽然有些不高兴也没作声。2019 年，该合伙企业吸收一个普通合伙人又没让他参加，而且给企业的经营管理提点建议的机会都没有给他，胡鹏觉得自己在企业里可有可无。
> 　　胡鹏可以参与合伙企业的上述活动吗？

2. 企业损益分配

有限合伙企业不得将全部利润分配给部分合伙人，但是合伙协议另有约定的除外。有限合伙协议不得约定由部分合伙人承担全部亏损。

3. 企业财产出质与转让

有限合伙人可以将其在有限合伙企业中的财产份额出质，但是合伙协议另有约定的除外。有限合伙人可以按照合伙协议的约定向合伙人以外的人转让其在有限合伙企业中的财产份额，但应当提前 30 日通知其他合伙人。

4. 企业债务清偿

合伙企业对其债务应依法先以合伙企业财产清偿，当合伙企业的全部财产不足以清偿其债务时，有限合伙人仅以出资额为限对企业债务承担有限责任。

第三人有理由相信有限合伙人为普通合伙人并与其交易的，该有限合伙人对该笔交易承担与普通合伙人同样的责任。有限合伙人未经授权以有限合伙企业名义与他人进行交易，给有限合伙企业或者其他合伙人造成损失的，该有限合伙人应当承担赔偿责任。

5. 合伙人债务清偿

有限合伙人的自有财产不足清偿其与合伙企业无关的债务的，该合伙人可以以其从有限合伙企业中分取的收益用于清偿；债权人也可以依法请求人民法院强制执行该合伙人在有限合伙企业中的财产份额用于清偿。人民法院强制执行有限合伙人的财产份额时，应当通知全体合伙人。在同等条件下，其他合伙人有优先购买权。

6. 入伙

新入伙的有限合伙人对入伙前有限合伙企业的债务，以其认缴(而非实缴)的出资额为限承担责任。

7. 退伙

有限合伙人退伙适用普通合伙人的规定，但有限合伙人个人丧失偿债能力不构成当然退伙的原因。企业存续期间，作为有限合伙人的自然人丧失民事行为能力的，其他合伙人不得因此要求其退伙。作为有限合伙人的自然人死亡、被依法宣告死亡或者作为有限合伙人的法人及其他组织终止时，其继承人或者权利承受人可以依法取得该有限合伙人在有限合伙企业中的资格。

有限合伙人退伙后，对基于其退伙前的原因发生的有限合伙企业债务，以其退伙时从有限合伙企业中取回的财产承担责任。

8. 合伙人性质转变

普通合伙人转变为有限合伙人，或者有限合伙人转变为普通合伙人的，其对合伙企业的权利义务相应会发生一些变化，具体规定如下。

除合伙协议另有约定外，普通合伙人转变为有限合伙人，或者有限合伙人转变为普通合伙人，应当经全体合伙人一致同意。有限合伙人转变为普通合伙人的，对其作为有限合伙人期间有限合伙企业发生的债务承担无限连带责任。普通合伙人转变为有限合伙人的，对其作为普通合伙人期间合伙企业发生的债务承担无限连带责任。

如果合伙人性质转变后，有限合伙企业仅剩有限合伙人的，应当解散；有限合伙企业仅剩普通合伙人的，转为普通合伙企业。

2.3.5 合伙企业的解散和清算

1. 合伙企业的解散

合伙企业的解散，指合伙企业终止活动，使其民事主体资格消灭的行为。合伙企业有下列情形之一的，应当解散：合伙期限届满，合伙人决定不再经营；合伙协议约定的解散事由出现；全体合伙人决定解散；合伙人已不具备法定人数满 30 天；合伙协议约定的合伙目的已经实现或者无法实现；依法被吊销营业执照、责令关闭或者被撤销；法律、行政法规规定的其他原因。

合伙人已不具备法定人数主要指：合伙人退伙导致普通合伙企业只剩一名合伙人；合伙人退伙或性质转变导致有限合伙企业仅剩有限合伙人。

2. 合伙企业的清算

1) 确定清算人

合伙企业解散，依法由清算人进行清算。清算人应当自被确定之日起 10 日内，将清算人成员名单向企业登记机关备案。外商投资合伙企业解散的，应当依照《合伙企业法》的规定进行清算。

清算人应由全体合伙人担任；如果不能由全体合伙人担任清算人的，经全体合伙人过半数同意可以自企业解散之日起 15 日内指定一名或数名合伙人或者委托第三人担任清算；自合伙企业解散事由出现之日起 15 日内未确定清算人的，合伙人或者其他利害关系人可以申请由人民法院指定清算人。

2) 通知和公告债权人

清算人自被确定之日起 10 日内将合伙企业解散事项通知债权人，并于 60 日内在报纸上公告。债权人应当自接到通知书之日起 30 日内，未接到通知书的自公告之日起 45 日内，向清算人申报债权。债权人申报债权，应当说明债权的有关事项，并提供证明材料。清算人应当对债权进行登记。

3) 财产清偿顺序

合伙企业解散的，合伙企业财产清偿按如下顺序进行。

(1) 合伙企业的财产首先用于支付合伙企业的清算费用。清算费用包括：管理合伙企业财产的费用；处分合伙企业财产的费用；清算过程中的通告、调查诉讼费用等。

(2) 支付合伙企业的清算费用后的清偿顺序如下：支付职工工资、社会保险费用和法定补偿金→缴纳所欠税款→清偿企业债务。合伙企业财产依法清偿后仍有剩余时，剩余财产的分配方式与合伙企业的损益分配方式一致。其中，法定补偿金主要是指法律法规所规定的应当支付给职工的补偿金，如《中华人民共和国劳动合同法》规定的解除劳动合同的补偿金。

4) 清算期间和清算后投资人的责任

清算期间，合伙企业不得开展与清算无关的经营活动。

合伙企业不能清偿到期债务的，债权人可以依法向人民法院提出破产清算申请，也可以要求普通合伙人清偿。合伙企业依法被宣告破产的，普通合伙人对合伙企业债务仍应承担无限连带责任。合伙企业注销后，原普通合伙人对合伙企业存续期间的债务仍应承担无限连带责任。

5) 注销登记

清算结束，清算人应当编制清算报告，经全体合伙人签名、盖章后，在 15 日内向企业登记机关报送清算报告，申请办理合伙企业注销登记。经企业登记机关注销登记，合伙企业终止。

> **【大家讲坛2-8】**
>
> 某普通合伙企业经营期间，吸收甲入伙。甲入伙前合伙企业已负债 20 万元。甲入伙 1 年后退伙，在此期间合伙企业新增债务 10 万元。甲退伙后半年，合伙企业经营状况仍无好转，又增债务 100 万元，企业只好解散。企业以全部财产清偿债务后，尚有 80 万元债务不能清偿。
>
> 甲应对该企业的哪些债务承担责任？

2.4 公司法概述

2.4.1 公司分类

1. 有限责任公司和股份有限公司

公司按资本或股份的组成方式分为有限责任公司和股份有限公司。

有限责任公司，是指由符合法律规定的股东出资设立，股东以其出资额为限对公司承担责任，公司以其全部资产对公司的债务承担责任的企业法人。其中，依照我国《公司法》规定，由一个自然人或者一个法人股东持有公司全部出资的有限责任公司，称为一人有限责任公司；由国家单独出资、由国务院或者地方人民政府授权本级人民政府国有资产监督管理机构履行出资人职责的有限责任公司称为国有独资公司。股份有限公司，是指公司全部资本分为等额股份，股东以其所持股份对公司承担有限责任、公司以其全部资产对公司债务承担责任的企业法人。

其中，依照我国《公司法》规定，所发行股票经过有关主管部门批准，在证券交易所公开上市交易的股份有限公司称为上市公司。

> **知识扩展：上市公司**
>
> 　　上市公司是指股票经证券监督机构批准在证券交易所挂牌交易的股份有限公司。公司股票上市，可以从证券市场筹措大量资金，提高公司声誉，便于自由交易股票。但法律对公司股票上市的要求比较高。
>
> 　　并且，上市公司要置于公众监督之下，对公司信息披露的要求更高，这也可以促进公司进一步改善经营。

2. 本公司和分公司

公司按内部管辖关系分为本公司和分公司。

分公司是公司依法设立的以本公司名义进行经营活动，其法律后果由本公司承担的分支机构。相对分公司而言，设立分公司的公司称为本公司或总公司。分公司没有自己独立的名称、健全的组织机构、独立的财产，并非真正意义上的公司。但取得营业执照的公司分支机构，具有相对独立的民事主体资格，在公司法人授权范围内以自己的名义从事营业活动，其民事责任由本公司承担。分公司的民事责任可以先由其财产承担，不能承担的部分由总公司承担。

3. 母公司和子公司

公司按控制或从属关系分为母公司和子公司。

母公司是指持有其他公司一定数额股份，或根据协议能够实际控制其他公司的公司。子公司是指一定比例以上的股份被另一公司持有，或根据协议受到另一公司实际控制的公司。母子公司之间虽然存在控制或从属关系，但它们都具有法人资格，在法律上是彼此独立的企业。

4. 公众公司和非公众公司

股份有限公司按股票发行对象分为公众公司和非公众公司。

公众公司是指向不特定对象公开转让股票，或向特定对象发行或转让股票导致股东人数超过200人的股份有限公司。公众公司分为上市公司和非上市公众公司。公众公司中符合法律规定的条件，在证券交易所上市交易的，称为上市公司；反之，称为非上市公众公司。非公众公司则是指仅有特定对象持有股权且股东人数少于200人的企业。

5. 关联公司

关联公司是指两个以上彼此存在直接或者间接控制关系，以及可能导致公司利益转移的其他关系的公司。关联关系是指公司之间在控股股东、实际控制人、董事、监事、高级管理人员等方面，存在导致企业之间直接或者间接控制的关系。公司实际控制人是指虽不是公司的股东，但通过投资关系、协议或者其他安排，能够实际支配公司行为的人。不过，按照中国证监会颁布的《上市公司收购管理办法》的规定，公司实际控制人包括 "公司控股股东"。

为防止关联公司间的交易损害社会公众利益，《公司法》和《证券法》都有规范和约束关联公司和关联交易的规定。公司的控股股东、实际控制人、董事、监事、高级管理人员不得利用其关联关系损害公司利益，若其违法行为给公司造成损失的，应当承担赔偿责任。

2.4.2 公司法人财产权

1. 公司法人财产

公司法人财产是指公司设立时由股东出资构成的公司资本和公司存续期间获得的财产的总和。公司资本是公司设立时在登记机关登记的财产数额，一旦确定，非经法律程序不能随意改变；而公司法人财产则会随公司经营活动的盈亏或其他经济行为不断变化。

2. 公司法人财产权

公司资本由股东出资构成，股东原财产所有权在公司中转换为公司法人财产权和股东权，实行两权分离。公司对上述财产独立享有占有、使用、收益和处分的权利，就是公司法人财产权。

公司法人财产权的行使必须通过公司组织机构形成和表示，该组织机构的行为就是公司行为。公司组织机构是代表公司实施法律行为，行使相应职权的公司管理机构，包括股东会、董事会、监事会和经理机构。公司对外行为由公司的法定代表人或其授权的代理人实施，其行为后果由公司承受。

同时，《公司法》对法人财产权的行使有所限制，这些限制主要包括以下几方面。

1) 对投资对象的限制

公司可以向其他企业投资，但除法律另有规定外，不得成为对所投资企业的债务承担连带责任的出资人。如国有独资公司、上市公司不得成为合伙企业的普通合伙人。

2) 对投资、担保和借款行为的限制

公司向其他企业投资或者为他人提供担保，依照公司章程的规定，由董事会或股东(大)会决议。

《公司法》对公司向其他企业投资或者为他人提供担保的数额并没有限制，公司章程对投资或者担保的总额及单项投资或者担保的数额有限额规定的，不得超过公司章程的限制。

为公司股东或实际控制人提供担保，必须经股东(大)会决议。上述被担保人不得参加该事项表决，由出席会议的其他股东所持表决权过半数通过。

未经股东(大)会或董事会同意，董事、高级管理人员不得将公司资金借贷给他人或者以公司财产为他人提供担保。

3) 对发行债券的限制

公司公开发行公司债券，债券累计余额不超过公司净资产的40%。

2.4.3 股东权

1. 股东

股东是指持有公司股份或出资的人。无论是因出资或认购，还是通过转让或继承等方式成为公司股东，除另有约定外，股东依据所持出资额或股份比例享有平等的权利和承担同等的义务。

股东可以是自然人，也可以是法人或非法人组织。但是，自然人作为发起人股东应当具备完全行为能力；法律禁止设立公司的自然人，不能作为公司的股东。对公司发起人的国籍和住所有要求的，应当遵守有关规定。

> **知识扩展：名义股东**
>
> 实际出资人与名义出资人约定，由名义出资人代持股权，在股东名册等公司登记信息上出现，作为名义股东(显名股东)，而由实际出资人(隐名股东)出资并享有投资权益。现实经营中，很多出资人会基于各种原因选择由第三方代持其股权。

2. 股东权

股东权是指股东因持有公司股份而对公司享有的权利，也称之为股东权或股权。公司资本由股东出资构成，但股东不再直接控制和支配这部分财产，而因其投资行为对公司享有资产收益、参与重大决策、选择管理者等权利。股东权与公司法人权之间既彼此独立又相互制衡，股东不能因为拥有股权而直接干涉公司法人权的行使，公司也不能因为拥有公司法人权而妨碍股东对股权的行使。股东权主要包括以下内容。

1) 表决权

股东可以亲自出席或者委托代理人出席股东(大)会，对会议事项有表决权。股东行使表决权，一般按照一股一票或者按照出资比例行使，法律另有规定除外。

2) 选举权和被选举权

股东有权通过股东(大)会选举公司的董事或者监事，也有权在符合法定任职资格的条件下，被选举为公司的董事或者监事。

3) 依法转让出资额或者股份的权利

法律禁止股东出资获得公司股权后从公司抽逃资产，但允许股东为了转移投资风险或者收回投资并获得相应的利益而转让其出资或者股份。

4) 知情权

股东作为投资人有获取公司信息的权利。

有限责任公司的股东有权查阅、复制公司章程、股东会会议记录、董事会会议决议、监事会会议决议和财务会计报告。股东可以要求查阅公司会计账簿，但应当向公司提出书面请求，说明目的。公司有合理根据认为股东查阅会计账簿有不正当目的，可能损害公司合法利益的，可以拒绝提供账簿，股东可以请求人民法院要求公司提供。

股份有限公司的股东有权查阅公司章程、股东名册、公司债券存根、股东大会会议记录、董事会会议决议、监事会会议决议、财务会计报告。

5) 建议和质询权

股东有权对公司的经营提出建议和质询；股东(大)会要求董事、监事、高级管理人员列席会议的，董事、监事、高级管理人员应当列席并接受股东质询。

6) 新股优先认购权

公司新增资本时，股东有权优先按照实缴的出资比例认缴出资。但是，全体股东可以事先约定不按照出资比例优先认缴出资。

7) 股利分配请求权

股东有权按照出资比例请求分得股息红利，但公司的全体股东可以约定不按照出资比例分取红利。股份有限公司按照股东持有的股份比例分配，但股份有限公司章程规定不按持股比例分配的除外。

8) 提议召开临时股东(大)会的权利

有限责任公司代表 1/10 以上表决权的股东，可以提议召开临时股东(大)会。股份有限公司单独或者合并持有 10%以上表决权的股东，可以提议召开临时股东大会。

9) 临时提案权

股份有限公司有单独或者合计持有公司 3%以上股份的股东，可以在股东大会召开 10 日前提出临时提案并书面提交董事会；董事会应当将该临时提案提交股东大会审议。

10) 异议股东股权(股份)回购请求权

股东(大)会做出对股东利害关系产生实质性影响的决议时，对该决议有异议的股东，有权要求公司以公平价格回购其所持出资额或者股份。

11) 申请人民法院解散公司的权利

公司经营管理发生严重困难，继续存续会使股东利益受到重大损失，通过其他途径不能解决的，持有公司全部股东表决权 10%以上的股东，可以请求人民法院解散公司。

12) 公司剩余财产分配请求权

公司终止后，向其全体债权人清偿债务之后尚有剩余财产的，股东有权请求分配。

13) 股东诉讼权

股东(大)会、董事会的行为违反法律或公司章程，或者公司、股东的合法权益受到侵害，股东有权以自己的名义提起诉讼。股东诉讼包括股东直接诉讼和股东代表诉讼。

(1) 股东直接诉讼，是指公司股东(大)会、董事会、董事、监事、高级管理人员或其他股东的行为违反法律或公司章程，损害股东利益的，该股东以自己的名义起诉公司或其他侵害人。

(2) 股东代表诉讼也称股东间接诉讼，是指公司的合法权益受到不法侵害，而公司却怠于向违法行为人请求损害赔偿时，具备法定资格的股东以自己的名义起诉违法行为人，所获损害赔偿归于公司。股东代表诉讼的具体内容包括：

董事、监事、高级管理人员执行公司职务时违反法律、行政法规或者公司章程的规定，给公司造成损失的，应当承担赔偿责任。董事、高级管理人员有上述情形的，有限责任公司的股东、股份有限公司连续 180 日以上单独或者合计持有公司 1%以上股份的股东，可以书面请求监事会或者不设监事会的有限责任公司的监事代表公司提起诉讼；监事有上述情形的，前述股东可以书面请求董事会或者不设董事会的有限责任公司的执行董事代表公司提起诉讼。

监事会、不设监事会的有限责任公司的监事，或者董事会、执行董事收到前款规定的股东书面请求后拒绝提起诉讼，或者自收到请求之日起 30 日内未提起诉讼，或者情况紧急、不立即提起诉讼将会使公司利益受到难以弥补的损害的，前述规定的股东有权为了公司的利益以自己的名义直接向法院提起诉讼。

他人侵犯公司合法权益，给公司造成损失的，符合前述规定的股东可以依照以上规定提起诉讼。

【大家讲坛 2-9】

杨某持有甲有限责任公司 10%的股权。该公司未设立董事会和监事会。杨某发现公司执行董事何某(持有该公司 90%股权)将公司产品低价出售给其妻开办的公司，遂书面向公司监事姜某反映，姜某出于私情未予过问。于是，杨某提请召开临时股东会会议，要求解

> 除何某的执行董事职务,公司不予回应。气愤之下,杨某要求公司以合理的价格回购自己的股份。
>
> 　　杨某有权提请召开临时股东会会议吗?杨某可以要求公司以合理的价格回购自己的股份吗?杨某可以为了公司的利益起诉董事何某吗?

3. 依法行使股东权

1) 不损害公司或者其他股东利益

公司股东应当遵守法律、行政法规和公司章程,依法行使股东权,不得滥用股东权损害公司或者其他股东的利益,如果滥用股东权给公司或者其他股东造成损失的,应当依法承担赔偿责任。例如,控股股东利用优势地位进行关联交易,使自己获益而损害公司及其他股东利益,就属于这种滥用股东权的行为。

2) 不损害公司债权人利益

公司股东不得滥用公司法人独立地位和股东有限责任损害公司债权人的利益。公司以其全部资产为限对其债务独立承担民事责任,一般不涉及股东个人财产;股东以其认缴的出资额或认购的股份为限对公司承担责任,并不直接对公司债务承担责任。当公司的全部财产不能清偿其债务时,法律免除其剩余债务责任;股东也不必再投入其他个人财产替公司承担未清偿债务。以上体现了公司的独立人格和其股东的有限责任。

▎**知识扩展:公司法人人格的否认**

> 　　当公司股东滥用公司法人独立人格和股东有限责任以逃避公司债务,严重损害公司债权人利益的,应当对公司债务承担连带责任。例如,大股东抽逃出资,操纵公司,隐匿、转移公司资产,致使公司无法清偿债务,就属于这种滥用公司法人独立人格和股东有限责任的行为。一人有限责任公司的股东不能证明公司财产独立于股东自己财产的,应当对公司债务承担连带责任。这些特定情形下,否认公司的独立人格和其股东的有限责任的法律制度,称为公司法人人格的否认。

2.4.4 公司设立程序

1. 签订发起人协议

发起人就公司设立过程中的相关事项进行约定,签订发起人协议。发起人协议一般应包括以下内容:各发起人的基本情况,将成立公司的宗旨、目的,公司资本总额,各发起人认缴的份额或股份数额及认缴方式,发起人在公司设立过程中的权利义务等。协议对发起人权利义务的约定,不影响发起人作为一个整体对外承担责任和义务。

2. 公司名称预先核准

企业名称在企业申请登记时就应由登记主管机关核定。《公司登记管理条例》规定,设立公司应当申请名称预先核准。需要前置审批的,应当在报送批准前办理公司名称预先核准,并以公司登记机关核准的公司名称报送批准。

申请名称预先核准,应当由全体股东或发起人指定的代表或者共同委托的代理人向公司登记机关提出申请。预先核准的公司名称保留期为 6 个月。在保留期内，预先核准的公司名称不得用于从事经营活动，不得转让。保留期届满不办理开业登记的，其公司名称自动失效。

3. 订立公司章程

公司章程是由设立公司的股东共同制定的，规定公司名称、住所、经营范围、经营管理制度等重大事项，调整公司内部关系和经营行为的公司规范性文件。公司经公司登记机关核准登记后，公司章程即对外产生法律效力，对公司、股东、董事、监事、高级管理人员具有约束力，依公司章程与公司进行经济交往依法得到保护。

设立有限责任公司由股东共同依法制定公司章程；一人有限责任公司的公司章程由股东制定；国有独资公司章程由国有资产监督管理机构制定，或者由董事会制订报国有资产监督管理机构批准。设立股份有限公司由发起人制定公司章程；采用募集设立股份有限公司的，公司章程还须经公司创立大会通过。公司章程制定之后，发起人或股东应当在公司章程上签名、盖章。

4. 认缴出资

公司的发起人或股东应认足公司章程规定的出资额。股东可以用货币出资，也可以用实物、知识产权、土地使用权等能够用货币估价并可依法转让的非货币财产作价出资，但是股东不得以劳务、信用、自然人姓名、商誉、特许经营权或者设定担保的财产等作价出资。

股东以货币出资的，应当将货币出资足额存入有限责任公司在银行开设的账户；股东以其持有的在中国境内设立的公司股权作为出资的，股权应当权属清晰并依法可以转让；股东以非货币财产出资的，应当如实评估作价，并依法办理其财产权的转移手续；股份有限公司的注册资本应当划分为股份，且各股金额应为均等。

5. 选举董事会、监事会

设立有限责任公司和发起设立股份有限公司的，股东或发起人认足公司章程规定的出资后，应当选举董事会(执行董事)和监事会(监事)；募集设立股份有限公司的，由创立大会选举董事会和监事会。

6. 设立登记

1) 申请设立

申请人应当按照企业登记法律的规定如实向企业登记机关提交有关材料和反映真实情况，并对其申请材料内容的真实性负责。

设立有限责任公司，应当由全体股东指定的代表或者共同委托的代理人向公司登记机关申请设立登记。设立股份有限公司，应当由董事会向公司登记机关申请设立登记。公司设立分公司，应当自决定做出之日起 30 日内向分公司所在地的公司登记机关申请登记。

2) 审查和受理

公司登记机关收到登记申请后，应当对申请材料是否齐全、是否符合法定形式进行审查，做出是否受理的决定。

3) 做出登记决定

公司登记机关对决定受理的登记申请，应当根据情况在规定的期限内做出是否准予登记的决定。做出准予企业设立登记的，应当告知申请人自决定之日起 10 日内，领取营业执照。营业执照签发日期，为公司成立之日。

> **知识扩展：证照分离**
>
> "证照"是经营者进入市场的两道坎。所谓"证",指的是各相关政府主管部门颁发的经营许可证;所谓"照",指的是企业登记机关颁发的营业执照。以前要开办一家企业,常常要先取得主管部门的经营许可证,才能到企业登记机关申办营业执照,这就是"前置审批"制度。目前,我国已实行了"证照分离"的登记制度改革,实现了市场准入领域的"先照后证",经营者只要到企业登记部门领取一个营业执照,就可以从事一般性的生产经营活动。如果从事需要取得经营许可的生产经营活动,还要到相关政府主管部门取得经营许可证。例如,要开一家餐馆,取得营业执照后可以先采购原材料、招聘员工、办理贷款等。但要正式营业,还要到食品药品监督管理部门办理《食品经营许可证》。

2.4.5 公司登记事项

公司申请登记的事项应当符合法律、行政法规的规定,否则登记机关不予登记。公司未经登记的事项,不得对抗第三人。《公司登记管理条例》列举的公司应当登记的事项主要包括如下内容。

1. 公司名称

公司名称是公司法律人格的文字符号,是其区别于其他公司、企业的识别标志。公司名称在公司申请登记时,经登记主管机关核准登记后方可使用,在规定的范围内享有独占、专用的权利。根据《公司法》《公司登记管理条例》《企业名称登记管理规定》的规定,公司应当依法选择自己的名称,登记主管机关有权纠正已登记注册的不适宜的企业名称。

1) 公司名称的基本规定

公司只准使用一个名称,经核准登记的公司名称受法律保护。在登记主管机关辖区内不得与已登记注册的同行业企业名称相同或者近似。公司名称中不得含有其他法人或企业的名称,公司分支机构名称应当冠以其所从属企业的名称。

2) 公司名称的组成部分

(1) 所属的行政区划名称,即公司所在地的省、自治区、直辖市或市、州、县、市辖区行政区划名称。

(2) 字号,即公司的特有名称。字号应当由两个以上的字组成,可以使用自然人投资人的姓名作为字号。公司有正当理由可以使用本地或者异地地名作为字号,但不得使用县以上行政区划名称作为字号。

(3) 行业特点,即显示公司业务所属行业和经营特点。

(4) 组织形式,即公司类型,表明是有限责任公司还是股份有限公司。

> **知识扩展：公司名称使用的文字**
>
> 公司名称应当使用汉字,民族自治地方的企业名称可以同时使用本自治地方通用的民族文字。公司使用外文名称的,其外文名称应当与中文名称相一致。
>
> 公司名称不得含有下列内容和文字:有损于国家、社会公共利益的;可能对公众造成欺骗或者误解的;其他国家(地区)、国际组织名称;政党、党政军机关、群众组织、社会团体名称及部队番号;不符合国家规范的汉字、汉语拼音字母、阿拉伯数字(外文名称中使用的除外);其他法律、行政法规规定禁止的内容和文字。同时,公司名称也不应当明示或者暗示有超越其经营范围的业务。

2. 公司住所

公司以其主要办事机构所在地为住所，在公司登记时确定。公司的住所应当在其公司登记机关辖区内。一个公司可以有多个经营场所，但登记的住所只能有一个。

3. 法定代表人姓名

公司法定代表人依照公司章程的规定，可以由董事长、执行董事或者经理担任。担任公司法定代表人的人应当符合有关法律法规以及规章规定的任职资格和条件。

4. 注册资本和实收资本

注册资本是指公司成立时注册登记的资本总额，这是公司股东对公司享有权利和承担义务的依据。注册资本额是股东认缴资本的总额而非实缴资本，实缴资本即公司实收资本，是指公司成立时实际收到的股东的出资总额，可能等于或小于注册资本。当全体股东将认缴股份的出资额全部缴清时，实缴资本才等于注册资本。公司实收资本按现行《公司法》不再作为登记事项。

有限责任公司的注册资本为在公司登记机关依法登记的全体股东认缴的出资额。股份有限公司采取发起设立方式设立的，注册资本为在公司登记机关依法登记的全体发起人认购的股本总额；股份有限公司采取募集设立方式设立的，注册资本为在公司登记机关依法登记的实收股本总额。

5. 公司类型

公司类型是指公司登记时须标明的组织形式，如有限责任公司必须在公司名称中标明"有限责任公司"或者"有限公司"字样；股份有限公司必须在公司名称中标明"股份有限公司"或者"股份公司"字样。

6. 经营范围

经营范围即公司生产和经营的商品类别、品种及服务项目。经营范围由公司章程规定，并应依法登记。公司的经营范围中属于法律、行政法规规定须经批准的项目，应当依法经过批准。公司可以修改公司章程，改变经营范围，但是应当办理变更登记。

7. 营业期限

营业期限是公司存续的有效时间。我国《公司法》对公司的营业期限没有做特别规定，可由公司章程规定一定期限或不规定期限；营业期限届满时，股东(大)会可决议修改章程使公司存续，但法律法规另有规定的除外。

8. 其他

有限责任公司股东或者股份有限公司发起人的姓名或者名称。

2.5 有限责任公司

2.5.1 有限责任公司的设立

1. 设立条件

(1) 股东符合法定人数。有限责任公司由 50 个以下股东出资设立，允许设立一人公司。法律对出资设立公司的股东有资格条件要求的，应符合相应规定。

(2) 有符合公司章程规定的全体股东认缴的出资额。有限责任公司的注册资本为在公司登记机关登记的全体股东认缴的出资额。现行《公司法》没有规定法定资本最低限额,但其他法律法规对特定有限责任公司注册资本有最低限额规定的,从其规定。

(3) 股东共同制定公司章程。有限责任公司章程应当载明下列事项:公司名称和住所;公司经营范围;公司注册资本;股东的姓名或者名称;股东的出资方式、出资额和出资时间;公司的机构及其产生办法、职权、议事规则;公司法定代表人;股东会会议认为需要规定的其他事项。

(4) 有公司名称,建立符合有限责任公司要求的组织机构。

(5) 有公司住所。

2. 设立方式

有限责任公司只能以发起方式设立,即公司资本只能由发起人认缴,不得向社会公开募集。

3. 设立程序

有限责任公司的设立程序见本章"公司设立程序"部分。如果公司章程规定设立董事会的,应该在股东认足公司章程规定的出资后,选举董事会和监事会。

有限责任公司成立后,应当向股东签发出资证明书和置备股东名册。出资证明书是确认股东出资的凭证,记载于股东名册的股东可以依名册主张行使股东权利。

4. 股东的出资责任

为设立公司而签署公司章程、向公司认购出资或者股份并履行公司设立职责的人,应当认定为公司的发起人,包括有限责任公司设立时的股东。

1) 不按规定缴纳出资的责任

缴纳出资是股东的法定责任,不得以发起人协议的约定、公司章程规定或股东会决议免除。有限责任公司成立后,发现股东不按照规定缴纳出资的,除应当向公司足额缴纳外,还应当向已按期足额缴纳出资的发起人或股东承担违约责任。

公司成立后,发现为设立公司出资的非货币财产的实际价额显著低于公司章程所定价额的,应当由交付该出资的发起人补足其差额;有限责任公司设立时的其他股东承担连带责任。出资后因市场变化或者其他客观因素导致出资财产贬值,该出资人不承担补足出资责任,但当事人另有约定的除外。

2) 股东抽逃出资的责任

公司成立后,股东不得抽逃出资。符合下列情形之一的为股东抽逃出资:通过虚构债权债务关系将其出资转出;制作虚假财务会计报表虚增利润进行分配;利用关联交易将出资转出;其他未经法定程序将出资抽回的行为。

股东抽逃出资,公司或者其他股东可以请求其向公司返还出资本息,协助抽逃出资的其他股东、董事、高级管理人员或者实际控制人对此承担连带责任。公司债权人可以请求抽逃出资的股东在抽逃出资本息范围内对公司债务不能清偿的部分承担补充赔偿责任,协助抽逃出资的其他股东、董事、高级管理人员或者实际控制人对此承担连带责任。

2.5.2 有限责任公司的组织机构

公司组织机构是代表公司活动,行使相应职权的权力机关、决策机关、监督机关和执行机关所组成的公司机关。有限责任公司的组织机构包括股东会、董事会、监事会及经营管理机关。

1. 股东会

有限责任公司股东会由全体股东组成，股东会是公司的权力机构。

1) 股东会的职权

股东会行使下列职权：决定公司的经营方针和投资计划；选举和更换非由职工代表担任的董事、监事，决定有关董事、监事的报酬事项；审议批准董事会或者执行董事的报告；审议批准监事会或者监事的报告；审议批准公司的年度财务预算方案、决算方案；审议批准公司的利润分配方案和弥补亏损方案；对公司增加或者减少注册资本做出决议；对发行公司债券做出决议；对公司合并、分立、变更公司形式、解散和清算等事项做出决议；修改公司章程；公司章程规定的其他职权。

对上述事项，股东以书面形式一致表示同意的，可以不召开股东会会议，直接做出决定，并由全体股东在决定文件上签名、盖章。

2) 股东会的形式

股东会会议分为定期会议和临时会议。有限责任公司的定期会议应当按照公司章程的规定按时召开。代表 1/10 以上表决权的股东、1/3 以上的董事、监事会或者不设监事会的公司的监事提议开临时会议的，应当召开临时会议。

3) 股东会的召集

首次股东会会议由出资最多的股东召集和主持，依法行使职权。以后的股东会会议按下列方法或顺序进行：公司设立董事会的，由董事会召集，董事长主持；董事长不能或者不履行职务的，由副董事长主持；副董事长不能或者不履行职务的，由半数以上董事共同推举一名董事主持。公司不设董事会的，股东会会议由执行董事召集和主持。董事会或者执行董事不能或者不履行召集股东会会议职责的，由监事会或者不设监事会的公司的监事召集和主持；监事会或者监事不召集和主持的，代表 1/10 以上表决权的股东可以自行召集和主持。

召开股东会会议，应当于会议召开 15 日以前通知全体股东，但公司章程另有规定或者全体股东另有约定的除外。应当将股东会所议事项的决定做成会议记录，出席会议的股东应当在会议记录上签名。

4) 股东会的决议

股东会的议事方式和表决程序，除《公司法》有规定的外，由公司章程规定。股东会会议对以下特别事项决议，必须经代表 2/3 以上表决权的股东通过：修改公司章程；增加或者减少注册资本；公司合并、分立、解散；变更公司形式。

> 【大家讲坛 2-10】
>
> 某有限责任公司股东甲、乙、丙、丁分别持有公司 5%、20%、35% 和 40% 的股权。该公司章程未对股东行使表决权及股东会决议方式做出规定。某天，甲提议召开公司股东会临时会议，丁认为自己作为最大的股东，才有权提议召开股东会临时会议，甲没有这个权利。在丁的提议下，公司召开了股东会讨论增加公司注册资本的问题，乙和丁表示同意，股东会即通过该决议。
>
> 哪位股东可以单独提议召开股东会临时会议？股东会会议通过增加公司注册资本的决议是否合法？

2. 董事会

董事会是依法由股东会选举产生的董事组成，代表公司并行使经营决策权的机构。是否设立董事会，由公司章程规定。

1) 董事会的组成

有限责任公司的董事会成员为3～13人。股东人数较少或者规模较小的有限责任公司，可以设一名执行董事，不设立董事会，执行董事的职权与董事会相当。

两个以上的国有企业或者其他两个以上的国有投资主体投资设立的有限责任公司，其董事会成员中应当有公司职工代表；其他有限责任公司董事会成员中也可以有公司职工代表。董事会中的职工代表由公司职工通过职工代表大会、职工大会或者其他形式民主选举产生。

董事会设董事长一人，可以设副董事长。董事长、副董事长的产生办法由公司章程规定。

2) 董事的任期

董事任期由公司章程规定，但每届任期不得超过3年。董事任期届满，连选可以连任。

董事任期届满未及时改选，或者董事在任期内辞职导致董事会成员低于法定人数的，在改选出的董事就任前，原董事仍应当依照法律、行政法规和公司章程的规定，履行董事职务。

3) 董事会的职权

董事会对股东会负责，行使下列职权：召集股东会会议，并向股东会报告工作；执行股东会的决议；决定公司的经营计划和投资方案；制订公司的年度财务预算方案、决算方案；制订公司的利润分配方案和弥补亏损方案；制订公司增加或者减少注册资本以及发行公司债券的方案；制订公司合并、分立、变更公司形式、解散的方案；决定公司内部管理机构的设置；决定聘任或者解聘公司经理及其报酬事项，并根据经理的提名决定聘任或者解聘公司副经理、财务负责人及其报酬事项；制定公司的基本管理制度；公司章程规定的其他职权。

4) 董事会的召集和决议

董事会会议由董事长召集和主持；董事长不能或者不履行职务的，由副董事长召集和主持；副董事长不能或者不履行职务的，由半数以上董事共同推举一名董事召集和主持。

除《公司法》有规定的外，董事会的议事方式和表决程序由公司章程规定。董事会决议的表决，实行一人一票。董事会应当将会议所议事项的决定做成会议记录，出席会议的董事应当在会议记录上签名。

3. 监事会

监事会是由依法产生的监事组成，对董事和经理的经营管理行为以及对公司财务进行监督的常设机构。它代表全体股东对公司经营管理进行监督检查，是公司的监督机构。是否设立监事会，由公司章程规定。

1) 监事会的组成

有限责任公司设立监事会，其成员不得少于3人。股东人数较少或者规模较小的有限责任公司，可以设一至两名监事，不设立监事会。

监事会应当包括股东代表和适当比例的公司职工代表，其中职工代表的比例不得低于1/3，具体比例由公司章程规定。监事会中的职工代表由公司职工通过职工代表大会、职工大会或者其他形式民主选举产生。董事、高级管理人员不得兼任监事。

监事会设主席一人，由全体监事过半数选举产生。

2) 监事的任期

监事的任期每届为 3 年。监事任期届满，连选可以连任。监事任期届满未及时改选，或者监事在任期内辞职导致监事会成员低于法定人数的，在改选出的监事就任前，原监事仍应当依照法律、行政法规和公司章程的规定，履行监事职务。

3) 监事会的职权

监事会、不设监事会的公司的监事行使下列职权：检查公司财务；对董事、高级管理人员执行公司职务的行为进行监督，对违反法律法规、公司章程或者股东会决议的董事、高级管理人员提出罢免的建议；当董事、高级管理人员的行为损害公司的利益时，要求董事、高级管理人员予以纠正；提议召开临时股东会会议，在董事会不履行法律规定的召集和主持股东会会议职责时召集和主持股东会会议；向股东会会议提出提案；依法对董事、高级管理人员提起诉讼；公司章程规定的其他职权。

监事可以列席董事会会议，并对董事会决议事项提出质询或者建议。监事会、不设监事会的公司的监事行使职权所必需的费用，由公司承担。

监事会、不设监事会的公司的监事发现公司经营情况异常，可以进行调查；必要时，可以聘请会计师事务所等协助其工作，费用由公司承担。

4) 监事会的召集和决议

监事会主席召集和主持监事会会议；监事会主席不能或者不履行职务的，由半数以上监事共同推举一名监事召集和主持监事会会议。监事会每年度至少召开一次会议，监事可以提议召开临时监事会会议。

监事会的议事方式和表决程序，除《公司法》有规定的外，由公司章程规定。监事会决议应当经半数以上监事通过。董事会应当将监事会所议事项的决定做成会议记录，出席会议的监事应当在会议记录上签名。

【大家讲坛 2-11】

紫云有限公司设有股东会、董事会和监事会。近期公司的几次投标均失败，董事会对此的解释是市场竞争激烈，对手强大。但监事会认为原因是董事狄某将紫云公司的标底暗中透露给其好友的公司。

监事会对此情形有权采取哪些处理措施？

4. 经营管理机关

经营管理机关是指由董事会聘任的，负责公司日常经营管理活动的公司常设业务执行机关。有限责任公司可以设经理，由董事会决定聘任或者解聘。有限责任公司的经理不是必设机构，股东人数较少或者规模较小的有限责任公司，可以由执行董事兼任公司经理。

公司设经理时，经理对董事会负责，行使下列职权：主持公司的生产经营管理工作，组织实施董事会决议；组织实施公司年度经营计划和投资方案；拟订公司内部管理机构设置方案；拟订公司的基本管理制度；制定公司的具体规章；提请聘任或者解聘公司副经理、财务负责人；决定聘任或者解聘除应由董事会决定聘任或者解聘以外的管理人员；董事会授予的其他职权。经理列席董事会会议。公司章程对经理职权另有规定的，从其规定。

2.5.3 公司董事、监事、高级管理人员的资格和义务

以下规定适用于有限责任公司和股份有限公司。

1. 任职资格

公司董事、监事、高级管理人员代表公司组织机构依照法律和公司章程行使职权,他们应当具备一定的职业能力与任职条件。《公司法》对此没有直接规定,而是列举了禁止任职的情形。不过,其他法律对上述人员有任职资格规定的,从其规定。

按《公司法》规定,有下列情形之一的,不得担任公司的董事、监事、高级管理人员:无民事行为能力或者限制民事行为能力人;因贪污、贿赂、侵占财产、挪用财产或者破坏社会主义市场经济秩序,被判处刑罚,执行期满未逾 5 年,或者因犯罪被剥夺政治权利,执行期满未逾 5 年;担任破产清算的公司、企业的董事或者厂长、经理,对该公司、企业的破产负有个人责任的,自该公司、企业破产清算完结之日起未逾 3 年;担任因违法被吊销营业执照、责令关闭的公司、企业的法定代表人,并负有个人责任的,自该公司、企业被吊销营业执照之日起未逾 3 年;个人所负数额较大的债务到期未清偿。

公司违反上述规定选举、委派董事、监事或者聘任高级管理人员的,该选举、委派或者聘任无效。公司董事、监事、高级管理人员在任职期间出现上述所列情形的,公司应当解除其职务。

高级管理人员是指公司的经理、副经理、财务负责人、上市公司董事会秘书和公司章程规定的其他人员。

2. 义务

公司董事、监事、高级管理人员应当遵守法律法规和公司章程,对公司负有忠实和勤勉义务,不得有下列行为:挪用公司资金;将公司资金以其个人名义或者以其他个人名义开立账户存储;违反公司章程的规定,未经股东会或者董事会同意,将公司资金借贷给他人或者以公司财产为他人提供担保;违反公司章程的规定或者未经股东会同意,与本公司订立合同或者进行交易;未经股东会同意,利用职务便利为自己或者他人谋取属于公司的商业机会,自营或者为他人经营与所任职公司同类的业务;接受他人与公司交易的佣金归为己有;擅自披露公司秘密;违反对公司忠实义务的其他行为。公司董事、监事、高级管理人员违反上述规定所得的收入,应当归公司所有。

公司董事、监事、高级管理人员执行公司职务时,违反法律和公司章程的规定,给公司造成损失的,应当承担赔偿责任。

2.5.4 一人有限责任公司的特别规定

一人有限责任公司,是一个自然人或者一个法人股东持有公司的全部出资的有限责任公司。为维护债权人等利害关系人的权益,《公司法》对一人有限责任公司做了比一般有限责任公司更为特殊和严格的规定,其他则适用对有限责任公司的一般规定。

1. 投资的特别规定

一个自然人只能投资设立一个一人有限责任公司,该一人有限责任公司不能投资设立新的一人有限责任公司。但该规定不适用于法人股东。

2. 设立的特别规定

一人有限责任公司应当在公司登记中注明自然人独资或者法人独资,并在公司营业执照中载明。公司章程由股东制定。

3. 组织机构的特别规定

一人有限责任公司不设股东会。法律规定的股东会职权由股东行使,当股东行使相应职权做出决定时,应当采用书面形式,并由股东签字后置备于公司。

4. 财务制度的特别规定

一人有限责任公司同样应当在每一个会计年度终了时编制财务会计报告,并依法经会计师事务所审计。因为公司股东既是出资人,又是经营管理者,容易发生缺乏监督而导致的财务会计资料不实的情况。

5. 有限责任的特别规定

一人有限责任公司的股东不能证明公司财产独立于股东自己财产的,应当对公司债务承担连带责任。这是为了防止股东滥用公司法人人格与有限责任制度,将公司财产混同于个人财产或抽逃公司资产,损害债权人的利益。

2.5.5 国有独资公司的特别规定

国有独资公司,是指国家单独出资、由国务院或者地方人民政府授权本级人民政府国有资产监督管理机构履行出资人职责的有限责任公司。

1. 章程制定的特别规定

国有独资公司章程由国有资产监督管理机构制定,或者由董事会制定,报国有资产监督管理机构批准。

2. 组织机构的特别规定

1) 股东权

公司不设股东会,由国有资产监督管理机构行使股东会职权。国有资产监督管理机构可以授权公司董事会行使股东会的部分职权,决定公司的重大事项,但公司的合并、分立、解散、增加或者减少注册资本和发行公司债券,须由国有资产监督管理机构决定。重要的国有独资公司的合并、分立、解散、申请破产,应由国有资产监督管理机构审核后,报本级人民政府批准。

2) 董事会

公司设董事会,依照法律规定的有限责任公司董事会的职权和国有资产监督管理机构的授权行使职权。董事每届任期不得超过3年。董事会中必须包括职工代表,职工代表由职工代表大会选举产生;其他董事由国有资产监督管理机构委派。董事会设董事长一人,可以设副董事长;董事长、副董事长由国有资产监督管理机构从董事会成员中指定。

3) 经理

国有独资公司设经理,由董事会聘任或者解聘。国有独资公司经理的职权与普通有限责任公司相同。经国有资产监督管理机构同意,董事会成员可以兼任经理。

4) 监事会

公司设监事会，监事会成员不得少于 5 人，其中职工代表的比例不得低于 1/3。监事会成员由国有资产监督管理机构委派，但监事会中的职工代表由职工代表大会选举产生。监事会主席由国有资产监督管理机构从监事会成员中指定。

国有独资公司的上述人员，未经国有资产监督管理机构同意，不得在其他有限责任公司、股份有限公司或者其他经济组织兼职。

2.5.6 有限责任公司的股权转让

股权转让，是指有限责任公司的股东依照一定程序将自己持有的股权让与受让人，受让人取得该股权而成为公司股东或增加持有公司的出资额的法律行为。非经法定转让程序不产生法律效力。

1. 股权转让的要求

有限责任公司的股东转让股权在一定条件下要受到法律限制。

1) 股东之间相互转让股权一般不受限制

有限责任公司的股东之间可以相互转让其全部或者部分股权。股东之间只要双方协商一致，即可转让。但是公司章程对股东之间股权转让另有规定的，应当从其规定。

2) 股东向股东之外的人转让股权的限制

股东向股东以外的人转让股权，应当经其他股东过半数同意。股东应就其股权转让事项书面通知其他股东征求同意，其他股东自接到书面通知之日起满 30 日未答复的，视为同意转让。

其他股东半数以上不同意转让的，不同意的股东应当购买该转让的股权；不购买的，视为同意转让。经股东同意转让的股权，在同等条件下，其他股东有优先购买权。两个以上股东主张行使优先购买权的，协商确定各自的购买比例；协商不成的，按照转让时各自的出资比例行使优先购买权。公司章程对股权转让另有规定的，从其规定。

股东未履行或者未全面履行出资义务即转让股权，受让人对此知道或者应当知道的，公司可以请求该股东履行出资义务、受让人对此承担连带责任；公司债权人要求该股东在未出资本息范围内对公司债务不能清偿的部分承担补充赔偿责任的，可同时请求前述受让人对此承担连带责任。受让人承担责任后，可以向该股东追偿，但当事人另有约定的除外。

3) 强制股权转让

人民法院依照法律规定的强制执行程序转让股东股权的，应当通知公司及全体股东，其他股东在同等条件下有优先购买权。其他股东自人民法院通知之日起满 20 日不行使优先购买权的，视为放弃优先购买权。

4) 股权的继承

自然人股东死亡后，其合法继承人可以继承股东资格，但公司章程另有规定的除外。

2. 股权转让的程序

股东之间股权转让的，出让方与受让方签订股权转让协议，完成股权转让后，公司应当注销原股东的出资证明书，向受让股东重新签发出资证明书，由公司相应修改公司章程和股东名册中有关股东及其出资额的记载。但对公司章程的该项修改不需要再由股东会表决。

股东向股东之外的人转让股权的，除了新股东要提交主体资格证明或自然人身份证明，并向新股东签发出资证明之外,其他手续与前述转让手续相同。即使股东向股东之外的人转让股权,也无须经过股东会做出决议。

3. 股权回购请求权

股权回购请求权,是指对股东会决议持有异议的股东在一定条件下,可以请求公司按照合理价格收购其股权。按《公司法》规定,有限责任公司出现下列情形之一的,对股东会决议投反对票的股东,可以请求公司按照合理价格收购其所持股权:公司连续5年不向股东分配利润,而该公司5年连续盈利,并且符合法律规定的分配利润条件的;公司合并、分立、转让主要财产的;公司章程规定的营业期限届满或者章程规定的其他解散事由出现,股东会会议通过决议修改章程使公司存续的。

> **【大家讲坛 2-12】**
>
> 某有限责任公司共有甲、乙、丙 3 名股东。因甲无法偿还个人到期债务,A 法院拟依强制执行程序变卖其股权偿债。A 法院工作人员通知乙、丙上述情况,并告知他们在同等条件下有优先购买权。乙、丙认为这次变卖甲的股权没有征得公司和他们的同意,损害了公司和股东的合法利益。
>
> A 法院的做法是否合法?乙、丙的观点是否正确?

2.6 股份有限公司

股份有限公司未说明事项依有限责任公司的规定。

2.6.1 股份有限公司的设立

1. 设立条件

(1) 发起人符合法定人数。股份有限公司的发起人为 2 人以上 200 人以下,其中须有半数以上的发起人在中国境内有住所。

(2) 有符合公司章程规定的全体发起人认购的股本总额或者募集的实收股本总额。采取发起设立方式设立的,注册资本为在公司登记机关登记的全体发起人认购的股本总额;采取募集方式设立的,注册资本为在公司登记机关登记的实收股本总额。现行《公司法》没有规定法定资本最低限额;但其他法律法规对特定股份有限公司注册资本实缴、注册资本最低限额另有规定的,从其规定。

(3) 股份发行、筹办事项符合法律规定。

(4) 发起人制定公司章程。股份有限公司的发起人应当制定公司章程,采用募集设立股份有限公司的,公司章程还须经公司创立大会通过。股份有限公司章程应当载明下列事项:公司名称和住所;公司经营范围;公司设立方式;公司股份总数、每股金额和注册资本;发起人的姓名或者名称、认购的股份数、出资方式和出资时间;董事会的组成、职权、任期和议事规则;公司法定代表人;监事会的组成、职权、任期和议事规则;公司利润分配办法;公司的解散事由与清算办法；公司的通知和公告办法；股东大会会议认为需要规定的其他事项。

(5) 有公司名称，建立符合股份有限公司要求的组织机构。

(6) 有公司住所。

2. 设立方式

股份有限公司可以采取发起设立或者募集设立方式设立。发起设立，是指由发起人认购公司应发行的全部股份而设立公司。募集设立，是指由发起人认购公司应发行股份的一部分，其余股份向社会公开募集或者向特定对象募集而设立公司。

在发起设立方式下，发起人可以分期缴纳出资额；在募集设立方式下，发起人以及认购人应当一次缴纳出资额。

3. 设立程序

股份有限公司的设立程序因设立方式而有所不同，发起设立股份有限公司的程序与设立有限责任公司基本相同，募集设立股份有限公司的程序如下。

(1) 签订发起人协议。

(2) 申请名称预先核准。

(3) 制定公司章程。

(4) 发起人认购股份、缴纳股款。以募集设立方式设立股份有限公司的，发起人认购的股份不得少于公司股份总数的35%；但法律、行政法规另有规定的，从其规定。在发起人认购的股份缴足前，不得向他人募集股份。

(5) 发起人制作招股说明书。招股说明书是股份公司公开发行股票时，就募股事宜发布的书面通告。招股说明书由股份公司发起人制作，送交政府证券监督管理机构审查批准。

(6) 签订承销协议和代收股款协议。发起人向社会公开募集股份，应当由依法设立的证券公司承销，并签订承销协议；应当同银行签订代收股款协议。

(7) 申请批准募股。发起人向社会公开募集股份，应当向国务院证券监督管理机构报送募股申请，由其依法审核股票的发行。

(8) 公众缴纳股款。经证券监督管理机构核准发行股票后，发起人公告招股说明书，公开募股；认股人按照所认购股数缴纳股款。发行股份的股款缴足后，必须经依法设立的验资机构验资并出具证明。

(9) 召开创立大会。发起人应当自股款缴足之日起30日内主持召开公司创立大会。创立大会由发起人、认股人组成。创立大会应有代表股份总数过半数的发起人、认股人出席，方可举行。

创立大会行使下列职权：审议发起人关于公司筹办情况的报告；通过公司章程；选举董事会成员；选举监事会成员；对公司的设立费用进行审核；对发起人用于抵作股款的财产的作价进行审核；发生不可抗力或者经营条件发生重大变化直接影响公司设立的，可以做出不设立公司的决议。

创立大会对上述事项做出决议，必须经出席会议的认股人所持表决权过半数通过。

(10) 设立登记。创立大会决议设立公司的，董事会应于创立大会结束后30日内，依法向公司登记机关申请设立登记。

有限责任公司变更为股份有限公司时，折合的实收股本总额不得高于公司净资产额。有限责任公司变更为股份有限公司为增加资本公开发行股份时，应当依本程序办理。

【大家讲坛 2-13】

甲、乙、丙拟以募集方式设立润慧股份有限公司。经过较长时间的筹备,该公司设立的各项事务逐渐完成,拟召开公司创立大会。在创立大会上,与会股东通过了公司章程,审核了甲、乙、丙出资的验资证明,决定了公司的经营方针,审核了设立公司的各种费用,决议成立公司。

润慧股份有限公司在创立大会上的决议是否正确?

4. 发起人的出资责任

(1) 不按规定缴纳出资的责任。以发起设立方式设立股份有限公司的,发起人应当书面认足公司章程规定其认购的股份,并按照公司章程规定缴纳出资。发起人不依照上述规定缴纳出资的,应当按照发起人协议承担违约责任。

股份有限公司成立后,发起人未按照公司章程的规定缴足出资的,应当向公司足额补缴;其他发起人承担连带责任。股份有限公司成立后,发现非货币出资的实际价额显著低于公司章程所定价额的,应当由交付该出资的发起人补足其差额;其他发起人承担连带责任。

(2) 返还股款和利息的责任。在公司设立过程中出现以下情形,认股人可以抽回出资,并要求发起人按照所缴股款并加算银行同期存款利息返还:发行的股份超过招股说明书规定的截止期限尚未募足的;发行股份的股款缴足后,发起人在 30 日内未召开创立大会的;创立大会决议不设立公司的。公司不能成立时,发起人对返还股款和利息负有连带责任。

(3) 其他责任。发起人、认股人缴纳股款或者交付抵作股款的出资后,除未按期募足股份、发起人未按期召开创立大会或者创立大会决议不设立公司的情形外,不得抽回其股本。

股份有限公司股东抽逃出资的责任,适用有限责任公司的规定。

2.6.2 股份有限公司的组织机构

1. 股东大会

1) 股东大会的职权

股份有限公司股东大会由全体股东组成。股东大会是公司的权力机构,依法行使职权,其职权范围与有限责任公司股东会相同。

2) 股东大会的形式

股东大会分为年会与临时大会。股东大会年会应当每年召开一次,上市公司的年度股东大会应当于上一会计年度结束后的 6 个月内举行。

有下列情形之一的,应当在两个月内召开临时股东大会:董事人数不足《公司法》规定人数或者公司章程所定人数的 2/3 时;公司未弥补的亏损达实收股本总额 1/3 时;单独或者合计持有公司 10%以上股份的股东请求时;董事会认为必要时;监事会提议召开时;公司章程规定的其他情形。

3) 股东大会的召集

股东大会会议由董事会召集,董事长主持;董事长不能或者不履行职务的,由副董事长主持;副董事长不能或者不履行职务的,由半数以上董事共同推举一名董事主持;董事会不能或者不履行召集股东大会会议职责的,监事会应当及时召集和主持;监事会不召集和主持的,连续

90 日以上单独或者合计持有公司 10%以上股份的股东可以自行召集和主持。

应当将股东大会所议事项的决定做成会议记录，主持人、出席会议的董事应当在会议记录上签名。会议记录应当与出席股东的签名册及代理出席的委托书一并保存。

4) 股东大会的决议

股东出席股东大会会议，所持每一股份有一表决权。股东可以委托代理人出席股东大会会议，代理人应当向公司提交股东授权委托书，并在授权范围内行使表决权。公司持有的本公司股份没有表决权。

股东大会决议的事项分为普通事项与特别事项两类。股东大会对普通事项做出决议，必须经出席会议的股东所持表决权过半数通过；股东大会对修改公司章程、增加或者减少注册资本，以及公司合并、分立、解散或者变更公司形式的特别事项做出决议，必须经出席会议的股东所持表决权的 2/3 以上通过。

> **知识扩展**：累积投票制
>
> 累积投票制，是指股东大会选举董事或者监事时，每一股份拥有与应选董事或者监事人数相同的表决权，股东拥有的表决权可以集中使用。累积投票权制度的作用在于通过投票数的累积计算，相对扩大中小股东的表决权的数量，利于中小股东选举其利益代表进入董事会。
>
> 股东大会选举董事、监事，可以根据公司章程的规定或者股东大会的决议，实行累积投票制。控股股东控股比例在 30%以上的上市公司，应当采用累积投票制。

2. 董事会

1) 董事会的组成

股份有限公司董事由股东大会选举产生，成员为 5～19 人。董事会成员中可以有公司职工代表，由公司职工通过职工代表大会、职工大会或者其他形式民主选举产生。

董事会设董事长一人，可以设副董事长。董事长和副董事长由董事会以全体董事的过半数选举产生。

2) 董事的任期和董事会的职权

股份有限公司董事的任期、董事会的职权适用有限责任公司的规定。

3) 董事会的召集

董事长召集和主持董事会会议，检查董事会决议的实施情况。副董事长协助董事长工作，董事长不能或者不履行职务的，由副董事长履行职务；副董事长不能或者不履行职务的，由半数以上董事共同推举一名董事履行职务。

董事会每年度至少召开两次会议，每次会议应当于会议召开 10 日前通知全体董事和监事。代表 1/10 以上表决权的股东、1/3 以上董事或者监事会，可以提议召开董事会临时会议。董事长应当自接到提议后 10 日内，召集和主持董事会会议。董事会召开临时会议，可以另定召集董事会的通知方式和通知时限。

4) 董事会的决议

董事会会议应有过半数的董事出席方可举行。董事会决议的表决实行一人一票。董事会做出决议必须经全体董事的过半数通过。董事会会议应由董事本人出席，董事因故不能出席，可以书面委托其他董事代为出席，委托书中应载明授权范围。

董事会应当将所议事项的决定做成会议记录，出席会议的董事应当在会议记录上签名。董事应当对董事会的决议承担责任。董事会的决议违反法律、行政法规或者公司章程、股东大会决议，致使公司遭受严重损失的，参与决议的董事对公司负赔偿责任。但经证明在表决时曾表明异议并记载于会议记录的，该董事可以免除责任。

> **【大家讲坛 2-14】**
>
> 　　天久股份有限公司董事会共有 9 名董事。某天，该公司召开董事会会议时，仅有甲、乙、丙、丁、戊 5 名董事出席，其余 4 名董事缺席。会议表决前，丁因故提前退席，亦未委托他人代为表决。会议最终由 4 名董事一致做出一项决议。
> 　　天久股份有限公司董事会的该决议是否具备法律效力？

3. 监事会

1) 监事会的组成

股份有限公司监事会的成员不得少于 3 人。监事会应当包括股东代表和适当比例的公司职工代表，其产生和比例与有限责任公司规定相同。董事、高级管理人员不得兼任监事。

监事会设主席一人，可以设副主席。监事会主席和副主席由全体监事过半数选举产生。

2) 监事任期和监事会的职权

股份有限公司监事会职权和监事的任期与有限责任公司相同。监事会行使职权所必需的费用，由公司承担。

3) 监事会的召集和决议

监事会主席召集和主持监事会会议；监事会主席不能或者不履行职务的，由监事会副主席召集和主持监事会会议；监事会副主席不能或者不履行职务的，由半数以上监事共同推举一名监事召集和主持监事会会议。股份有限公司监事会每 6 个月至少召开一次会议，监事可以提议召开临时监事会会议。

监事会的议事方式和表决程序与有限责任公司规定相同。

4. 经营管理机关

股份有限公司设经理，由董事会决定聘任或者解聘，其职权与有限责任公司经理相同。公司董事会可以决定由董事会成员兼任经理。公司应当定期向股东披露董事、监事、高级管理人员从公司获得报酬的情况。

5. 上市公司组织机构的特别规定

上市公司组织机构与活动规则的特别规定主要有以下几项。

1) 增加股东大会特别决议事项

上市公司在一年内购买、出售重大资产或者担保金额超过公司资产总额 30% 的，应当由股东大会做出决议，并经出席会议的股东所持表决权的 2/3 以上通过。

2) 设立独立董事

独立董事是指不在公司担任除董事之外的其他职务，并与其所受聘的上市公司及其主要股东不存在可能妨碍其进行独立客观判断的关系的董事。独立董事对上市公司及全体股东负有诚信与勤勉义务，应当认真履行职责，维护公司整体利益，尤其要关注中小股东的合法权益不受损害。独立董事应当独立履行职责，不受上市公司主要股东、实际控制人或者其他与上市公司存在利害关系的单位或个人的影响。

上市公司董事会成员中应当至少包括 1/3 独立董事。独立董事任期与该上市公司其他董事任期相同，任期届满，连选可以连任，但是连任时间不得超过 6 年。

3) 设立董事会秘书

上市公司设立董事会秘书，负责公司股东大会和董事会会议的筹备、文件保管以及公司股权管理，办理信息披露事务等事宜。董事会秘书是上市公司高级管理人员，由董事会聘任并对董事会负责，是上市公司与证券交易所之间的指定联络人。

4) 董事关联关系的表决

上市公司董事与董事会会议决议事项所涉及的企业有关联关系的，不得对该项决议行使表决权，也不得代理其他董事行使表决权。该董事会会议由过半数的无关联关系董事出席即可举行，董事会会议所做决议须经无关联关系董事过半数通过。出席董事会的无关联关系董事人数不足 3 人的，应将该事项提交上市公司股东大会审议。

> 【大家讲坛 2-15】
>
> 星煌公司是一家上市公司，现董事长吴某就星煌公司向坤诚公司的投资之事召开董事会会议。因公司资金比较紧张，且其中一名董事梁某的妻子又在坤诚公司任副董事长，有部分董事认为在这种情况下，公司不能投资坤诚公司。在董事会表决时，梁某没有参加，而是由董事长吴某代为投票。而后又发现，出席会议的董事中还有其他董事投资了坤诚公司，参会的无关联关系董事只有两人，于是，董事们发生争执，会议陷入僵局。
>
> 董事梁某可以行使表决权吗？星煌公司董事会可以决议投资坤诚公司吗？

2.7 公司的其他制度

2.7.1 公司股票

1. 股票的概念和种类

股票是股份有限公司在筹集资本时向出资人发行的股份凭证，股票的持有者就是公司的股东。股票是股东向公司投资的凭证，是股东行使股东权利的依据。股东可以通过转让股票收回投资或获取收益，也可以作为财产继承、赠与、抵押。通常股票的分类如下。

1) 普通股和优先股

普通股是指在公司的经营管理和盈利及财产的分配上享有每股一个表决权、按持股比例分配收益的股份。普通股股东在满足所有债权人及优先股东的收益权要求后，才享有对公司盈利和剩余财产的分配权。普通股是股票的一种基本形式。

优先股是指相对于普通股，在分配红利和剩余财产时享有优先权的股份。持有这种股份的股东按照约定的股利率先于普通股股东享受分配，一般不受公司经营业绩的影响，在公司清算时也先于普通股股东取得剩余财产。但优先股股东在公司经营管理方面，一般没有表决权。

2) 记名股票和无记名股票

记名股票是指在股票票面和股份公司的股东名册上记载股东姓名的股票；无记名股票是指在股票票面和股份公司股东名册上均不记载股东姓名的股票。两者差别不是在股东权利等方面，而是在股票记载方式上。记名股票转让时需向公司办理股票过户手续，流通安全；无记名股票发行手续简单，易于购买和转让。

公司向发起人、国家授权投资的机构、法人发行的股票，应当为记名股票，并应当记载该发起人、机构或者法人名称，不得另立户名或者以代表人姓名记名；境外上市的外资股也应采取记名股票的形式；公司向社会公众发行的股票可以记名，也可以不记名。

3) 内资股和外资股

内资股指由我国境内公司发行，以人民币认购和买卖的股票，包括A股。

外资股原指我国境内公司向外国和我国香港、澳门、台湾地区发行，以外币认购和买卖的股票。外资股又分为境内上市外资股即B股和境外上市外资股。境内上市外资股原来是向境外和我国香港、澳门、台湾地区的投资者发行的，自从B股市场对境内投资者开放之后，境内投资者逐渐增多；境外上市外资股一般以境外上市地的英文名称中的第一个字母命名，如在中国香港上市的H股，在纽约上市的N股，在新加坡上市的S股等。

> **知识扩展：双层股权结构**
>
> 双层股权结构又称"AB股结构"，是指公司资本结构中包含两类或多类不同投票权的普通股。双层股权结构的主要特点是"同股不同权"，B类股每股可以比A类股拥有更多表决权；B类股一旦流通出售，即从B类股转为A类股。B类股一般由管理层持有，而管理层普遍为公司创始股东及其团队。A类股为一般股东持有，这些股东看好公司前景，所以愿意牺牲一定的表决权作为入股条件。
>
> 这种结构有利于成长性公司直接利用股权融资，同时又能避免股权过度稀释，导致创始人及其团队丧失对公司的控制权，保障企业能够按照创始人及其团队的理念稳定发展。美国的纽约证券交易所和纳斯达克市场均允许上市公司采用这样的股权结构。2018年4月24日，香港证券交易所发布首次公开募股新规，允许双重股权结构公司上市。

2. 股票的发行

股票的发行，应当实行公平、公正的原则，同种类的每一股份应当具有同等权利。同次发行的同种类股票，每股的发行条件和价格应当相同；任何单位或者个人所认购的股份，每股应当支付相同价格。股票发行价格可以按票面金额，也可以超过票面金额，但不得低于票面金额。其中超过票面金额发行称溢价发行，超出部分所得额称溢额。

公司发行股票应当符合《公司法》和《证券法》规定的发行条件和程序，并经证券管理部门核准。

3. 股票的转让

1) 股票转让的限制

股份有限公司的股份以自由转让为原则，以法律限制为例外。具体限制条件如下。

(1) 对转让场所的限制。股东持有的股份可以依法转让。股东转让其股份，应当在依法设立的证券交易场所进行或者按照国务院规定的其他方式进行。上市公司的股票,依照有关法律、行政法规及证券交易所交易规则上市交易。

(2) 对发起人的限制。发起人持有的本公司股份,自公司成立之日起 1 年内不得转让。

(3) 对一般股东的限制。公司公开发行股份前已发行的股份,自公司股票在证券交易所上市交易之日起一年内不得转让。

(4) 对董事、监事、高级管理人员的限制。董事、监事、高级管理人员所持本公司股份,自公司股票上市交易之日起 1 年内不得转让;董事、监事、高级管理人员在任职期间每年转让的股份不得超过其所持有本公司股份总数的 25%;董事、监事、高级管理人员离职后半年内,不得转让其所持有的本公司股份,但是因司法强制执行、继承、遗赠等导致股份变动的除外。上市公司董事、监事和高级管理人员所持股份不超过 1000 股的,可以一次性全部转让,不受限制。公司章程可以对公司董事、监事、高级管理人员转让其所持有的本公司股份做出其他限制性规定。

另外,上市公司董事、监事和高级管理人员在下列期间不得买卖本公司股票:上市公司定期报告公告前 30 日内;上市公司业绩预告、业绩快报公告前 10 日内;自可能对本公司股票交易价格产生重大影响的重大事项发生之日或在决策过程中,至依法披露后 2 个交易日内;证券交易所规定的其他期间。

(5) 对公司收购自身股票的限制。公司不得收购本公司股份,但有表 2-2 所示情形之一的除外。

表 2-2 收购本公司股份

	可回购情形	回购要求
1	减少公司注册资本	(1) 经股东大会决议 (2) 应当自收购之日起 10 日内注销
2	与持有本公司股份的其他公司合并	(1) 经股东大会决议 (2) 应当在收购后 6 个月内转让或者注销
3	股东因对股东大会做出的公司合并、分立决议持异议,要求公司收购其股份	应当在收购后 6 个月内转让或者注销
4	将股份用于员工持股计划或者股权激励	(1) 可以依照公司章程的规定或者股东大会的授权,经 2/3 以上董事出席的董事会会议决议 (2) 公司合计持有的本公司股份数不得超过本公司已发行股份总额的 10% (3) 应当在收购后 3 年内转让或者注销 (4) 上市公司收购本公司股份的,应当通过公开的集中交易方式进行
5	将股份用于转换上市公司发行的可转换为股票的公司债券	
6	上市公司为维护公司价值及股东权益所必需收购的股份	
	上市公司收购本公司股份的,应当依照《证券法》的规定履行信息披露义务	

(6) 对股票质押的限制。为防止变相违规收购本公司股份,公司不得接受本公司的股票作为质押权的标的。

2) 股票转让的方式

(1) 记名股票转让。记名股票由股东以背书方式或者法律、行政法规规定的其他方式转让;转让后由公司将受让人的姓名或者名称及住所记载于股东名册。股东大会召开前 20 日内或公司决定分配股利的基准日前 5 日内,不得进行股东名册的变更登记,但法律对上市公司股东名册变更登记另有规定的，从其规定。

(2) 无记名股票的转让。无记名股票的转让，由股东将该股票交付给受让人后即发生转让的效力。

(3) 上市公司股票的转让。上市公司的股票，依照有关法律、行政法规及证券交易所交易规则上市交易。

3) 记名股票被盗、遗失或者灭失的处理

记名股票被盗、遗失或者灭失，股东可以依照民事诉讼的公示催告程序，请求人民法院宣告该股票失效。人民法院宣告该股票失效后，股东可以向公司申请补发股票。

> 👁 【大家讲坛 2-16】
>
> 　　顺迈股份有限公司于 2018 年 7 月 21 日在上海证券交易所挂牌上市。2018 年 12 月 20 日，公司发布公告说明：公司董事在首次公开发行股份前持有的本公司股份自 2018 年 12 月 21 日起可以转让，但每年不得超过其所持股份总数的 25%；公司发起人在公司成立时持有的本公司股份自 2018 年 12 月 21 日起可以对外转让；股东大会通过决议，同意公司视股价情况收购本公司已发行股份的 3% 用于本公司职工股权激励计划；股东大会通过决议，同意接受债务人乙质押其持有的顺迈公司股份作为其债务履行的担保。
> 　　顺迈股份有限公司的上述决议事项是否符合法律的规定？

2.7.2 公司债券

1. 公司债券与公司股票的比较

公司债券是指公司依照法定程序发行、约定在一定期限还本付息的有价证券。基于公司债券的发行，在债券的持有人和发行人之间形成了以还本付息为内容的债权债务法律关系。公司债券与公司股票相比，有以下不同特点。

1) 公司债券的持有人是公司的债权人

公司债券体现的是公司与债券持有人之间的债权债务关系，债券的持有人对于公司享有民法上规定的债权人的所有权利，但不享有公司的经营管理权；而股票的持有人是公司的股东，其投入公司的财产是公司承担法人责任的基础，必须承担公司的经营风险，不存在公司因此向股东负债的问题。

2) 公司债券到期必须偿还本息

公司债券到了约定期限，不论公司是否有盈利，公司债券的持有人对公司享有按照约定给付利息的请求权；而股票持有人，则必须在公司有盈利时才能依法获得股利分配，或者在公司解散时方可请求分配剩余财产。

3) 公司债券优先于股票获得清偿

公司债券的持有人享有优先于股票持有人获得清偿的权利；而股票持有人必须在公司全部债务清偿之后，方可就公司剩余财产请求分配。

4) 公司债券收益风险较小

公司债券的利率一般不变，期限固定，市场价格也较稳定，风险较小；股票是无偿还期限的证券，易受公司经营状况、银行利率、供求关系等多种因素的影响，股票价格和股利收益常有变动，风险较大。

2. 公司债券的种类

公司债券依据不同划分标准可分为不同的种类：

1) 记名债券和无记名债券

记名债券是指在公司债券上记载债权人姓名或者名称的债券；无记名债券是指在公司债券上不记载债权人姓名或者名称的债券。区分两者的法律意义在于转让的要求不同，记名债券支取本息要凭印鉴领取，转让时必须背书并到债券发行公司登记；不记名债券还本付息及流通转让仅以债券为凭，不需登记。

2) 可转换债券和不可转换债券

可转换公司债券全称为可转换为股票的公司债券，是指债券持有人拥有将公司债券转换为公司股票的选择权的公司债券。这种公司债券在发行时规定了转换为公司股票的条件与办法，当条件具备时可以转换为股票。

不可转换公司债券是指不能转换为公司股票的公司债券。凡在发行债券时未做出转换约定的，均为不可转换公司债券。

3) 上市债券和非上市债券

上市的公司债券是指发行之后可以在依法设立的证券交易所挂牌交易的公司债券；非上市的公司债券是指发行之后不在证券交易所挂牌交易的公司债券，债券持有人只能以其他方式转让该债券。

3. 公司债券的发行

公司发行公司债券应当符合《证券法》规定的发行条件与程序，并经证券管理部门核准。公司债券募集办法应当载明债券总额和债券的票面金额、利率的确定方式、还本付息的期限和方式、发行价格和起止日期等重要事项。

4. 公司债券的转让

公司债券可以转让，转让价格由转让人与受让人约定。公司债券在证券交易所上市交易的，按照证券交易所的交易规则转让。

记名公司债券，由债券持有人以背书方式或者法律、行政法规规定的其他方式转让；转让后由公司将受让人的姓名或者名称及住所记载于公司债券存根簿，以备公司存查。

无记名公司债券，由债券持有人将该债券交付给受让人后即发生转让的效力；受让人一经持有该债券，即成为公司的债权人。

发行可转换为股票的公司债券的，公司应当按照其转换办法向债券持有人换发股票，但债券持有人对转换股票或者不转换股票有选择权。

2.7.3 公司财务会计

公司财务会计是指在会计法规和制度的指导下，以货币为主要计量形式，对公司的整个财务活动和经营状况进行记录核算，为公司管理者和其他利害关系人提供准确的公司财务信息。其他利害关系人是指公司股东、债权人、投资者、交易方、政府部门等。

1. 公司财务会计报告

财务会计报告,是指根据经过审核的会计账簿记录和有关资料编制并对外提供的,反映公司一定时期财务状况、经营状况和盈利能力的文件,主要由资产负债表、利润表、现金流量表和附注构成。公司应当依法建立本公司的财务、会计制度,依法编制财务会计报告。

1) 财务会计报告内容

(1) 资产负债表。资产负债表是表示公司在一定会计期间财务状况的主要会计报表,反映公司资产规模、需偿还债务和股东权益的情况。

(2) 利润表。利润表是表示企业在一定会计期间经营成果的会计报表,反映公司运用资产的获利能力。

(3) 现金流量表。现金流量表是反映公司在一定期间的现金和现金等价物流入和流出的会计报表,有利于判断公司的现金流量和资金周转情况。

(4) 附注。资产负债表、利润表、现金流量表是财务会计报告的主要部分,附注是对上述会计报表所列示内容的进一步说明,为公司财务会计信息的使用者提供更加全面的信息。

2) 编制、验证和公示

公司应当在每一会计年度终了时编制财务会计报告。公司财务会计报告应当由董事会负责编制,并对其真实性、完整性和准确性负责。公司除法定的会计账簿外,不得另立会计账簿。对公司资产,不得以任何个人名义开立账户存储。

公司应当依法聘用会计师事务所对财务会计报告进行审查验证,即审计。公司聘用、解聘承办公司审计业务的会计师事务所,依照公司章程的规定,由股东(大)会或者董事会决定。公司应当向聘用的会计师事务所提供真实、完整的会计凭证、会计账簿、财务会计报告及其他会计资料,不得拒绝、隐匿、谎报。

公司应当依法披露有关财务、会计资料。有限责任公司应当按照公司章程规定的期限将财务会计报告提交股东。股份有限公司的财务会计报告应当在召开股东大会年会的 20 日前置备于本公司,供股东查阅;公开发行股票的股份有限公司必须公告其财务会计报告。

2. 公司利润

公司利润是指公司在一定会计期间的经营成果,即收入与费用相抵后的差额。如果收入大于费用,其净额为利润;如果收入小于费用,其净额为亏损。

1) 利润的种类

利润通常包括以下几种:

(1) 营业利润。反映公司营业活动的成果,包括主营业务利润和其他业务利润。

(2) 投资净收益。反映公司投资活动的成果,是投资收益和投资损失相抵后的余额。

(3) 营业外收支净额。反映与公司正常生产经营无关的那些活动所形成的收支,是营业外收入和支出相抵后的余额,如非货币性资产交换、债务重组、政府补助、捐赠所得等。

2) 利润的分配

股息、红利亦合称为股利,是公司分配利润的主要形式。股息是股东定期按一定的利率从公司分取的盈利,红利则是在公司分派股息之后按持股比例向股东分配的剩余利润。股利的具体发放形式主要有现金、股票、财产。

公司应当按照如下顺序进行利润分配:弥补以前年度亏损→缴纳所得税→税前利润弥补亏损后仍存在的亏损→提取法定盈余公积金→提取任意盈余公积金→向股东分配利润。

在弥补以前年度亏损、缴纳所得税、提取法定公积金前一般不得分配利润；公司当年无利润的不得分配；公司持有的本公司股份不得分配利润。公司股东(大)会或者董事会违反规定，在公司弥补亏损和提取法定公积金之前向股东分配利润的，股东必须将违反规定分配的利润退还公司。

企业纳税年度发生的亏损，准予向以后年度结转，用以后年度的所得弥补，但结转年限最长不得超过5年。因此，对超过5年仍未弥补完的亏损是不能再用税前利润弥补的，应用税后利润弥补。

公司弥补亏损和提取公积金后所余税后利润，有限责任公司按照股东实缴的出资比例分配，但全体股东约定不按照出资比例分配的除外；股份有限公司按照股东持有的股份比例分配，但股份有限公司章程规定不按持股比例分配的除外。

> 【大家讲坛2-17】
>
> 2014年1月，自然人甲和乙设立丙有限责任公司，双方约定甲出资4万元，乙出资2万元，对盈余分配无特别约定。截至2014年年底，甲实际缴付出资1万元，乙足额缴付出资，公司拟分配盈余9万元。
> 甲可以分得的盈余有多少？

3. 公司公积金

公积金是公司在资本之外保留的资金金额，又称为附加资本或准备金。提取公积金是各国公司法通常采用的一项强制性制度。

1) 公积金的种类

公积金分为盈余公积金和资本公积金两类。

盈余公积金是从公司依法税后利润中提取的积累资金，分为法定公积金和任意公积金两种。公司分配当年税后利润时，提取税后利润的10%为法定公积金，当公司法定公积金累计额达到公司注册资本金额50%时，可不再提取。公司的法定公积金不足以弥补以前年度亏损的，在依照规定提取法定公积金之前，应当先用当年利润弥补亏损。任意公积金按照公司股东(大)会决议，从公司税后利润中提取。

资本公积金是直接由资本原因形成的公积金。股份有限公司以超过股票票面金额的发行价格发行股份所得的溢价款，不能构成股本或实收资本，应列为公司资本公积金，是上市公司最常见、最主要的资本公积金来源。

2) 公积金的用途

公积金应当按照规定的用途使用，其用途主要如下。

(1) 弥补公司亏损。公司的亏损按照国家税法规定，可以用缴纳所得税前的利润弥补；超过用所得税前利润弥补期限仍未补足的亏损，可以用公司税后利润弥补；税后利润仍不足弥补的，可以用公司的公积金弥补。但是，资本公积金不得用于弥补公司的亏损。

(2) 扩大公司生产经营。公司可以根据生产经营的需要，用公积金来扩大生产经营规模。

(3) 增加公司资本。公司为了实现增加资本的目的，可以将公积金的一部分转为资本。用任意公积金转增资本的，法律没有限制；用法定公积金转增资本时，转增后所留存的该项公积金不得少于转增前公司注册资本的25%。

👁 **【大家讲坛 2-18】**

德丰有限责任公司注册资本为 700 万元，2017 年之前公司没有亏损，2017 年公司亏损 100 万元，2018 年公司税前利润 300 万元，法定公积金累计额 310 万元。在缴纳 25% 的企业所得税后，德丰公司决定先提取法定公积金，然后向股东分配利润。

德丰公司 2018 年度应提取多少法定公积金？

2.7.4 公司合并、分立、增资、减资

1. 公司合并

公司合并是指两个以上的公司依照法定程序，不需要经过清算程序，直接合并为一个公司的行为。

1) 公司合并的方式

公司合并的方式分为新设合并和吸收合并两种。

(1) 新设合并是指两个以上的公司合并设立一家新公司，合并后原有公司解散。

(2) 吸收合并是指一家公司吸收其他公司加入本公司而实现的合并，吸收其他公司的公司存续，被吸收公司解散。

2) 公司合并的程序

(1) 签订合并协议。

(2) 编制资产负债表及财产清单。

(3) 做出合并决议。

(4) 通知债权人。公司应当自做出合并决议之日起 10 日内通知债权人，并于 30 日内在报纸上公告。债权人自接到通知书之日起 30 日内，未接到通知书的自公告之日起 45 日内，可以要求公司清偿债务或者提供相应的担保。

(5) 依法进行登记。公司合并后，应当依法向公司登记机关办理相应的变更登记、注销登记、设立登记。

3) 债务承担

新设合并后，新公司必须承继原公司的全部资产和负债，原公司法人资格都不复存在。吸收合并后，吸收其他公司的公司必须承继被吸收的公司的全部资产和负债，后者法人资格不复存在。

2. 公司分立

公司分立是指原公司依法分为两个以上的公司。

1) 公司分立的方式

公司分立分为新设分立和派生分立两种。

(1) 新设分立是指公司以其全部财产分别归入两个以上的新设公司，原公司解散。

(2) 派生分立是指公司以其部分财产另设一个或数个新的公司，原公司存续。

2) 公司分立的程序

公司分立的程序与公司合并的程序基本相同。

3) 债务承担

公司分立前的债务由分立后的公司承担连带责任，但在分立前与债权人就债务清偿达成的书面协议另有约定的除外。公司内部对原公司债务分担的约定不能对抗债权人，除非经债权人认可。

分立的企业在承担连带责任后，各分立的企业间对原企业债务承担有约定的，按照约定处理；没有约定或者约定不明的，根据企业分立时的资产比例分担。

3. 公司增资

注册资本增加也称增资，是指公司依照法定条件和程序增加公司的资本总额。增资的原因主要有筹集资金扩大经营规模、调整股东结构和持股比例等。

1) 公司增资的方式

实践中注册资本增加的方式很多，常见的方法如下。

(1) 发行新股，由原有股东或新股东认购增资，但通常公司原有股东享有优先认购权。

(2) 转增资本，由公司将应分配利润、公积金转为资本，公司用法定公积金转增资本时，转增后的留存比例不得少于法律规定。

(3) 将债权转换为股权，则公司负债相应消灭，注册资本增加。

2) 公司增资的程序

有限责任公司增加注册资本时，股东认缴新增资本的出资，依照《公司法》设立有限责任公司缴纳出资的有关规定执行。股份有限公司为增加注册资本发行新股时，股东认购新股，依照《公司法》设立股份有限公司缴纳股款的有关规定执行。

注册资本增加应当由股东(大)会决议通过、变更公司章程，并依法向公司登记机关办理变更登记。有限责任公司股东会对增加注册资本做出决议，必须经代表 2/3 以上表决权的股东通过。股份有限公司股东大会对增加注册资本做出决议，必须经出席会议的股东所持表决权的 2/3 以上通过。

4. 公司减资

注册资本减少也称减资，是指公司依照法定条件和程序减少公司资本的行为。在一般情况下，公司的注册资本是不能随意增减的，我国法律允许减少资本，但须具备一定的条件。从实际情况来看，如果出现公司缩小经营规模或停止经营项目、公司严重亏损、公司分立等情形时，可以考虑减少公司资本。

1) 公司减资的方式

实践中，常见的减资方式如下。

(1) 将部分出资款返还给股东，减少公司资本的同时也减少公司的资产或运营资金。

(2) 对尚未缴足出资额的股权或股份，免除股东全部或部分缴纳出资的义务。

(3) 在公司亏损时，直接消减部分股权或股份，或者直接减少每股份金额，并减少本应弥补的公司亏损。

2) 公司减资的程序

(1) 股东(大)会做出减资的决议，并相应地对公司章程进行修改。有限责任公司股东会的减资决议，应当经代表 2/3 以上表决权的股东通过。股份有限公司股东大会的减资决议，必须经出席会议的股东所持表决权的 2/3 以上通过。公司减资后的注册资本不得低于法定的最低注册资本限额。

(2) 公司必须编制资产负债表及财产清单。

(3) 公司减少注册资本时,应当自做出减少注册资本决议之日起 10 日内通知债权人,并于 30 日内在报纸上公告。债权人自接到通知书之日起 30 日内,未接到通知书的自公告之日起 45 日内,有权要求公司清偿债务或者提供相应的担保。

(4) 依法向公司登记机关办理变更登记。

2.7.5 公司解散和清算

1. 公司解散

公司解散是指公司因发生公司章程规定或法律规定的除破产以外的解散事由而停止业务活动,并进入清算程序的法律行为。公司解散的原因包含如下几类。

(1) 公司章程规定的营业期限届满,或者出现公司章程规定的其他解散事由而解散。

(2) 股东(大)会决议解散。

(3) 因公司合并、分立需要解散。

(4) 依法被吊销营业执照、责令关闭或者被撤销。

(5) 人民法院依法予以解散。

单独或者合计持有公司全部股东表决权 10%以上的股东,有下列事由之一,公司继续存续会使股东利益受到重大损失,通过其他途径不能解决,可以请求人民法院解散公司,人民法院可以依法予以解散。

公司持续 2 年以上无法召开股东(大)会,公司经营管理发生严重困难的;股东表决时无法达到法定或者公司章程规定的比例,持续 2 年以上不能做出有效的股东(大)会决议,公司经营管理发生严重困难的;公司董事长期冲突,且无法通过股东(大)会解决,公司经营管理发生严重困难的;经营管理发生其他严重困难,公司继续存续会使股东利益受到重大损失的情形。

> **【大家讲坛 2-19】**
>
> 晴朗有限责任公司于 2010 年 2 月设立,公司共 6 名股东,其中,甲股东持有 20%的表决权,乙股东持有 5%的表决权。自 2014 年以来,该公司一直无法召开股东会,公司经营管理发生严重困难,通过其他途径无法解决。2017 年 2 月 1 日,甲股东和乙股东分别向法院提起申请要求解散公司。
>
> 法院是否应该受理他们的申请?

2. 公司清算

公司清算是指公司解散或被依法宣告破产后,依照一定的程序结束公司事务、收回债权、偿还债务、清理资产,并分配剩余财产、终止公司的过程。除公司因合并或分立而解散,不必进行清算外,公司解散必须经过法定清算程序。公司被依法宣告破产的,依照有关企业破产的法律实施破产清算。

1) 清算组及其组成

(1) 公司自行组织清算。公司应当在解散事由出现之日起 15 日内成立清算组，开始清算。有限责任公司的清算组由股东组成，股份有限公司的清算组由董事或者股东大会确定的人员组成。

(2) 人民法院指定清算组。有下列情形之一，债权人申请人民法院指定清算组进行清算的，人民法院应予受理：公司解散逾期不成立清算组进行清算的；虽然成立清算组但故意拖延清算的；违法清算可能严重损害债权人或者股东利益的。具有上述情形，而债权人未提起清算申请，公司股东申请人民法院指定清算组对公司进行清算的，人民法院应予受理。

人民法院受理公司清算案件，应当及时指定有关人员组成清算组。清算组成员可以从下列人员或者机构中产生：公司股东、董事、监事、高级管理人员；依法设立的会计师事务所、律师事务所、清算事务所等社会中介机构；依法设立的会计师事务所、律师事务所、破产清算事务所等社会中介机构中具备相关专业知识并取得执业资格的人员。

2) 清算组的责任与职权

清算期间，公司存续，但不得开展与清算无关的经营活动。公司财产在未按照法定程序清偿前，不得分配给股东。清算组在公司清算期间代表公司进行一系列民事活动，全权处理公司经济事务和民事诉讼活动。清算组成员应当忠于职守，依法履行清算义务，不得利用职权收受贿赂或者其他非法收入，不得侵占公司财产。清算组成员因故意或者重大过失给公司或者债权人造成损失的，应当承担赔偿责任。

清算组在清算期间行使下列职权：清理公司财产，分别编制资产负债表和财产清单；通知或公告债权人；处理与清算有关的公司未了结的业务；清缴所欠税款；清理债权债务；处理公司清偿债务后剩余财产；代表公司参与民事诉讼活动。

3) 清算工作程序

(1) 登记债权。清算组应当自成立之日起 10 日内通知债权人，并于 60 日内在报纸上公告。债权人应当自接到通知书之日起 30 日内，未接到通知书的自公告之日起 45 日内，向清算组申报其债权。债权人申报债权，应当说明债权的有关事项，并提供证明材料，清算组应当对债权进行登记。

在申报债权期间，清算组不得对债权人进行清偿。

(2) 清理公司财产，制订清算方案。清算组应当对公司财产进行清理，编制资产负债表和财产清单，制订清算方案。清算方案应当报股东会、股东大会或者人民法院确认。

清算组在清理公司财产、编制资产负债表和财产清单后，发现公司财产不足清偿债务的，应当依法向人民法院申请宣告破产。公司经人民法院裁定宣告破产后，清算组应当将清算事务移交给人民法院。

(3) 清偿债务。公司财产在分别支付或清偿清算费用、职工的工资、社会保险费用和法定补偿金、应缴纳税款和公司债务后，有剩余财产的，有限责任公司按照股东的出资比例分配，股份有限公司按照股东持有的股份比例分配。

(4) 公告公司终止。公司清算结束后，清算组应当制作清算报告，报股东(大)会或者人民法院确认，自清算结束之日起 30 日内，由清算组织依法向登记主管机关申请注销登记，公告公司终止。

同步训练

一、单项选择题

1. 自然人甲拟设立个人独资企业。下列表述中，符合个人独资企业法律制度规定的是（   ）。

    A. 该个人独资企业名称中可以使用"公司"字样，但是不得使用"有限"或者"有限责任"字样

    B. 甲只能以其个人财产投资，不得以其家庭共有财产出资

    C. 甲可以根据业务需要，申请设立个人独资企业的分支机构

    D. 设立后的个人独资企业可以依法申请贷款，但不能取得土地使用权

2. 甲、乙、丙、丁4人共同设立一个运输有限合伙企业，合伙协议规定甲、乙为普通合伙人，丙、丁为有限合伙人。某日，丁为合伙企业运送石材，路遇法院拍卖房屋，丁想替合伙企业竞买该房，于是以合伙企业的名义将石材质押给徐某，借得20万元，竞买了房子。根据《合伙企业法》的规定，徐某的债权若得不到实现，下列表述中正确的是（   ）。

    A. 应当要求丁承担清偿责任

    B. 应当要求甲、乙、丙、丁承担连带清偿责任

    C. 应当要求甲、乙承担连带清偿责任

    D. 应当要求甲、乙、丁承担连带清偿责任

3. 注册会计师甲、乙、丙共同出资设立一个特殊的普通合伙制的会计师事务所。甲、乙在某次审计业务中，因故意出具不实审计报告，人民法院判决由会计师事务所赔偿当事人80万元。根据《合伙企业法》的规定，下列有关该赔偿责任承担的表述中正确的是（   ）。

    A. 甲、乙、丙均承担无限连带责任

    B. 以该会计师事务所的全部财产为限承担责任

    C. 甲、乙、丙均以其在会计师事务所中的财产份额为限承担责任

    D. 甲、乙应当承担无限连带责任，丙以其在会计师事务所中的财产份额为限承担责任

4. 甲国有独资公司、乙上市公司、丙外商投资企业、丁民营投资有限公司拟成立一家有限合伙企业。根据合伙企业法律制度的规定，上述投资主体中，可以担任普通合伙人的是（   ）。

    A. 甲和丙   B. 乙和丙   C. 丙和丁   D. 甲和丁

5. 某有限合伙企业合伙协议的下列约定中，符合合伙企业法律制度规定的是（   ）。

    A. 普通合伙人以现金出资，有限合伙人为劳务出资

    B. 合伙企业成立后前3年的利润全部分配给普通合伙人

    C. 有限合伙人甲对外代表本合伙企业，执行合伙事务

    D. 合伙企业由普通合伙人1人、有限合伙人99人组成

6. 根据合伙企业法律制度的规定，下列关于普通合伙企业合伙人的表述中，正确的是（   ）。

    A. 非法人组织不能成为合伙人

    B. 国有企业不能成为合伙人

C. 限制民事行为能力的自然人可以成为合伙人

D. 公益性社会团体可以成为合伙人

7. 刘某出资 12 万元设立了一个一人有限责任公司。公司存续期间，刘某的下列行为中，符合公司法律制度规定的是(　　)。

A. 决定由其本人担任公司经理和法定代表人

B. 决定用公司盈利再投资设立另一个一人有限责任公司

C. 决定减少注册资本 5 万元，但未依书面记载

D. 决定不编制财务会计报告

8. 甲、乙、丙分别出资 7 万元、8 万元和 35 万元，成立一家有限责任公司。其中，甲、乙的出资为现金，丙的出资为房产。公司成立后，又吸收丁出资现金 10 万元入股。半年后，该公司因经营不善，拖欠巨额债务。法院在执行中查明，丙作为出资的房产仅值 15 万元，现有可执行的个人财产 10 万元。依照《公司法》的规定，对此应(　　)。

A. 丙以现有财产补交差额，不足部分待丙有财产时再行补足

B. 丙以现有财产补交差额，不足部分由甲、乙补足

C. 丙以现有财产补交差额，不足部分由甲、乙、丁补足

D. 丙无须补交差额，其他股东也不负补足的责任

9. 汪某与李某拟设立一注册资本为 50 万元的有限责任公司，其中汪某出资 60%，李某出资 40%。在他们拟订的公司章程中，下列(　　)条款不合法。

A. 公司不设董事会，公司的法人代表由公司经理担任

B. 公司不设监事会，公司的执行监事由股东汪某担任

C. 公司利润在弥补上一年度亏损并提取公积金后，由股东平均分配

D. 公司经营期限届满前，股东不得要求解散公司

10. 某公司注册资本为 100 万元。2008 年，该公司提取的法定公积金累计额为 60 万元，提取的任意公积金累计额为 40 万元。当年，该公司拟用公积金转增公司资本 50 万元。下列有关公司拟用公积金转增资本的方案中，不符合公司法律制度规定的是(　　)。

A. 用法定公积金 10 万元、任意公积金 40 万元转增资本

B. 用法定公积金 20 万元、任意公积金 30 万元转增资本

C. 用法定公积金 30 万元、任意公积金 20 万元转增资本

D. 用法定公积金 40 万元、任意公积金 10 万元转增资本

11. 甲公司出资 20 万元、乙公司出资 10 万元共同设立丙有限责任公司。丁公司系甲公司的子公司。在丙公司经营过程中，甲公司多次利用其股东地位通过公司决议让丙公司以高于市场同等水平的价格从丁公司进货，致使丙公司产品因成本过高而严重滞销，造成公司亏损。根据《公司法》的规定，下列表述中正确的是(　　)。

A. 丁公司应当对丙公司承担赔偿责任

B. 甲公司应当对乙公司承担赔偿责任

C. 甲公司应当对丙公司承担赔偿责任

D. 丁公司、甲公司共同对丙公司承担赔偿责任

12. 甲持有乙公司 34% 的股份，为第一大股东。2019 年 1 月，乙公司召开股东大会讨论其为甲向银行借款提供担保事宜。出席本次大会的股东(包括甲)所持表决权占公司发行股份总额

的 49%，除一名持有公司股份总额 1%的小股东反对外，其余股东都同意乙公司为甲向银行借款提供担保。下列说法中正确的是(   )。

    A. 决议无效，因为出席股东大会的股东所持表决权数不足股份总额的半数

    B. 决议无效，因为决议所获同意票代表的表决权数不足公司股份总额的半数

    C. 决议无效，因为甲未回避表决

    D. 决议无效，因为公司不得为其股东提供担保

13. 根据公司法律制度的规定，公司董事的下列行为中，涉嫌违反勤勉义务的是(   )。

    A. 擅自披露公司商业秘密

    B. 将公司资金以个人名义开立账户存储

    C. 无正当理由长期不出席董事会会议

    D. 篡夺公司商业机会

14. 根据公司法律制度的规定，当公司出现特定情形，继续存续会使股东利益受到重大损失，通过其他途径不能解决，持有公司全部股东表决权 10%以上的股东提起解散公司诉讼的，人民法院应当受理。下列各项中，属于此类特定情形的是(   )。

    A. 甲公司连续 2 年严重亏损，已濒临破产

    B. 乙公司由大股东控制，连续 4 年不分配利润

    C. 丙公司股东之间发生矛盾，持续 3 年无法召开股东会，经营管理发生严重困难

    D. 丁公司 2 年来一直拒绝小股东查询公司会计账簿的请求

15. 甲和乙出资设立一家有限责任公司，公司章程未对股权转让做出规定。甲拟将所持公司股权转让给丙，并签署了股权转让协议。关于本次股权转让，下列表述中正确的是(   )。

    A. 甲、丙签订股权转让协议后，丙即取得股东资格

    B. 甲向丙转让股权，无须经过股东会决议

    C. 甲向丙转让股权，无须征得乙同意，但应通知乙

    D. 甲就股权转让事项书面征求乙同意，乙接到书面通知之日起满 30 日未答复的，视为不同意转让

16. 某有限责任公司的股东会拟对公司为股东甲提供担保事项进行表决。下列有关该事项表决通过的表述中，符合《公司法》规定的是(   )。

    A. 该项表决由公司全体股东所持表决权的过半数通过

    B. 该项表决由出席会议的股东所持表决权的过半数通过

    C. 该项表决由除甲以外的股东所持表决权的过半数通过

    D. 该项表决由出席会议的除甲以外的股东所持表决权的过半数通过

二、多项选择题

1. 甲以个人名义设立一家服装店，在申请设立登记时明确以其家庭共有财产作为其个人出资，对此正确的说法是(   )。

    A. 该服装店是合伙企业

    B. 该服装店是个人独资企业

    C. 甲应以个人财产对企业债务承担无限责任

    D. 甲应以家庭共有财产对企业债务承担无限责任

2. 某普通合伙企业有甲、乙、丙 3 个合伙人，合伙协议约定合伙人之间利润分配和亏损分担的比例是 5∶3∶2。该合伙企业欠丁货款 20 万元，合伙企业财产价值为 10 万元。丁在得到合伙企业财产 10 万元之后，其余 10 万元可以要求(　　)。

  A. 甲全部偿还　　　　　　　　B. 乙全部偿还
  C. 丙全部偿还　　　　　　　　D. 甲偿还 5 万元，乙偿还 3 万元，丙偿还 2 万元

3. 甲、乙、丙、丁四人共同出资设立普通合伙企业，委托合伙人丁单独执行企业事务。下列表述中，符合《合伙企业法》规定的有(　　)。

  A. 丁对外代表该合伙企业
  B. 丁执行企业事务的后果由合伙企业承担
  C. 丁向甲转让丁在该合伙企业中的部分财产份额时，应当通知乙、丙二人
  D. 甲、乙、丙无权检查丁执行该合伙企业事务的情况

4. 甲、乙、丙、丁欲设立一个有限合伙企业，合伙协议中约定了如下内容，其中符合合伙企业法律制度规定的有(　　)。

  A. 甲仅以出资额为限对企业债务承担责任，同时被推举为合伙事务执行人
  B. 丙以其劳务出资，为普通合伙人，其出资份额经各合伙人商定为 5 万元
  C. 合伙企业的利润由甲、乙、丁三人分配，丙仅按营业额提取一定比例的劳务报酬
  D. 经全体合伙人同意，有限合伙人可以全部转为普通合伙人，普通合伙人也可以全部转为有限合伙人

5. 某合伙企业解散时，在如何确定清算人的问题上，合伙人甲、乙、丙、丁各执一词。下列各合伙人的主张中，不符合合伙企业法律制度规定的是(　　)。

  A. 甲：由我们 4 人共同担任清算人
  B. 乙：我是大家一致同意的企业事务执行人，只能由我担任清算人
  C. 丙：建议从我们 4 人中推出一个担任清算人
  D. 丁：合伙企业清算不允许由合伙人担任，因此建议请一名注册会计师来担任清算人

6. 张先生在谈论个人独资企业法的有关规定时讲到以下内容，其中正确的有(　　)。

  A. 设立个人独资企业时，投资人可以个人财产出资，也可以家庭其他成员的财产出资
  B. 个人独资企业可以设立分支机构
  C. 个人独资企业解散时，可由投资人自行清算，也可由债权人申请人民法院指定清算人进行清算
  D. 个人独资企业解散清偿债务时，所欠职工工资和社会保险费用应作为第一顺序清偿

7. 关于普通合伙企业事务执行中的对外代表权，下列说法正确的是(　　)。

  A. 由全体合伙人共同执行合伙企业事务的，全体合伙人都有权对外代表合伙企业
  B. 由部分合伙人执行合伙企业事务的，不参加执行合伙企业事务的合伙人不具有对外代表权
  C. 由于特别授权在单项合伙事务上有执行权的合伙人，依照授权范围可以对外代表合伙企业
  D. 取得合伙企业对外代表权的合伙人执行合伙事务所产生的亏损由该合伙人承担

8. 甲、乙两个公司与刘某、谢某欲共同设立一注册资本为 200 万元的有限责任公司，他们在拟订公司章程时约定各自以如下方式出资。下列出资不合法的是(　　)。

A. 甲公司以其企业商誉评估作价80万元出资

B. 乙公司以其获得的某知名品牌特许经营权评估作价60万元出资

C. 刘某以保险金额为20万元的保险单出资

D. 谢某以其设定了抵押担保的房屋评估作价40万元出资

9. 某有限责任公司的董事李某拟将其所有的一套商住两用房屋以略低于市场价格的条件卖给公司作为办公用房。关于该交易的下列表述中正确的有(　　)。

A. 该交易在获得公司监事会批准后可以进行

B. 该交易在获得公司董事会批准后可以进行

C. 该交易在获得公司股东会批准后可以进行

D. 如果公司章程中规定允许此种交易，该交易可以进行

10. 金某是甲公司的小股东并担任公司董事，因其股权份额仅占10%，在5人的董事会中也仅占1席，其意见和建议常被股东会和董事会否决。金某为此十分郁闷，遂向律师请教维权事宜。在金某讲述的下列事项中，金某可以就(　　)事项以股东身份对公司提起诉讼。

A. 股东会决定，为确保公司的经营秘密，股东不得查阅公司会计账簿

B. 董事会任期届满，但董事长为了继续控制公司，拒绝召开股东会改选董事

C. 董事会不顾金某反对制定了甲公司与另一公司合并的方案

D. 股东会决定，公司监事调查公司经营情况时，若无法证明公司经营违法的，其调查费用自行承担

11. 甲、乙两人拟募集设立一股份有限公司，他们在获准向社会募股后实施的下列(　　)行为违法。

A. 其认股书上记载：认股人一旦认购股份就不得撤回

B. 与某银行签订承销股份和代收股款协议，由该银行代售股份和代收股款

C. 在招股说明书上告知：公司章程由认股人在创立大会上共同制定

D. 在招股说明书上告知：股款募足后将在60日内召开创立大会

12. 李某花5万元购买了某股份公司发行的股票2000股，但该公司股票尚未上市，现李某欲退还已购股票。下列情况中，李某可以要求发起人退还股款的是(　　)。

A. 发起人未按期召开创立大会　　　　B. 公司股东大会同意

C. 公司董事会同意　　　　　　　　　D. 公司未按期募足股份

13. 甲有限责任公司未设董事会，股东乙为执行董事。根据公司法律制度的规定，在公司章程无特别规定的情形下，乙可以行使的职权有(　　)。

A. 决定公司的投资计划　　　　　　　B. 召集股东会会议

C. 决定公司的利润分配方案　　　　　D. 决定聘任公司经理

14. 甲有限责任公司拟变更为乙股份有限公司，下列说法中正确的有(　　)。

A. 甲公司应当召开股东会，并获全体股东一致同意

B. 甲公司在变更为乙公司时，不得增加注册资本

C. 甲公司在变更为乙公司时，折合的股本总额不得高于公司净资产额

D. 乙公司必须承担甲公司的所有债权债务

15. 2009年，甲公司决定分立出乙公司单独经营。甲公司原有5000万元，债权人主要包括丙银行、供货商丁公司和其他一些小债权人。在分立协议中，甲、乙公司约定：原甲公司债

务中，对丁公司的债务由分立出的乙公司承担，其余债务由甲公司承担，该债务分担安排经过了丁公司的认可，但未通知丙银行和其他小债权人(　　)。

    A. 丁公司有权要求甲、乙连带清偿其债务

    B. 丙银行有权要求甲、乙连带清偿其债务

    C. 小债权人有权要求甲、乙连带清偿其债务

    D. 甲、乙公司不得对债务分担做出约定

16. 唐宁是沃运股份有限公司的发起人和董事之一，持有公司15%的股份。因公司未能上市，唐宁对沃运公司的发展前景担忧，欲将所持股份转让。关于此事下列说法错误是(　　)。

    A. 唐宁可以要求沃运公司收购其股权

    B. 唐宁可以不经其他股东同意对外转让其股份

    C. 若章程禁止发起人转让股份，则唐宁的股份不得转让

    D. 若唐宁出让其股份，其他发起人可依法主张优先购买权

解决几个大问题

1. 甲、乙、丙三位自然人于2018年6月共同投资设立一从事家庭装修的有限合伙企业。合伙协议约定了以下事项：甲以现金15万元出资；乙以房屋作价25万元出资，但保留对该房屋的处分权；丙以劳务作价5万元出资，另外以商标权作价8万元出资，各合伙人按相同比例分担盈亏。甲、乙为普通合伙人，丙为有限合伙人；合伙企业的事务由丙执行，对外代表合伙企业。

合伙企业成立后，在当年的生产经营活动中发生了以下的事项。

(1) 2018年7月某日，甲未经其他合伙人同意向该有限合伙企业销售了一批装饰材料，经查，该事项在合伙协议中并未约定。

(2) 2018年8月某日，为扩大经营向银行贷款20万元，期限为1年。

(3) 2018年9月某日，丁公司以现金10万元出资入伙，为有限合伙人。丁与其他合伙人约定，对入伙前的20万元银行贷款不承担责任，对入伙后的企业债务承担有限责任。

(4) 2018年10月某日，丁未经其他合伙人同意，要求合伙企业便宜卖给自己一批彩钢门窗，经查该事项在合伙协议中并未约定。

(5) 2018年11月某日，经其他合伙人同意，丁转为普通合伙人，约定丁对之前的20万元银行贷款只承担有限责任，对之后的企业债务承担无限连带责任。

(6) 2018年12月某日，丙因患脑溢血导致痴呆，被法院确认丧失民事行为能力，甲、乙、丁一致决定丙退伙。

根据以上事实，回答下列问题并分别说明理由：

(1) 该合伙企业的合伙协议和其他约定中，哪些内容违反了《合伙企业法》的规定？

(2) 甲向合伙企业销售装饰材料的行为是否合法？

(3) 丁要求合伙企业便宜卖给自己一批彩钢门窗的行为是否合法？

(4) 甲、乙、丁决定丙退伙是否合法？

2. 赵某担任甲上市公司总经理，并持有该公司股票 10 万股。钱某为甲公司董事长兼法定代表人。

2018 年 7 月 1 日，钱某召集甲公司董事会，9 名董事中有 4 人出席，另有 1 名董事孙某因故未能出席，书面委托钱某代为出席投票；赵某列席会议。会上，经钱某提议，出席董事会的全体董事通过决议，从即日起免除赵某总经理职务。赵某向董事会抗议称：公司无正当理由不应当解除其职务，且董事会实际出席人数未过半数，董事会决议无效。公司于次日公布了董事会关于免除赵某职务的决定。2018 年 12 月 20 日，赵某卖出所持的 2 万股甲公司股票。

2018 年 12 月 23 日，赵某向中国证监会书面举报称：①甲公司的子公司乙公司曾向甲公司全体董事提供低息借款，用于个人购房；②2018 年 4 月 1 日，公司召开的董事会通过决议为母公司丙公司向银行借款提供担保，但甲公司并未公开披露该担保事项。

根据上述资料，回答下列问题并说明理由：

(1) 2018 年 7 月 1 日甲公司董事会的出席人数是否符合规定？
(2) 甲公司董事会能否在无正当理由的情况下解除赵某的总经理职务？
(3) 2018 年 12 月 20 日赵某卖出所持甲公司 2 万股股票的行为是否合法？
(4) 乙公司向甲公司的所有董事提供低息借款购房的行为是否合法？
(5) 2018 年 4 月 1 日甲公司董事会通过的为丙公司提供担保的决议是否合法？

3. 甲、乙共同成立 A 有限责任公司(简称 A 公司)，注册资本 200 万元，其中，甲持有 60% 股权，乙持有 40% 股权。2018 年 8 月 25 日，A 公司聘请李某担任公司总经理，负责公司日常经营管理。双方约定，除基本工资外，李某可从公司每年税后利润中提取 1% 作为奖金。同时，A 公司股东会决议：同意李某向 A 公司增资 20 万元，其中，李某以其姓名作价 10 万元出资，其余 10 万元出资以李某未来从 A 公司应分配的奖金中分期缴纳。

2019 年 1 月初，乙要求退资。经股东会同意，1 月 20 日，A 公司与乙签订退资协议，约定 A 公司向乙返还 80 万元出资款。1 月 28 日，A 公司向乙支付 80 万元后，在股东名册上将乙除名，同时，A 公司宣布减资 80 万元，并向债权人发出了通知和公告。债权人丙接到通知后，当即提出异议，认为股东出资后不得撤回，并要求 A 公司立即清偿债务。A 公司则以丙的债权尚未到期为由拒绝清偿。

根据上述内容，分别回答下列问题并说明理由：

(1) 李某可否以姓名出资？
(2) 李某以未来从 A 公司可分得的奖金分期缴纳出资款是否符合法律规定？
(3) 丙以股东出资后不得撤回为由反对乙退资的主张是否成立？
(4) 丙是否有权要求 A 公司清偿未到期债务？

第 3 章　破产法律制度

任务清单

序号	任务	要求
1	破产的含义和破产原因	掌握
2	破产申请的条件与受理程序	掌握
3	管理人的职责	了解
4	债务人财产的收回与清理规则	理解
5	破产债权的范围与申报规则	理解
6	债权人会议的组织与职权	了解
7	重整程序与和解程序的区别	了解
8	重整期间以及重整计划的流程	掌握
9	破产费用和共益债务的项目与支付	了解
10	破产财产的分配	掌握

思考一个小问题

丽江春晓文化公司由罗宾和 3 位好友共同设立，注册资本已按公司章程全部到位。由于前期开拓市场投入大量资金却收效甚微，公司已负债过千万，此时公司全部资产只剩不到 400 万元，罗宾和 3 位好友想尽快了结公司的全部事务。公司的十多个债权人虽然没有申请丽江春晓文化公司破产，但频繁上门要求还债，怎奈公司资金捉襟见肘。罗宾他们的压力非常大，想以丽江春晓文化公司的名义主动向法院申请本公司破产，你认为这个想法是否行得通？

3.1　破产法概述

3.1.1　破产

1. 破产的概念

破产是指对丧失清偿能力的债务人，由法院强制清算并执行其全部财产，公平清偿全体债权人的法律制度。

2. 设立破产制度的原因

通常，在债务人具有清偿能力而不履行债务或对债务有争议时，通过民事债权制度、民事诉讼与执行制度便可以保障债务的确认与履行。如果只是个别债权人起诉债务人企业，债权人得到完全清偿的可能性较大。但如果存在较多债权人，而债务人企业可能或已经没有足够财产清偿所有债务，仍仅靠上述法律制度就不足以公平实现全体债权人的债权。因为，债权人为优先实现债权会争相向债务人企业主张债权，那么债权人就会在债务人的有限财产上发生冲突，使原来仅存于债权人与债务人之间的清偿矛盾，进一步扩展到了债权人之间。若允许债务人企业对个别债权人清偿，那么先受偿的债权人可能获得全额清偿，而其他债权人则可能获得不完全清偿甚至一无所获。所以，要公正公平解决债务清偿问题，就必须有一种特别的实现债权的法律制度来调整，这就是破产制度。

另外，尚有挽救可能的债务人企业想继续经营，或者想以和解方式一并了结所有债务，避免破产的结局，就必须与所有债权人逐个达成协议，然而取得所有债权人都认可的结果是非常困难的，所以原有法律制度无法对上述行为给予有效支持。

> **知识扩展：破产制度的特殊性**
>
> 破产制度是为了公平解决债务清偿问题，但与一般民事诉讼制度相比，又有其特殊性。
>
> 首先，破产制度具有强制性。法院以强制方式介入并全程主持破产程序，保障实现对全体债权人的公平清偿，债务人对个别债权人的主动履行反而被法律所禁止。
>
> 其次，破产制度具有彻底性。破产程序对债务人的全部法律关系进行彻底的清算，以其全部财产对全体债权人进行清偿。在破产程序终结后，债务人企业被注销。
>
> 再次，破产制度具有排他性。当债务人无力清偿到期债务而被裁定适用破产程序时，因个别债权人请求引起的民事诉讼、民事执行程序、财产保全程序会受到破产程序的约束，以保障全体债权人的利益。
>
> 最后，破产制度体现自治性。破产制度设置了债权人会议这样的自治机构，凡涉及债权人利益的重大事项都要经债权人会议自主做出决定，法院在做出裁决时也会充分尊重债权人的团体意愿。

3.1.2 破产原因

破产原因又称破产界限，是指法院认定债务人丧失债务清偿能力，据以启动破产程序、宣告债务人破产的法律事实，即引起破产程序发生的原因。《中华人民共和国企业破产法》(以下简称《企业破产法》)规定的"企业法人不能清偿到期债务，并且资产不足以清偿全部债务或者明显缺乏清偿能力的"就是破产原因；《中华人民共和国商业银行法》规定的商业银行的破产原因为"不能支付到期债务"。对此，应做如下理解：

1. 不能清偿到期债务且资产不足以清偿全部债务

不能清偿到期债务，是指债务人对请求偿还的到期债务，持续无法全部清偿的法律事实。这里的到期债务是指债务人依法成立且已到偿还期限，债权人提出清偿要求，双方无争议的债务；或者通过法院、仲裁机构做出生效裁判已确定的债务。

资产不足以清偿全部债务即资不抵债，是指企业的全部资产总额不足以偿付其所负全部债务总额。不能清偿到期债务可能只是表象，并不一定意味着资不抵债。当债务人的资产负债表，或者审计报告、资产评估报告等显示其全部资产不足以偿付全部负债的，就可以认定债务人资产不足以清偿全部债务,但有相反证据足以证明债务人资产能够偿付全部负债的除外。

同时满足"不能清偿到期债务"和"资产不足以清偿全部债务"这两个条件,就足以认定债务人达到破产界限,这主要适用于债务人申请破产的案件。

2. 不能清偿到期债务且明显缺乏清偿能力

明显缺乏清偿能力,指债务人不能以任何方式清偿债务的法律事实。即使债务人现有资产确系不能清偿全部债务,也存在债务人凭借信用、经营能力等其他偿还因素完全清偿的可能。相反,债务人账面资产大于负债,却可能对到期债务缺乏现实支付能力。

所以,债务人账面资产虽大于负债,但存在下列情形之一的,应当认定其明显缺乏清偿能力:因资金严重不足或者财产不能变现等原因,无法清偿债务;法定代表人下落不明且无其他人员负责管理财产,无法清偿债务;经人民法院强制执行,无法清偿债务;长期亏损且经营扭亏困难,无法清偿债务;导致债务人丧失清偿能力的其他情形。

同时满足"不能清偿到期债务"和"明显缺乏清偿能力"这两个条件,就可以推定债务人达到破产界限,这主要适用于债权人申请破产的案件。

> 👁 【大家讲坛 3-1】
>
> 　　中康房地产公司因房地产市场萎缩,公司的商品房难以变现,不能清偿到期债务。面对大批债权人要求偿债的情况,公司董事长兼总裁吴某却潜逃海外,公司管理陷入混乱,已出售房屋因质量问题纠纷不断,市场信誉每况愈下。债权人天一公司已申请法院强制执行中康房地产公司还款,仍无法获得完全清偿,于是向法院申请对其进行破产清算,但中康公司以其账面资产大于负债为由表示异议。
>
> 　　天一公司可以提出哪些证据,来证明中康房地产公司符合被申请破产的条件?

3.1.3　破产法及其适用范围

1. 破产法的概念

破产法是规定债务人企业的破产原因、破产条件,法院强制清算债务人全部财产,对债权人给予公平清偿的法律规范的总称。

我国的破产法主要指《企业破产法》及其司法解释、破产案件审理程序,《企业破产法》没有规定的,适用民事诉讼法的有关规定。以挽救债务人、避免破产为目的的重整、和解等法律制度,与破产制度有着密切的关系,所以《企业破产法》包括重整程序和和解程序的法律规定。

2. 破产法的适用范围

企业法人的破产问题,适用《企业破产法》,资不抵债的民办学校、非企业法人组织的清算可参照适用《企业破产法》规定的程序。

商业银行、证券公司、保险公司等金融机构具备破产原因的,国务院金融监督管理机构可以向人民法院提出对该金融机构进行重整或者破产清算的申请。国务院金融监督管理机构依法对出现重大经营风险的金融机构采取接管、托管等措施的,可以向人民法院申请中止以该金融机构为被告或者被执行人的民事诉讼程序或者执行程序。

另外,已确认的债权才能依照《企业破产法》得到清偿,当事人间的实体权利、义务争议,如债是否存在、数额多少等则应在破产法之外通过民事诉讼、仲裁等方式解决，之后方可进入破产程序。

3.2 破产申请与受理

3.2.1 破产申请的提出

只要符合法律规定的条件，当事人就可以申请债务人破产，是否发生破产原因由法院审查判定。

1. 申请当事人

1) 债权人

只要债务人不能清偿到期债务，债权人就可以向法院提出破产申请，无须考虑债务人是否资不抵债，这有利于债权人举证。政府税务机关、社会保险机构作为债权人可以申请债务人破产。破产企业的职工作为债权人也可以申请债务人企业破产，破产申请应经职工代表大会或者全体职工会议决议通过。

企业法人已解散但未清算或者未在合理期限内清算完毕，债权人申请债务人破产清算的，除债务人在法定异议期限内举证证明其未出现破产原因外，人民法院应当受理。

2) 债务人

债务人不能清偿到期债务，且资产不足以清偿全部债务或明显缺乏清偿能力，可以向法院提出破产申请。可见，由债务人自己提出破产申请的条件高于债权人，除了不能清偿到期债务外，还必须证明自己的财产状况达到资不抵债或丧失清偿能力的界限。

3) 清算人

清算人代表企业提出申请。企业法人已解散但未清算或者未清算完毕，资产不足以清偿债务的，为保护全体债权人的利益，依法负有清算责任的清算人应当向人民法院申请破产清算。《公司法》也规定，清算组织在清算时发现公司财产不足以清偿债务的，有义务向人民法院申请破产。

2. 破产申请文件

当事人向人民法院提出破产申请，应当提交破产申请书和债务人不能清偿到期债务的有关证据。破产申请书应当载明：申请人、被申请人的基本情况；申请目的；申请的事实和理由；人民法院认为应当载明的其他事项。

债务人提出申请的，还应当向人民法院提交财产状况说明、债务清册、债权清册、有关财务会计报告、职工安置预案或对职工的补偿方案、职工工资的支付和社会保险费用的缴纳情况。清算人或金融监督管理机构提出申请的，由其向人民法院提交上述文件。

> **知识扩展：破产案件的管辖**
>
> 破产案件的管辖指的是申请人应向哪个地区和哪一级法院提出破产申请。关于地域管辖，破产申请应向债务人住所地法院提出。债务人住所地为其主要办事机构所在地，无办事机构的，为注册地。

> 破产案件的级别管辖依破产企业的工商登记情况确定。基层人民法院一般管辖县、县级市、市辖区的企业登记机关核准登记企业的破产案件；中级人民法院一般管辖地区、地级市(含本级)以上的企业登记机关核准登记企业的破产案件；金融机构、上市公司破产案件或者具有重大影响、法律关系复杂的破产案件，应由中级人民法院管辖。

3.2.2 破产申请的受理

1. 对破产申请的审查和受理

1) 审查

法院收到破产申请后应当及时对申请人的主体资格、债务人的主体资格和破产原因，以及有关材料和证据等进行审查。债权人提出破产申请的，人民法院应当自收到申请之日起 5 日内通知债务人。通知中应告知债务人不得转移资产、逃避债务，不得进行任何有碍于公平清偿的行为。

债务人对债权人提出的破产申请有异议的，应当自收到人民法院的通知之日起 7 日内向人民法院提出，并提交相关的证据材料。人民法院应当自异议期满之日起 10 日内裁定是否受理。除上述情形外，人民法院应当自收到破产申请之日起 15 日内裁定是否受理。

债务人对债权人的申请未在法定期限内向人民法院提出异议，或者异议不成立的，人民法院应当依法裁定受理破产申请。

2) 受理

人民法院裁定受理破产申请的，应当在裁定自做出之日起 5 日内送达申请人。债权人提出申请的，人民法院应当自裁定做出之日起 5 日内送达债务人。债务人应当自裁定送达之日起 15 日内，向人民法院提交财产状况说明、债务清册、债权清册、有关财务会计报告，以及职工工资的支付和社会保险费用的缴纳情况。

3) 不受理

人民法院裁定不受理破产申请的，应当将裁定自做出之日起 5 日内送达申请人并说明理由。申请人对裁定不服的，可以自裁定送达之日起 10 日内向上一级人民法院提起上诉。人民法院受理破产申请后，债权人、债务人等又提出重整或和解申请的，人民法院裁定不受理该申请的，按照上述程序处理。

人民法院受理破产申请后至破产宣告前，经审查发现债务人未发生破产原因的，可以裁定驳回申请。申请人对裁定不服的，可以自裁定送达之日起 10 日内向上一级人民法院提起上诉。

在整个破产程序中，当事人可以提起上诉的仅限于"不予受理"和"驳回破产申请"两个裁定。当事人对人民法院的其他裁定如宣告破产、破产财产分配方案等不服，都不能提起上诉。

2. 法院指定管理人和公告

人民法院裁定受理破产申请的，应当同时指定管理人，并在裁定受理破产申请之日起 25 日内通知已知债权人，并予以公告。

3. 受理破产案件的法律效力

1) 债务人有关人员的义务

自人民法院受理破产申请的裁定送达债务人之日起至破产程序终结之日，债务企业有关人员承担下列义务：妥善保管其占有和管理的财产、印章和账簿、文书等资料；根据人民法院、管理人的要求进行工作，并如实回答询问；列席债权人会议并如实回答债权人的询问；未经人民法院许可，不得离开住所地；不得新任其他企业的董事、监事、高级管理人员。上述所称企业有关人员是指企业的法定代表人，经人民法院决定，可以包括企业的财务管理人员和其他经营管理人员。

2) 债务人对个别债权人的债务清偿

人民法院受理破产申请后，债务人对个别债权人的债务清偿无效，不论债务是何种原因引起，也不论债务是否到期。但债务人以其财产向债权人提供物权担保的，在担保物市场价值内向债权人所做的债务清偿，不受上述规定限制，因为担保债权人享有对担保物的优先受偿权。

3) 向管理人清偿债务或交付财产

人民法院受理破产申请后，债务人的债务人或者财产持有人应当向管理人清偿债务或者交付财产。债务人的债务人或者财产持有人故意违反法律规定向债务人清偿债务者交付财产，使债权人受到损失的，不免除其清偿债务或者交付财产的义务。所谓故意违反法律规定，是指上述当事人明知或应知人民法院已经受理破产申请，仍向债务人清偿债务或者交付财产。

4) 双方当事人都未履行完毕的合同

人民法院受理破产申请后，管理人对破产申请受理前成立且债务人和对方当事人都未履行完毕的合同有权决定解除或者继续履行，并通知对方当事人。管理人自破产申请受理之日起两个月内未通知对方当事人，或者自收到对方当事人催告之日起 30 日内未答复的，视为解除合同。管理人决定继续履行合同的，对方当事人应当履行，但有权要求管理人提供担保。管理人不提供担保的，视为解除合同。管理人这种对合同的选择履行权只能行使一次，不得在做出决定后反悔。

5) 有关债务人财产的保全措施和执行程序

人民法院受理破产申请后，有关债务人财产的保全措施应当解除，执行程序应当中止，有关财产计入债务人财产。保全措施又称财产保全，是指人民法院在利害关系人起诉前或者当事人起诉后，为保障将来的生效判决能够得到执行或者避免财产遭受损失，对当事人的财产或者争议的标的物，采取查封、扣押、冻结等强制措施。这里的保全措施，既包括民事诉讼保全措施，也包括海关、市场管理等部门在行政处罚程序中的保全措施。

有关债务人的民事诉讼，人民法院已做出生效民事判决或调解但尚未执行完毕的，受理破产申请后，执行程序应当中止，债权人凭生效的法律文书向受理破产案件的人民法院申报债权。这里应当中止的执行程序，是针对无物权担保债权的。有物权担保的债权人对担保物的执行不会损害其他债权人的利益，原则上不中止，除非当事人申请的是重整程序。

6) 已开始而尚未终结的有关民事诉讼或仲裁

人民法院受理破产申请后，已经开始而尚未终结的有关债务人的民事诉讼或者仲裁应当中止；在管理人接管债务人的财产、掌握诉讼情况后，该诉讼或者仲裁继续进行。破产案件受理前债权人提起的，要求债务人的股东或次债务人偿还债务的诉讼，要求债务人的股东、实际控制人、董事、高级管理人员承担出资不实或抽逃出资责任的诉讼，以及对债务人财产提起的个别诉讼，仍需要在破产程序之外通过民事诉讼或者仲裁程序确定债务人责任。

7) 受理破产申请后的民事诉讼

人民法院受理破产申请后，有关债务人的民事诉讼，债权人只能向受理破产申请的人民法院提起。当事人约定仲裁解决纠纷的，仍应当通过仲裁方式解决。

> 【大家讲坛 3-2】
> 2018年7月，甲、乙两公司签订一份买卖合同。按照合同约定，双方应于8月底前各自履行合同义务的50%，并应于2018年年底将各自剩余的50%的合同义务履行完毕。2018年10月，法院受理了债务人甲公司的破产申请。10月31日，甲公司管理人收到了乙公司关于是否继续履行该买卖合同的催告，但直至2018年12月初，甲公司管理人尚未对乙公司的催告做出答复。
> 乙公司是否应当继续履行合同？如果甲公司管理人决定继续履行合同，那么乙公司应当如何应对？

3.3 管理人与债务人财产

3.3.1 管理人

管理人是指法院受理破产案件后，由法院指定成立的，全面接管债务人企业并负责其财产的保管、清理、估价、处理和分配等破产清算事务的专门机构。

1. 管理人的职责

管理人应当勤勉尽责，忠实执行职务，履行以下职责：接管债务人的财产、印章和账簿、文书等资料；调查债务人财产状况，制作财产状况报告；决定债务人的内部管理事务；决定债务人的日常开支和其他必要开支；在第一次债权人会议召开之前，决定继续或者停止债务人的营业；管理和处分债务人的财产；代表债务人参加诉讼、仲裁或者其他法律程序；提议召开债权人会议；人民法院认为管理人应当履行的其他职责。

管理人依法执行职务，向人民法院报告工作，经人民法院许可可以聘用必要的工作人员。管理人接受债权人会议和债权人委员会的监督，应当列席债权人会议，向债权人会议报告职务执行情况，并回答询问。管理人没有正当理由不得辞去职务，管理人辞去职务应当经人民法院许可。管理人未忠实勤勉尽责，依法执行职务的，人民法院可以依法处以罚款；给债权人、债务人或者第三人造成损失的，依法承担赔偿责任。

2. 管理人的指定

人民法院可以指定有关部门、机构的人员组成的清算组或者依法设立的律师事务所、会计师事务所、清算事务所等社会中介机构担任管理人。人民法院根据债务人的实际情况，可以在征询有关社会中介机构的意见后，指定该机构具备相关专业知识并取得执业资格的人员担任管理人。管理人没有正当理由，不得拒绝法院的指定。

破产管理人与清算组(清算人)有所区别，清算组的职责主要是清理债务人企业的债权债务，编制财产状况报告，清偿债务，处理剩余财产，代表企业参与民事诉讼活动；管理人除此以外，还受法院指派管理债务人企业，与债权人会议交涉，参与企业重整与和解等程序。

个人有下列情形之一的，不能担任管理人：因故意犯罪受过刑事处罚；曾被吊销相关专业执业证书；与本案有利害关系；人民法院认为不宜担任管理人的其他情形。

中介机构、清算组织及其派出人员与债务人、债权人有"利害关系"，可能影响其忠实履行管理人职责的，不应担任管理人。

3. 管理人的更换

债权人会议认为管理人不能依法、公正执行职务或者有其他不能胜任职务情形的，可以申请人民法院予以更换。

> **【大家讲坛3-3】**
>
> 千叶公司因不能清偿到期债务，被债权人百草公司申请破产，法院指定甲律师事务所为管理人。甲律师事务所业务繁多，召开债权人会议时，他们事务所的人不能每次都到场，百草公司也不太了解甲律师事务所的工作情况。但随后百草公司发现，甲律师事务所数次不当处分千叶公司的财产，却仍要求足额获得报酬，因而认为甲律师事务所不能胜任职务，决定罢免其管理人资格，另聘管理人。
>
> 百草公司是否有权更换管理人？

3.3.2 债务人财产的一般规定

1. 债务人财产的范围

债务人财产包括破产申请受理时属于债务人的全部财产，以及破产申请受理后至破产程序终结前债务人取得的财产。除债务人所有的货币、实物外，债务人依法享有的可以用货币估价并可以依法转让的债权、股权、知识产权、用益物权等财产和财产权益，法院均应认定为债务人财产。

债务人已依法设定担保物权的特定财产，属于债务人财产。对债务人的特定财产在担保物权消灭或者实现担保物权后的剩余部分，在破产程序中可用来清偿破产费用、共益债务和其他破产债权。

债务人对按份享有所有权的共有财产的相关份额，或者共同享有所有权的共有财产的相应财产权利，以及依法分割共有财产所得部分，均应认定为债务人财产。

债务人财产在破产宣告后称为破产财产。

2. 债务人财产的收回

1) 对注册资金投入不足的追收

人民法院受理破产申请后，债务人的出资人尚未完全履行出资义务的，管理人应当要求该出资人缴纳所认缴的出资，而不受出资期限的限制，否则将降低债务人的责任能力，损害债权人的利益。出资人依照公司章程或者合同约定缴纳出资，是其必须履行的法定义务。

管理人依据《公司法》代表债务人起诉，可以要求发起人、负有监督股东履行出资义务的董事和高级管理人员，以及协助抽逃出资的其他股东、董事、高级管理人员或者实际控制人，对股东违反出资义务或抽逃出资行为承担责任。

2) 对高管人员侵占财产的追收

债务人的董事、监事和高级管理人员利用职权从企业获取的非正常收入和侵占的企业财产，管理人应当追回。

3) 对被债权人占有的属于债务人的财产的追收

人民法院受理破产申请后，管理人可以通过清偿债务或者提供为债权人接受的担保，取回质物、留置物；上述债务清偿或者替代担保，在质物或者留置物的价值低于被担保的债权额时，以该质物或者留置物当时的市场价值为限。

4) 对次债务人债权的追收

人民法院受理破产申请后，债务人的债务人或者财产持有人应当向管理人清偿债务或者交付财产。债务人在被宣告破产时未到期的债权视为已到期，属于破产财产，但应当减去未到期的利息。

5) 对可撤销和无效行为财产的追收

人民法院受理破产申请后，债务人的债务人或者财产持有人应当向管理人清偿债务或者交付财产。因债务人行为被法院认定无效或撤销而应追回的财产，管理人有权追回；原物不存在时，应折价赔偿。

3. 他人财产的取回权

债务人被宣告破产后，依法用于清偿债权人的财产是债务人的财产，这其中并不包括属于债务人占有的他人的财产。因此，要对债务人占有、使用、与他人共有的财产，以及在债务人名下、在债务人账户上的各种财产逐一进行核查，分清哪些财产是属于债务人的，哪些财产是权利人可以通过管理人取回的。破产法中的取回权分为以下两种。

1) 一般取回权

法院受理破产申请后，债务人占有的不属于债务人的财产，权利人可以通过管理人取回。权利人的财产可以基于仓储、保管、加工承揽、租赁等原因被债务人合法占有，也可因侵权行为、不当得利等原因财产被债务人非法占有。

一般取回权在破产案件受理后形成，其行使不受当事人原约定条件、期限的限制，也不受破产程序限制(重整程序除外)，在无争议时权利人无须通过诉讼程序，而是通过管理人取回财产。权利人在行使取回权时，如果有加工、保管、托运、委托等费用未向债务人支付的，此时应向管理人支付，否则管理人可以拒绝其取回相关财产。

一般取回权的行使通常只限于取回原物，如果债务人将占有的他人财产被违法转让给第三人，依据物权法律制度，第三人已善意取得财产所有权，原权利人无法取回该财产的；或者第三人已向债务人支付了转让价款但未取得财产所有权，原权利人依法追回转让财产的向第三人已支付对价而产生的债务，按照以下规定处理：

(1) 转让行为发生在破产申请受理前的，作为普通破产债权清偿。

(2) 转让行为发生在破产申请受理后的，作为共益债务清偿。

如果在破产案件受理前，原物已被债务人毁损或灭失，权利人的取回权消灭，只能以该物价值额作为破产债权要求清偿。因该财产毁损或灭失而获得保险金、赔偿金、代偿物，如果尚未交付给债务人，或者代偿物虽已交付给债务人但能与债务人财产予以区分的，权利人有权要求取回就此获得的保险金、赔偿金、代偿物，称为代偿取回权。

2) 出卖人取回权

人民法院受理破产申请时，出卖人已将买卖标的物向作为买受人的债务人发运，债务人尚未收到且未付清全部价款的，出卖人可以取回在运途中的标的物。但是，管理人可以支付全部价款，请求出卖人交付标的物。

如果买受人在破产申请受理时尚未付清货款，同时也没有收到货物，尚未取得货物的所有权。若不允许出卖人对运输途中的货物行使取回权，待管理人收到标的物后，将其纳入破产财产。而出卖人未收到的价款，就只能作为破产债权受偿，其所得可能会大大少于应收的价款，这样做对出卖人显然有失公平。

> 【大家讲坛3-4】
>
> 甲公司依据已签订的买卖合同，在购买人乙公司尚未付清全部货款的情况下，将货物发运给乙公司。该批货物还在途中时，乙公司的债权人向法院申请乙公司破产，且法院已裁定受理。甲公司得到消息，要求承运人立刻将该货物运回。乙公司管理人则认为，货已发出，乙公司就取得该批货物的所有权，未付清的款项甲公司可以去申报破产债权。
>
> 该批货物的所有权到底如何确定？乙公司的管理人什么情况下可以请求甲公司交付货物？如果该批货物运到乙公司后又属于谁？

4. 破产抵销权

破产抵销权是指债权人在破产申请受理前对债务人即破产人负有债务的，无论是否已到清偿期限，无论债务标的、给付种类是否相同，均可在破产财产最终分配前向管理人主张相互抵销。当一方当事人破产时，对方当事人如果完全履行其义务，其履行交付的财产将作为破产财产在各债权人之间分配，而其未收回的债权则要与其他债权一起，由破产财产清偿，这显然不公平。通过抵销，免除了当事人双方实际履行的义务，节省了履行费用；对当事人双方的债权起到了担保作用；实际上使债权人在抵销范围内得到优先和全额的清偿。

破产法上的抵销权只能由债权人向管理人提出，管理人不得主动抵销债务人与债权人的互负债务，但抵销使债务人财产受益的除外。为防止破产抵销权被个别债权人滥用，损害多数债权人利益，有下列情形之一的，不得抵销。

(1) 债务人的债务人在破产申请受理后取得他人对债务人的债权的。破产债权一般只能获得其债权名义数额一定比例的清偿，甚至得不到清偿，但当它用于抵销债务时，却可能获得全额清偿。如果债务人的债务人在破产申请受理后低价收买破产债权以抵销须全额偿付的债务，将使其他破产债权人可分配破产财产减少。

(2) 债权人已知债务人有不能清偿到期债务或者破产申请的事实，对债务人负担债务的；但是，债权人因为法律规定或者有破产申请1年前所发生的原因而负担债务的除外。债权人已知债务人上述情形，有意购买债务人的财产造成负债，后又恶意地不予清偿。待到破产程序启动后，再用其原本不能获得完全清偿的破产债权与该项债务进行抵销，使其他破产债权人可分配破产财产减少。

(3) 债务人的债务人已知债务人有不能清偿到期债务或者破产申请的事实，对债务人取得债权的；但是，债务人的债务人因为法律规定或者有破产申请1年前所发生的原因而取得债权的除外。债务人的债务人已知债务人上述情形，却有意低价购买债务人的债权，待到破产程序启动后，用低价购买的破产债权与本应向债务人完全清偿的债务进行抵销，使其他破产债权人可分配破产财产减少。

(4) 债务人股东的破产债权，不得与其欠缴债务人的出资或者抽逃的出资相抵销。破产债权有可能得不到完全清偿,在债务人进入破产程序时,如果允许股东将这样的破产债权冲抵应缴出资,实际上是允许股东可以不足额地缴纳法律和企业章程中规定其应当全额缴纳的出资额,这不仅违反了企业资本充实原则,也使其他破产债权人可分配破产财产减少。类似地,债务人股东的破产债权,也不能与其因滥用股东权利或者关联关系损害公司利益对债务人所负的债务相抵销。

> 👁 **【大家讲坛 3-5】**
>
> 　　法院受理了利捷公司的破产申请。管理人甲发现,利捷公司与翰扬公司之间的债权债务关系较为复杂。翰扬公司的某一项债权由利捷公司房产作为抵押;翰扬公司与利捷公司有一合同未履行完毕,利捷公司的管理人要求解除该合同;翰扬公司曾租给利捷公司的一套设备被第三人损毁,侵权人之前向利捷公司支付了赔偿金,翰扬公司要求立即取回该笔赔偿金;茹洁公司对利捷公司负有债务,在破产受理后茹洁公司受让了翰扬公司的一项债权,茹洁公司认为无须再向利捷公司履行等额的债务。
>
> 　　翰扬公司针对上述情形如何行使权利?茹洁公司需要向利捷公司履行等额债务吗?

3.3.3　破产撤销权与无效行为制度

　　管理人可以通过行使破产撤销权或请求法院对债务人的行为认定无效来追收财产。因债务人行为被法院认定无效或撤销追回的财产,应归入债务人财产。原物不存在的,应折价赔偿。

1. 破产撤销权

　　破产撤销权是指管理人对债务人在破产案件受理前的法定期间减少财产的行为损害公平清偿时,有权申请法院撤销,并追回财产。

　　1) 受理前 1 年内的可撤销行为

　　人民法院受理破产申请前 1 年内,涉及债务人财产的下列行为,管理人有权请求人民法院予以撤销:①无偿转让财产的;②以明显不合理的价格进行交易的;③对没有财产担保的债务提供财产担保的;④对未到期的债务提前清偿的;⑤放弃债权的。出现上述①②⑤情形时,管理人未行使破产撤销权的,债权人可依据《合同法》提起诉讼,行使合同撤销权追回此财产,归入债务人财产。

　　对原来已经成立的无财产担保的债务事后补充设置担保,不包括债务人在可撤销期间内设定债务的同时提供的财产担保,因为该情形并未造成债务人财产的不当减少。

　　2) 受理前 6 个月内的可撤销行为

　　人民法院受理破产申请前 6 个月内,债务人不能清偿到期债务,并且资产不足以清偿全部债务或者明显缺乏清偿能力,仍对个别债权人进行清偿的,管理人有权请求人民法院予以撤销。

2. 债务人的无效行为

　　债务人的无效行为是指债务人为逃避债务所实施的隐匿、转移财产的行为。其行为使债务人财产不当减少,损害债权人利益,从开始起就没有法律约束力,管理人有权向法院申请认定行为无效。无效行为包括:为逃避债务而隐匿、转移财产的行为;虚构债务或者承认不真实的债务的行为。

　　在破产程序终结之日起 2 年内,债权人可以行使破产撤销权或者针对债务人的无效行为而追回财产。在此期间追回的财产,应当按照破产财产分配方案,对全体债权人进行追加分配。破产程序终结之日起 2 年后,追回的财产不再用于对全体债权人清偿,而是用于对追回财产的债权人个别清偿。

3.4 债权人会议

3.4.1 债权人会议的组成

1. 债权人会议的概念和性质

债权人会议是由全体债权人组成,维护债权人共同利益,表达债权人共同意志,协调债权人行为的临时性机构。理论上,债权人会议是由全体债权人组成;实际上,依法申报债权的债权人才能成为债权人会议的成员。

债权人会议不是一个独立的民事权利主体,只是具有自治性质的临时机构。债权人会议仅为决议机关,虽享有法定职权,但本身无执行功能,其所做出的相关决议一般由管理人负责执行。

债权人会议在破产程序中与法院、管理人、债务人或破产人等有关当事人进行交涉,负责处理涉及全体债权人共同利益的问题,协调债权人的法律行为。

2. 成员与权利

1) 债权人成员

依法申报债权的债权人为债权人会议的成员,有权参加债权人会议,享有表决权。凡是申报债权者均有权参加第一次债权人会议,参加对债权的核查、确认,并可依法提出异议。

2) 职工和工会代表

债权人会议应当有债务人的职工和工会的代表参加,对有关事项发表意见,维护企业职工的权益。因职工劳动债权属优先债权,所以职工和工会代表在债权人会议上没有表决权。如果债权人会议决议影响职工劳动债权从破产财产中全额优先受偿的情况下,职工和工会代表应有表决权。

3) 债权人会议主席

债权人会议设主席一人,由人民法院在有表决权的债权人中指定,通常是由在破产程序中无优先权的大债权人担任。由单位出任债权人会议主席的,该单位应当指定一名常任代表履行主席职务,且一般情况下不应更换。债权人会议主席依法行使职权,负责债权人会议的召集、主持等工作。

4) 列席人员

经人民法院决定,债务人企业的管理人、法定代表人、财务管理人员和其他经营管理人员应履行法定义务或职务,列席债权人会议。列席人员不属于会议正式成员,协助债权人会议召开,无表决权。

3.4.2 债权人会议的具体内容

1. 召集

第一次债权人会议由人民法院召集,自债权申报期限届满之日起 15 日内召开。以后的债权人会议，在人民法认为必要时，或者管理人、债权人委员会、占债权总额 1/4 以上的债权人向债权人会议主席提议时召开。召开债权人会议，管理人应当提前 15 日通知已知的债权人。

2. 职权

债权人会议行使下列职权：核查债权；申请人民法院更换管理人，审查管理人的费用和报酬；监督管理人；选任和更换债权人委员会成员；决定延续或者停止债务人的营业；通过重整计划；通过和解协议；通过债务人财产的管理方案；通过破产财产的变价方案；通过破产财产分配方案；人民法院认为应当由债权人会议行使的其他职权。应当将债权人会议所议事项的决议做成会议记录。

3. 表决权

第一次债权人会议以后的会议，只有债权得到确认的申报人才有权行使表决权。

因债权存在争议而未被列入债权表的，如果已经提起债权确认诉讼，可以参加债权人会议。但债权尚未确定的债权人，除人民法院能够为其行使表决权而临时确定债权额的情况外，不得行使表决权。

对债务人的特定财产享有担保权的债权人，未放弃优先受偿权利的，对通过和解协议、破产财产分配方案事项不享有表决权，因为这两个事项不影响上述债权人的利益。

尚未代替债务人向他人清偿债务的保证人或者其他连带债务人，虽然可以其对债务人的将来请求权申报债权，但不能行使表决权。附生效条件未成就的债权可以申报，但不能行使表决权。

债权人可以委托代理人出席债权人会议，行使表决权。代理人出席债权人会议，应当向人民法院或者债权人会议主席提交债权人的授权委托书。

4. 决议

债权人会议的决议，由出席会议的有表决权的债权人过半数通过，并且其所代表的债权额占无财产担保债权总额的 1/2 以上。但是，法律对债权人会议通过和解协议与重整计划的决议另有规定的除外。

债权人会议的决议，对于在该决议事项上有表决权的全体债权人均有约束力。

债权人认为债权人会议的决议违反法律规定，损害其利益的，可以自债权人会议做出决议之日起 15 日内，请求人民法院裁定撤销该决议，责令债权人会议依法重新做出决议。

5. 人民法院对有关事项的裁定

(1) 债务人财产的管理方案和破产财产的变价方案，经债权人会议表决未通过的，由人民法院裁定。

(2) 破产财产的分配方案经债权人会议二次表决仍未通过的，由人民法院裁定。

(3) 任何债权人对上述第(1)项人民法院做出的裁定不服，债权额占无财产担保债权总额 1/2 以上的债权人对上述第(2)项人民法院做出的裁定不服，可以自裁定宣布之日或者收到通知之日起 15 日内向该人民法院申请复议。复议期间不停止裁定的执行。

3.4.3 债权人委员会

债权人委员会是在破产程序期间，代表债权人会议监督管理人行为和破产程序进行，保障债权人会议职能有效执行的组织。

1. 设立

债权人委员会,由债权人会议根据案件具体情况决定是否设置。债权人委员会中的债权人代表由债权人会议选任、罢免,债权人委员会中还应当有一名债务人企业的职工代表或者工会代表。债权人委员会的成员人数原则上应为奇数,最多不得超过9人,成员应当经人民法院书面认可。

2. 职权

债权人委员会行使下列职权:监督债务人财产的管理和处分;监督破产财产分配;提议召开债权人会议;债权人会议委托的其他职权。

债权人委员会执行职务时,有权要求管理人、债务人的有关人员对其职权范围内事务做出说明或者提供有关文件。管理人、债务人的有关人员违反法律规定拒绝接受监督的,债权人委员会有权就监督事项请求人民法院做出决定。人民法院接到债权人委员会的请求,应当在5日内做出决定。

管理人实施下列行为,应当及时报告债权人委会:涉及土地、房屋等不动产权益的转让;探矿权、采矿权、知识产权等财产权的转让;全部库存或者营业事务的转让;借款;设定财产担保;债权和有价证券的转让;履行债务人和对方当事人均未履行完毕的合同;放弃权利;担保物的收回;对债权人利益有重大影响的其他财产处分行为。

未设立债权人委员会的,管理人实施上述行为应当及时报告人民法院。

债权人委员会的成员应当依法正确履行职责,公平维护债权人的正当权益,如有违法渎职行为,应当承担相应的法律责任。

> 【大家讲坛3-6】
>
> 祺航公司向法院申请破产,法院受理并指定甲为管理人。债权人会议决定设立债权人委员会。现昊泰公司因经营需要,提出要受让祺航公司的部分土地和房屋。甲管理人认为这项交易对祺航公司清偿债务非常有利,于是代表祺航公司与昊泰公司协商这项交易。债权人委员闻听此事批评甲行为不当,也有部分债权人认为应该先召开债权人会议决议该转让事宜,还有的债权人认为如此重大的交易应该直接报告法院。
>
> 接到昊泰公司的受让要求,甲管理人应该首先向谁报告?

3.5 破产债权

3.5.1 破产债权的范围

破产债权,一般指在破产申请受理前发生的,经依法申报并确认,由破产财产中获得公平清偿的可强制执行的财产请求权。

1. 破产申请受理前成立的无财产担保债权

无财产担保债权又称普通债权。破产申请受理前成立的无财产担保债权不论是否到期、是否附条件、是否有担保人、发生原因为何,都属于破产债权。

2. 破产申请受理前成立的有财产担保债权

有财产担保债权也属于破产债权，原则上可以不通过破产清算程序而获得优先受偿。但该债权可能因各种原因未能获得优先或完全受偿，构成和无财产担保性质相同的普通债权。包括债权人放弃优先受偿权的有财产担保的债权，有财产担保的债权未获完全受偿的剩余债权。

> **知识扩展：别除权**
>
> 别除权指债权人因其债权设有担保物权或享有法定特别优先权，在破产程序中对破产人的特定财产享有优先受偿的权利。担保物权，是指破产申请受理前成立的，债务人为保障债权人利益，在自己的特定物上设定的符合《民法典》规定的抵押权、质押权、留置权，这也是别除权中最重要的部分。
>
> 对债务人的特定财产享有担保权的权利人，对该特定财产享有优先受偿的权利。债权人行使优先受偿权利未能完全受偿的，其未受偿的债权作为普通债权；放弃优先受偿权利的，其债权作为普通债权。
>
> 别除权人的行使不受破产清算与和解程序的限制，但在重整程序中受到限制。未放弃优先受偿权利的，对通过和解协议和破产财产的分配方案不享有表决权。

3. 职工劳动债权

职工劳动债权包括债务人所欠职工的工资和医疗、伤残补助、抚恤费用，所欠的应当划入职工个人账户的基本养老保险、基本医疗保险费用，以及法律、行政法规规定应当支付给职工的补偿金。

4. 社会保障债权

职工社会保险费用划入个人账户的属于职工劳动债权，划入社会公共账户的部分属于社会保障债权。

5. 税款债权

税款债权即债务人所欠税款构成的财产请求权。

此外，还存在破产申请受理后发生的债权，即管理人或者债务人在破产申请受理后依法解除双方均未履行完毕合同的，对方当事人可以就合同解除所产生的损害赔偿请求权申报债权。

3.5.2 债权的申报

1. 债权申报的一般规定

1) 依法申报债权

债权人未依破产法规定申报债权的，不得依破产法规定的程序行使权利。债权人申报债权时，应当书面说明债权的数额和有无财产担保，并提交有关证据。有财产担保的债权也必须申报，其真实性和数额要经债权人会议的审查确认和法院的认可，否则不受别除权制度的保护。

2) 按期申报债权

债权人应当在人民法院确定的债权申报期限内向管理人申报债权。人民法院受理破产申请后，应当确定债权人申报债权的期限。债权申报期限自人民法院发布受理破产申请公告之日起计算，最短不得少于 30 日，最长不得超过 3 个月。在法律规定的期间内，人民法院可以根据案件具体情况确定申报债权的期限。

3) 补充申报

在人民法院确定的债权申报期限内，债权人未申报债权的，可以在破产财产最后分配前补充申报；但是，此前已进行的分配，不再对其补充分配。为审查和确认补充申报债权的费用，由补充申报人承担。补充申报的债权人对其申报债权前已经进行完毕的各项破产活动如债权人会议所做出的各项决议，不得再提出异议。

4) 职工劳动债权的申报

职工劳动债权免于申报，由管理人调查后列出清单并予以公示。职工对清单记载有异议的，可以要求管理人更正；管理人不予更正的，职工可以向人民法院提起诉讼。职工劳动债权计算到解除劳动合同时为止。

5) 税款债权和社会保障债权的申报

税款债权和社会保障债权由法院向政府税务机关、社会保险机构发送通知，要求其按期申报债权。

2. 具体规定

1) 未到期的债权

未到期的债权，在破产申请受理时视为到期，可以申报。

2) 附条件、附期限的债权

人民法院受理案件时，所附生效条件或者解除条件未成就的债权，可以申报，破产财产分配时视条件变化决定是否获得分配。附有终止期限的债权，只要人民法院受理案件时，当事人所约定的债权期限未届至，就构成当然的破产债权；附有生效期限的债权，因其债权已经成立，即使在人民法院受理破产案件时所约期限未届至，仍有权进行债权申报。

3) 附利息的债权

附利息的债权自破产申请受理时起停止计息，未附利息的债权以本金申报。

4) 诉讼、仲裁未决的债权

所争议的债权只有在人民法院或者仲裁机构做出生效判决或者仲裁决定后，其债权才能确定。如果该争议的债权与人民法院受理的破产案件债务人债务相联系，债权人在诉讼或者仲裁未决的情况下，仍可以申报债权。

5) 连带债权

申报的债权是连带债权的，应当说明。连带债权人可以由其中一人代表全体连带债权人申报债权，也可以共同申报债权。

6) 涉及连带债务的债权

人民法院受理债务人破产案件后，债权人有权选择先向进入破产程序的债务人追偿，也可以在破产程序外直接要求负连带责任的保证人或连带债务人向其清偿债务。

如果债务人的保证人或者其他连带债务人已经代替债务人清偿债务的，以其对债务人的求偿权申报债权；尚未代替债务人清偿债务的，以其对债务人的将来请求权申报债权。参加破产程序未得到彻底清偿的债权人，如果在破产程序终结后向保证人或连带债务人要求清偿，保证人或连带债务人履行保证或连带责任后，本应向债务人追偿，但此时破产财产的分配程序已终结，无法及时申报债权，所以法律允许保证人或带债务人预先行使求偿权，但是债权人已向管理人申报全部债权的除外。

如果债务人、保证人或连带债务人数人均被裁定进入破产程序的，其债权人有权就全部债权分别在各破产案件中申报债权，以保障债权人能够在各破产案件中充分实现债权，但债权人的受偿额不得超出其债权总额。

7) 解除合同的债权

管理人或者债务人依照破产法规定解除双方均未履行完毕的合同，对方当事人就合同解除所产生的损害赔偿请求权申报债权。对方当事人申报的破产债权以实际损失为限，违约金不得作为破产债权申报。

8) 委托合同的债权

债务人是委托合同的委托人，被裁定适用破产法规定的程序，受托人不知该事实，继续处理委托事务的，受托人以由此产生的请求权申报破产债权。如果受托人已知该事实，但为了债务人即全体债权人利益在无法向管理人移交事务的紧急情况下继续处理委托事务的，由此产生的请求权作为共益债务优先受偿；但在无必要的情况下继续处理委托事务，不当增加委托费用与报酬数额的，不能作为破产债权。

9) 票据债权

债务人是票据的出票人，被裁定适用破产法规定的程序，该票据的付款人继续付款或者承兑的，付款人以由此产生的请求权申报债权。如果票据的出票人与付款人之间的关系存在委托付款关系，则付款人承担到期无条件付款责任，而付款人所付的金额及由此而产生的费用，应当由出票人负担。

> 【大家讲坛 3-7】
>
> 甲公司向乙银行贷款 100 万元，由 A 公司作为保证人，并以甲公司的厂房向乙银行做抵押担保。其后，甲公司因严重资不抵债向法院申请破产。法院裁定受理破产申请，并指定了破产管理人。乙银行已申报债权，管理人对乙银行的债权非常重视，决定优先清偿。对此，其他债权人表示反对，认为乙银行因甲公司的厂房做抵押而获 40 万元优先分配，剩余的 60 万元债权应该消灭。
>
> 乙银行剩余的 60 万元债权还能得到清偿吗？如果乙银行不申报债权，这 100 万元债权谁可以申报？如 A 公司已代甲公司偿还了 100 万元的银行贷款，是否可以申报债权？

3.5.3 债权的确认

债权人申报的债权经审查确认后，才能取得破产案件的债权人的地位，在破产程序中行使权利。如果是已发生法律效力的裁判确认的债权，一般不进行审查确认，直接列入债权确认表中；如果是未经发生法律效力的裁判所确认的债权，应进行审查确认。

1. 债权审查

管理人收到债权申报材料后，应当登记造册，对申报的债权的性质、数额、担保财产、是否超过诉讼时效期间、是否超过强制执行期间等情况进行审查、编制债权表并提交债权人会议核查。管理人必须将申报的债权全部登记在债权表上，不允许以其认为债权超过诉讼时效或不能成立等为由拒绝编入债权表。管理人进行实质审查后对各项债权的认定结果，应附在提交第一次债权人会议的债权表后，供核查使用。债权表和债权申报材料由管理人保存，供利害关系人查阅。

2. 债权核查

管理人依法编制的债权表，应当提交第一次债权人会议核查。首先由管理人宣读被核查债权的申报登记情况以及有关证据材料，并由该债权人进行说明。然后由管理人、债务人、其他债权人等利害关系人陈述意见，由该债权人解释，有疑问者可继续进行询问。经核查后，管理人、债务人、其他债权人等对债权无异议的，列入债权表。

3. 债权确认

管理人、债务人、债权人对债权表记载的债权无异议的，债权表由人民法院裁定确认，其确认具有与生效判决同等的法律效力；债务人、债权人对债权表记载的债权有异议的，可以向受理破产申请的人民法院提起诉讼。

3.6 重整与和解制度

3.6.1 重整与和解制度概述

1. 重整与和解制度的概念

重整是指债务人已经或可能发生破产原因，不对其财产立即进行清算，而是在法院主持下由债务人与债权人达成协议，由债务人在一定期限内进行业务重组与债务调整，以恢复经营、避免破产的法律程序。重整流程如图3-1所示。

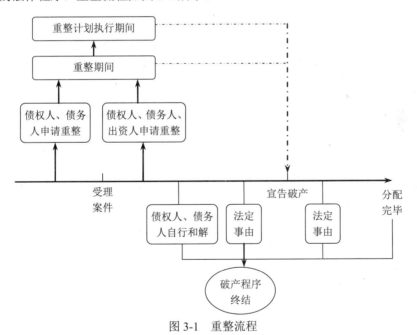

图 3-1 重整流程

和解是指发生破产原因的债务人，为避免破产清算，与债权人达成经法院认可的延期偿债或债务减免协议的法律程序。和解流程如图3-2所示。

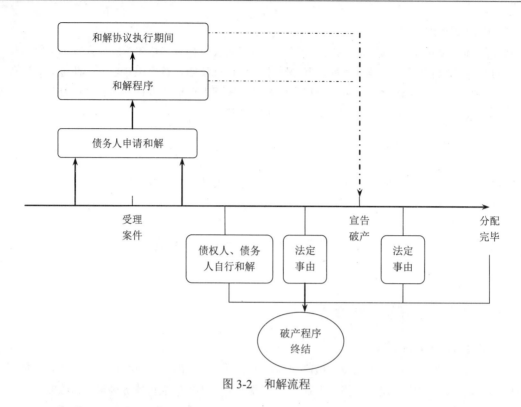

图 3-2　和解流程

2. 重整程序与和解程序的区别

重整程序与和解程序的区别如表 3-1 所示。

表 3-1　重整程序与和解程序的区别

	重整程序	和解程序
申请人	可以由债务人、债权人或其出资人提出	只能由债务人提出
申请原因	债务人已经或可能发生破产原因	债务人已经发生破产原因
目的	恢复经营能力、清理债务、避免破产	清理债务、避免破产
措施	重整计划除债务调整外,还包括具体经营方案	和解协议局限于债务数额或清偿期限的调整
效力	重整计划对所有当事人均具有强制执行力；对债务人享有的财产担保权暂停行使	和解协议没有强制执行力；对没有放弃优先权的有财产担保的债权人没有约束力
适用	程序复杂、费用高、耗时长,较适合大企业	程序简捷、成本低,较适合中小企业

3.6.2　重整申请和重整期间

1. 重整申请

债务人发生破产原因或者有明显丧失清偿能力可能的,可以依照《企业破产法》的规定进行重整。

(1) 破产申请受理前,债务人或者债权人可以直接向人民法院申请对债务人进行重整。

(2) 债权人申请对债务人进行破产清算的,在人民法院受理破产申请后、宣告债务人破产前，债务人或者出资额占债务人注册资本10%以上的出资人，可以向人民法院申请重整。

如果因债务人或者清算人申请而进入破产程序，说明债务人已经清楚地知道自己已无恢复生机的可能；企业法人的清算需依法经出资人同意，所以出资人也很清楚债务人的状况。在此种情况下，债务人或出资人再申请重整是不合情理的。不过，在此种情况下由债权人申请重整，应该符合立法精神。

(3) 国务院金融监督管理机构可以向人民法院提出对金融机构进行重整的申请。

债务人提出重整申请，除应提交《企业破产法》规定的材料外，还应当提交债务人通过重整程序能够持续经营，偿还债务、摆脱困境的重整可行性报告。人民法院经审查，认为重整申请符合《企业破产法》规定的，应当裁定债务人重整，并予以公告。

2. 重整期间及其相关规定

自人民法院裁定债务人重整之日起至重整程序终止，为重整期间。即仅指重整申请受理至重整计划草案得到债权人会议分组表决通过及人民法院审查批准的期间，不包括重整计划得到批准后的执行期间。在重整期间，相关当事人须遵守以下规定。

(1) 重整期间，经债务人申请，人民法院批准，债务人可以在管理人的监督下自行管理财产和营业事务。这时，管理人应当向债务人移交财产和营业事务，管理人的职权由债务人行使，管理人起监督作用。管理人负责管理财产和营业事务的，可以聘任债务人的经营管理人员负责营业事务。

(2) 重整期间，对债务人的特定财产享有的担保权暂停行使，以便重整的顺利进行。但是，对企业重整无保留必要的担保财产，经债务人或管理人同意，担保权人可以行使担保权。担保物有损坏或者价值明显减少的可能，足以危害担保权人权利的，担保权人可以向人民法院请求恢复行使担保权。

(3) 债务人或者管理人为继续营业而借款的，可以为该借款设定担保。债务人在重整期间而发生的费用与债务，原则上属于共益债务，可以不受重整程序限制地从债务人财产中受偿。

(4) 债务人合法占有的他人财产，该财产的权利人在重整期间要求取回的，应当符合事先约定的条件。

(5) 重整期间，债务人的出资人不得请求投资收益分配；债务人的董事、监事、高级管理人员不得向第三人转让其持有的债务人的股权，但经人民法院同意的除外。

3.6.3 重整计划

1. 重整计划的提出

1) 草案的制作

债务人自行管理财产和营业事务的，由债务人制作重整计划草案。管理人负责管理财产和营业事务的，由管理人制作重整计划草案。

2) 草案的提交

债务人或者管理人应当自人民法院裁定债务人重整之日起6个月内，同时向人民法院和债权人会议提交重整计划草案。期限届满，经债务人或者管理人请求，有正当理由的，人民法院可以裁定延期3个月。债务人或者管理人未按期提出重整计划草案的，人民法院应当裁定终止重整程序，并宣告债务人破产。

3) 草案的内容

重整计划草案应当包括下列内容：债务人的经营方案；债权分类；债权调整方案；债权受偿方案；重整计划的执行期限；重整计划执行的监督期限；有利于债务人重整的其他方案。

重整计划草案的内容中，最重要的是重整措施，除了延期偿还、减免债务、债权转股权等有关债权债务的方案外，还有改进经营管理、变更注册资本、发行新股、转让股权或债券融资、资产与业务重组、设立新公司等经营方案。

2. 重整计划的表决

在重整计划草案提请表决之前，债务人或管理人应当向债权人等利害关系人履行详尽的说明义务，利害关系人认为债务人或管理人说明不充分的，可以要求债务人或管理人补充说明或接受询问。

重整计划草案在债权人会议上，依照债权种类分组，对重整计划草案进行分组表决。

1) 表决组的划分

根据当事人在重整计划中的不同利益，将债权人划分为普通债权(无担保债权)、担保债权、职工劳动债权、税款债权几种表决组。

人民法院在必要时可以决定在普通债权组中设小额债权组，还可以根据案件具体情况决定设置其他组别，但是表决组别的设置不得损害表决结果的公平性。重整计划草案涉及出资人权益调整事项的，应当设出资人组，按照出资比例对该事项进行表决。

2) 债权人会议表决

人民法院应当自收到重整计划草案之日起 30 日内召开债权人会议，对重整计划草案进行表决。出席会议的同一表决组的债权人过半数同意重整计划草案，并且其所代表的债权额占该组债权总额的 2/3 以上的，即为该组通过重整计划草案。债务人或者管理人应当在债权人会议上就重整计划草案做出说明，并回答询问。债务人的出资人代表可以列席讨论重整计划草案的债权人会议。

各表决组均通过重整计划草案时，重整计划即为通过。

3. 重整计划的批准

1) 一般程序

自重整计划通过之日起 10 日内，债务人或者管理人应当向人民法院提出批准重整计划的申请。人民法院经审查认为重整计划符合法律规定，无恶意损害部分债权人利益的内容，应当自收到申请之日起 30 日内裁定批准，终止重整程序，并予以公告。

2) 强制程序

部分表决组未通过重整计划草案的，债务人或者管理人可以同未通过重整计划草案的表决组协商。该表决组可以在协商后再表决一次，但双方协商的结果不得损害其他表决组的利益。

未通过重整计划草案的表决组拒绝再次表决或者再次表决仍未通过，但债务人或者管理人认为重整计划草案公平合理并具有可行性，可以申请人民法院批准。人民法院认为重整计划草案符合法定条件，应裁定批准。

4. 重整程序的终止

(1) 重整期间，有下列情形之一的，经管理人或者利害关系人请求，人民法院应当裁定终止重整程序,并宣告债务人破产:债务人的经营状况和财产状况继续恶化,缺乏挽救的可能性;债务人有欺诈、恶意减少债务人财产或者其他显著不利于债权人的行为;由于债务人的行为致使管理人无法执行职务。

(2) 债务人或者管理人未按期提出重整计划草案的,人民法院应当裁定终止重整程序,并宣告债务人破产。

(3) 人民法院经审查认为重整计划草案符合《企业破产法》规定的,应当自收到申请之日起 30 日内裁定批准,终止重整程序,并予以公告。

(4) 重整计划草案未获得通过且不能获得法院强制批准,或者已通过的重整计划未获得批准的,人民法院应当裁定终止重整程序,并宣告债务人破产。

5. 重整计划的效力

(1) 人民法院受理破产申请或裁定重整后,其他民事执行程序和破产程序中止。人民法院批准重整计划后,上述中止的程序应当终结。

(2) 经人民法院裁定批准的重整计划,对债务人和全体债权人均有约束力。不论债权人对债务人享有何种债权,债权人是否参加债权人会议或者是否同意重整计划,其债权的受偿条件、期限、方式等,均应按照重整计划的规定执行,不得要求债务人清偿重整计划之外的债务。

(3) 债权人依法申报债权的,方可在重整计划执行期间享有相关权利。债权人未依法申报债权的,在债务人或管理人向人民法院和债权人会议提交重整计划草案表决之前仍未依法补充申报的,不得再补充申报债权,在重整计划执行期间不得行使权利;在重整计划执行完毕后,可以按照重整计划规定的同类债权的清偿条件行使权利。

(4) 依法申报债权的债权人对债务人的保证人和其他连带人所享有的权利,不受重整计划的影响,可以依据原合同约定行使。

(5) 按照重整计划减免的债务,自重整计划执行完毕时起,债务人不再承担清偿责任。

6. 重整计划的执行与监督

1) 重整计划的执行

重整计划经人民法院批准后,不论由管理人还是由债务人制订重整计划,均由债务人负责执行,已接管财产和营业事务的管理人应当向债务人移交财产和营业事务。

2) 重整计划的监督

自人民法院裁定批准重整计划之日起,在重整计划规定的监督期内,由管理人监督重整计划的执行。在监督期内,债务人应当向管理人报告重整计划执行情况和债务人财务状况。监督期届满时,管理人应当向人民法院提交监督报告,自监督报告提交之日管理人的监督职责终止。经管理人申请,人民法院可以裁定延长对重整计划执行的监督期限。

3) 重整计划执行的终止

债务人不能执行或者不执行重整计划的,人民法院经管理人或者利害关系人请求,应当裁定终止重整计划的执行,并宣告债务人破产。

人民法院裁定终止重整计划执行的,债权人在重整计划中做出的债权调整的承诺失去效力,但为重整计划的执行提供的担保继续有效。债权人因执行重整计划所受的清偿仍然有效,债权未受清偿的部分作为破产债权。在重整计划执行中已经接受清偿的债权人,只有在其他同顺位债权人与自己所受的重整清偿达到同一比例时,才能继续接受破产分配。

> 【大家讲坛 3-8】
>
> 思瑞公司不能清偿到期债务，债权人向法院申请破产清算。法院受理并指定了管理人。在宣告破产前，持股 20%的股东甲认为若引进战略投资者乙公司，思瑞公司仍有生机，于是向法院申请重整。债权人则普遍担心重整的可靠性，要求必须附有乙公司的投资承诺。股东甲不以为然，认为只要重整计划草案获得法院批准，思瑞公司就不需要管理人，可以自行管理财产和营业事务了，所以执意申请重整。债权人十分不满，认为重整有关全体债权人的切身利益，必须征得债权人同意。
>
> 股东甲和债权人的观点谁的符合法律规定？

3.6.4 和解程序

1. 和解申请

债务人发生破产原因后，可以直接向人民法院申请和解；也可以在人民法院受理破产申请后、宣告债务人破产前，向人民法院申请和解。与破产清算可由多类主体提出申请不同，和解申请只能由债务人提出，法院也不能依职权直接宣告和解程序的开始。

债务人申请和解，应当提出和解协议草案。

2. 和解申请的审查与通过

人民法院经审查认为和解申请符合法律规定的，应当受理其申请，裁定和解，予以公告，并召集债权人会议讨论和解协议草案。对债务人的特定财产享有担保权的权利人，和解程序对其无约束力，自人民法院裁定和解之日起可以行使权利。

债权人会议通过和解协议的决议，由出席会议的有表决权的债权人过半数同意，并且其所代表的债权额占无财产担保债权总额的 2/3 以上。对债务人的财产享有担保权的债权人，对此事项无表决权。

3. 和解协议的批准

债权人会议通过和解协议的，由人民法院裁定认可，终止和解程序，并予以公告。管理人应当向债务人移交财产和营业事务，并向人民法院提交执行职务的报告。和解协议草案经债权人会议表决未获得通过，或者已经债权人会议通过的和解协议未获得人民法院认可的，人民法院应当裁定终止和解程序，并宣告债务人破产。

因债务人的欺诈或者其他违法行为而成立的和解协议，人民法院应当裁定无效，并宣告债务人破产。有上述情形的，和解债权人因执行和解协议所受的清偿，在其他债权人所受清偿同等比例的范围内，不予返还。

人民法院受理破产申请后，债务人与全体债权人就债权债务的处理自行达成协议的，可以请求人民法院裁定认可，并终结破产程序。

4. 和解协议的效力

(1) 人民法院受理破产申请或裁定和解后，其他民事执行程序和破产程序中止。人民法院批准和解协议后，上述中止的程序应当终结。

(2) 经人民法院裁定认可的和解协议，对债务人和全体和解债权人均有约束力。对于债权人，和解协议的效力及于对债务人享有无财产担保债权的债权人全体，和解协议生效之前产生的债权人只能按和解协议受偿，不得要求或接受债务人和解协议之外的清偿。

对于债务人，首先是和解程序结束后，除了和解协议中另有限制规定外，债务人因和解开始而恢复行使企业财产管理权。其次是债务人应忠实地按照和解协议的内容履行，禁止债务人与任何债权人达成超出和解协议以外的约定。

(3) 和解债权人未依照《企业破产法》规定申报债权的，在和解协议执行期间不得行使权利；在债务人向债权人会议提交和解协议草案表决之前未补报债权的，不得再补充申报债权；在和解协议执行完毕后，可以按照和解协议规定的清偿条件行使权利。

(4) 和解债权人对债务人的保证人和其他连带债务人所享有的权利，不受和解协议的影响。和解债权人对债务人所做的债务减免或延期偿还的让步，效力不及于债务人的保证人或连带债务人，他们仍应按原来合同的约定或法定责任承担保证或连带责任。

(5) 按照和解协议减免的债务，自和解协议执行完毕时起，债务人不再承担清偿责任。

5. 和解协议的执行

和解协议没有强制执行的效力，债务人不能执行或者不执行和解协议的，人民法院经和解债权人请求，应当裁定终止和解协议的执行，并宣告债务人破产。

人民法院裁定终止和解协议执行的，和解债权人在和解协议中做出的债权调整的承诺失去效力。为和解协议的执行提供的担保继续有效。和解债权人因执行和解协议所受的清偿仍然有效，和解债权未受清偿的部分作为破产债权，只有在其他债权人同自己所受的清偿达到同一比例时，才能继续接受分配。

3.7 破产清算程序

3.7.1 破产宣告

1. 破产宣告的概念

破产宣告是法院依据当事人的申请或法定职权裁定，宣布债务人破产以清偿债务的活动。债务人被宣告破产后，债务人称为破产人，债务人财产称为破产财产，人民法院受理破产申请时对债务人享有的债权称为破产债权。

人民法院依法宣告债务人破产，应当自裁定做出之日起5日内送达债务人和管理人，自裁定做出之日起10日内通知已知债权人，并予以公告。

2. 破产宣告事由

《企业破产法》规定的破产宣告事由比较复杂，事由可能出现在不同的程序进程或阶段，归纳如下。

(1) 债务人达到《企业破产法》规定的破产界限。

(2) 与重整有关的事由。包括：债务人在重整期间因出现不利于债权人的法定事由，被人民法院终止重整程序；债务人或管理人未在规定的期限提出重整计划草案；重整计划草案未获通过或批准；债务人不能执行或者不执行重整计划，人民法院终止重整计划。

(3) 与和解有关的事由。包括：债务人和债权人未达成和解协议；和解协议草案未获通过或认可；和解协议因违法行为被人民法院裁定无效；债务人不能执行或者不执行和解协议，人民法院终止和解协议的执行。

3.7.2 破产费用和共益债务

1. 破产费用和共益债务的概念

在破产程序中，为保证破产程序顺利进行而支出的必要费用，称为破产费用。人民法院受理破产申请后发生的下列费用，为破产费用：破产案件的诉讼费用；管理、变价和分配债务人财产的费用；管理人执行职务的费用、报酬和聘用工作人员的费用。

破产案件受理后，为全体债权人共同利益发生的应由债务人财产负担的债务，称为共益债务。人民法院受理破产申请后发生的下列债务，为共益债务：因管理人或者债务人请求对方当事人履行双方均未履行完毕的合同所产生的债务；债务人财产受无因管理所产生的债务；因债务人不当得利所产生的债务；为债务人继续营业而应支付的劳动报酬和社会保障费用以及由此产生的其他债务；管理人或相关人员执行职务致人损害所产生的债务；债务人财产致人损害所产生的债务。债务人在重整期间为重整进行而发生的费用与债务，原则上属于共益债务。

破产费用与共益债务是"为债权的债权"，其受偿不仅优于破产债权，而且也优于经法院确认的别除权，因为它实际上是为保障破产债权包括别除权的实现而产生的特殊债权。

2. 破产费用和共益债务的支付

破产费用和共益债务由债务人财产随时清偿；债务人财产不足以清偿所有破产费用和共益债务的，先行清偿破产费用；债务人财产不足以清偿所有破产费用或者所有共益债务的，按照比例清偿。

债务人财产不足以清偿破产费用的，管理人应当提请人民法院终结破产程序。人民法院应当自收到请求之日起 15 日内裁定终结破产程序，并予以公告。

在提出破产申请时，如果发现债务人财产不足以支付破产费用，人民法院确认其属实之后，应当受理破产案件，并做出破产宣告，同时做出终结破产程序的裁定，而不应拒绝受理破产案件。

> 【大家讲坛 3-9】
>
> 康泰公司因资产不足以清偿全部到期债务，法院裁定其重整。管理人为维持公司运行，向齐某借款 20 万元支付水电费和安保费，约定如 1 年内还清就不计利息。1 年后康泰公司未还款，还因不能执行重整计划被法院宣告破产。齐某要求康泰公司优先返还本金 20 万元和逾期还款的利息，管理人认为齐某不享有任何意义上的优先权，应与康泰公司的普通债权同等受偿。
>
> 齐某要求是否合理？康泰公司如何清偿向齐某的借款？

3.7.3 破产财产的管理、变价与分配

1. 破产财产的管理

管理人应当妥善管理债务人财产，尽可能使债务人财产完整、保值甚至增值。管理人未依法勤勉尽责，因过错给破产财产造成损失的，依法承担赔偿责任。

2. 破产财产的变价

管理人应当及时拟订破产财产变价方案，提交债权人会议讨论。管理人应当按照债权人会议通过的或者人民法院裁定的破产财产变价方案，适时变价出售破产财产。

变价出售破产财产应当通过拍卖进行，但是债权人会议另有决议的除外。如经债权人会议决议，可以进行实物、债权或股权分配。破产企业可以全部或者部分变价出售，企业变价出售时，可以将其中的无形资产和其他财产单独变价出售。依法不能拍卖或者限制转让的财产，应当按照国家规定的方式处理。

总之，破产财产变价方式应最大限度维护债权人的利益。

3. 破产财产的分配

管理人应当及时拟订破产财产分配方案，提交债权人会议讨论。破产财产的分配应以货币分配方式为原则，以其他分配方式为例外。债权人会议通过破产财产分配方案后，由管理人将该方案提请人民法院裁定认可。破产财产在优先清偿破产费用和共益债务后，依照下列顺序清偿：

(1) 破产人所欠职工的工资和医疗、伤残抚恤费用，所欠的应当划入职工个人账户的基本养老保险、基本医疗保险，以及法律、行政法规规定应当支付给职工的补偿金。

(2) 破产人欠缴的除前项规定以外的社会保险费用和破产人所欠税款。

(3) 普通破产债权。

破产财产不足以清偿同一顺序的清偿要求的，按照比例分配。

根据《商业银行法》的规定，商业银行破产清算时，在支付清算费用、所欠职工工资和劳动保险费用后，应当优先支付个人储蓄存款的本金和利息。

破产财产分配方案经人民法院裁定认可后，由管理人执行。管理人实施分配，应当通知所有债权人。对债权人留有明确姓名或名称、地址、银行账户，无须债权人受领行为即可交付的，管理人应当在通知后直接将破产财产分配额交付债权人。

4. 破产财产的提存

未能及时分配的破产财产，应当由管理人提存。

(1) 无法通知且无法直接交付的债权人未受领的破产财产分配额，管理人应当提存。债权人自最后分配公告之日起满2个月仍不领取的，视为放弃受领分配的权利，管理人或者人民法院应当将提存的分配额分配给其他债权人。

(2) 对于附生效条件或者解除条件的债权，管理人应当将其分配额提存。在最后分配公告日，生效条件未成就或者解除条件成就的，应当分配给其他债权人；在最后分配公告日，生效条件成就或者解除条件未成就的，应当交付给债权人。

(3) 破产财产分配时，对于诉讼或者仲裁未决的债权，管理人应当将其分配额提存。自

破产程序终结之日起满 2 年仍不能受领分配的，人民法院应当将提存的分配额分配给其他债权人。

3.7.4 破产程序的终结

1. 破产程序终结的事由

已发生破产原因的债务人，因存在阻止破产程序继续进行的法定事由(又称破产宣告的障碍)而终止已开始的破产程序。《企业破产法》规定的破产程序终结事由比较复杂，事由可能出现在不同的程序进程或阶段，归纳如下。

(1) 债务人与债权人自行达成协议。人民法院受理破产申请后，债务人与全体债权人就债权债务的处理自行达成协议的，可以请求人民法院裁定认可，并终结破产程序。

(2) 破产宣告前终结事由。破产宣告前，有下列情形之一的，属于做出破产宣告的障碍事由，人民法院应当裁定终结破产程序，并予以公告：因和解、重整顺利完成；因债务人消除破产原因，如债务人已清偿全部到期债务，第三人为债务人提供足额担保或者为债务人清偿全部到期债务的。

(3) 破产宣告后终结事由。因债务人的破产财产不足以支付破产费用的、破产财产分配完毕或破产人无财产可供分配的，管理人应当请求人民法院裁定终结破产程序。

2. 管理人的职责

破产人无财产可供分配的，管理人应当请求人民法院裁定终结破产程序。破产人有财产可供分配的，管理人在最后分配完结后，应当及时向人民法院提交破产财产分配报告，并提请人民法院裁定终结破产程序。人民法院应当自收到管理人终结破产程序的请求之日起 15 日内做出是否终结破产程序的裁定。裁定终结的，应当予以公告。

管理人应当自破产程序终结之日起 10 日内，持人民法院终结破产程序的裁定，向破产人的原登记机关办理注销登记。管理人于办理注销登记完毕的次日终止执行职务，存在诉讼或者仲裁未决情况时，管理人应当继续履行职务。

3. 追加分配

因债务人财产不足以清偿破产费用、破产人无财产可供分配、破产财产分配完毕等原因而被法院终结破产程序的，自破产程序终结之日起 2 年内，管理人依法取得的下列财产，债权人可以请求人民法院按照破产财产分配方案进行追加分配。

(1) 追回"受理破产申请前 1 年内，因债务人可撤销行为"所流失的财产。

(2) 追回"受理破产申请前 6 个月内，因债务人可撤销行为"所流失的财产。

(3) 追回"因债务人逃避债务的无效行为"所流失的财产。

(4) 追回因"债务人的董事、监事和高级管理人员利用职权从企业获取的非正常收入和侵占的企业财产"。

(5) 发现破产人有应当供分配的其他财产的，如破产程序中纠正错误支出而被收回的钱款、因破产人的债权被予以确认后应当享有的债权、破产财产分配完毕后因合同的履行而获得的收益等。

有上述情形，但财产数量不足以支付分配费用的，不再进行追加分配，由人民法院将其上交国库。

4. 破产人的保证人和其他连带债务人的责任

破产人的保证人和其他连带债务人，在破产程序终结后，对债权人依照破产清算程序未受清偿的债权依法继续承担清偿责任。

同步训练

一、单项选择题

1. 甲公司于 2012 年 12 月申请破产。法院受理后查明：在 2012 年 9 月，因甲公司无法清偿欠乙公司 100 万元的货款，而甲公司董事长汪某却有 150 万元的出资未缴纳，乙公司要求汪某承担偿还责任，汪某随后确实支付给乙公司 100 万元。下列表述正确的是(   )。
   A. 就汪某对乙公司的支付行为，管理人不得主张撤销
   B. 汪某目前尚未缴纳的出资额应为 150 万元
   C. 管理人有义务要求汪某履行出资义务
   D. 汪某就其未履行的出资义务，可主张诉讼时效抗辩

2. 2018 年 7 月，甲、乙两公司签订一份买卖合同。按照合同约定，双方已于 2018 年 8 月底前各自履行了合同义务的 50%，并应于 2018 年年底将各自剩余的 50% 的合同义务履行完毕。2018 年 10 月，人民法院受理了债务人甲公司的破产申请。2018 年 10 月 31 日，甲公司管理人收到了乙公司关于是否继续履行该买卖合同的催告，但直至 2008 年 12 月初，管理人尚未对乙公司的催告做出答复。下列关于该买卖合同的表述中正确的是(   )。
   A. 乙公司应当继续履行合同
   B. 乙公司无须继续履行合同
   C. 乙公司有权要求管理人就合同履行提供担保
   D. 乙公司有权就合同约定的违约金申报债权

3. 2018 年 9 月，X 市人民法院受理了本市甲公司诉 Y 市乙公司合同纠纷一案。2018 年 12 月，Y 市人民法院受理了债务人乙公司的破产申请，此时，甲、乙公司之间的合同纠纷尚未审结。下列关于该合同纠纷案的表述中正确的是(   )。
   A. 应当终止审理
   B. 应当移送至 Y 市人民法院继续审理
   C. 应当中止审理，并由甲公司向管理人申报债权
   D. 应当中止审理，在管理人接管乙公司财产后由 X 市人民法院继续审理

4. 人民法院受理债务人甲公司破产申请时，乙公司依照其与甲公司之间的买卖合同已向买受人甲公司发运了该合同项下的货物，但甲公司尚未付款。乙公司得知甲公司破产申请被受理后，立即通过传真向甲公司的管理人要求取回在运途中的货物。管理人收到乙公司传真后不久，即收到了乙公司发运的货物。下列表述中正确的是(   )。
   A. 乙公司有权取回该批货物
   B. 乙公司无权取回该批货物，但可以就买卖合同价款向管理人申报债权
   C. 管理人已取得该批货物的所有权，但乙公司有权要求管理人立即支付全部价款
   D. 管理人已取得该批货物的所有权，但乙公司有权要求管理人就价款支付提供担保

5. 绿杨公司因严重资不抵债向法院申请破产，法院已经受理其申请。在法院已经受理破产申请、尚未宣告绿杨公司破产之时，根据企业破产法律制度的规定，下列各项中不构成债务人

财产的是( )。
    A. 绿杨公司享有的未到期债权
    B. 管理人撤销绿杨公司6个月前以明显不合理价格进行交易涉及的财产
    C. 绿杨公司所有但已设定抵押的财产
    D. 绿杨公司购买的正在运输途中的但尚未付清货款的货物

6. 2018年8月1日，某公司申请破产。8月10日，法院受理并指定了管理人。该公司出现下列哪一行为，管理人有权请求法院予以撤销( )。
    A. 2017年7月5日，将市场价格100万元的仓库以30万元出售给母公司
    B. 2017年10月15日，将公司一辆价值30万元的汽车赠与甲
    C. 2018年5月5日，向乙银行偿还欠款50万元及利息4万元
    D. 2018年6月10日，以协议方式与债务人丙相互抵销20万元债务

7. 关凯公司因不能清偿到期债务而申请破产清算。法院受理后，管理人开始受理债权人的债权申报。对此，下列哪一债权人申报的债权属于应当受偿的破产债权( )。
    A. 债权人甲的保证人，以其对关凯公司的将来求偿权进行的债权申报
    B. 债权人乙，以其已超过诉讼时效的债权进行的债权申报
    C. 债权人丙，要求关凯公司作为承揽人继续履行承揽合同进行的债权申报
    D. 某海关，以其对关凯公司进行处罚尚未收取的罚款进行的债权申报

8. 关于破产案件受理后、破产宣告前的程序转换，下列表述正确的是( )。
    A. 如为债务人申请破产清算的案件，债权人可以申请和解
    B. 如为债权人申请债务人破产清算的案件，债务人可以申请重整
    C. 如为债权人申请债务人重整的案件，债务人可以申请破产清算
    D. 如为债权人申请债务人破产清算的案件，债务人的出资人可以申请和解

二、多项选择题

1. 某破产企业有11位债权人，债权总额为1200万元。其中，债权人甲、乙的债权额共为300万元，有破产企业的房产做抵押，现债权人都出席债权人会议，讨论破产财产的处理和分配方案。下列( )情形方案可能无法通过。
    A. 有7位债权人同意，其代表的无担保债权额为600万元
    B. 有6位债权人同意，其代表的无担保债权额为450万元
    C. 有5位债权人同意，其代表的无担保债权额为600万元
    D. 有4位债权人同意，其代表的无担保债权额为600万元

2. 根据《企业破产法》的规定，下列财产中属于债务人财产的有( )。
    A. 破产申请受理时属于债务人的房屋
    B. 破产宣告后破产人得到的银行存款利息
    C. 破产申请受理时债务人用于抵押担保的财产
    D. 破产申请受理后至破产程序终结前债务人取得的财产

3. 下列关于和解的表述中，符合企业破产法规的有( )。
    A. 和解申请只能由债务人一方提出
    B. 和解申请只能由债权人一方提出
    C. 在和解程序中，对债务人特定财产享有的担保权暂停行使

D. 和解债权人未依照法律规定申报债权的，在和解协议行使完毕后，仍可按和解协议规定的清偿条件行使权利

4. 甲公司因负债被申请破产，法院受理了破产申请。其后，相应的机关和当事人实施了以下行为，其中违法的是(　　)。

　　A. 乙法院委托拍卖行拍卖1年前查封的甲公司的土地
　　B. 甲公司为维持生产经营向某公司支付10万元货款
　　C. 税务机关通知银行直接从甲公司账上扣缴税款5万元
　　D. 甲公司以自己的债权抵销了所欠某公司的债务8万元

5. 皇都大酒店于2017年3月2日被宣告破产。在破产程序中提出的下列给付请求中，哪些能够成为破产债权(　　)。

　　A. 某女士于2016年3月被该酒店保安人员殴打致伤，住院治疗8个月，要求赔偿医疗费8730元
　　B. 因该酒店歌舞厅从事色情营业，市公安局于2017年2月26日对其罚款1万元，限7日内缴纳
　　C. 某旅行社与该酒店签订的合同，因酒店被宣告破产而终止，旅行社要求赔偿由此造成的损失18 000元
　　D. 该酒店经理以酒店名义借用某公司小轿车一辆供其亲属使用，现该公司要求返还

6. 根据企业破产法律制度的规定，下列注册会计师中，不得担任管理人的有(　　)。

　　A. 注册会计师甲曾担任债务人公司的独立董事至人民法院受理破产申请2年前卸任
　　B. 注册会计师乙的父亲是债务人公司的控股股东
　　C. 注册会计师丙因个人原因负债数额巨大，但与债务人公司无关
　　D. 注册会计师丁最近3年来一直为债务人公司做外部审计工作，熟悉该企业情况

7. 2018年9月1日，某法院受理了湘江服装公司的破产申请并指定了管理人，管理人开始受理债权申报。下列请求权属于可以申报债权的是(　　)。

　　A. 甲公司的设备余款给付请求权，但根据约定该余款的支付时间为2018年10月30日
　　B. 乙公司请求湘江公司加工一批服装的合同履行请求权
　　C. 丙银行的借款偿还请求权，但该借款已经设定财产抵押担保
　　D. 当地税务机关对湘江公司做出的8万元行政处罚决定

8. 企业法人不能清偿到期债务，并且资产不足以清偿全部债务或者明显缺乏清偿能力的，根据《企业破产法》的规定，该企业法人可以选择以下哪些程序处理其与债权人之间的债权债务关系(　　)。

　　A. 申请破产清算　　　　　　　　B. 直接向法院申请和解
　　C. 决议解散并进行清算　　　　　D. 直接向法院申请重整

解决几个大问题

1. 2017年7月30日，人民法院受理了甲公司的破产申请，并同时指定了管理人。管理人接管甲公司后，在清理其债权债务过程中，发现如下事实。

(1) 2016年4月，甲公司向乙公司采购原材料而欠乙公司80万元货款未付。2017年3月，甲乙双方签订一份还款协议，该协议约定：甲公司于2017年9月10日前偿还所欠乙公司货款及利息共计87万元，并以甲公司所属一间厂房做抵押。还款协议签订后，双方办理了抵押登记。乙公司在债权申报期内就上述债权申报了债权。

(2) 2016年6月，丙公司向A银行借款120万元，借款期限为1年。甲公司以所属部分设备为丙公司提供抵押担保，并办理了抵押登记。借款到期后，丙公司未能偿还A银行贷款本息。经甲公司、丙公司和A银行协商，甲公司用于抵押的设备被依法变现，所得价款全部用于偿还A银行，但尚有20万元借款本息未能得到清偿。

(3) 2016年7月，甲公司与丁公司签订了一份广告代理合同，该合同约定：丁公司代理发布甲公司产品广告，期限2年；一方违约，应当向另一方承担违约金20万元。至甲公司破产申请被受理时，双方均各自履行了部分合同义务。

(4) 2016年8月，甲公司向李某购买一项专利，尚欠李某19万元专利转让费未付。李某之子小李创办的戊公司曾于2016年11月向甲公司采购一批电子产品，尚欠甲公司货款21万元未付。人民法院受理甲公司破产申请后，李某与戊公司协商一致，戊公司在向李某支付19万元后，取得李某对甲公司的19万元债权。戊公司向管理人主张以19万元债权抵销其所欠甲公司相应债务。

根据上述内容，分别回答下列问题并说明理由：
(1) 管理人是否有权请求人民法院对甲公司将厂房抵押给乙公司的行为予以撤销？
(2) A银行能否将尚未得到清偿的20万元欠款向管理人申报普通债权，由甲公司继续偿还？
(3) 如果管理人决定解除甲公司与丁公司之间的广告代理合同，并由此给丁公司造成实际损失5万元，则丁公司可以向管理人申报的债权额应为多少？
(4) 戊公司向管理人提出以19万元债权抵销其所欠甲公司相应债务的主张是否成立？

2. 千禧电器公司因决策失误，经营不善，资不抵债，不能清偿到期债务，向所在地人民法院提出破产申请，法院经审查裁定受理。经法院指定的管理人调查，该公司资产负债情况如下。

千禧公司资产情况为：属于企业的实物、现金价值共计100万元；一座办公楼价值1000万元，已作为向惠丰银行贷款的抵押；千禧公司作为股东投资其他企业，权益价值100万元；百世公司欠该公司货款200万元。

千禧公司负债情况为：为维持公司正常经营，向职工借款200万元；欠惠丰银行贷款1000万元及利息250万元；欠税款500万元；欠万利公司货款2500万元；欠职工工资150万元。另外，该案还发生破产费用和共益债务共计50万元。

请为该破产案件拟订一个破产财产分配方案，并算一算惠丰银行和万利公司最终能获得多少清偿。

第 4 章　物权法律制度

任务清单

序号	任务	要求
1	物和物权的概念和分类	了解
2	物权的基本原则	了解
3	物权变动、动产交付、不动产登记	掌握
4	所有权的取得、善意取得、拾得遗失物	理解
5	共有、建筑物区分所有权	掌握
6	土地承包经营权、建设用地使用权、地役权	掌握
7	抵押权、质权、留置权	理解
8	占有的分类和效力	掌握

思考一个小问题

甲将自己的三间私房出租给乙，后甲因做生意急需资金，对乙表示欲将此房出卖。乙表示愿意购买，与甲签订购房协议，约定房价为 10 万元，1 个月内付清。不久，乙依约付清房款，但因甲外出做生意，过户手续一直未办理。后丙听说此事，表示愿意以 12 万元购买此房。甲即要求乙补交 2 万元，乙坚决反对提价，认为自己已经交清房款，房子已属于自己所有，甲无权要求补交房款。甲见状，即将房子以 12 万元的价格卖给了丙，并办理了过户手续。丙据此限期要求乙腾房。乙认为自己买房在先，而且租期尚未届至，因此拒绝腾房。你认为，此房的所有权现应属于谁？理由是什么？丙是否有权要求乙腾房？理由是什么？

4.1　物权通则

4.1.1　物权一般规定

《民法典》第二编"物权"调整因物的归属和利用产生的民事关系。该编分五分编 20 章，共 258 条。其内容非常丰富，大到山脉、草原、江河湖海和地下矿藏的归属，小到居民住宅的停车位、电梯、水电管线的归属和维护均有规定。物权法律制度对坚持和完善国家基本经济制度，完善社会主义市场经济体制，激发全社会的创造活力，增进财产的利用效益，实现物尽其用具有重要作用。

1. 物

1) 物的概念

详见 1.2.4 经济法律关系的客体。

民法上的物具有以下法律特征：物存在于人体之外；物能满足人们社会生活的需要；物能为人们所实际控制或支配；物以有体物为限；物须有确定的界限或范围。

2) 物的种类

(1) 动产与不动产。这是以物能否移动以及移动是否会损害其价值为标准而做的分类。动产是能够移动并不损害其价值的物，如桌子、电视机等。不动产是指性质上不能移动或虽可移动但移动则会减损其价值的物，包括土地及其定着物，如房屋等。

(2) 特定物与种类物。这是根据物是否有独立特征或是否被权利人指定而特定化所做的分类。特定物是指具有独立特征或被权利人指定，不能以他物替代的物，包括独一无二的物和从一类物中指定而特定化的物。前者如名人的一幅字迹等；后者如从一批机器设备中挑选出来的某一台等。种类物是指以品种、质量、规格或度量衡确定，不需具体指定的物，如级别、价格相同的大米等。

(3) 主物与从物。根据两个独立存在的物在用途上客观存在的主从关系，物分为主物与从物。主物是指独立存在，与其他物结合使用，并在其中发挥主要效用的物。在两个独立物结合使用中处于附属地位，起辅助和配合作用的是从物。例如马和马鞍，马是主物，马鞍是从物。从物是一个独立的物，否则就不是从物。如房屋上的门、窗，不能脱离房屋而存在，因而不是从物。一般而言，主物的处分及于从物，主物的效力及于从物。

(4) 原物与孳息。根据两物之间的渊源关系可将物分为原物与孳息。原物是指作为本体而依其自然属性或法律规定可产生新物的物。孳息则是从原物本体中产生的新物，如鸡下的蛋，存款的利息。从原物本体中产生的物必须与原物相分离后，才可以称为孳息，如果未与原物相分离，则是原物的组成部分，如在果树上的果实，此果实是该果树的组成部分。孳息包括天然孳息和法定孳息。前者是原物根据自然规律产生的物，如幼畜；后者是原物依法律规定产生，如利息、股利、租金等。

对于孳息的归属，天然孳息，由所有权人取得；一物之上既有所有权人，又有用益物权人的，因该物产生的天然孳息由用益物权人取得，当事人另有约定的，按照约定。法定孳息，当事人有约定的，按照约定取得；没有约定或者约定不明确的，按照交易习惯取得。

> 【大家讲坛 4-1】
>
> 小吴学习了关于原物与孳息的知识，举出了下列几种情形下的孳息：①母鸡下的蛋；②鸡蛋孵出的小鸡；③出租柜台所得租金；④山羊身上的羊毛。
>
> 小吴列举的孳息都对吗？为什么？

(5) 消耗物与非消耗物。这是根据物使用后的形态是否发生变化而做的划分。消费物，是指不能重复使用，一经使用即改变其原有形态、性质的物。非消费物是指经反复使用不改变其形态、性质的物。米、谷、烟、酒等为消费物。货币(金钱)不能由同一人重复使用，亦为消费物。衣服、书籍、房屋、汽车等为非消费物。

此外，物还可分流通物、限制流通物与禁止流通物；可分物与不可分物；单一物、合成物与集合物等。

2. 物权

1) 物权的概念

物权是指权利人对特定的物享有直接支配和排他的权利，包括所有权、用益物权和担保物权。

2) 物权的分类

根据物权的权利主体是否为财产所有人，可将物权分为所有权和他物权；根据他物权的设立目的，他物权分为用益物权和担保物权；根据物权的客体不同，可将物权分为动产物权和不动产物权；根据物权产生的根据不同，物权分为意定物权和法定物权。

3. 物权法律制度调整对象与基本原则

1) 物权法律制度调整对象

《民法典》第二百零五条规定，物权编调整因物的归属和利用产生的民事关系。所谓"归属"，指某项财产归属于谁，实际上是指所有权。所谓"利用"，指利用他人的财产的权利，包括用益物权和担保物权。用益物权，是"利用"他人财产的"使用价值"，即对他人的不动产进行占有、使用、收益的权利。担保物权，是"利用"他人财产的"交换价值"。

2) 物权法律制度的基本原则

物权法律制度的基本原则，是指对物权法律规范规则具有指导意义的基本准则。

(1) 平等保护原则。物权主体的法律地位平等，其享有的所有权和他物权受到侵害后，应当受到物权法的平等保护。《民法典》第二百零六条规定，国家实行社会主义市场经济，保障一切市场主体的平等法律地位和发展权利。第二百零七条规定，国家、集体、私人的物权和其他权利人的物权受法律保护，任何组织和个人不得侵犯。

(2) 物权法定原则。物权的种类和内容由法律规定，不允许当事人依其意思设定与法律规定不同的物权。如法律规定动产质押须移转占有，当事人就不能创设不移转占有的动产质押。

(3) 一物一权原则。一物之上只能设定一个所有权，或一物之上不得设立两个以上内容相冲突的物权。一物之上可以并存数个不相冲突的物权，如所有权与他物权，数个担保物权，用益物权与担保物权均可以并存。

(4) 公示公信原则。所谓公示，是指物权的权利状态必须通过一定的公示方法向社会公开，使第三人知道权利状态。不动产的权利状态通过登记公示，而动产的权利状态通过占有公示。所谓公信，是指当物权依据法律规定进行了公示，基于对公示的信赖而从事相关交易的人，即使该公示存在错误，法律也承认其交易行为有效，以保护交易安全。公信原则赋予公示的内容以公信力。

公示原则与公信原则共同作用于当事人之间物权变动的过程，从而保护交易活动的安全。公示原则的作用主要在于使人"知"，而公信原则的作用则在于使人"信"。

【大家讲坛 4-2】

甲、乙为夫妻，共有一处房产无人居住，但房产证上及房产局的登记簿上均只记载甲一人的名字。现甲、乙闹离婚。一日，甲背着乙与第三人丙签订了一份房屋买卖合同。丙将房款交与甲，并与甲一起办理了房产过户登记手续。一段时间后，乙才得知此事，诉至人民法院，要求丙返还房屋。

如果你是法院的法官，你会如何处理？

4.1.2 物权变动

1. 物权变动的概念与类型

1) 物权变动的概念

所谓物权变动，指物权的设立、移转、变更和消灭。物权的设立是指创设一个新的物权，如当事人约定设定抵押权；物权的移转是指将已存在的物权在民事权利主体之间转让，比如房屋所有权的出让；物权的变更是指在不变更物权主体的前提下改变物权的内容，比如改变土地使用权的期限或者内容；物权的消灭指物权的终止。

2) 物权变动的类型

(1) 非基于法律行为发生的物权变动。此种物权变动不以当事人的意思表示为要素，根据《民法典》的相关规定，非基于法律行为发生的物权变动主要有：因人民法院、仲裁委员会的法律文书或者人民政府的征收决定等，导致物权设立、变更、转让或者消灭的，自法律文书生效或者人民政府的征收决定等生效时发生效力。因继承取得物权的，自继承开始时发生效力。因合法建造、拆除房屋等事实行为设立和消灭物权的，自事实行为成就时发生效力。上述三种情形的物权变动虽不以登记为要件，但获得权利的主体在处分该物权时，仍应当依法办理登记。未经登记，不发生物权效力。

(2) 基于法律行为发生的物权变动。此种物权变动要以当事人的意思表示为要素，这是物权变动最主要的类型，适用物权公示公信原则，并与不动产登记制度和动产交付制度紧密联系。

2. 不动产物权登记

1) 不动产物权登记的含义与效力

所谓不动产物权登记，即经权利人申请，国家专职部门将申请人的不动产物权变动事项记载于国家不动产物权登记簿的事实，简称为不动产登记。

《民法典》第二百零九条规定，不动产物权的设立、变更、转让和消灭，经依法登记，发生效力；未经登记，不发生效力，但法律另有规定的除外。依法属于国家所有的自然资源，所有权可以不登记。据此，我国不动产物权变动原则上采用登记生效原则，即不登记不发生不动产变动。但未办理物权登记的，不影响合同效力。

某些他物权的变动不以登记为生效要件，而以登记为对抗要件。如土地承包经营权、地役权均自合同生效时设立，未经登记，不得对抗善意第三人。

2) 不动产登记的类型

(1) 初始登记。初始登记是指不动产的所有权人依法在规定的时间内对其权利进行的第一次登记，如房屋建成后明确房屋所有权的登记。

(2) 他项权利登记。所有权登记之外的其他登记一般称之为他项权利登记，如在不动产上创设建设用地使用权、抵押权等。

(3) 变更登记和涂销登记。变更登记主要包括不动产物权主体的变更登记和不动产物权内容的变更登记。前者如房屋所有权因买卖而移转的登记；后者如建设用地使用权的权利人变更土地使用目的的登记。涂销登记，是指消灭物权的登记，包括权利人抛弃其不动产物权的登记和不动产自然灭失的登记等。

(4) 更正登记与异议登记。更正登记是消除登记权利与真正权利不一致的状态，避免第三人依据不动产登记簿取得物权的行为。权利人、利害关系人认为不动产登记簿记载的事项错误的，可以申请更正登记。不动产登记簿记载的权利人书面同意更正或有证据证明登记确有错误的，登记机构应予以更正。

异议登记是指利害关系人对不动产登记簿记载的权利提出异议并记入登记簿的行为，是在更正登记不能获得权利人同意后的补救措施。异议登记使得登记簿上所记载的权利失去正确推定的效力，因此异议登记后第三人不得主张基于登记而产生的公信力。异议登记申请人应在异议登记之日起 15 日内起诉，不起诉的，则异议登记失效。异议登记不当，造成权利人损害的，权利人可以向申请人请求损害赔偿。

(5) 预告登记。预告登记是为了保全关于物权变动的请求权而将此权利进行的登记。依据《民法典》第二百二十一条的规定，当事人签订买卖房屋或者其他不动产物权的协议，为保障将来实现物权，按照约定可以向登记机构申请预告登记。预告登记后，未经预告登记的权利人同意，处分该不动产的，不发生物权效力。预告登记后，债权消灭或者自能够进行不动产登记之日起 90 日内未申请登记的，预告登记失效。买卖不动产物权的协议被认定无效、被撤销、被解除，或者预告登记的权利人放弃债权的，应当认定为"债权消灭"。

> 👁 **【大家讲坛 4-3】**
>
> 王某与一房地产公司签订商品房预售合同，预购商品房一套，并向登记机关申请办理了预告登记。随后该房地产公司将王某选购的商品房以更高价格销售给不知情的张某，并与张某依法办理了房屋所有权证书。
>
> 王某能否取得该房屋的所有权？

3) 登记机关

《民法典》第二百一十条规定了统一的登记制度：不动产登记，由不动产所在地的登记机构办理。国家对不动产实行统一登记制度。统一登记的范围、登记机构和登记办法，由法律、行政法规规定。

知识扩展：《不动产登记暂行条例》

为整合不动产登记职责，规范登记行为，方便群众申请登记，保护权利人合法权益，国务院颁布了《不动产登记暂行条例》(2015 年 3 月 1 日起施行)。

该条例明确规定，国家实行不动产统一登记制度，并遵循严格管理、稳定连续、方便群众的原则。该条例对不动产登记的管理机关、不动产登记簿、登记程序、登记信息共享与保护及法律责任都做了较为详细的规定。

登记机构不得有下列行为：要求对不动产进行评估；以年检等名义进行重复登记；超出登记职责范围的其他行为。不动产登记费按件收取，不得按照不动产的面积、体积或者价款的比例收取。因登记错误，给他人造成损害的，登记机构应当承担赔偿责任。登记机构赔偿后，可以向造成登记错误的人追偿。

4) 登记簿和不动产权属证书

不动产登记簿即记载不动产物权事项的专用簿册。不动产物权的设立、变更、转让和消灭，依照法律规定应当登记的，自记载于不动产登记簿时发生效力。不动产登记簿是物权归属和内容的根据，不动产登记簿由登记机构管理。权利人、利害关系人可以申请查询、复制登记资料，登记机构应当提供。

不动产权属证书是权利人享有该不动产物权的证明。不动产权属证书记载的事项，应当与不动产登记簿一致；记载不一致的，除有证据证明不动产登记簿确有错误外，以不动产登记簿为准。

【大家讲坛 4-4】

甲将自己的房屋卖给乙，双方于 2021 年 4 月 1 日签订了房屋买卖合同，乙当日向甲交付了 200 万元的房款，但双方未办理产权过户登记。2021 年 4 月 20 日，甲又将该房屋卖给了丙，双方签订了房屋买卖合同，并于 4 月 30 日办理了产权过户登记。

两份房屋买卖合同是否都有效？谁能够取得该房屋的所有权？

3. 动产的物权变动

动产物权的设立和转让，自交付时发生效力，但法律另有规定的除外。根据该条规定，动产物权的变动以交付为要件。另外，《民法典》第二百二十五条规定，船舶、航空器和机动车等物权的设立、变更、转让和消灭，未经登记，不得对抗善意第三人。因此船舶、航空器和机动车等动产的变动仍以交付为要件，而不以登记为要件。但登记具有对抗效力，即船舶、航空器和机动车等交付后未登记的，不能对抗善意第三人。

在法律上，交付是指将物或物之凭证移转给他人占有的行为。交付通常指现实交付，即由物权受让人直接占有标的物的交付。除此之外，还有以下几种交付方式。

1) 简易交付

简易交付，即动产物权设立和转让前，权利人已经依法占有该动产的，物权自法律行为生效时发生效力，此即为简易交付。如受让人已经通过寄托、租赁、借用等方式实际占有了动产，则当双方当事人关于所有权转移的合意生效时，即完成标的物的交付。

2) 指示交付

所谓指示交付，又称返还请求权的让与，是指动产物权设立和转让前，第三人依法占有该动产的，负有交付义务的人可以通过转让请求第三人返还原物的权利代替交付。

3) 占有改定

所谓占有改定，是指动产物权的让与人与受让人之间特别约定，标的物仍然由出让人继续占有，而受让人则取得对标的物的间接占有以代替标的物的现实交付。这样在双方达成物权让与合意时，视为已经交付。

> **【大家讲坛 4-5】**
> (1) 2021 年 5 月 4 日,甲将自家的耕牛出租给乙使用 2 个月。5 月 10 日,乙提出要买此耕牛,甲表示同意。双方在买卖合同中约定,转让价款为 1000 元,一个月后交付款项。
> (2) 2021 年 5 月 4 日,甲将自家的耕牛出租给乙使用 2 个月。5 月 10 日,甲将该耕牛卖给丙,丙当日付款,甲当日通知乙租赁期限届满后将耕牛直接交给丙。
> (3) 2021 年 3 月 10 日,甲将耕牛卖给乙,乙当日付款,双方当日又约定,由于正值春耕农忙季节,耕牛先由甲使用,5 月 10 日甲再将耕牛交给乙。
> 以上三种情况各属于何种形式的交付?

4.2 所有权

4.2.1 所有权概述

1. 所有权的概念

所有权,是指所有人依法对自己的不动产或者动产享有的占有、使用、收益和处分的权利。其法律特征为:所有权具有完整性,所有权具有排他性,所有权具有永久性。

2. 所有权的权能

在学理上,占有、使用、收益和处分通常被称为所有权的四项基本积极权能;排除他人干涉被称为所有权的消极权能。

1) 所有权的积极权能

(1) 占有权能。占有权能是指所有权人对标的物予以实际管领和控制的权利。对物的占有权能是实现对物的使用、收益的基础,因而占有是所有权的一项必不可少的效力。

(2) 使用权能。使用权能是指依照物的自然性能或用途对其加以利用的权利。使用权能不同于作为他物权的使用权(如建设用地使用权):使用权能仅仅是一项权能,必须包括在一项权利内,不能独立转让;而使用权是一种独立权利,可以单独转让。

(3) 收益权能。收益权能是指民事主体通过合法途径获取基于财产而产生的物质利益,包括孳息和利润。

(4) 处分权能。处分权能是指依法对物进行处置,从而决定物之命运的权能。包括事实上的处分和法律上的处分。前者是指对物的改变、改造或毁损等,如拆除房屋等。后者是指通过某种法律行为处置财产,从而使所有权发生变动,如出卖房屋等。

2) 所有权的消极权能

所有权的消极权能,是指所有人在法律规定的范围内,排除他人对其所有物加以干涉的权能。排除他人干涉的权能在没有他人干涉时,这种权能并不体现,故称其为消极权能。

3. 征收与征用

公民、法人及其他组织所有的财产不可侵犯,根据《宪法》的规定,国家只有在基于公共利益需要时,才能依法对财产进行征收或者征用。

1) 征收

征收是指国家为了公共利益的需要而依法强制取得原属于私人或者集体所有的所有权或者他物权的行为。根据《民法典》第二百四十三条的规定，为了公共利益的需要，依照法律规定的权限和程序可以征收集体所有的土地和组织、个人的房屋及其他不动产。征收集体所有的土地，应当依法及时足额支付土地补偿费、安置补助费，以及农村村民住宅、其他地上附着物和青苗等的补偿费用，并安排被征地农民的社会保障费用，保障被征地农民的生活，维护被征地农民的合法权益。

征收组织、个人的房屋及其他不动产，应当依法给予征收补偿，维护被征收人的合法权益；征收个人住宅的，还应当保障被征收人的居住条件。

2) 征用

征用是指国家为了公共利益的需要而依法强制取得原属于私人或者集体所有的财产的使用权的行为。根据《民法典》第二百四十五条规定，因抢险救灾、疫情防控等紧急需要，依照法律规定的权限和程序可以征用组织、个人的不动产或者动产。被征用的不动产或者动产使用后，应当返还被征用人。组织、个人的不动产或者动产被征用或者征用后毁损、灭失的，应当给予补偿。

征收和征用，除了适用于所有权外，还可以适用于用益物权，如土地承包经营权、建设用地使用权、宅基地使用权等。

征收与征用都是为了公共利益的需要，按法定权限，经法定程序并给予补偿的强制性行为，但两者有明显区别，如表4-1所示。

表4-1 征收与征用的区别

项目	征收	征用
法律效果	所有权转移，不存在财产返还	所有权不转移，用后返还
适用对象	土地、房屋等不动产	动产与不动产
适用条件	公共利益	抢险救灾、疫情防控等紧急需要

4.2.2 所有权的种类

在我国，所有权的种类主要有国家所有权、集体组织所有权和私人所有权等。

1. 国家所有权

国家所有权是国家对国有财产的占有、使用、收益和处分的权利。国家所有权是社会主义全民所有制在法律上的表现。城市土地、矿藏、水流、海域，野生动植物资源，无线电频谱资源，国防资产，森林、山岭、草原、荒地、滩涂等自然资源，属于国家所有，但法律规定属于集体所有的除外；法律规定属于国家所有的农村和城市郊区的土地及铁路、公路、电力设施、电信设施和油气管道等基础设施，属于国家所有；法律规定属于国家所有的文物，属于国家所有。这些财产有的只能作为国家所有权的客体，如矿藏、水流等。

国有财产的行使，除法律另有规定的以外，均由国务院代表国家行使所有权。当然在具体实施上，则由占有国有财产的各级国家机关和企事业单位行使：国家机关对其直接支配的不动产和动产，享有占有、使用以及依照法律和国务院的有关规定处分的权利。国家举办的事业单位对其直接支配的不动产和动产，享有占有、使用以及依照法律和国务院的有关规定收益、处分的权利。国家出资的企业，由国务院、地方人民政府依照法律、行政法规规定分别代表国家履行出资人职责，享有出资人权益。

2. 集体所有权

集体所有权是指劳动群众集体组织占有、使用、收益和处分其财产的权利。其客体可以是法律规定的国家专有财产以外的其他任何财产。例如，集体组织可以享有土地、森林、山岭、草原、荒地、滩涂等的所有权。

劳动群众集体组织所有权的各项权能可以由集体组织自己行使，也可以将其所有权的权能转移给个人行使。集体所有的土地和森林、山岭、草原、荒地、滩涂等，依照下列规定行使所有权：属于村农民集体所有的，由村集体经济组织或者村民委员会代表集体行使所有权；分别属于村内两个以上农民集体所有的，由村内各该集体经济组织或者村民小组代表集体行使所有权；属于乡镇农民集体所有的，由乡镇集体经济组织代表集体行使所有权。

3. 私人所有权

私人所有权是私人依法享有的占有、使用、收益和处分其生产资料和生活资料的权利。根据《民法典》第二百六十六条的规定，私人对其合法的收入、房屋、生活用品、生产工具、原材料等不动产和动产享有所有权。合法的储蓄、投资及其收益受法律保护。私人的合法财产受法律保护，禁止任何单位和个人侵占、哄抢、破坏。

4.2.3 所有权的取得

所有权的取得，是指民事主体依据一定的法律事实而获取某物的所有权。所有权的取得分为原始取得与继受取得两种。

1. 原始取得

所谓原始取得，是指根据法律规定，最初取得财产的所有权或不依赖于原所有人的意思而取得财产的所有权。原始取得的方式有：劳动生产、征收、先占、孳息、添附、时效取得、善意取得、拾得遗失物、发现埋藏物等。本部分根据《民法典》的规定介绍善意取得、拾得遗失物和添附。

1) 善意取得

善意取得，是指动产或者不动产的无权处分人，将其占有的动产或者不动产转让给第三人，如果受让人取得该财产时出于善意，则受让人依法取得对该动产或者不动产的所有权或他物权。善意取得包括了所有权的善意取得与他物权的善意取得。在善意取得中，受让人取得财产所有权是基于法律的规定，而非当事人之间的法律行为，因此善意取得是原始取得。

善意取得的构成要件包括：受让人受让财产时主观上为善意；无权处分人以合理的价格转让；转让的财产必须是依法可以流通的动产或不动产；转让财产依照法律规定应当登记的已经登记，不需要登记的已经交付给受让人。

善意取得的法律效果为：原所有人丧失标的物所有权，而受让人则基于善意取得而获得标的物所有权。让与人处分他人的财产的非法所得，应作为不当得利返还给原所有人。如果返还不当得利不足以补偿原所有人损失的，原所有人有权请求让与人赔偿损失以弥补不足部分。

> 【大家讲坛 4-6】
>
> 2019 年 4 月 1 日，甲(所有权人)将自己的相机出租给乙，租期为 1 年。7 月 1 日，乙将相机作价 3000 元卖给丙，丙付款后，乙向丙交付了相机。
> 甲、乙、丙之间的法律效果是怎样的？

2) 拾得遗失物

遗失物，是指他人不慎丧失占有的动产，遗失物非为无主物。拾得遗失物是指发现他人遗失物而予以占有的法律事实。

拾得遗失物，应当返还权利人。拾得人应当及时通知权利人领取，或者送交公安等有关部门。有关部门收到遗失物，知道权利人的，应当及时通知其领取；不知道的，应当及时发布招领公告。遗失物自发布招领公告之日起 1 年内无人认领的，归国家所有。拾得人在返还拾得物时，可以要求支付必要费用，但不得要求支付报酬。遗失人悬赏寻找遗失物的，领取遗失物时应当按照承诺履行义务。拾得人在遗失物送交有关部门前，有关部门在遗失物被领取前，应当妥善保管遗失物。因故意或者重大过失致使遗失物毁损、灭失的，应当承担民事责任。拾得人侵占遗失物的，无权请求保管遗失物等支出的费用，也无权请求权利人按照承诺履行义务。

如果遗失物通过转让为他人所占有时，其处理规则是：权利人有权向无处分权人请求损害赔偿，或者自知道或者应当知道受让人之日起 2 年内向受让人请求返还原物。如果受让人通过拍卖或者向具有经营资格的经营者购得该遗失物的，权利人请求返还原物时应当支付受让人所付的费用。权利人向受让人支付所付费用后，有权向无处分权人追偿。

拾得漂流物、发现埋藏物或者隐藏物的，参照适用关于遗失物的规则。法律另有规定的，依照其规定。

> 【大家讲坛 4-7】
>
> 甲有钻石手表一块，某天不慎丢失。乙拾得后以 5000 元出售给丙。后来，甲偶然发现丙手上戴的手表就是自己丢失的钻石手表。于是要求丙返还，丙认为自己是支付价款才得到的手表，不同意返还。
>
> 根据《民法典》有关拾得遗失物的制度，甲能否要回自己的手表？

3) 添附

添附，包括附合、混合和加工，是指将不同所有人的物结合成为一个新的物或在他人的物上加工使之成为新的物的法律事实。因添附而产生的物的归属，有约定的，按照约定；没有约定或者约定不明确的，依照法律规定；法律没有规定的，按照充分发挥物的效用及保护无过错当事人的原则确定。因一方当事人的过错或者确定物的归属造成另一方当事人损害的，应当给予赔偿或者补偿。

2. 继受取得

继受取得，又称传来取得，是指通过某种法律行为或根据法律的规定从原所有人那里取得某项财产的所有权。继受取得主要包括买卖、赠与、互易、继承等。

4.2.4 建筑物区分所有权

1. 建筑物区分所有权的概念

建筑物区分所有权，是指多个所有人共同拥有一幢建筑物时，各个所有人对其在构造上和使用上具有独立性的建筑物部分(专有部分)所享有的所有权和对供全体或部分所有人共同使用的建筑物部分(共有部分)所享有的共有权以及基于建筑物的管理、维护和修缮等共同事务而产生的管理权(成员权)的总称。

建筑物区分所有权不同于共有，其根本属性仍是单独所有，共有部分及管理权依附于专有部分。建筑物区分所有权人转让其专有权时，其他建筑物区分所有权人不享有优先购买权。

2. 建筑物区分所有权的内容

1) 业主专有权

专有权，又称专有所有权，是指建筑物区分所有人对专属于自己的、在构造和使用上具有独立性的建筑物专有部分所享有的所有权。业主对其建筑物专有部分享有占有、使用、收益和处分的权利。业主行使权利不得危及建筑物的安全，不得损害其他业主的合法权益。如业主对专有部分装修时，不得拆除房屋内的承重墙等。业主不得违反法律、法规以及管理规约，将住宅改变为经营性用房。业主将住宅改变为经营性用房的，除遵守法律以及管理规约外，应当经有利害关系的业主同意。

2) 业主共有权

业主共有权是指业主对专有部分以外的共有部分，如电梯、过道、楼梯、水箱、外墙面、水电气的主管线等享有的占有、使用及收益的权利。

建筑区划内的道路，属于业主共有，但属于城镇公共道路的除外；建筑区划内的绿地，属于业主共有，但属于城镇公共绿地或明示属于个人的除外。

建筑区划内的其他公共场所、公用设施和物业服务用房，属于业主共有；占用业主共有的道路或者其他场地用于停放汽车的车位，属于业主共有。建筑区划内规划用于停放汽车的车位、车库，其归属遵循约定。用于停放汽车的车位、车库应当首先满足业主的需要。

业主对专有部分以外的共有部分既享有权利，又承担义务，不得以放弃权利而不履行义务。业主转让建筑物内的住宅、经营性用房，其对共有部分享有的权利一并转让。

3) 共同管理权

所谓共同管理权，是指业主基于专有部分的所有权，从而对业主的共同财产和共同事务进行管理的权利。

业主可以设立业主大会，选举业主委员会。业主依法共同决定物业管理的重大事项。业主大会和业主委员会的决定，对全体业主具有约束力。但该决定侵犯部分业主合法权益的，该部分业主可以请求人民法院予以撤销。依据《民法典》第二百七十八条的规定，下列事项由业主共同决定：①制定和修改业主大会议事规则；②制定和修改管理规约；③选举业主委员会或更换业主委员会成员；④聘请和解聘物业服务企业或者其他管理人；⑤使用建筑物及其附属设施的维修资金；⑥筹集建筑物及其附属设施的维修资金；⑦改建、重建建筑物及其附属设施；⑧改变共有部分的用途或者利用共有部分从事经营活动；⑨有关共有和共同管理权利的其他重大事项。对于上述事项的表决，应当由专有部分面积占比 2/3 以上的业主且人数占比 2/3 以上的业主参与表决。决定第六项至第八项规定的事项，应当经参与表决专有部分面积 3/4 以上的业主且参与表决人数 3/4 以上的业主同意。决定其他事项，应当经参与表决专有部分面积过半数的业主且参与表决人数过半数的业主同意。

业主可以自行管理其建筑物及其附属设施，也可以委托物业服务企业或者其他管理人管理。物业管理公司应接受业主的监督，并及时答复业主对物业服务情况提出的询问。对建设单位聘请的物业服务企业或者其他管理人，业主有权依法更换。

业主应当遵守管理规约。业主大会和业主委员会，对任意弃置垃圾、排放污染物或者噪声、违反规定饲养动物、违章搭建、侵占通道、拒付物业费等损害他人合法权益的行为，有权依照法律法规以及管理规约要求行为人停止侵害、消除危险、排除妨碍、赔偿损失。业主对侵害自己合法权益的行为，可以依法向人民法院提起诉讼。

【大家讲坛 4-8】

某开发商经批准开发居民高层公寓楼,先后有四百多位客户与该开发商签订购房合同,并在依约缴纳全部购房款、取得相关产权证的前提下入住该公寓楼。后开发商将该楼顶部出租给个体户陈某,每年租金1万元,陈某利用楼顶空间栽种花卉。由于用水浇灌花卉引起楼层渗漏,引起马某等居民的不满。因与开发商协商不成,马某等联名按购房合同的仲裁条款申请仲裁,要求开发商终止与陈某的合同,停止侵害,赔偿损失。

马某等人的请求是否合理?为什么?

4.2.5 共有

共有,是指两个或两个以上的民事主体共同享有一个财产所有权的法律制度。共有的主体称为共有人;共有的客体称为共有物;各共有人之间的共同权利与共同义务的关系称为共有关系。共有包括按份共有和共同共有。

1. 按份共有

1) 按份共有的概念

按份共有,亦称分别共有,是指两个或两个以上的人对同一项财产按照份额享有所有权。共有人对共有的不动产或者动产没有约定为按份共有或者共同共有,或者约定不明确的,除共有人具有家庭关系等外,视为按份共有。

2) 按份共有的内部关系

(1) 共有物的占有、使用和收益。各共有人依其份额对共有物进行占有、使用、收益。按份共有人对共有财产享有的份额依照其约定,没有约定或者约定不明确的,按出资额确定,不能确定出资额的,视为等额享有。根据共有物的性质,全体共有人不能同时对共有物进行占有、使用、收益时,应由共有人对占有、使用、收益的方法进行协商,并按协商一致的方法处理。

(2) 共有物的处分。在按份共有中,共有人对共有物的处分包括两种:一是对其享有的份额的处分;二是对整个共有物的处分。

按份共有人转让其享有的共有的不动产或者动产份额时,应当将转让条件及时通知其他共有人,其他共有人在同等条件下享有优先购买的权利并在合理期限内行使。两个以上其他共有人主张行使优先购买权的,协商确定各自的购买比例;协商不成的,按照转让时各自的共有份额比例行使优先购买权。"同等条件",应当综合共有份额的转让价格、价款履行方式及期限等因素确定。在共有人抛弃其应有份额后,该应有份额应归属于其他共有人。

共有人对共有物的处分,包括事实上的处分与法律上的处分。事实上的处分如抛弃共有财产、对共有财产做重大修缮等。法律上的处分如出卖、赠与、投资等。处分共有的不动产或者动产,以及对共有的不动产或者动产做重大修缮、变更性质或者用途的,应当经占份额2/3以上的按份共有人同意,但是共有人之间另有约定的除外。

(3) 共有物的管理及费用负担。共有人按照约定管理共有的不动产或者动产;没有约定或者约定不明确的,各共有人都有管理的权利和义务。

对共有物的管理费用以及其他负担,有约定的,按照约定;没有约定或者约定不明确的,由按份共有人按照其份额负担。如果某一共有人支付费用超过其份额所应负担的部分,有权请求其他共有人按其份额偿还所应负担的部分。

3) 按份共有的外部关系

各共有人对于外部的侵害，可以为共有人全体的利益向侵权人主张权利。共有人对于第三人的义务，在共有人与第三人发生的民事法律关系中，除法律另有规定或者第三人知道共有人不具有连带债权债务关系的以外，共有人应负连带义务或承担连带责任。例如共有人对于第三人有共同侵权行为，则共有人之间应对第三人负连带责任。共有人中的一人或数人在代替其他共有人履行义务或承担责任后，有权请求其他共有人偿还其应当承担的部分。

4) 共有物的分割

在按份共有关系期间，共有人约定不得分割共有财产的，依其约定，但共有人有重大理由需要分割的，可以请求分割。没有约定或约定不明确的，按份共有人可以随时要求分割。因分割对其他共有人造成损害的，应当给予赔偿。

共有人在分割共有物时，可以协商确定分割方式。在不损害物的价值的前提下，可以选择采用实物分割、变价分割、作价补偿等方法。共有人分割所得的不动产或动产有瑕疵的，其他共有人应当按照份额分担损失。

【大家讲坛 4-9】

2005 年，李某与张某共同出资购买了两辆东风牌汽车从事长途贩运，其中，李某出资 10 万元，张某出资 6 万元，双方约定：盈亏按照出资比例分担。2 年中，双方盈利均按约定比例做了分配。2008 年，李某趁张某外出之机，将一辆车以 9 万元的价格出售给王某，双方办理了车辆过户手续，张某回来后，不同意卖车，要求李某追回该车，李某则认为，自己当初出资 10 万元，应该对汽车有更大的处置权，因而认为自己有权出售汽车。张某诉至法院，要求王某返还购买的车辆。

张某的诉讼请求能否得到法院的支持？

2. 共同共有

1) 共同共有的概念

共同共有，是指两个或两个以上的民事主体基于共同关系，对某项财产不分份额地共同享有权利并承担义务。共同共有主要包括夫妻共有、家庭共有、遗产分割前的共有等。

2) 共同共有的内外部关系

共同共有人的权利及于共有物的全部。对于共有物的占有、使用、收益、处分权的行使，应当得到全体共有人的同意。如果根据法律的规定或合同的约定，某个或某些共有人有权代表全体共有人管理共有财产时，则该共有人可以依法或依合同对共有财产进行管理。在共同共有关系存续期间，部分共有人擅自处分共有财产，一般无效。但第三人善意、有偿取得该财产的，应当维护第三人的合法权益；对其他共有人的损失，由擅自处分共有财产的人赔偿。

对于共有物的管理费用及其他费用应当共同负担。因共有的不动产或者动产产生的债权债务，在对外关系上，共有人享有连带债权、承担连带债务。

3) 共有物的分割

共同共有关系存续期间，各共有人一般不得请求分割共有物。但是，共同共有人在共有的基础丧失或有重大理由需要分割时可以请求分割，因分割给其他共同共有人造成损害的，应当予以赔偿。

共同共有财产的分割，有协议的，按协议处理；没有协议的，按等分原则处理，并考虑共有人对共有财产的贡献大小，适当照顾共有人的生产、生活的实际需要等情况。除此之外，分割共同共有财产还应遵守法律关于该共同共有关系的规定，如法定继承中分割共同继承的遗产，应按照继承法规定的遗产分配原则进行。

4.2.6 相邻关系

相邻关系是指两个或两个以上相互毗邻的不动产的所有人或使用人，在行使不动产的所有权或使用权时，因相邻各方应当给予便利和接受限制而发生的权利义务关系。主张相邻关系的当事人，既可以是不动产的所有人，也可以是不动产的使用人。相邻关系的实质是相邻不动产所有人或使用人行使权利的延伸或限制。

相邻关系的种类主要包括：因用水、排水产生的相邻关系；因通行而产生的相邻关系；因修建施工、防险发生的相邻关系；因通风、采光而产生的相邻关系；有害物质侵害关系；相邻防险关系等。

处理相邻关系应遵循的原则有：有利生产，方便生活的原则；团结互助，公平合理的原则；尊重历史和习惯的原则；赔偿合理损失的原则。

4.3 用益物权

用益物权是指对他人所有的不动产或者动产，依法享有占有、使用和收益的权利。用益物权包括土地承包经营权、建设用地使用权、宅基地使用权、地役权和居住权。

4.3.1 土地承包经营权

1. 土地承包经营权的概念

土地承包经营权，是指土地承包经营权人以从事农业生产为目的，依法其承包经营的耕地、林地、草地等享有占有、使用和收益的权利。《中华人民共和国农村土地承包法》第三条第二款规定，农村土地承包采取农村集体经济组织内部的家庭承包方式，不宜采取家庭承包方式的荒山、荒沟、荒丘、荒滩等农村土地，可以采取招标、拍卖、公开协商等方式承包。可见，农村土地承包的方式分为两种，一种是家庭承包，一种是其他方式的承包。

2. 家庭承包

1) 设立

土地承包经营权通过订立承包合同方式确立，《民法典》第三百三十条第一款规定，土地承包经营权自土地承包经营权合同生效时设立。即土地承包经营权合同一旦生效，承包方即取得土地承包经营权，既不需要登记，也不需要交付。登记机构应当向土地承包经营权人发放土地承包经营权证、林权证等证书，并登记造册，确认土地承包经营权。此处的登记发证仅仅是确认土地承包经营权，并非取得土地承包经营权的必要条件。登记发证是登记机关的一项法定义务。

2) 流转

在承包经营期限范围内，承包权人有权根据法律规定，采取互换、转让等方式流转土地承包经营权,流转的期限不得超过承包期的剩余期限。未经依法批准,不得将承包的土地用于非农建设。土地承包经营权的互换、转让,当事人可以向登记机构申请登记;未经登记,不得对抗善意第三人。

土地承包经营权人可以自主决定依法采取出租、入股或者其他方式向他人流转土地经营权。土地经营权人有权在合同约定的期限内占有农村土地,自主开展农业生产经营并取得收益。流转期限为五年以上的土地经营权,自流转合同生效时设立。当事人可以向登记机构申请土地经营权登记;未经登记,不得对抗善意第三人。

3) 承包期限

承包经营权的期限因承包经营的对象不同而不同:耕地的承包期为30年;草地的承包期为30~50年;林地的承包期为30~70年。承包期届满,由土地承包经营权人依照农村土地承包的法律规定继续承包。

3. 其他方式的承包

农村土地承包原则上采取农村集体内部的家庭承包方式,以本集体的农户作为承包人。但对于不宜采取家庭承包方式的荒山、荒沟、荒丘、荒滩等农村土地,可以采取招标、拍卖、公开协商等方式承包(简称"其他方式的承包")。以其他方式取得的土地承包经营权可以转让、入股、抵押或者以其他方式流转。

> **知识扩展:"三权分置"的土地制度改革**
>
> "三权分置"是指形成农村集体土地所有权、承包权、经营权三权分置,经营权流转的格局。改革开放之初,农村实行家庭联产承包责任制,将土地所有权和承包经营权分设,所有权归集体,承包经营权归农户,极大地调动了农民的积极性,有效解决了温饱问题。为深化农村土地制度改革,顺应农民保留土地承包权、流转土地经营权的意愿,将土地承包经营权分为承包权和经营权,实行所有权、承包权、经营权"三权分置",着力推进农业现代化,是继家庭联产承包责任制后农村改革又一重大制度创新。"三权分置"是农村基本经营制度的自我完善,符合生产关系适应生产力发展的客观规律,有利于明晰土地产权关系,维护农民集体、承包农户、经营主体的权益,促进土地资源合理利用,构建新型农业经营体系,发展多种形式适度规模经营。

4.3.2 建设用地使用权

1. 建设用地使用权的概念

建设用地使用权,是指民事主体依法对国家所有的土地享有占有、使用和收益的权利,有权利用该土地建造建筑物、构筑物及其附属设施。建设用地使用权可以在土地的地表(如建造住宅)、地上(如建造高架桥)或者地下(如建造地铁)分别设立。

2. 建设用地使用权的设立

1) 设立方式

(1) 出让。出让是指国家在国有土地上为受让人创设建设用地使用权,受让人向国家支付出让金的行为。出让的方式主要有招标、拍卖、双方协议等三种方式,双方协议属于非公开竞价的方式,而招标、拍卖属于公开竞价的方式。鉴于公开竞价更能保证建设用地使用权出让的公开、公平、公正,《民法典》规定,工业、商业、旅游、娱乐和商品住宅等经营性用地以及同一土地有两个以上意向用地者的,应当采取招标、拍卖等公开竞价的方式出让。无论采取何种方式出让,当事人均须签订书面出让合同。

土地使用权出让最高年限按下列用途确定:居住用地70年;工业用地50年;教育、科技、文化、卫生、体育用地50年;商业、旅游、娱乐用地40年;综合或者其他用地50年。住宅建设用地使用权期限届满的,自动续期。续期费用的缴纳或者减免,依照法律、行政法规的规定办理。非住宅建设用地使用权期限届满后的续期,依照法律规定办理。该土地上的房屋及其他不动产的归属,有约定的,按照约定;没有约定或者约定不明确的,依照法律、行政法规的规定办理。

(2) 划拨。建设用地使用权的划拨,是指国家无偿在国有土地上为土地使用人创设建设用地使用权的行为。采取划拨方式的,应当遵守法律、行政法规关于土地用途的规定。根据《中华人民共和国城市房地产管理法》第二十四条规定,国家机关用地和军事用地,城市基础设施用地和公益事业用地,国家重点扶持的能源、交通、水利等项目用地,法律、行政法规规定的其他用地确属必需的,可以由县级以上人民政府依法批准划拨。以划拨方式取得的建设用地使用权,除法律、行政法规另有规定外,无使用期限限制。

2) 设立登记

无论是出让还是划拨,均应向登记机构申请建设用地使用权登记,建设用地使用权自登记时设立。登记机构应当向建设用地使用权人发放建设用地使用权证书。

3. 建设用地使用权的流转

除法律另有规定以外,建设用地使用权可以转让、互换、出资、赠与或者抵押。

建设用地使用权转让、互换、出资或者赠与时,附着于该土地上的建筑物、构筑物及其附属设施一并处分。当建筑物、构筑物及其附属设施转让、互换、出资或者赠与的,该建筑物、构筑物及其附属设施占用范围内的建设用地使用权一并处分,即建设用地使用权与附着在土地上的建筑物采取"房随地走、地随房走、房地一体"的流转规则。

> **【大家讲坛4-10】**
>
> 甲从开发商乙处购得住宅用商品房一套,建设用地使用权期限为70年,于2050年12月31日到期。关于住宅建设用地使用权期间届满后续期问题的表述中,有下列四种说法:①建设用地使用权自动续期;②住宅自动续期;③建设用地使用权收归国有,不得续期;④经不动产登记机构批准,可以续期。
>
> 以上四种说法中,正确的说法是什么?

4.3.3 居住权

1. 居住权的概念

居住权是指居住权人以满足生活居住的需要,有权按照合同约定或遗嘱,对他人的住宅享有占有、使用的用益物权。这是《民法典》在物权编中新增设立的一种用益物权类型。

2. 居住权的设立和消灭

设立居住权,当事人应当采用书面形式订立居住权合同。居住权合同一般包括下列条款:

当事人的姓名或者名称和住所、住宅的位置、居住的条件和要求、居住权期限、解决争议的方法。《民法典》对居住权的设立采取的是登记生效主义。设立居住权的,应当向登记机构申请居住权登记。居住权自登记时设立。以遗嘱方式设立居住权的,也要申请居住权登记。

居住权期限届满或者居住权人死亡的,居住权消灭。居住权消灭的,应当及时办理注销登记。

3. 居住权人的权利和义务

居住权人有权对他人的住宅享有占有、使用。居住权无偿设立,但是当事人另有约定的除外。约定需要支付使用费的,居住权人应支付使用费。居住权不得转让、继承。设立居住权的住宅不得出租,但是当事人另有约定的除外。

4.3.4 地役权

1. 地役权的概念

地役权是指地役权人为了自己使用土地的方便或者土地利用价值的提高,按照合同约定利用他人的不动产的权利。其中为他人土地利用提供便利的土地称为供役地,而享有地役权的土地称为需役地。实践中常见的地役权有通行地役权、引水地役权、排水地役权、铺设管线地役权、眺望地役权等。

2. 地役权与相邻关系

在民事法律关系中,地役权与相邻关系(从所有权扩张方来说,是相邻权)是两个容易混淆的概念。地役权与相邻权都是以邻人的不动产为自己的不动产提供便利。但是两者存在诸多区别,如表4-2所示。

表4-2 地役权与相邻关系的区别

项目	地役权	相邻关系
性质	独立的用益物权	独立的民事权利,所有权的扩张或延伸
产生方式	约定产生,登记能对抗善意第三人	法定产生,不需要登记
目的	提高需役地的效益	为相邻一方提供必要便利,维护正常生活和生产
是否相邻	不以相互毗邻为条件	一般以相互毗邻为条件
是否无偿	有偿或无偿	无偿

3. 地役权的设立和消灭

1) 地役权的设立

地役权采用书面合同形式设立,自合同生效时,地役权发生效力。地役权采用登记对抗主义,未登记的,不得对抗第三人。地役权的期限由当事人约定,但不得超过土地承包经营权、建设用地使用权等用益物权剩余的期限。地役权人有权依据合同约定的利用目的和方法利用供役地,同时尽量减少对供役地权利人物权的限制。

2) 地役权的消灭

地役权除因设定期限届满、抛弃、混同等原因消灭外,还可因供役地权利人解除地役权合同而使地役权消灭。依照《民法典》第三百八十四条规定,地役权人违反法律规定或者合同约定,滥用地役权;有偿利用供役地,约定的付款期间届满后在合理期限内经两次催告未支付费用,供役地权利人有权解除地役权合同。

4. 地役权与其他用益物权的关系

处理地役权与其他用益物权之间的关系遵循下列规则：土地所有权人享有地役权或者负担地役权的，设立土地承包经营权、宅基地使用权等用益物权时，该土地用益物权人继续享有或者负担已设立的地役权；土地上已设立土地承包经营权、建设用地使用权、宅基地使用权等权利的，未经上述用益物权人同意，土地所有权人不得设立地役权；需役地以及需役地上的土地承包经营权、建设用地使用权部分转让时，转让部分涉及地役权的，受让人同时享有地役权；供役地以及供役地上的土地承包经营权、建设用地使用权部分转让时，转让部分涉及地役权的，地役权对受让人具有约束力；地役权不得单独抵押。

此外，《民法典》规定的用益物权还包括宅基地使用权，即农村居民对集体所有的土地占有和使用，自主利用该土地建造住房及其附属设备，以供居住的地上权。关于宅基地使用权的取得、行使和转让，多规定在土地管理法等法律法规中。

4.4 担保物权

4.4.1 担保物权概述

1. 担保物权的概念

担保物权，是指为确保债权的实现而设定的，以直接取得或者支配特定财产的交换价值为内容的权利。我国担保物权包括抵押权、质权、留置权。

2. 担保物权的特征

(1) 以确保债务履行为目的。担保物权的设立，是为了保证主债务的履行，使得债权人对于担保财产享有优先受偿权，所以它是对主债权效力的加强和补充。

(2) 变价受偿性。担保物权人在债务人不履行到期债务或发生当事人约定的实现担保物权的情形，可将标的物通过拍卖等方式加以出卖，从卖得的价金中优先受偿。

(3) 物上代位性。担保物权的效力及于其标的物的代替物。担保期间，担保财产毁损、灭失或者被征收等，担保物权人可以就保险金、赔偿金或者补偿金等优先受偿。

(4) 从属性。所谓从属性，是指担保物权以主债的成立为前提，随主债的转移而转移，并随主债的消灭而消灭。抵押权人就债权的处分及于抵押权，不得将抵押权让与他人而自己保留债权；也不得将债权让与他人而自己保留抵押权；更不得将债权与抵押权分别让与两人。

(5) 不可分性。所谓担保物权的不可分性，是指担保物权所担保的债权的债权人得就担保物的全部行使其权利。这体现在：债权一部分消灭，债权人仍就未清偿债权部分对担保物全部行使权利；担保物一部分灭失，残存部分仍担保债权全部。

4.4.2 抵押权

1. 抵押的概念

抵押，是指为担保债务的履行，债务人或第三人不转移财产的占有，将该财产抵押给债权人，债务人不履行到期债务或者发生当事人约定的实现抵押权的情形，债权人有权就该财产优先受偿。债务人或者第三人为抵押人，债权人为抵押权人，提供担保的财产为抵押财产。

2. 抵押权的设立

1) 抵押合同

抵押权的设定应当由双方当事人签订抵押合同。抵押合同的当事人为抵押人和抵押权人。抵押权人即债权人,抵押人是提供抵押财产的人,既可能是债务人,也可能是第三人。抵押合同应当采用书面形式。抵押权人在债务履行期限届满前,与抵押人约定债务人不履行到期债务时抵押财产归债权人所有的,只能依法就抵押财产优先受偿。

2) 抵押登记

抵押登记的效力有两种情形:一是登记要件主义,即登记是抵押权的设立条件,不登记,抵押权不产生。根据《民法典》的规定,以不动产设定抵押的,应当办理抵押物登记。抵押权自登记之日起设立。二是登记对抗主义,即登记与否,不影响抵押权的设立,但不登记不能对抗第三人。根据《民法典》的规定,以动产设定抵押的,抵押权自抵押合同生效时设立。未经登记,不得对抗善意第三人。

> **【大家讲坛 4-11】**
>
> 王某向李某借款 50 万元,以自己所有的房屋作为抵押,李某与王某签订了书面形式的抵押合同,但是未办理抵押权登记。之后,王某将该房屋卖给张某,并办理了房屋过户手续。李某对该房屋是否享有抵押权?李某是否有权根据抵押合同要求王某承担违约责任?

3. 抵押财产

抵押财产是指抵押人用以设定抵押权的财产。可抵押的财产包括:建筑物和其他土地附着物;建设用地使用权;海域使用权;生产设备、原材料、半成品、产品;正在建造的建筑物、船舶、航空器;交通运输工具;法律、行政法规未禁止抵押的其他财产。

不得抵押的财产包括:土地所有权;宅基地、自留地、自留山等集体所有的土地使用权,但是法律规定可以抵押的除外;学校、幼儿园、医院等以公益为目的成立的非营利法人的教育设施、医疗卫生设施和其他社会公益设施;所有权、使用权不明或者有争议的财产;依法被查封、扣押、监管的财产;法律、行政法规规定不得抵押的其他财产。

4. 抵押权的效力

1) 抵押权的担保范围

抵押权的担保范围包括主债权及其利息、违约金、损害赔偿金、实现抵押权的费用。

2) 抵押权对抵押财产的效力

抵押权对抵押财产的效力是指当抵押权人实现抵押权时可就哪些财产优先受偿。抵押权设定前为抵押物的从物的,抵押权的效力及于抵押物的从物。原则上抵押权的效力不及于抵押物的孳息。但债务人不履行到期债务或者发生当事人约定的实现抵押权的情形,致使抵押财产被人民法院依法扣押的,自扣押之日起抵押权人有权收取该抵押财产的天然孳息或者法定孳息,但抵押权人未通知应当清偿法定孳息的义务人的除外。建设用地使用权抵押后,该土地上新增的建筑物不属于抵押财产。该建设用地使用权实现抵押权时,应当将该土地上新增的建筑物与建设用地使用权一并处分,但新增建筑物所得的价款,抵押权人无权优先受偿。

3) 抵押权对抵押权人的效力

(1) 保全抵押物。抵押人的行为足以使抵押财产价值减少的,抵押权人有权请求抵押人停止其行为。抵押财产价值减少的，抵押权人有权请求恢复抵押财产的价值，或提供与减少的价值相应的担保。

(2) 放弃抵押权或者变更抵押权的顺位。抵押权人可以放弃抵押权或者抵押权的顺位。抵押权人与抵押人可以协议变更抵押权顺位以及被担保的债权数额等内容。但抵押权的变更，未经其他抵押权人书面同意，不得对其他抵押权人产生不利影响。债务人以自己的财产设定抵押，抵押权人放弃该抵押权、抵押权顺位或者变更抵押权的，其他担保人在抵押权人丧失优先受偿权益的范围内免除担保责任，但是其他担保人承诺仍然提供担保的除外。

(3) 优先受偿权。在债务人不履行债务时，抵押权人可以与抵押人协议以抵押财产折价或者以拍卖、变卖该抵押财产所得的价款优先于普通债权人受偿。

4) 抵押权对抵押人的效力

(1) 抵押物的占有权。抵押设定以后，除法律和合同另有约定以外，抵押人有权继续占有抵押物。

(2) 抵押物的转让。抵押期间，抵押人可以转让抵押财产。当事人另有约定的，按照其约定。抵押财产转让的，抵押权不受影响。抵押人转让抵押财产的，应当及时通知抵押权人。抵押权人能够证明抵押财产转让可能损害抵押权的，可以请求抵押人将转让所得的价款向抵押权人提前清偿债务或者提存。转让的价款超过债权数额的部分归抵押人所有，不足部分由债务人清偿。

(3) 抵押物的出租。抵押权设立前抵押财产已经出租并转移占有的，原租赁关系不受该抵押权的影响。

5. 抵押权的实现

1) 抵押权实现的条件

抵押权实现的条件有：存在有效的抵押权；债务人不履行到期债务或发生当事人约定的实现抵押权的情形；未超过法定期间(抵押权人应当在主债权诉讼时效期间行使抵押权)。

2) 抵押权实现的方法

债务人不履行到期债务或者发生当事人约定的实现抵押权的情形，抵押权人可以与抵押人协议以抵押财产折价或者以拍卖、变卖该抵押财产所得的价款优先受偿。协议损害其他债权人利益的，其他债权人可以请求人民法院撤销该协议。抵押权人与抵押人未就抵押权实现方式达成协议的，抵押权人可以请求人民法院拍卖、变卖抵押财产。抵押财产折价或者变卖的，应当参照市场价格。

3) 清偿顺序

同一财产向两个以上债权人抵押的，拍卖、变卖抵押财产所得的价款依照下列规定清偿：抵押权已经登记的，按照登记的时间先后确定清偿顺序；抵押权已经登记的先于未登记的受偿；抵押权未登记的，按照债权比例清偿。同一财产既设立抵押权又设立质权的，拍卖、变卖该财产所得的价款按照登记、交付的时间先后确定清偿顺序。动产抵押担保的主债权是抵押物的价款，标的物交付后 10 日内办理抵押登记的，该抵押权优先于抵押物买受人的其他担保物权人受偿，但是留置权人除外。

6. 特殊抵押

1) 最高额抵押

最高额抵押是指为担保债务的履行，债务人或者第三人对一定期间内将要连续发生的债权提供担保财产的，债务人不履行到期债务或者发生当事人约定的实现抵押权的情形，抵押权人有权在最高债权额限度内就该担保财产优先受偿的情形。

抵押权人的债权在下列情况下确定：约定的债权确定期间届满；没有约定债权确定期间或者约定不明确，抵押权人或者抵押人自最高额抵押权设立之日起满 2 年后请求确定债权；新的债权不可能发生；抵押权人知道或者应当知道抵押财产被查封、扣押；债务人、抵押人被宣告破产或者解散；法律规定债权确定的其他情形。

抵押权人实现最高额抵押权时，如果实际发生的债权余额高于最高限额的，以最高限额为限，超过部分不具有优先受偿的效力；如果实际发生的债权余额低于最高限额的，以实际发生的债权余额为限对抵押物优先受偿。

2) 浮动抵押

浮动抵押是指企业、个体工商户、农业生产经营者可以将现有的以及将有的生产设备、原材料、半成品、产品抵押，债务人不履行到期债务或者发生当事人约定的实现抵押权的情形，债权人有权就抵押财产确定时的动产优先受偿。

浮动抵押合同生效时设立；未经登记，不得对抗善意第三人。浮动抵押不得对抗正常经营活动中已支付合理价款并取得抵押财产的买受人。

浮动抵押的抵押财产自下列情形之一发生时确定：债务履行期届满，债权未实现；抵押人被宣告破产或者解散；当事人约定的实现抵押权的情形；严重影响债权实现的其他情形。

4.4.3 质押权

所谓质押，是指债务人或者第三人将其动产或权利移交债权人占有，将该财产作为债的担保，当债务人不履行债务或者发生当事人约定的实现质权的情形，债权人有权依法以该财产变价所得优先受偿。质押分为动产质押与权利质押。

1. 动产质押

1) 动产质押的概念

动产质押，是指为担保债务的履行，债务人或者第三人将其动产出质给债权人占有的，债务人不履行到期债务或者发生当事人约定的实现质权的情形，债权人有权就该动产优先受偿。债务人或者第三人为出质人，债权人为质权人，交付的动产为质押财产。

2) 动产质押的设立

(1) 质押合同。设定动产质押，出质人和质权人应当订立书面质押合同。质押合同一般包括下列条款：被担保债权的种类和数额；债务人履行债务的期限；质押财产的名称、数量等情况；担保的范围；质押财产交付的时间、方式。质权人在债务履行期限届满前，与出质人约定债务人不履行到期债务时质押财产归债权人所有的，只能依法就质押财产优先受偿。

(2) 交付。质权自质物移交给质权人占有时设立。出质人根据合同约定应当交付质物，拒绝交付的，质权人依据质权合同可要求交付质物；造成损失的，可要求损害赔偿；质权人交付的质物，与合同约定的质物不一致的，以实际交付的质物为质押财产。

3) 动产质押的效力

(1) 动产质押的担保债权范围。动产质押的担保债权范围包括：原债权、利息、违约金、损害赔偿金、保管担保的财产和实现担保物权的费用。

(2) 动产质押标的物的范围。动产质权的效力及于质物的从物，但是从物未随同质物移交质权人占有的，质权的效力不及于从物。动产质押设立后，在主债务清偿以前，质权人有权占有质物，并有权收取质物所生的孳息。收取的孳息应当先冲抵收取孳息的费用。质权的效力及于质押财产的代位物，如赔偿金、补偿金和保险金。

(3) 质权人的权利与义务。质权人的权利主要有：占有权、收取孳息权、质权保全权、优先受偿权等。质权人的义务主要有：妥善保管质押财产；返还质押财产；不得擅自使用、处分质押财产；不得擅自转质。

(4) 出质人的权利和义务。出质人的权利主要有：质物的处分权；除去侵害、损害赔偿请求权；代位求偿权；返还质物请求权等。出质人的主要义务有：返还质权人保管质押财产所发生的必要费用和损害赔偿，如出质人对因质押财产的瑕疵所造成的损害应承担赔偿责任。

(5) 动产质押的实现。债务人不履行到期债务或者发生当事人约定的实现质权的情形，质权人可以与出质人协议以质押财产折价，也可以就拍卖、变卖质押财产所得的价款优先受偿。质押财产折价或者变卖的，应当参照市场价格。质押财产折价或者拍卖、变卖后，其价款超过债权数额的部分归出质人所有，不足部分由债务人清偿。

出质人可以请求质权人在债务履行期届满后及时行使质权；质权人不行使的，出质人可以请求人民法院拍卖、变卖质押财产。出质人请求质权人及时行使质权，因质权人怠于行使权利造成出质人损害的，由质权人承担赔偿责任。

> 👁 **【大家讲坛4-12】**
>
> 　　自然人甲与自然人乙是好友，甲因扩大店面急需资金向乙借款10万元，乙要求甲提供担保，甲将自己的奥迪车出质给乙，乙因自己不会开车，要求甲将该车开回。后甲向自然人丙借款10万元，又将该车出质给丙。丙对该车进行了占有。该奥迪车的价值为50万元。在丙占有期间，因丁向丙租用该车，丙未经甲同意，即与丁签订了租赁合同。
>
> 　　本案中，甲、乙之间的质押合同是否生效？乙对该车是否享有质权？甲和丙之间存在何种法律关系？丙是否有权出租该车？

2. 权利质押

1) 权利质押的概念

权利质押是为了担保债权清偿，就债务人或第三人所享有的权利设定的质押。

2) 票据、债券、存款单、仓单、提单的质押

以汇票、支票、本票、债券、存款单、仓单、提单出质的，质权自权利凭证交付质权人时设立。没有权利凭证的，质权自有关部门办理出质登记时设立。

汇票、支票、本票、债券、存款单、仓单、提单的兑现日期或者提货日期先于主债权到期的，质权人可以兑现或者提货，并与出质人协议将兑现的价款或者提取的货物提前清偿债务或者提存。

3) 基金份额、股权质押

以基金份额、股权出质的，质权自办理出质登记时设立。基金份额、股权出质后，不得转让，但经出质人与质权人协商同意的除外。出质人转让基金份额、股权所得的价款，应当向质权人提前清偿债务或者提存。

4) 知识产权的质押

以注册商标专用权、专利权、著作权等知识产权中的财产权出质的，质权自办理出质登记时设立。知识产权中的财产权出质后，出质人不得转让或者许可他人使用，但经出质人与质权

人协商同意的除外。出质人转让或者许可他人使用出质的知识产权中的财产权所得的价款,应当向质权人提前清偿债务或者提存。

5) 应收账款质押

应收账款是指因对外销售商品、材料、提供劳务及其他原因,应向购货单位或接受劳务的单位及其他单位收取的款项。以应收账款出质的,质权自办理出质登记时设立。应收账款出质后,不得转让,但经出质人与质权人协商同意的除外。出质人转让应收账款所得的价款,应当向质权人提前清偿债务或者提存。

> **知识扩展**:应收账款质押登记办法
>
> 为适应市场发展需求,中国人民银行对《应收账款质押登记办法》(中国人民银行令〔2007〕第4号发布)进行了修订,于2017年10月25日发布,自2017年12月1日起施行。中国人民银行征信中心是应收账款质押的登记机构。根据该办法,应收账款包括下列权利:销售、出租产生的债权,包括销售货物,供应水、电、气、暖,知识产权的许可使用,出租动产或不动产等;提供医疗、教育、旅游等服务或劳务产生的债权;能源、交通运输、水利、环境保护、市政工程等基础设施和公用事业项目收益权;提供贷款或其他信用活动产生的债权;其他以合同为基础的具有金钱给付内容的债权。

4.4.4 留置权

留置权是指债权人合法占有债务人的动产,在债务人不履行到期债务时债权人有权依法留置该财产,并就该财产优先受偿的权利。债权人为留置权人,占有的动产为留置财产。

1. 留置权的成立要件

1) 留置权成立的积极要件

(1) 债权人占有债务人的动产。这里"债务人的动产"应理解为基于债务关系由债权人占有的财产,并非仅指债务人所有的财产。因此,在债权人善意占有第三人的财产上亦可成立留置权,例如某人将借来的手表送到表店修理,表店就可以对此表行使留置权。

(2) 占有的动产与债权属于同一法律关系,但企业之间留置的除外。企业之间留置权的成立,不以同一债权债务关系为要件。

(3) 债权已届清偿期且债务人未按规定期限履行义务。

2) 留置权成立的消极要件

(1) 须留置财产与对方交付财产前或交付财产时所为指示不相抵触。债务人与债权人在合同中明确表示债权人不得留置标的物时,债权人不得留置。

(2) 须留置债务人财产不违反法律规定、公共秩序或善良风俗。如留置他人的居民身份证,留置他人待用的殡葬物,均违法,债权人不能为之。

(3) 须留置财产与债权人所承担义务不相抵触。若债权人在合同中的义务即是交付标的物,则债权人不得以债务人不履行义务为由行使留置权,否则与其所承担义务的本旨相悖。

2. 留置权的效力

1) 留置权所担保债权的范围

一般而言,凡与留置权属同一法律关系的债权,均属留置权担保的范围。因此,原债权、利息、迟延利息、实行留置权的费用及债权人因保管留置物所支出的必要费用，均为留置权所担保债权的范围。

2) 留置权标的物的范围

留置权效力所及标的物的范围，除留置物本身外，一般应包括从物、孳息、代位物。留置权人对所留置财产的从物，依"从随主"原则，可以行使留置权。留置权人在留置标的物期间，可以收取留置物的孳息，该孳息应当先充抵收取孳息的费用。

3) 留置权对留置权人的效力

留置权人的权利主要包括：留置物的占有权、留置物孳息收取权、必要费用求偿权、优先受偿权等。义务主要包括：保管留置物、不得擅自使用或为其他处分行为、返还留置物等。

4) 留置权对留置物所有人的效力

留置物所有人的权利主要包括：损害赔偿请求权、留置物返还请求权、留置物的处分权等。义务主要包括：支付留置权人保管留置物花费的费用，因留置物之隐蔽瑕疵致留置权人损害时，负有赔偿损失的义务。

3. 留置权的实现

1) 留置标的物

债权人在其债权没有得到清偿时，有权留置债务人的财产。留置权人与债务人应当约定留置财产后的债务履行期间；没有约定或者约定不明确的，留置权人应当给债务人60日以上履行债务的期限，但鲜活易腐等不易保管的动产除外。

2) 优先受偿

债务人超过规定期限仍不履行其债务时，留置权人可依法以留置物折价或拍卖、变卖所得价款优先受偿。留置财产折价或者拍卖、变卖后，其价款超过债权数额的部分归债务人所有，不足部分由债务人清偿。同一动产上已设立抵押权或者质权，该动产又被留置的，留置权人优先受偿。同一动产上已设立抵押权或者质权，该动产又被留置的，留置权人优先受偿。

4. 留置权的消灭

留置权具有物权性和担保性，因此，物权消灭的一般原因如标的物灭失、混同、抛弃，以及担保物权消灭的一般原因如主债权消灭，对留置权均适用。另外，根据《民法典》第四百五十七条的规定，留置权人对留置财产丧失占有或者留置权人接受债务人另行提供担保的，留置权消灭。

【大家讲坛4-13】

甲公司租用了某校两台电脑，在使用过程中电脑损坏，遂送到乙公司维修。当甲的员工去取修好的电脑时，乙以甲尚欠半年前一台空调的修理费800元为由，扣留了两台电脑，并要求甲在3天内付清空调修理费。一个月后，甲既不来取电脑，也不付空调修理费，于是乙通过一拍卖行拍卖了其中一台电脑，得款5000元，乙扣下800元空调修理费后，将余款和另一台电脑交还给了甲。

乙的做法在法律上有无不妥？请说明理由。

4.5 占 有

4.5.1 占有的概念

所谓占有,是指民事主体对物进行管理而形成的事实状态。只要客观上的控制状态形成且主观上有占有的意思即构成占有。占有的标的物是物,物之外的财产权的占有为准占有。

根据《民法典》第四百五十八条的规定,基于合同关系等产生的占有,有关不动产或者动产的使用、收益、违约责任等,按照合同约定;合同没有约定或约定不明确的,依照有关法律规定。因此,占有的适用,只有在其他法律未规定的情形下,才能适用物权编占有制度的规定。

4.5.2 占有的种类

按占有意思的不同,分为自主占有与他主占有;依占有人是否直接占有标的物,分为直接占有与间接占有;根据占有是否有本权,分为有权占有与无权占有;根据占有人的主观心态对无权占有可进一步分为善意占有与恶意占有;按是否受指示而为占有,分为自己占有和占有辅助。

4.5.3 占有的效力

占有的效力是占有制度的核心,其主要包括:事实推定效力、权利推定效力及无权占有人与返还请求权人的关系。

1. 事实推定效力

事实推定效力有二:其一,如无相反证明,推定占有为自主、善意、和平、公然的占有;其二,在占有前后的两个时期,有占有证据的,推定其为继续占有。

2. 权利推定效力

权利推定效力,是指占有人在占有物上行使的权利,推定为占有人合法享有的权利。至于占有人是否真正有此权利,在第三人举证破除法律推定前在所不问。

3. 无权占有人与返还请求权人的关系

无权占有人与返还请求权人的关系,是指无权占有人在与请求权人返还占有物时所发生的权利和义务关系。

1) 善意占有人的权利义务

不动产或者动产被占有人占有的,权利人可以请求返还原物及其孳息,但善意占有人可请求权利人支付其维护该不动产或者动产支出的必要费用。善意占有人占有的不动产或者动产毁损、灭失,该不动产或者动产的权利人请求赔偿的,占有人应当将因毁损、灭失取得的现存利益,如保险金、赔偿金或者补偿金等返还给权利人。

2) 恶意占有人的义务

恶意占有人返还占有物时应当返还占有物及其所生的孳息,如果孳息灭失的,应赔偿损失。

占有的不动产或者动产毁损、灭失，该不动产或者动产的权利人请求赔偿的，恶意占有人应当将因毁损、灭失取得的保险金、赔偿金或者补偿金等返还给权利人，权利人的损害未得到足够弥补的，恶意占有人还应当赔偿损失。

4.5.4 占有的法律保护

1. 自力救济权

占有人在其占有受到侵害时享有自力救济权。一是自力防御权，该权利由直接占有人或其辅助占有人行使，一般间接占有人无此权利；二是自力取回权，是指对于已经完成的占有侵夺，占有人有权取回被侵夺的财物。如占有人的动产被他人非法侵害时，占有人可以当场或者追踪取回。

2. 占有保护请求权

当占有人的占有被非法侵害时，占有人可直接对侵害人行使占有保护请求权，也可以向人民法院起诉。《民法典》第四百六十二条规定，占有的不动产或者动产被侵占的，占有人有权请求返还原物；对妨害占有的行为，占有人有权请求停止侵害、排除妨害或者消除危险；因侵占或者妨害造成损害的，占有人有权请求损害赔偿。占有人返还原物的请求权，自侵占发生之日起1年内未行使的，该请求权消灭。该条规定的救济不但适用于有权占有，也适用于无权占有。其中1年的期间属于除斥期间，且仅适用于占有人返还原物的请求权。所有权人行使返还原物的请求权通常不受时间限制。损害赔偿的请求权，仍适用一般诉讼时效的规定。

同步训练

一、单项选择题

1. 下列各项中，不属于民法中物的有(　　)。
   A. 无线电频谱　　　　B. 水流　　　　　　C. 海域　　　　　　D. 阳光
2. 甲将自己所有的一套书卖给乙，但甲还想留阅一段时间，遂又与乙达成协议，借阅该书一个月，乙表示应允。乙取得该套书所有权的交付方法为(　　)。
   A. 占有改定　　　　　B. 简易交付　　　　C. 指示交付　　　　D. 拟制交付
3. 王某与一房地产公司签订商品房预售合同，预购商品房一套，并向登记机关申请办理了预告登记。随后该房地产公司将王某选购的商品房以更高价格销售给不知情的张某，并与张某依法办理了房屋所有权证书。下列说法中正确的是(　　)。
   A. 王某不能取得该房屋的所有权，因为房地产公司已经与张某依法办理了房屋所有权证书
   B. 王某不能取得该房屋的所有权，只能追究开发商的违约责任
   C. 王某可以取得该房屋的所有权，因为房屋进行了预告登记
   D. 以上均不正确
4. 杜某上班途中拾得一个皮包，内装提货单、现金等财物。杜某在现场等候了一会儿，未见失主，就携包上班。次日杜某见到报纸上登了一则启事。写明"如有拾得者，酬谢2000元。"

杜某见失主所寻的正是自己拾得的皮包，便将皮包返还给失主。但在杜某向失主要求酬金时，被失主拒绝。杜某应当享有的权利和负担的义务是(　　)。

　　A. 无偿归还拾得物，因为我国法律未规定拾得人有获得报酬的权利
　　B. 无偿归还拾得物，有权要求失主偿还因此而支出的费用，但无权获得报酬
　　C. 归还拾得物，有权要求失主支付 2000 元的酬金
　　D. 归还拾得物，有权要求失主给予拾得人所要求的报酬

5. 甲家的承包地被乙家的承包地所包围，在承包时，有一条小路通往甲家的承包地，甲为了拓宽道路，与乙签订了一份协议，拓宽道路一丈，甲一次性支付给乙 5000 元。甲通过该合同所取得的权利为(　　)。

　　A. 土地使用权　　　B. 相邻权　　　C. 地上权　　　D. 地役权

二、多项选择题

1. 根据物权法律制度的有关理论，下列选项中属于民法意义上孳息的有(　　)。

　　A. 母牛腹中的小牛　　　　　　　B. 苹果树上长着的苹果
　　C. 母鸡生的鸡蛋　　　　　　　　D. 每月出租房屋获得的租金

2. 根据《民法典》关于建筑物区分所有权的有关规定，下列选项中，应当经参与表决专有部分面积 3/4 以上的业主且参与表决人数 3/4 以上的业主同意才能通过的事项有(　　)。

　　A. 选举业主委员会　　　　　　　B. 使用建筑物及其附属设施的维修资金
　　C. 改建、重建建筑物及其附属设施　D. 筹集建筑物及其附属设施的维修资金

3. 甲对乙负有 50 万元的债务，甲所提供的下列担保方式中合法有效的是(　　)。

　　A. 甲将自己的一幢价值 50 万元的房屋不转移占有质押给乙
　　B. 甲将自己的一幢价值 50 万元的房屋抵押给乙
　　C. 甲的朋友丙将自己的一幢价值 50 万元的房屋抵押给乙担保甲债务的履行
　　D. 甲乙约定若甲到时不能清偿债务，则甲的房屋归乙所有

4. 甲因向乙借款而将自己的房屋抵押给乙，双方签订了抵押合同，并且甲将该房屋的产权证交付于乙，但因当地登记部门的原因而未登记。后甲又以该产权证的复印件与丙签订了抵押合同，并办理了抵押登记。后甲逾期未偿还债务。关于此案例下列说法正确的是(　　)。

　　A. 乙对甲的房屋享有抵押权　　　B. 丙优先于乙对甲的房屋享有优先权
　　C. 乙优先于丙对甲的房屋行使抵押权　D. 丙对甲的房屋享有抵押权

5. 画家吴某因要自费办画展，向朋友肖某借了 5 万元，并将自己的两幅代表画作质押给肖某，并要肖某好好保管别示于人，还钱时归还两幅画，肖某对吴某的画享有的权利有(　　)。

　　A. 对画的占有权　　　　　　　　B. 动产质权
　　C. 著作财产权的质权　　　　　　D. 优先购买权

解决几个大问题

1. 甲公司于 2021 年 10 月 10 日通过拍卖方式拍得位于北京郊区的一块工业建设用地；同年 10 月 15 日，甲公司与北京市土地管理部门签订《建设用地使用权出让合同》；同年 10 月 21 日，甲公司缴纳全部土地出让金；同年 11 月 5 日，甲公司办理完毕建设用地使用权登记，并

获得建设用地使用权证。2021年11月21日，甲公司与相邻土地的建设用地使用权人乙公司签订书面合同，该合同约定：甲公司在乙公司的土地上修筑一条机动车道，以利于交通方便；使用期限为20年；甲公司每年向乙公司支付8万元费用。该合同所设立的权利没有办理登记手续。2022年1月28日，甲公司以取得的上述建设用地使用权作抵押，向丙银行借款5000万元，借款期限3年。该抵押权办理了登记手续。此后，甲公司依法办理了各项立项、规划、建筑许可、施工许可等手续之后开工建设厂房。2022年5月，因城市修改道路规划，政府提前收回甲公司取得的尚未建设厂房的部分土地，用于市政公路建设。甲公司在办理建设用地使用权变更登记手续时，发现登记机构登记簿上记载的建设用地使用权面积与土地使用权证上的记载不尽一致。

根据本题所述内容，回答下列问题：

(1) 甲公司于何时取得建设用地使用权？并说明理由。

(2) 甲公司与乙公司订立合同拟设立的是何种物权？该物权是否已设立？并说明理由。

(3) 甲公司与乙公司的合同订立后，如果甲公司不支付约定的费用，乙公司在何种条件下有权解除合同？

(4) 甲公司在建造的厂房已经完工，未办理房屋所有权证的情况下，是否取得该房屋所有权？并说明理由。

(5) 甲公司建造的厂房是否属于丙银行抵押权涉及的抵押物范围？并说明理由。丙银行如何实现自己的抵押权？

(6) 在政府提前收回甲公司部分建设用地使用权的情况下，丙银行能否就甲公司获得的补偿金主张权利？并说明理由。

(7) 登记簿上的记载与土地使用权证上的记载不一致的，以何者为准？

2. 2021年1月15日，甲公司从银行贷款30万元人民币，约定2022年4月15日还本付息。银行要求甲公司提供担保，甲公司提出以其位于东阳区的一办事机构的房屋设定抵押，作为按期偿还贷款的担保。2021年8月，位于东阳区的甲公司的办事机构因业务需要，在紧临原办事机构的房屋旁又增建了三间平房，作为仓库。2022年4月15日，甲公司没有偿还30万元贷款，银行几次催告，甲公司仍以无力偿还为由不予偿还。

根据本题所述内容，回答下列问题：

(1) 甲公司与银行之间签订的房屋抵押合同，可否以口头方式签订？为什么？

(2) 甲公司与银行之间订立的该房屋抵押权，是否必须进行抵押登记？为什么？

(3) 甲公司以其办事机构的房屋设定抵押时，该房屋占用范围内的国有土地使用权是否要一并设定抵押？为什么？

(4) 甲公司紧临原办事机构新建的三间平房是否属于抵押的财产？为什么？

(5) 在甲公司无力偿还贷款的情况下，银行可以以什么样的方式实现其债权？

(6) 假设甲公司用于抵押的房屋原有一附属的车库，该车库属甲公司的子公司乙公司所有，那么银行能否对该车库行使抵押权？

第 5 章　合同法律制度

任务清单

序号	任务	要求
1	合同的概念与分类	了解
2	要约与承诺	理解
3	缔约过失责任	理解
4	合同有效的要件、无效合同、可撤销合同与效力待定合同	理解
5	双务合同的履行抗辩权	掌握
6	代位权和撤销权	理解
7	保证与定金	掌握
8	合同的变更、转让和终止	理解
9	违约责任的承担方式	掌握
10	买卖合同、赠与合同、借款合同、租赁合同、承揽合同、运输合同	掌握

思考一个小问题

甲、乙两公司签订钢材购买合同，合同约定：乙公司向甲公司提供钢材，总价款 500 万元。甲公司预支价款 200 万元。在甲公司即将支付预付款前，得知乙公司因经营不善，无法交付钢材，并有确切证据证明。于是，甲公司拒绝支付预付款，除非乙公司能提供一定的担保。乙公司拒绝提供担保。为此，双方发生纠纷并诉至法院。你认为，甲公司拒绝支付余款是否合法？甲公司的行为若合法，甲公司行使的是什么权利？行使该权利必须具备什么条件？

5.1　合同与合同编

5.1.1　合同的概念与分类

1. 合同的概念

合同也称契约、协议。根据《民法典》第四百六十四条的规定，合同是民事主体之间设立、变更、终止民事权利义务关系的协议。

2. 合同的分类

基于一定标准，合同可划分成不同类型。根据合同法或其他法律是否对合同赋予特定名称为标准，分有名合同与无名合同；根据当事人是否相互负有对价义务为标准，分为单务合同与双务合同；根据当事人取得权益是否须支付相应代价为标准，分为有偿合同与无偿合同；根据合同成立是否需要现实给付为标准，分为诺成合同与实践合同；根据订约目的和法律效力，分为预约和本约；根据合同成立是否必须符合一定的形式为标准，分为要式合同与不要式合同；根据两个或者多个合同相互间的主从关系为标准，分为主合同与从合同；以时间因素在合同履行中所处的地位为标准，分为一时性合同与继续性合同；以合同约束的对象不同将合同分为束己合同与涉他合同等。

> 👁 **【大家讲坛 5-1】**
>
> A 和 B 签订一份租赁合同，C 和 D 签订一份买卖合同，E 和 F 签订一份收养协议，G 和 H 签订一份监护协议。
> 上述所签订的合同，哪些适用合同法律制度调整？

3. 合同的相对性

《民法典》第四百六十五条规定，依法成立的合同，仅对当事人具有法律约束力，但是法律另有规定的除外。这是关于合同相对性及其例外的规定。

1) 合同相对性的含义

合同相对性是指合同只在特定的合同当事人之间发生法律拘束力，只有合同当事人一方能基于合同向对方提出请求或提起诉讼，而不能向与其无合同关系的第三人提出合同上的请求，也不能擅自为第三人设定合同上的义务。

2) 合同相对性的体现

合同相对性主要体现为：主体的相对性，即合同关系只能发生在特定的主体之间，一般不涉及第三人。内容的相对性，是指除法律、合同另有规定以外，只有合同当事人才享有合同所规定的权利，承担合同规定的义务。责任的相对性，是指违约责任只在特定当事人之间即合同关系的当事人之间发生，合同关系以外的人不承担违约责任。《民法典》第五百九十三条规定，当事人一方因第三人的原因造成违约的，应当依法向对方承担违约责任。当事人一方和第三人之间的纠纷，依照法律规定或者按照约定处理。

3) 合同相对性的例外

合同相对性的例外主要表现为：第一，租赁权的物权化。我国《民法典》第七百二十五条规定，租赁物在承租人按照租赁合同占有期限内发生所有权变动的，不影响租赁合同的效力。即出租方将财产所有权转移给第三方时租赁合同对新的所有权方继续有效。第二，债的保全制度。此制度赋予债权人对债务人或相关第三人享有一定的权利——代位权和撤销权。其中代位权是指债务人怠于行使其对第三人的权利并危及债权时，债权人以自己的名义请求第三人履行义务。撤销权则是指债务人存在减少自身财产行为而危及债权人债权实现时，债权人有权向法院申请撤销该行为。第三，涉及第三人利益的合同。该合同是指订约人并非为自己而是为他人设定权利的合同，如指定第三人为受益人的保险合同。

5.1.2 合同编概述

1. 合同编的调整范围

合同编调整平等主体的自然人、法人、非法人组织之间因合同产生的民事关系。婚姻、收养、监护等有关身份关系的协议,适用有关该身份关系的法律规定;没有规定的,可以根据其性质参照适用《民法典》合同编的规定。

2. 合同编的基本内容

合同制度是市场经济的基本法律制度。《民法典》第三编"合同"在原来《合同法》的基础上,贯彻全面深化改革的精神,坚持维护契约、平等交换、公平竞争,促进商品和要素自由流动,完善合同制度。合同编共3个分编、29章、526条,主要内容有:

第一分编为通则,规定了合同编的调整范围与适用,合同的订立、效力、履行、保全、变更和转让、终止、违约责任等一般性规则。第二分编为典型合同。典型合同在市场经济活动和社会生活中应用普遍。为适应现实需要,合同编在原来《合同法》规定的买卖合同、供用电(水、气、热力)合同、赠与合同、借款合同、租赁合同、融资租赁合同、承揽合同、建设工程合同、运输合同、技术合同、保管合同、仓储合同、委托合同、行纪合同、居间合同 15 种典型合同的基础上,增加了4种典型合同:一是吸收了担保法中关于保证的内容,增加了保证合同;二是适应我国保理行业发展和优化营商环境的需要,增加了保理合同;三是针对物业服务领域的突出问题,增加规定了物业服务合同;四是根据原来《民法通则》中有关个人合伙的规定,增加了合伙合同。第三分编为准合同,分别对无因管理和不当得利的一般性规则做了规定。无因管理、不当得利与合同规则同属债发生的原因,又与合同规则有所区别,因此称为"准合同"。

> **知识扩展**:从"三足鼎立"到统一合同法再到民法典合同编
>
> 改革开放后,随着商品生产和交换的快速发展,为了进一步规范经济交往,保障涉外经济合同当事人的合法权益、保障技术合同当事人的合法权益和维护技术市场秩序,我国先后在 1981 年、1985 年、1987 年通过了《中华人民共和国经济合同法》(以下简称《经济合同法》)、《中华人民共和国涉外经济合同法》(以下简称《涉外经济合同法》)、《中华人民共和国技术合同法》(以下简称《技术合同法》)。随着改革的深入,社会主义市场经济的发展,为了保护合同当事人的合法权益,维护社会经济秩序,促进社会主义现代化建设,1999 年 3 月 15 日,第九届全国人民代表大会第二次会议通过《中华人民共和国合同法》,同年 10 月 1 日施行,《经济合同法》《涉外经济合同法》《技术合同法》同时废止,三足鼎立的局面结束。随着 2021 年 1 月 1 日《民法典》的实施,《合同法》废止,有关合同法律关系的调整适用《民法典》合同编的规定。

5.2 合同的订立

合同订立,是指缔约双方为意思表示并达成合意,建立合同关系的行为。合同的订立是合同双方动态行为和静态协议的统一,它既包括缔约双方在达成协议之前接触和洽谈的整个动态的过程,也包括双方达成合意、确定合同的主要条款之后所形成的协议。

5.2.1 合同订立程序

订立合同可以采取要约、承诺或者其他方式。只要当事人意思表示真实一致，合同即可成立。

1. 要约

1) 要约的概念

要约是希望与他人订立合同的意思表示。发出要约的人为要约人，接受要约的人为受要约人。在商业实践中，要约常被称作发盘、出盘、发价、报价等。

2) 要约的构成要件

(1) 要约是特定合同当事人的意思表示。要约的目的在于订立合同，要约人必须能够确定，以便受要约人向要约人做出承诺。作为要约人只要能够特定即可，并不一定需要知道要约人的具体情况，如自动售货机，消费者不需要了解谁为真正的要约人，只要投入货币，做出承诺，便会完成交易。

(2) 向特定或不特定的相对人发出。合同因相对人的承诺而成立，所以要约必须向希望与其订立合同的相对人发出。相对人可以特定，亦可不特定。如自动售货机、悬赏广告所针对的相对人即是不特定的。

(3) 要约须具有缔约的目的。要约应表明，一经受要约人承诺，要约人即受该意思表示的约束，并与之建立合同关系。

(4) 要约的内容必须确定和完整。所谓确定，是指要约的内容必须明确清楚，不能模棱两可、产生歧义。所谓完整，是指要约的内容必须满足构成一个合同所必备的条件，但并非要事无巨细、面面俱到，只要其内容具备使合同成立的基本条件即可。

3) 要约邀请

要约邀请，又称要约引诱，是希望他人向自己发出要约的意思表示。其目的不是订立合同，而是邀请相对人向其为要约的意思表示。

拍卖公告、招标公告、招股说明书、债券募集说明书、基金招募说明书、商业广告和宣传寄送的价目表等，性质为要约邀请。但若商业广告和宣传的内容符合要约的，构成要约。

> **【大家讲坛 5-2】**
>
> 某商场搞促销，广告内容如下：2019 年 2 月 6 日，本商场进行 10 周年店庆，为答谢新老顾客，推出一元某款冰箱 10 台，售完为止。该日凌晨就有顾客排队在商场门口等候，9 点营业时间一到，前几位顾客便直冲入冰箱卖场，不问价格就占住该款冰箱，要求卖家兑现一元承诺。卖家以"一元冰箱已被顾客电话订购"为由拒绝执行广告中的承诺。
>
> 该商场广告是属于要约邀请还是属于要约？

4) 要约的生效时间

以对话方式做出的意思表示，相对人知道其内容时生效。以非对话方式做出的意思表示，到达相对人时生效。采用数据电文形式订立合同，收件人指定特定系统接收数据电文的，该数据电文进入该特定系统的时间，视为到达时间；未指定特定系统的，该数据电文进入收件人的任何系统的首次时间，视为到达时间。

5) 要约的撤回与撤销

要约的撤回，是指要约人在要约生效之前使要约不发生法律效力的行为。由于撤回要约不会损害相对人的利益，因此，要约可以撤回。撤回要约的通知应当在要约到达受要约人之前或者与要约同时到达受要约人。

要约的撤销，是指要约到达受要约人之后，受要约人同意之前，要约人取消要约从而使要约归于消灭的行为。要约可以撤销，但要约人确定了承诺期限或以其他形式明示要约不可撤销的，或受要约人有理由认为要约是不可撤销的，并已为履行合同做了合理准备工作的，要约不得撤销。撤销要约的意思表示以对话方式做出的，该意思表示的内容应当在受要约人做出承诺之前为受要约人所知道；撤销要约的意思表示以非对话方式做出的，应当在受要约人做出承诺之前到达受要约人。

6) 要约的失效

要约的失效又称为要约的消灭，是指要约丧失法律效力，要约人与受要约人均不再受其约束。要约失效的情形有：拒绝要约的通知到达要约人；要约人依法撤销要约；承诺期限届满，受要约人未做出承诺；受要约人对要约的内容做出实质性变更。

2. 承诺

1) 承诺的概念

所谓承诺，是指受要约人同意接受要约的全部条件以缔结合同的意思表示。在商业交易中，承诺称作"接盘"。在一般情况下，承诺生效后合同即告成立。

2) 承诺的构成要件

(1) 承诺必须由受要约人做出。受要约人是要约人选定的交易相对方，受要约人进行承诺的权利是要约人赋予的，只有受要约人才有承诺的资格。如果要约是向不特定人发出的，则不特定人中的任何人均可以做出承诺。

(2) 承诺须向要约人做出。承诺是对要约的同意，是受要约人与要约人订立合同，当然要向要约人做出。

(3) 承诺的内容须与要约保持一致。承诺必须是对要约完全的、单纯的同意，这在学理上称为"镜像规则"。如果受要约人对要约的内容做出实质性变更的，为新要约。有关合同标的、数量、质量、价款或者报酬、履行期限、履行地点和方式、违约责任和解决争议方法等内容的变更，是对要约内容的实质性变更。承诺对要约的内容做出非实质性变更的，除要约人及时表示反对或者要约表明承诺不得对要约的内容做出任何变更的以外，该承诺有效，合同的内容以承诺的内容为准。

> 👁 **【大家讲坛5-3】**
>
> 甲建筑公司向乙、丙、丁、戊水泥厂分别发函，称"急需X号水泥1000吨，每吨价格300元，货到付款。"乙水泥厂收到函件后立即回函"函收到，即日发出。"丙水泥厂收到函件后，未直接回函，但当即组织车队运输该型号水泥1000吨，给甲送过去。丁收到函件后，立即回函"同意发货，款到即发。"戊收到函件后，立即回函"同意发货，价格为300.01元/吨。"
>
> 上述乙、丙、丁、戊的行为是否构成承诺？

(4) 承诺必须在要约的有效期内做出。如果要约规定了承诺期限，则承诺应在规定的承诺期限内做出，如果要约未规定承诺期限，则承诺应当在合理的期限内做出。

3) 承诺期限

承诺应当在要约确定的期限内到达要约人。要约没有确定承诺期限的，承诺应当依照下列规定确定：要约以对话方式做出的，应当即时做出承诺，但当事人另有约定的除外；要约以非对话方式做出的，承诺应当在合理期限内到达。所谓合理期限，是指依通常情形可期待承诺到达的期间，一般包括要约到达受要约人的期间、受要约人做出承诺的期间、承诺通知到达要约人的期间。

4) 承诺的生效时间

承诺自通知到达要约人时生效。承诺不需要通知的，根据交易习惯或者要约的要求而做出承诺的行为时生效；采用数据电文形式订立合同，收件人指定特定系统接收数据电文的，该数据电文进入该特定系统的时间，视为承诺到达时间；未指定特定系统的，该数据电文进入收件人的任何系统的首次时间，视为承诺到达时间。承诺生效时合同成立。

5) 承诺的撤回

承诺的撤回是指受要约人阻止承诺发生法律效力的意思表示。由于承诺一经送达要约人即发生法律效力，合同即成立，所以撤回承诺的通知应当在承诺通知到达之前或与承诺通知同时到达要约人。如果撤回承诺的通知晚于承诺的通知到达要约人，则承诺已经生效，合同已成立，受要约人便不能撤回承诺。

6) 承诺的迟延

受要约人超过承诺期限发出承诺的，为迟延承诺，除要约人及时通知受要约人该承诺有效的以外，迟延的承诺应视为新要约。受要约人在承诺期限内发出承诺，按照通常情形能够及时到达要约人，但因其他原因使承诺到达要约人时超过承诺期限的，为迟到承诺，除要约人及时通知受要约人因承诺超过期限不接受该承诺的以外，迟到的承诺为有效承诺。

3. 合同成立的时间与地点

1) 合同成立的时间

承诺生效时合同成立，这是大部分合同成立的时间标准。当事人采用合同书形式订立合同的，自当事人均签名、盖章或者按指印时合同成立。在签名、盖章或者按指印之前，当事人一方已经履行主要义务，对方接受时，该合同成立。法律、行政法规规定或者当事人约定合同应当采用书面形式订立，当事人未采用书面形式但是一方已经履行主要义务，对方接受时，该合同成立。当事人采用信件、数据电文等形式订立合同的，可以要求在合同成立之前签订确认书，则签订确认书时合同成立。当事人一方通过互联网等信息网络发布的商品或者服务信息符合要约条件的，对方选择该商品或者服务并提交订单成功时合同成立，但是当事人另有约定的除外。

2) 合同成立的地点

承诺生效的地点为合同成立的地点。采用数据电文形式订立合同的，收件人的主营业地为合同成立的地点；没有主营业地的，其住所地为合同成立的地点。当事人采用合同书形式订立合同的，双方当事人最后签名、盖章或者按指印的地点为合同成立的地点。

5.2.2 缔约过失责任

1. 缔约过失责任的概念

缔约过失责任，是指在订立合同的过程中，一方当事人违背诚实信用原则致使对方当事人信赖利益受到损害时，依法应当承担的赔偿责任。

2. 缔约过失责任的构成要件

1) 责任发生于合同订立阶段

当事人为订立合同而进行接触、磋商，已由一般民事主体间的关系进入特定的权利义务关系(信赖关系)。判断当事人是否进入这一关系的标准主要是当事人之间是否有缔结合同的意图。

2) 一方当事人违反了先合同义务

所谓先合同义务，是指合同订立过程中，双方当事人根据诚实信用原则应当承担的义务，如告知、协作、忠实、保护、保密等义务。

3) 一方当事人有过错

顾名思义，缔约过失责任是过错责任，一方当事人因过错违反了先合同义务，才可能承担缔约过失责任。

4) 造成对方信赖利益的损失

所谓信赖利益损失，指相对人因信赖合同会有效成立却由于合同不成立或无效而受到的利益损失。

3. 缔约过失行为的类型

1) 假借订立合同，恶意进行磋商

所谓"假借"，是指根本没有与对方订立合同的意思，只是借口与对方谈判，目的是损害订约对方当事人的利益。所谓"恶意"，是指假借磋商、谈判，而故意给对方造成损害的主观心理状态。如甲知道乙有转让餐馆的意图，甲并不想购买该餐馆，但为了阻止乙将餐馆卖给竞争对手丙，却假意与乙进行了长时间的谈判。待丙买了另一家餐馆后，甲中断了谈判。

2) 故意隐瞒与订立合同有关的重要事实或提供虚假情况

缔约当事人依诚实信用原则负有一定的告知义务，若违反此项义务，即构成欺诈，如因此致对方受到损害，应负缔约过失责任。

3) 其他违背诚实信用原则的行为

一方当事人未尽到通知、协助、告知、照顾等义务而造成对方当事人人身或财产的损失的；在订立合同的过程中泄露或者不正当使用知悉的商业秘密的；因一方当事人的过错，致使合同被宣告无效或被撤销的；违反初步协议或许诺等。

4. 缔约过失责任的赔偿范围

缔约过失责任的形式是损害赔偿。损害赔偿的范围，是相对人因缔约过失而遭受的信赖利益损失，包括直接损失和间接损失。

1) 直接损失

直接损失主要包括：缔约费用，如为了订约而赴实地考察所支付的合理费用；准备履约和实际履约所支付的费用，如运送标的物至购买方所支付的合理费用；因缔约过失导致合同无效、被变更或被撤销所造成的实际损失；因支出缔约费用或准备履约和实际履行支出费用所失去的利息等。

2) 间接损失

间接损失主要包括：因信赖合同有效成立而放弃的获利机会损失，亦即丧失与第三人签订合同机会所蒙受的损失；利润损失，即无过错方在现有条件下从事正常经营活动所获得的利润损失；身体受到伤害而减少的误工收入；其他可得利益损失。

> **【大家讲坛 5-4】**
>
> 甲企业与乙企业就彩电购销协议进行洽谈，其间乙采取了保密措施的市场开发计划被甲得知。甲遂推迟与乙签约，开始有针对性地吸引乙的潜在客户，导致乙的市场份额锐减。关于甲的行为，有下列四种说法：①甲的行为属于正常的商业竞争行为；②甲的行为违反了先合同义务；③甲的行为侵犯了乙的商业秘密；④甲应承担缔约过失责任。
>
> 上述说法哪些是正确的？

5.3 合同的内容与形式

5.3.1 合同的内容

合同的内容，是指合同当事人的权利与义务，具体体现为合同的各项条款。

1. 合同的条款

合同的内容由当事人约定，一般包括下列条款：当事人的姓名或者名称和住所；标的；数量；质量；价款或者报酬；履行期限、地点和方式；违约责任；解决争议的方法。当事人可以参照各类合同的示范文本订立合同。

2. 合同条款的解释

1) 文义解释

文义解释是依据合同条款用语的通常含义进行解释。合同当事人的意思表示往往通过文字表现于合同条款中，因此应当从合同条款中寻求其意义。

2) 体系解释

体系解释又称整体解释，是指把全部合同条款和构成部分看作一个统一的整体，从各个合同条款在整个合同中所处的地位及其相互关系出发，阐明当事人对争议的合同用语的含义。

3) 目的解释

目的解释即根据合同的目的，阐明合同条款真实含义的解释方法。

4) 习惯解释

习惯解释即按交易习惯来确定合同条款的真实意思。在交易行为当地或某一领域、某一行业通常采用并为交易对方订立合同时所知道或者应当知道的做法；或当事人双方经常使用的习惯做法，可以认定为"交易习惯"。

5) 诚信解释

诚信解释即依"诚实信用原则"来确定合同条款的真实意思。诚实信用原则是现代民法确立的用以指导当事人行使权利和履行义务的基本原则，也是指导法院或仲裁机构正确解释法律行为的基本原则。

根据《民法典》第四百六十六条第二款的规定，合同文本采用两种以上文字订立并约定具有同等效力的，对各文本使用的词句推定具有相同含义。各文本使用的词句不一致的，应当根据合同的相关条款、性质、目的，以及诚信原则等予以解释。

3. 格式条款

1) 格式条款的含义

格式条款，又称为标准条款、格式合同、定式合同、附合合同，是指当事人为了重复使用而预先拟定，并在订立合同时未与对方协商的条款。

2) 格式条款的订立规则

《民法典》第四百九十六条第二款规定，采用格式条款订立合同的，提供格式条款的一方应当遵循公平原则确定当事人之间的权利和义务，并采取合理的方式提请对方注意免除或者限制其责任等与对方有重大利害关系的条款，按照对方的要求，对该条款予以说明。"采取合理的方式"是指提供格式条款的一方对格式条款中免除或者限制其责任的内容，在合同订立时采用足以引起对方注意的文字、符号、字体等特别标识，并按照对方的要求对该格式条款予以说明。提供格式条款一方对已尽合理提示及说明义务承担举证责任。提供格式条款的一方未履行提示或者说明义务，致使对方没有注意或者理解与其有重大利害关系的条款的，对方可以主张该条款不成为合同的内容。

格式条款有下列情形之一的，该格式条款无效：具有《民法典》第一编第六章第三节（民事法律行为无效的规定）规定的情形；合同中约定造成对方人身损害的、因故意或者重大过失造成对方财产损失的免责条款无效；提供格式条款一方不合理地免除或者减轻其责任、加重对方责任、限制对方主要权利；提供格式条款一方排除对方主要权利。

3) 格式条款的解释

格式条款的解释规则主要有三：一是通常理解规则，对格式条款的解释应以一般人的、惯常的理解为准，而不应仅以条款制作人的理解为依据；二是不利解释规则，对格式条款有两种以上解释的，应当做出不利于提供格式条款一方的解释；三是非格式条款效力优先规则，非格式条款与格式条款不一致的，应当采用非格式条款。

> 【大家讲坛5-5】
>
> 飞跃公司开发的某杀毒软件，在安装程序中做了"本软件可能存在风险，继续安装视为同意自己承担一切风险"的声明。黄某购买了这款正版软件，安装时同意了该声明。其后该软件误将其电脑的操作系统视为病毒删除，导致黄某电脑瘫痪并丢失所有的文件。
>
> 黄某是否有权要求飞跃公司赔偿损失？

5.3.2 合同的形式

合同的形式，是指合同当事人意思表示的外在表现形式。当事人订立合同，可以采取书面形式、口头形式和其他形式。书面形式是指以合同书、信件、电报、电传、传真等可以有形地表现所载内容的形式。以电子数据交换、电子邮件等方式能够有形地表现所载内容，并可以随时调取查用的数据电文，视为书面形式。其他形式主要包括推定形式和默示形式等。推定形式，是指当事人以其行为做出意思表示；默示也可为意思表示的方式，但只有在法律有明确规定或当事人有明确约定的情况下才能适用。

5.4 合同的效力

5.4.1 合同效力概述

1. 合同效力的概念

合同的效力，指已经成立的合同在当事人之间产生的法律拘束力，即法律效力。"法律效力"并非说合同本身是法律，而是指由于合同当事人的意志符合法律规定，国家赋予当事人的意志以拘束力，合同当事人应严格履行，否则应承担违约责任。

2. 合同的生效

1) 合同的生效的概念

合同的生效是指已成立的合同因符合法律规定的有效要件而具有法律效力。合同生效不同于合同成立。合同的成立是一个事实问题；合同生效是一个价值判断问题，需要考察当事人之间的合同是否符合法律的规定。

2) 合同的生效的要件

合同是民事法律行为的一种，民事法律行为的生效要件就是合同的生效要件，包括行为人具有相应的民事行为能力；意思表示真实；不违反法律或者社会公共利益。同时有些合同还要求合同必须具备某一特定的形式，这是合同生效的形式要件。

3) 合同的生效的时间

依法成立的合同，自成立时生效，但是法律另有规定或者当事人另有约定的除外。依照法律、行政法规的规定，合同应当办理批准等手续的，依照其规定。未办理批准等手续影响合同生效的，不影响合同中履行报批等义务条款及相关条款的效力。应当办理申请批准等手续的当事人未履行义务的，对方可以请求其承担违反该义务的责任。

5.4.2 无效合同

无效合同，是指合同虽然成立，但因其违反法律、行政法规或公共利益，不具有法律约束力的合同。无效合同自始无效，合同一旦被确认无效，就产生溯及既往的效力。

1. 合同无效的情形

合同无效的情形除包括无效民事法律行为的种类(详见第 1 章第 3 节)外，还包括《民法典》第五百零六条所规定的合同中免责条款无效的情形，即造成对方人身损害的免责条款无效，因故意或者重大过失造成对方财产损失的免责条款无效。

2. 合同无效的法律后果

合同无效的法律后果与无效民事法律行为的法律后相同(详见第 1 章第 3 节)。

合同部分无效，不影响其他部分效力的，其他部分仍然有效。合同无效，不影响合同中独立存在的有关解决争议方法的条款的效力。

> 👁 **【大家讲坛 5-6】**
>
> 张某为乙厂的业务员，受乙厂的委托持空白合同书前往某市采购原材料。该市的丙厂作为供货方，私下答应给张某高额回扣，请求张某以同等价格购买其厂内成色较差的原材料。张某在丙厂的诱惑下，根据丙厂的意愿签订了买卖合同。
> 该买卖合同的效力如何？

5.4.3 可撤销合同

可撤销合同是指因合同当事人意思表示的瑕疵，撤销权人可以请求人民法院或者仲裁机构予以撤销或者变更的合同。

1. 可撤销合同的类型

可撤销合同的类型与可撤销民事法律行为的类型相同(详见第 1 章第 3 节)。

2. 撤销权

撤销权的相关内容详见第 1 章第 3 节的论述。

> 👁 **【大家讲坛 5-7】**
>
> 甲公司向乙公司订购奶粉一批。乙公司在订立合同时，将国产奶粉谎称为进口奶粉。甲公司事后得知实情，恰逢国产奶粉畅销，甲公司有意履行合同，于是向乙公司预付了货款。
> 若后来国产奶粉滞销，甲公司能否以欺诈为由请求撤销与乙公司的买卖合同？

3. 被撤销后的法律后果

可撤销的合同在被撤销后自始无法律约束力，产生与无效合同一样的法律后果(详见无效合同的法律后果)。

5.4.4 效力待定合同

效力待定合同，是指合同订立后尚未生效，须经权利人追认才能生效的合同。效力待定的合同主要有以下几种类型。

1. 限制民事行为能力人订立的合同

根据《民法典》第十九条和第二十二条的规定，限制民事行为能力人订立的与其年龄、智力和精神健康状况不相适应的合同，为效力待定的合同。经法定代理人追认后，该合同有效。但纯获利益的合同或者与其年龄、智力、精神健康状况相适应而订立的合同，不必经法定代理人追认。法定代理人的追认权属于形成权，仅凭其单方面意思表示即可使效力待定的合同转化为有效合同。

追认权旨在保护限制民事行为能力人的合法权益。为求得平衡，法律赋予相对人催告权和撤销权。相对人可以催告法定代理人在一定时间(30 日)内予以追认。法定代理人未做表示的，视为拒绝追认。合同被追认之前，善意相对人有撤销的权利。撤销应当以通知的方式做出。其中的"善意"是指相对人在订立合同时不知道与其订立合同的人欠缺相应的行为能力。

2. 无权代理人订立的合同

《民法典》第一百七十条规定，行为人没有代理权、超越代理权或者代理权终止后以被代理人名义订立的合同，未经被代理人追认，对被代理人不发生效力，由行为人承担责任，但构成表见代理的除外。被代理人已经开始履行合同义务或者接受相对人履行的，视为对合同的追认。相对人可以催告被代理人在 30 日内予以追认。被代理人未做表示的，视为拒绝追认。合同被追认之前，善意相对人有撤销的权利。撤销应当以通知的方式做出。

> 【大家讲坛 5-8】
>
> 甲为乙公司员工。某日下班后，甲利用熟悉公司环境的有利条件进入财务办公室盗出财务合同章和空白合同书，在空白合同上盖章后，冒充乙公司业务代表与丙公司洽谈业务，收取提前支付的货款后潜逃。后丙公司向乙公司催要所买货物，乙公司拒绝承认此合同。
>
> 甲与丙公司签订的合同效力如何？

3. 超越权限订立的合同

《民法典》第五百零四条规定，法人的法定代表人或者非法人组织的负责人超越权限订立的合同，除相对人知道或者应当知道其超越权限外，该代表行为有效，订立的合同对法人或者非法人组织发生效力。根据该规定，如果相对人知道或者应当知道法定代表人或者非法人组织的负责人超越权限订立的合同，合同的效力待定，法人或者非法人组织经过追认，合同有效；拒绝追认的，合同无效。

此外，根据《民法典》第五百零五条的规定，当事人超越经营范围订立的合同的效力，不得仅以超越经营范围确认合同无效。此种合同效力的判断应当依照《民法典》关于民事法律行为效力的有关规定确定。

5.5 合同的履行

合同的履行是债务人完成合同债务的行为，即债务人为给付行为。合同成立的目的在于实现合同的内容，而合同内容的实现，有赖于合同义务的履行。当合同规定的义务履行完毕，当事人订立合同的目的得以实现，合同也因目的实现而消灭。

5.5.1 合同履行的原则

合同履行的原则，是指法律规定的所有种类合同的当事人在履行合同义务的整个过程中所必须遵循的一般准则。

1. 全面履行原则

全面履行原则是指当事人应依合同约定的标的、质量、数量、期限、地点，以适当的方式，全面完成合同义务的原则。

2. 协作履行原则

协作履行原则是指在合同履行过程中，双方当事人应互助合作共同完成合同义务的原则。在合同履行的过程中，债务人比债权人更多地应受全面履行原则的约束，协作履行往往是对债权人的要求。债务人履行合同债务时，债权人应适当受领给付，创造必要条件、提供方便；债务人因故不能履行或不能完全履行合同义务时，债权人应积极采取措施防止损失扩大。

3. 绿色原则

所谓绿色原则，是指当事人在履行合同过程中，应当避免浪费资源、污染环境和破坏生态。该原则旨在实践绿色发展理念，促进生态文明建设，促进人与自然和谐共处。

5.5.2 合同履行的规则

债务人在履行的过程中，应当遵守合同履行的基本规则。

1. 履行主体

合同履行主体不仅包括债务人，也包括债权人。除法律规定、当事人约定、性质上必须由债务人本人履行的债务以外，可以由债务人的代理人履行或债权人的代理人代为受领。当事人约定由债务人向第三人履行债务，债务人未向第三人履行债务或者履行债务不符合约定的，应当向债权人承担违约责任。法律规定或者当事人约定第三人可以直接请求债务人向其履行债务，第三人未在合理期限内明确拒绝，债务人未向第三人履行债务或者履行债务不符合约定的，第三人可以请求债务人承担违约责任；债务人对债权人的抗辩，可以向第三人主张。当事人约定由第三人向债权人履行债务，第三人不履行债务或者履行债务不符合约定的，债务人应当向债权人承担违约责任。债务人不履行债务，第三人对履行该债务具有合法利益的，第三人有权向债权人代为履行；但是，根据债务性质、按照当事人约定或者依照法律规定只能由债务人履行的除外。债权人接受第三人履行后，其对债务人的债权转让给第三人，但是债务人和第三人另有约定的除外。

2. 履行标的

合同标的是合同债务人必须实施的特定行为，是合同当事人订立合同的目的所在。合同标的的质量和数量是衡量合同标的的基本指标，因此，必须严格按约定标的履行合同。质量没有约定或者约定不明确的，按照强制性国家标准履行；没有强制性国家标准的，按照推荐性国家标准履行；没有推荐性国家标准的，按照行业标准履行；没有国家标准、行业标准的，按照通常标准或者符合合同目的的特定标准履行。在标的数量上，应全部履行，在不损害债权人利益的前提下，也允许部分履行。

3. 履行价款或报酬

价款或者报酬不明确的，按照订立合同时履行地的市场价格履行。执行政府定价或者政府指导价的，在合同约定的交付期限内政府价格调整时，按照交付时的价格计价。逾期交付标的物的，遇价格上涨时，按照原价格执行；价格下降时，按照新价格执行。逾期提取标的物或者逾期付款的，遇价格上涨时，按照新价格执行；价格下降时，按照原价格执行。

4. 履行期限

合同履行期限是指债务人履行合同义务和债权人接受履行行为的时间。当事人应在约定的履行期限内履行债务，履行期限未约定的，债权人也可以随时要求履行，但应当给对方必要的准备时间。迟延履行的，当事人应承担迟延履行责任。债权人可以拒绝债务人提前履行债务，但提前履行不损害债权人利益的除外。提前履行债务给债权人增加的费用，由债务人负担。

5. 履行地点

履行地点是债务人履行债务、债权人受领给付的地点。合同中明确约定了履行地点的，债务人应当在该地点向债权人履行债务，债权人应当在该地点接受债务人的履行行为。如确定不了的，合同约定给付货币的，在接受货币一方所在地履行；交付不动产的，在不动产所在地履行；其他标的，在履行义务一方所在地履行。

6. 履行方式

履行方式是合同双方当事人约定以何种形式来履行义务。履行方式主要包括运输方式、交货方式、结算方式等。履行义务人应按照合同约定的方式履行。如果未约定或约定不明确的，当事人可以协议补充；协议不成的，可以根据合同的有关条款和交易习惯来确定；仍然无法确定的，按照有利于实现合同目的的方式履行。

7. 履行费用

履行费用是指债务人履行合同所支出的费用。当事人应当按照合同的约定负担费用，没有约定或者约定不明确并确定不了的，由履行义务一方负担。因债权人原因增加的费用，由债权人承担。

8. 电子合同标的的交付时间

通过互联网等信息网络订立的电子合同的标的为交付商品并采用快递物流方式交付的，收货人的签收时间为交付时间。电子合同的标的为提供服务的，生成的电子凭证或者实物凭证中载明的时间为提供服务时间；前述凭证没有载明时间或者载明时间与实际提供服务时间不一致的，以实际提供服务的时间为准。电子合同的标的物为采用在线传输方式交付的，合同标的物进入对方当事人指定的特定系统且能够检索识别的时间为交付时间。电子合同当事人对交付商品或者提供服务的方式、时间另有约定的，按照其约定。

5.5.3 双务合同的履行抗辩权

双务合同的履行抗辩权，是指已符合法定条件时，双务合同的一方当事人有权拒绝对方当事人的履行请求，暂时拒绝履行其债务的权利。

1. 同时履行抗辩权

同时履行抗辩权，是指双务合同的当事人没有先后履行顺序的，一方在对方未履行前，有拒绝对方请求自己履行合同的权利。《民法典》规定，当事人互负债务，没有先后履行顺序的，应当同时履行。一方在对方履行之前有权拒绝其履行请求，一方在对方履行债务不符合约定时，有权拒绝其相应的履行请求。

2. 先履行抗辩权

先履行抗辩权，又称为顺序履行抗辩权，是指当事人互负债务而有先后履行顺序时，应当先履行一方未履行之前，后履行一方有权拒绝其履行请求，先履行一方履行债务不符合合同的约定时，后履行一方有权拒绝其相应的履行请求。我国《民法典》第五百二十六条对此做出了明确规定。

3. 不安抗辩权

不安抗辩权，是指双务合同中应先履行义务的一方当事人，有确切证据证明对方经营状况严重恶化，或转移财产、抽逃资金，以逃避债务，或丧失商业信誉，或有丧失或者可能丧失履行债务能力的其他情形，可以中止履行。

主张不安抗辩权的当事人如果没有确切证据而中止履行的，则应当承担违约责任。当事人行使不安抗辩权中止履行的，应当及时通知对方。对方提供适当担保的，应当恢复履行。中止履行后，对方在合理期限内未恢复履行能力且未提供适当担保的，视为以自己的行为表明不履行主要债务，中止履行的一方可以解除合同并可以请求对方承担违约责任。

> 【大家讲坛5-9】
>
> 2018年6月，某服装厂与某商场签订了一份买卖合同，双方约定服装厂于2019年5月1日前交付西装1000套，商场在收到西装2个月内，支付货款50万元。合同订立后，服装厂即着手进行生产，至2019年2月底生产西装800套。此时，服装厂得到消息，商场经营出现危机，为避债，将现有资金进行了转移。服装厂于2019年4月诉至法院，要求解除与商场的买卖合同。
>
> 服装厂的请求是否合理？

5.5.4 合同的保全

合同的保全是为保护合同债权人的债权不受债务人不当行为的损害而赋予合同债权人采取一定保护措施的法律制度。合同的保全包括代位权与撤销权，前者是针对债务人消极不行使自己债权的行为，后者则是针对债务人积极侵害债权人债权的行为。

1. 代位权

1) 代位权的概念

代位权，是指债务人怠于行使其对第三人(次债务人)享有的到期债权或者与该债权有关的从权利，危及债权人债权实现时，债权人为保障其债权，以自己的名义代位行使债务人对次债务人的债权的权利。

2) 代位权行使的条件

(1) 债权人与债务人之间须有合法的债权债务关系(合同关系)存在。债权的存在是代位权存在的基础，如果合同关系不成立，或合同被撤销、被宣告无效、被解除等，债权人自然不应该享有代位权。

(2) 债务人须有对第三人享有可代位行使的到期债权。除债务人对第三人享有合法的到期债权外，债务人的债权不是专属于债务人自身的债权。所谓专属于债务人自身的债权，是指基于扶养关系、抚养关系、赡养关系、继承关系产生的给付请求权和劳动报酬、退休金、养老金、抚恤金、安置费、人寿保险、人身伤害赔偿请求权等权利。这些权利必须由债务人亲自行使，而不能由债权人代位行使。

债权人的债权到期前，债务人的债权或者与该债权有关的从权利存在诉讼时效期间即将届满或者未及时申报破产债权等情形，影响债权人的债权实现的，债权人可以代位向债务人的相对人请求其向债务人履行、向破产管理人申报或者做出其他必要的行为。

(3) 债务人怠于行使其到期债权并对债权人造成损害。所谓怠于行使，是指应当且能够行使权利却不以诉讼方式或者仲裁方式向次债务人(第三人)主张到期债权。且怠于行使权利必须影响到债务人的债务履行，害及债权人的债权，否则债权人不能行使代位权。

(4) 债权人代位行使的范围应以保全债权为必要。如果债权人行使债务人对第三人的一项或者某些债权，已足以保全自己的债权，则不应就债务人的其他债权行使代位权。

3) 代位权的行使

在代位权诉讼中，债权人是原告，次债务人是被告，债务人为诉讼上的第三人。代位权诉讼由被告住所地人民法院管辖。债权人行使代位权所支出的必要费用(如律师代理费、差旅费等)由债务人承担。如在代位权诉讼中，债权人胜诉的，诉讼费由次债务人承担，且从实现的债权中优先支付。相对人对债务人的抗辩，可以向债权人主张。代位权行使范围以债权人的到期债权为限。

4) 代位权行使的法律效果

人民法院认定代位权成立的，由债务人的相对人向债权人履行义务，债权人接受履行后，债权人与债务人、债务人与相对人之间相应的权利义务终止。债务人对相对人的债权或者与该债权有关的从权利被采取保全、执行措施，或者债务人破产的，依照相关法律的规定处理。

> 【大家讲坛5-10】
>
> 甲企业借给乙企业20万元，期满未还。丙欠乙20万元货款也已到期，乙曾向丙发出催收通知书。关于该案，有四种说法：①甲对乙的20万元债权不合法，故甲不能行使债权人代位权；②乙曾向丙发出债务催收通知书，故甲不能行使债权人代位权；③甲应以乙为被告、以丙为第三人提起代位权诉讼；④甲应以丙为被告、以乙为第三人提起代位权诉讼。
>
> 上述四种说法是否正确？为什么？

2. 撤销权

1) 撤销权的概念

撤销权，是指因债务人对其财产的处理行为，对债权人造成损害的，债权人可以请求人民法院撤销债务人行为的权利。

2) 撤销权的成立要件

撤销权的成立要件，因债务人所为的行为系无偿行为抑或有偿行为而有不同。若为无偿行为，仅须具备客观要件；若为有偿行为，则必须同时具备客观要件与主观要件。

债务人以放弃其债权、放弃债权担保、无偿转让财产等方式无偿处分财产权益，或者恶意延长其到期债权的履行期限，影响债权人的债权实现的，债权人可以请求人民法院撤销债务人的行为。

不以财产为标的的行为，因与债务人的责任财产无关，因此债权人不得撤销。基于身份关系而为的行为，如结婚、收养或解除收养、继承的承认或抛弃，债权人不得撤销。

债务人以明显不合理的低价转让财产、以明显不合理的高价受让他人财产或者为他人的债务提供担保，影响债权人的债权实现，债务人的相对人知道或者应当知道该情形的，债权人可以请求人民法院撤销债务人的行为。

3) 撤销权的行使

撤销权由债权人以自己的名义通过诉讼方式行使。债权人提起撤销权诉讼时，只以债务人为被告，未将受益人或受让人列为第三人的，人民法院可以追加该受益人或受让人为第三人。两个或两个以上债权人以同一债务人为被告，就同一标的提起撤销权诉讼的，人民法院可以合并审理。撤销权诉讼由被告住所地人民法院管辖。

撤销权应自债权人知道或者应当知道撤销事由之日起 1 年内行使，自债务人的行为发生之日起 5 年内没有行使撤销权的，该撤销权消灭。

4) 撤销权行使的效力

债务人的行为被依法撤销后，自始失去法律效力。受益人已受领债务人财产的，负有返还义务，不能返还的，应折价赔偿。受益人向债务人支付对价的，对债务人享有不当得利返还请求权。行使撤销权的债权人有权请求受益人向自己返还所受利益，并将所受利益加入债务人的一般财产，作为全体一般债权人的共同担保(无优先受偿权)。撤销权的行使范围以债权人的债权为限。债权人行使撤销权所支付的必要费用，由债务人承担。

> **【大家讲坛 5-11】**
>
> 周某开了一个豆制品厂，因市场行情变化，经营难以为继，遂停业。2019 年 4 月 1 日将其所有设备连同厂房(总价值 5 万元)，赠送给其侄子王某。李某长期向周某供应原料，周某欠李某原料款 5 万元。同年 4 月 3 日李某到周某处索款，发现该厂已经易主，遂于 4 月 5 日找到周某索要原料款。这时发现周某还有私房一套，价值约 10 万元。
>
> 李某向法院提起撤销权之诉能否得到支持？

5.6 合同的担保

5.6.1 合同担保概述

1. 合同担保的概念

合同担保，实际上是合同债的担保，是促使债务人履行其债务，保障债权人利益实现的法律措施。合同的担保有一般担保和特别担保之分。一般担保，是债务人以其全部财产作为履行债务的总担保，它不是特别针对某一项合同债，而是面向债务人成立的全部合同。特别担保，是指以债务人的特定财产或第三人的财产作为履行债务的一种担保，即通常所言之担保。合同担保具有从属性、补充性、保障性等特征。

2. 合同担保的种类

1) 人的担保

人的担保，是指在债务人的全部财产之外，又附加了第三人的一般财产作为债权实现的担保。保证是最为典型的人的担保。

2) 物的担保

物的担保，是以债务人或其他人的特定财产作为抵偿债权的标的，在债务人不履行其债务时，债权人可以将该财产变价，并从中优先受偿，使其债权得以实现的担保方式。主要包括抵押、质押、留置。这三种担保方式在物权法律制度部分已做阐述，此处不赘。

3) 金钱担保

金钱担保，是在债务以外又支付一定数额的金钱，该金钱的得失与债务履行与否相联系，以促使当事人积极履行债务，保障债权实现的制度。定金是典型的金钱担保。

4) 反担保

反担保，是指为债务人担保的第三人，为了保证其追偿权的实现，要求债务人提供的担保。反担保人可以是债务人，也可以是债务人之外的其他人。

5.6.2 保证

1. 保证的概念

保证，是指第三人和债权人约定，当债务人不履行其债务时，该第三人按照约定履行债务或承担责任的行为。第三人称作保证人；保证人所负担的义务为保证债务或保证责任。保证具有从属性、无偿性、补充性等特征。

2. 保证合同

保证合同，是指为保障债权的实现，保证人和债权人约定，当债务人不履行到期债务或者发生当事人约定的情形时，保证人履行债务或者承担责任的合同。保证合同可以是单独订立的书面合同，也可以是主债权债务合同中的保证条款。第三人单方以书面形式向债权人做出保证，债权人接收且未提出异议的，保证合同成立。

保证合同当事人为保证人和债权人。债权人可以是一切享有债权之人，自然人、法人抑或非法人组织，均无不可。保证人应具有代为清偿能力，但不能以保证人不具有代偿能力为由认定保证合同无效。除法律另有规定外，自然人、法人或者非法人组织都可以作为保证人。根据《民法典》第六百八十三条的规定，机关法人不得为保证人，但是经国务院批准为使用外国政府或者国际 经济组织贷款进行转贷的除外。以公益为目的的非营利法人，非法人组织不得为保证人。

保证合同的内容一般包括被保证的主债权的种类、数额，债务人履行债务的期限，保证的方式、范围和期间等条款。

3. 保证方式

1) 一般保证和连带责任保证

依保证人承担责任方式的不同，保证分为一般保证和连带责任保证。一般保证，是指当事人在保证合同中约定，债务人不能履行债务时，由保证人承担保证责任的保证。连带责任保证，是指保证人与债务人在保证合同中约定，债务人在主合同规定的债务履行期届满没有履行债务的，债权人可以要求债务人履行债务，也可以要求保证人在其保证范围内承担保证责任。一般保证的保证人享有先诉抗辩权，连带责任保证的保证人则不享有。当事人在保证合同中对保证方式没有约定或者约定不明确的，按照一般保证承担保证责任。

所谓先诉抗辩权，是指在主合同纠纷未经审判或仲裁，并就债务人财产依法强制执行仍不能履行债务前，有权拒绝向债权人承担保证责任。但是有下列情形之一的除外：债务人下落不明，且无财产可供执行；人民法院已经受理债务人破产案件；债权人有证据证明债务人的财产不足以履行全部债务或者丧失履行债务能力；保证人书面表示放弃先诉抗辩权。

> **【大家讲坛 5-12】**
>
> 甲欠乙 100 万元，主合同约定 2019 年 6 月 1 日前甲还款。丙为保证人，保证合同中约定："若甲不能清偿债务，由丙承担保证责任。"2019 年 6 月 1 日过后，甲未清偿债务。乙于 6 月 2 日找到丙，要求丙还款 100 万元。
>
> 丙是否可以拒绝清偿？

2) 单独保证和共同保证

从保证人的数量划分，保证分为单独保证和共同保证。单独保证是指只有一个保证人担保同一债权的保证。共同保证是指数个保证人担保同一债权的保证。同一债务有两个以上保证人的，保证人应当按照保证合同约定的保证份额，承担保证责任；没有约定保证份额的，债权人可以请求任何一个保证人在其保证范围内承担保证责任。

4. 保证担保的效力

1) 保证债务的范围

保证债务的范围，是指保证担保效力所及的范围。保证效力所及的范围分为有限保证和无限保证。前者是保证人与债权人在保证合同中明确约定保证债务范围的保证。后者是指当事人未明确约定保证债务范围的保证。当事人对保证担保的范围没有约定或者约定不明确的，保证人应当对全部债务承担责任，包括主债、利息、违金约、损害赔偿金、实现债权的费用。

2) 保证人与主债权人之间的关系

债权人对保证人享有请求承担保证责任(履行保证债务)的权利。该权利的行使以主债务人不履行其债务为前提，以保证责任已届承担期为必要。

主债务人对债权人享有的抗辩权，保证人均享有。一般债务人应享有的权利，如保证人的主张保证合同无效、保证债务消灭的抗辩，保证人均可向债权人主张。

3) 保证人与主债务人之间的关系

保证人与主债务人的关系，主要表现为保证人的求偿权，即保证人承担保证责任后，可以向主债务人请求偿还的权利。主债务人破产时，已经履行保证债务的保证人可以其求偿权作为破产债权，参加破产程序。法院受理债务人破产案件后，债权人未申报债权的，保证人可以参加破产财产分配，预先行使追偿权。

5. 保证期间和诉讼时效

保证期间是确定保证人承担保证责任的期间，不发生中止、中断和延长。债权人与保证人可以约定保证期间，但是约定的保证期间早于主债务履行期限或者与主债务履行期限同时届满的，视为没有约定；没有约定或者约定不明确的，保证期间为主债务履行期限届满之日起 6 个月。债权人与债务人对主债务履行期限没有约定或者约定不明确的，保证期间自债权人请求债务人履行债务的宽限期届满之日起计算。

一般保证的债权人未在保证期间对债务人提起诉讼或者申请仲裁的，保证人不再承担保证责任。连带责任保证的债权人未在保证期间请求保证人承担保证责任的，保证人不再承担保证责任。

一般保证的债权人在保证期间届满前对债务人提起诉讼或者申请仲裁的，从保证人拒绝承担保证责任的权利消灭之日起，开始计算保证债务的诉讼时效。连带责任保证的债权人在保证期间届满前请求保证人承担保证责任的，从债权人请求保证人承担保证责任之日起，开始计算保证债务的诉讼时效。

6. 保证责任的免除

保证责任的免除，又称保证债务的免除，是指对已经存在的保证责任基于法律的规定或当事人的约定而加以除去的现象。保证责任免除的事由具体如下。

(1) 债权人和债务人未经保证人书面同意，协商变更主债权债务合同内容，减轻债务的，保证人仍对变更后的债务承担保证责任；加重债务的，保证人对加重的部分不承担保证责任。债权人和债务人变更主债权债务合同的履行期限，未经保证人书面同意的，保证期间不受影响。

(2) 债权人转让全部或者部分债权，未通知保证人的，该转让对保证人不发生效力。保证人与债权人约定禁止债权转让，债权人未经保证人书面同意转让债权的，保证人对受让人不再承担保证责任。

(3) 债权人未经保证人书面同意，允许债务人转移全部或者部分债务，保证人对未经其同意转移的债务不再承担保证责任，但是债权人和保证人另有约定的除外。第三人加入债务的，保证人的保证责任不受影响。

(4) 一般保证的保证人在主债务履行期限届满后，向债权人提供债务人可供执行财产的真实情况，债权人放弃或者怠于行使权利致使该财产不能被执行的，保证人在其提供可供执行财产的价值范围内不再承担保证责任。

5.6.3 定金

1. 定金的概念及种类

1) 定金的概念

定金，是以确保合同的履行为目的，依据法律规定或者当事人双方的约定，由当事人一方在合订立时或订立后、履行前，预先给付对方当事人的金钱或其他代替物。在实践中应将定金与其他形式的金钱担保(金钱质)加以区别。当事人交付留置金、担保金、保证金、定约金、押金或者订金等，但没有约定定金性质而当事人主张定金权利的，法院不予支持。

2) 定金的种类

(1) 立约定金，是指为保证正式订立合同而交付的定金。

(2) 成约定金，是指作为合同成立或生效要件的定金。

(3) 解约定金，是指用以作为保留合同解除权的代价，即交付定金的当事人可以抛弃定金以解除合同，而接受定金的当事人也可以双倍返还定金来解除合同。

(4) 违约定金，即定金设立目的是为了保证合同得以履行。

2. 定金合同的成立

定金应当由当事人双方约定，双方约定定金的协议为定金合同。定金合同应当采用书面形式。定金合同除应当具备合同有效成立的一般条件外，还须具备以下条件：

1) 应交付定金的一方向对方交付定金

定金合同为实践合同，定金合同自交付定金之日起生效。关于定金交付的时间，立约定金应于主合同成立前交付，成约定金于主合同订立时交付，违约定金和解约定金既可以在主合同成立同时交付，也可以在主合同成立后、履行前交付。

2) 须主合同有效

定金合同是从合同，主合同有效，从合同才可能有效。在主合同无效或者被撤销时，定金合同不能发生效力，即使一方已交付定金，定金担保也不成立。

3）定金数额须在法定的数额以内

定金的数额由当事人约定，但不得超过主合同标的额的20%，超过部分不产生定金的效力。当事人可以约定一方向对方给付定金作为债权的担保。实际交付的定金数额多于或者少于约定数额的，视为变更约定的定金数额。

> 【大家讲坛5-13】
>
> 全宇公司经考察发现甲市W区的天鹅公司有一批质优价廉的名牌彩电，遂与天鹅公司签订了一份彩电购买合同。双方约定：全宇公司从天鹅公司购进500台彩电，总价款130万元，全宇公司先行支付30万元定金。
>
> 全宇公司与天鹅公司订立的合同中的定金条款的效力如何？

3. 定金的效力

1）立约定金

立约定金的效力表现为：给付定金的一方拒绝订立主合同的，无权要求返还定金；收受定金的一方拒绝订立合同的，应当双倍返还定金。

2）成约定金

成约定金的效力表现为：交付定金的一方拒绝交付定金，合同即不成立或不生效。当事人约定交付定金作为成约条件的，给付定金的一方未支付定金，但主合同已经履行或者已经履行主要部分的，不影响主合同的成立或者生效。

3）解约定金

解约定金的效力表现为：给付定金的一方解除合同的，无权要求返还定金；收受定金的一方解除合同的，应当双倍返还定金。

4）违约定金

债务人履行债务的，定金应当抵作价款或者收回。给付定金的一方不履行债务或者履行债务不符合约定，致使不能实现合同目的的，无权请求返还定金；收受定金的一方不履行债务或者履行债务不符合约定，致使不能实现合同目的的，应当双倍返还定金。

当事人一方不完全履行合同的，应当按照未履行部分所占合同约定内容的比例，适用定金罚则；因不可抗力、意外事件致使主合同不能履行的，不适用定金罚则。

知识扩展：定金和订金，一字之差，法律效果迥异

定金与订金的区别，主要表现在：第一，交付定金的协议是从合同，依约定应交付定金而未交付的，不构成对主合同的违反；而交付订金的协议是主合同的一部分，依约定应交付订金而未交付的，即构成对主合同的违反。第二，交付和收受订金的当事人一方不履行合同债务时，不发生丧失或者双倍返还预付款的后果，订金仅可作损害赔偿金。第三，定金的数额在法律规定上有一定限制，不超过主合同标的额的20%；而订金的数额依当事人之间自由约定，法律一般不做限制。第四，定金具有担保性质，而订金不具有担保性质。

5.7 合同的变更、转让和终止

5.7.1 合同的变更

1. 合同的变更的概念

合同的变更有广义和狭义之分。广义的合同变更是指合同主体和内容的变更，狭义的合同变更仅指合同内容的变更。从《民法典》合同编所规定的合同变更仅指合同内容的变更，合同主体的变更谓之合同的转让。

2. 合同的变更的条件

1) 原已存在有效的合同关系

无原合同关系就无变更的对象，合同的变更离不开原已存在合同关系这一前提条件。原合同若无效、被撤销，自始就不存在有效的合同关系，也就不存在合同变更。

2) 须遵守法定程序

当事人可以协商一致，变更合同；也可根据人民法院或仲裁机关的裁判变更合同，如订立合同时显失公平的，一方当事人可请求人民法院或仲裁机构变更该合同；还可根据一方当事人的意思变更合同，如在承运人将货物交付收货人之前，托运人可以要求承运人中止运输。

法律、行政法规规定变更合同应当办理批准、登记等手续的，依照其规定。当事人对合同变更的内容约定不明确的，推定为未变更。

3) 须有合同内容的变化

合同变更仅指合同的内容发生变化，不包括合同主体的变更。当然，合同变更必须是非实质性内容的变更，变更后的合同关系与原合同关系应保持同一性。

3. 合同变更的效力

合同变更的实质在于使变更后的合同代替原合同。因此，合同变更后，当事人应按变更后的合同内容履行。合同变更原则上指向将来发生效力，未变更的权利义务继续有效，已经履行的债务不因合同的变更而失去合法性。合同的变更不影响当事人要求赔偿的权利。

5.7.2 合同的转让

合同的转让，即合同主体的变更，指当事人将合同的权利和义务全部或者部分转让给第三人，包括合同债权的转让、合同债务的承担、合同债权债务的概括移转。

1. 合同债权的转让

合同债权转让，是指债权人将合同的权利全部或者部分转让给第三人的法律制度。其中债权人是转让人，第三人是受让人。

合同债权转让应具备如下条件：第一，存在有效的合同，这是合同让与的前提。第二，被让与的债权须具有可让与性。根据合同性质不得转让的合同债权、按照当事人的约定不得转让的债权、依法不得转让的债权不得转让。当事人约定非金钱债权不得转让的，不得对抗善意第三人。当事人约定金钱债权不得转让的，不得对抗第三人。第三，让与人与受让人须就债权转让达成协议。第四，合同债权让与的通知。债权人转让权利的，应当通知债务人。未经通知，该转让对债务人不发生效力。债权人转让权利的通知不得撤销，但经受让人同意的除外。

债权全部让与的，受让人取代让与人而成为合同关系的新债权人，债权部分让与的，让与人和受让人共同享有债权。债权人让与权利的，受让人取得与债权有关的从权利，但该从权利专属于债权人自身的除外。受让人取得从权利不因该从权利未办理转移登记手续或者未转移占有而受到影响。债务人收到债权让与通知后，应当将受让人作为债权人而履行债务；债务人对让与人的抗辩，可以向受让人主张。债务人对让与人享有债权的，债务人可依法向受让人主张抵销。因债权转让增加的履行费用，由让与人负担。

2. 合同债务的承担

合同债务承担，是指在不改变债的内容的前提下，债权人、债务人通过与第三人订立转让债务的协议，将债务全部或部分移转给第三人承担的法律事实。合同债务承担可分为免责的债务承担和并存的债务承担。前者是指债务人经债权人同意，将其债务全部移转给第三人负担，免责的债务承担使原债务人脱离债的关系，第三人成为新的债务人。后者是指债务人不脱离债的关系，第三人加入债的关系，与债务人共同承担债务。

免责的债务承担是指债务人将债务的全部或者部分转移给第三人，此种债务承担应当经债权人同意。债务人或者第三人可以催告债权人在合理期限内予以同意，债权人未做表示的，视为不同意。免责的债务承担又分全部免责的债务承担和部分免责的债务承担。前者是指债务人与第三人达成协议，将其全部债务转移给第三人；后者是指债务人与第三人达成协议，将其部分债务转移给第三人，由第三人对债权人承担该部分债务。

并存的债务承担是指债务人不脱离债的关系，第三人加入债的关系，与债务人共同承担债务。《民法典》第五百五十二条规定，第三人与债务人约定加入债务并通知债权人，或者第三人向债权人表示愿意加入债务，债权人未在合理期限内明确拒绝的，债权人可以请求第三人在其愿意承担的债务范围内和债务人承担连带债务。

债务人转移债务的，新债务人可以主张原债务人对债权人的抗辩；原债务人对债权人享有债权的，新债务人不得向债权人主张抵销。债务人转移债务的，新债务人应当承担与主债务有关的从债务(如利息债务)，但是该从债务专属于原债务人自身的除外。

3. 合同债权债务的概括移转

合同权利义务的概括移转，是指原合同当事人一方将其债权债务一并移转给第三人。根据概括转移的范围，可分为全部债权债务转移和部分债权债务转移。根据《民法典》的规定，当事人一方经对方同意，可以将自己在合同中的权利和义务一并转让给第三人。合同的权利和义务一并转让的，适用债权转让、债务转移的有关规定。

债权债务概括转移的，由于承受人完全取代了原当事人的法律地位，合同内容移转于新当事人，依附于原当事人的一切权利和义务，如解除权、撤销权等，都将移转于承受人。

【大家讲坛5-14】

北京工艺美术经销公司 A 与南京工艺美术公司 B 订立买卖某种工艺制品的合同。南京 B 公司经北京 A 公司同意，将债务转移给苏州子公司 C。苏州 C 子公司与北京 A 公司商定，指定由苏州画意公司 D 发货。因货物不符合要求，A 向 B、C、D 提出索赔。

请问 A 的损失应当由谁赔偿？

5.7.3 合同的终止

合同终止,是指因发生法律规定或当事人约定的情况,使当事人之间的权利义务关系消灭,而使合同法律效力终止。合同的权利义务终止,不影响合同中结算和清理条款的效力。合同的权利义务终止后,当事人应当遵循诚实信用原则,根据交易习惯履行通知、协助、保密旧物回收等义务。债权债务终止时,债权的从权利同时消灭,但是法律另有规定或者当事人另有约定的除外。合同终止的原因主要有如下几种情况。

1. 清偿

清偿,是当事人实现债权目的的行为,是指债务人根据法律的规定或合同约定履行自己的债务以解除债权债务关系的行为。清偿与履行的意义相同,只不过履行是从债的效力、债的动态方面而言的,而清偿是从债的消灭的角度而言的。

债务清偿抵充,是指债务人对同一债权人负担数宗同种类债务,但债务人的履行不足清偿全部债务时,确定该履行抵充其中某宗或某几宗债务的制度。《民法典》第五百六十条规定,债务人对同一债权人负担的数项债务种类相同,债务人的给付不足以清偿全部债务的,除当事人另有约定外,由债务人在清偿时指定其履行的债务。债务人未做指定的,应当优先履行已经到期的债务;数项债务均到期的,优先履行对债权人缺乏担保或者担保最少的债务;均无担保或者担保相等的,优先履行债务人负担较重的债务;负担相同的,按照债务到期的先后顺序履行;到期时间相同的,按照债务比例履行。

债务人在履行主债务外还应当支付利息和实现债权的有关费用,其给付不足以清偿全部债务的,除当事人另有约定外,应当按照下列顺序履行:实现债权的有关费用;利息;主债务。

2. 合同的解除

合同的解除,是指合同有效成立以后,没有履行或者没有完全履行之前,双方当事人通过协议或者一方行使解除权的方式,使得合同关系终止的法律制度。合同的解除,分为合意解除与法定解除。

1) 合意解除

合意解除,是指根据当事人事先约定的或经当事人协商一致而解除合同,包括约定解除和协议解除。前者是一种单方解除,即双方在订立合同时,约定了合同当事人一方解除合同的条件。一旦该条件成就,解除权人即可通过行使解除权而终止合同。后者是以一个新的合同解除旧的合同。

2) 法定解除

法定解除,是指根据法律规定而解除合同。当事人可以解除合同的情形有:因不可抗力致使不能实现合同目的;在履行期限届满之前,当事人一方明确表示或者以自己的行为表明不履行主要债务;当事人一方迟延履行主要债务,经催告后在合理期限内仍未履行;当事人一方迟延履行债务或者有其他违约行为致使不能实现合同目的;法律规定的其他情形。

以持续履行的债务为内容的不定期合同,当事人可以随时解除合同,但是应当在合理期限之前通知对方。

> 👁 **【大家讲坛 5-15】**
>
> 甲中学定于 2019 年 5 月 4 日举办中学生运动会，其与乙公司订立承揽合同，要求乙将特制的在运动会开幕式上使用的大钟于 2019 年 5 月 3 日前送到。至 2019 年 5 月 3 日，乙没有送货。甲了解到乙还没有将钟装配好，根本不能保证 5 月 4 日的使用。
> 甲能否不经催告程序而直接解除合同？

3) 解除权的行使期限与规则

法律规定或者当事人约定解除权行使期限，期限届满当事人不行使的，该权利消灭。法律没有规定或者当事人没有约定解除权行使期限，自解除权人知道或者应当知道解除事由之日起 1 年内不行使，或者经对方催告后在合理期限内不行使的，该权利消灭。

当事人一方依法主张解除合同的，应当通知对方。合同自通知到达对方时解除；通知载明债务人在一定期限内不履行债务则合同自动解除，债务人在该期限内未履行债务的，合同自通知载明的期限届满时解除。对方对解除合同有异议的，任何一方当事人均可以请求人民法院或者仲裁机构确认解除行为的效力。当事人一方未通知对方，直接以提起诉讼或者申请仲裁的方式依法主张解除合同，人民法院或者仲裁机构确认该主张的，合同自起诉状副本或者仲裁申请书副本送达对方时解除。

4) 合同解除的法律后果

合同解除后，尚未履行的，终止履行；已经履行的，根据履行情况和合同性质，当事人可以要求恢复原状、采取其他补救措施，并有权请求赔偿损失。合同因违约解除的，解除权人可以请求违约方承担违约责任，但是当事人另有约定的除外。主合同解除后，担保人对债务人应当承担的民事责任仍应当承担担保责任，但是担保合同另有约定的除外。

3. 抵销

1) 抵销的概念

抵销是指两人互负债务时，各以其债权充当债务之清偿，而使其债务与对方的债务在对等额内相互消灭。用于抵销的债权，称为自动债权、抵销债权或主动债权。被抵销的债权，叫作受动债权或被动债权。

2) 抵销的类型

抵销分为法定抵销与合意抵销。

(1) 法定抵销，是指合同当事人互负到期债务，该债务的标的物种类、品质相同，依当事人一方的意思表示即可发生抵销的效力。法定抵销的要件是：①双方当事人互负债务、被动债权已到期；②双方互负的债务标的物的种类、品质相同。双方当事人的给付物的种类虽然相同，但品质不同时，例如甲级刀鱼和乙级刀鱼，原则上不允许抵销，但允许以高品质的给付抵销低品质的给付；③不是不得抵销的债务。不得抵销的债务主要有：依债的性质不得抵销的债务；依约定不得抵销的债务；法律规定不得抵销的债务，如《合伙企业法》第四十一条的规定，合伙企业中某一合伙人的债权人，不得以其债权抵销其对合伙企业的债务。

当事人主张抵销的，应当通知对方。通知自到达对方时生效。抵销不得附条件或者附期限。

(2) 约定抵销，是指合同当事人经过协商一致而发生的抵销。约定抵销的要件与法定抵销不同的是，当事人互负债务的标的物种类、品质可以不相同，只要双方协商一致，也可抵销。

4. 提存

1) 提存的概念

提存是指非因可归责于债务人的原因，导致债务人无法履行债务或者难以履行债务时，债务人将标的物交由提存机关保存，以终止合同权利义务关系的行为。

2) 提存的事由

《民法典》规定，有下列情形之一，难以履行债务的，债务人可以将标的物提存：债权人无正当理由拒绝受领；债权人下落不明；债权人死亡未确定继承人、遗产管理人，或者丧失民事行为能力未确定监护人；法律规定的其他情形，例如抵押人转让抵押物所得的价款，应当向抵押权人提前清偿所担保的债权或者向与抵押权人约定的第三人提存。标的物不适于提存或者提存费用过高的，债务人依法可以拍卖或者变卖标的物，提存所得的价款。

3) 提存成立时间和效力

债务人将标的物或者将标的物依法拍卖、变卖所得价款交付提存部门时，提存成立。提存成立的，视为债务人在其提存范围内已经交付标的物。

标的物提存后，债务人应当及时通知债权人或者债权人的继承人、遗产管理人、监护人、财产代管人。标的物提存后，毁损、灭失的风险由债权人承担。提存期间，标的物的孳息归债权人所有。提存费用由债权人负担。

债权人可以随时领取提存物，但债权人对债务人负有到期债务的，在债权人未履行债务或者提供担保之前，提存部门根据债务人的要求应当拒绝其领取提存物。债权人领取提存物的权利，自提存之日起 5 年内不行使而消灭，提存物扣除提存费用后归国家所有。但是，债权人未履行对债务人的到期债务，或者债权人向提存部门书面表示放弃领取提存物权利的，债务人负担提存费用后有权取回提存物。

【大家讲坛 5-16】

甲与乙签订销售空调 100 台的合同，当甲交付时，乙以空调市场疲软为由拒绝受领，要求甲返还货款。甲将空调 100 台向当地公证机关提存。该批空调提存之日起已满 5 年，乙仍然不领取。

请问这 100 台空调应归谁所有？

---

5. 免除

1) 免除的概念

免除是指债权人向债务人表示免除其债务，从而使债的关系归于消灭的法律行为。免除属于无偿的单方法律行为，只要债权人一方向债务人表示免除的意思，债就归于消灭。

2) 免除的方法

免除应由债权人向债务人以意思表示为之。免除可由债权人的代理人为之，也可附条件或期限。免除的意思表示自向债务人或其代理人表示后，即产生债务消灭的效果，不得撤回。

3) 免除的法律后果

免除发生债务绝对消灭的效力。主债务消灭的，主债务的从债务也归于消灭。债务全部免除的，债务全部消灭；债务一部分免除的，则仅该免除部分消灭。《民法典》第五百七十五条规定，债权人免除债务人部分或者全部债务的，债权债务部分或者全部终止，但是债务人在合理期限内拒绝的除外。主债务免除的,保证债务随之消灭。债务的免除不得损害第三人利益。

6. 混同
1) 混同的概念

债的混同有广义与狭义之分。广义的混同包括三种情形:所有权与他物权归属于同一人;债权与债务归属于同一人;主债务与保证债务归属于同一人。狭义的混同仅指债权与债务归属于同一人使合同关系消灭的事实。通常所说的混同仅指狭义的混同。

2) 混同的原因

合同关系的存在,必须有债权人和债务人,当事人双方混同,合同失去存在基础,自然应当终止。

(1) 概括承受。概括承受,即债权债务概括转移于债权人或者债务人。如企业合并,合并前的两个企业之间的债权债务因同归于合并后的企业而消灭。

(2) 特定承受。特定承受,即债权人承受债务人对自己的债务,或者债务人受让债权人对自己的债权。如债权人甲与债务人乙签订合同后,甲将合同权利转让给乙。又如甲乙二人签订合同后,债务人乙的债务转移给债权人甲。

3) 混同的效力

债权和债务同归于一人的,债权债务终止,但是损害第三人利益的除外。如债权为他人质权的标时,为保护质权人的利益,债权不因混同而消灭。

债权和债务同归于一人的,债权债务终止,但是损害第三人利益的除外。如债权为他人质权的标时,为保护质权人的利益,债权不因混同而消灭。

5.8 违约责任

5.8.1 违约责任概述

1. 违约责任的概念

违约责任也称为违反合同的民事责任,是指合同当事人因违反合同义务所承担的责任。《民法典》规定,当事人一方不履行合同义务或者履行合同义务不符合约定的,应当承担继续履行、采取补救措施或者赔偿损失等违约责任。

2. 违约责任的构成要件

《民法典》规定的违约责任归责原则为严格责任原则。因此只要合同当事人有违约行为存在,不问导致违约的原因,除了法定或者约定的免责事由以外,均不得主张免责。

3. 违约的种类

违约行为总体上分为预期违约和实际违约。前者包括明示违约和默示违约;后者包括不履行、迟延履行和不适当履行。

1) 预期违约

预期违约也称先期违约,包括明示预期违约和默示预期违约。前者是指在合同有效成立后至合同约定的履行期届至前,一方当事人明确肯定地向另一方当事人明示他将不履行合同约定的主要义务。后者是指在合同有效成立后至合同履行期到来前，一方当事人以其行为表明在履行期到来后将不履行或不能履行合同主要义务。《民法典》第五百七十八条规定，当事人一方明确表示或者以自己的行为表明不履行合同义务的，对方可以在履行期限届满前请求其承担违约责任。

2) 不履行

不履行即完全不履行，指当事人根本未履行任何合同义务的违约情形。其包括拒绝履行和履行不能。

(1) 拒绝履行，又称毁约，是指债务人能够履行其债务而在履行期限届满时对债权人表示不履行债务。在一方拒绝履行的情况下，另一方有权要求其继续履行合同，也有权要求其承担违约金和损害赔偿责任。

(2) 履行不能是指债务人由于某种原因不能履行其义务。违约方原则上应承担履行不能的违约责任，除非存在法定的免责事由。非违约方在请求违约方承担违约责任时，可以要求其赔偿损失，支付违约金，但不得再要求其实际履行。

3) 迟延履行

(1) 给付迟延，是指债务人在履行期限到来时，能够履行而没有按期履行债务。给付迟延的，债务人应赔偿因迟延而给债权人造成的损失。一方迟延履行其主要债务，经催告后在合理期限内仍未履行，或一方迟延履行债务致使不能实现合同目的的，当事人可以解除合同并请求赔偿损失。

(2) 受领迟延，是指债权人对于债务人的履行应当受领而不为受领。在迟延受领的情况下，债权人应依法支付违约金，因此给债务人造成损害，则应负损害赔偿责任。债务人需依法自行消灭其债务，如以提存的方式消灭债务。

4) 不适当履行

不适当履行即指虽有履行但履行不符合合同约定或法律规定的违约情形，包括瑕疵履行和加害给付。

(1) 瑕疵履行，是指履行质量不合格的违约情形。债权人可以请求对方承担修理、更换、重作、退货、减少价款或者报酬等违约责任。

(2) 加害给付，是指债务人因交付的标的物的缺陷而造成他人的人身、财产损害的行为。根据《民法典》第一百八十六条的规定，因当事人一方的违约行为，侵害对方人身、财产权益的，受损害方有权选择请求其承担违约责任或者侵权责任。

5.8.2 承担违约责任的方式

承担违约责任的方式主要有：继续履行、补救措施、损害赔偿、违约金、定金等。

1. 继续履行

继续履行，又称实际履行，是指债权人在债务人不履行合同义务时，可请求人民法院或者仲裁机构强制债务人实际履行合同义务。当事人一方未支付价款、报酬、租金、利息，或者不履行其他金钱债务的，对方可以请求其支付。当事人一方不履行非金钱债务或者履行非金钱债务不符合约定的，对方可以请求履行，但法律上或者事实上不能履行，或债务的标的不适于强制履行或者履行费用过高，或债权人在合理期限内未请求履行的除外。无法实际履行致使不能实现合同目的的，人民法院或者仲裁机构可以根据当事人的请求终止合同权利义务关系，但是不影响违约责任的承担。

当事人一方不履行债务或者履行债务不符合约定,根据债务的性质不得强制履行的,对方可以请求其负担由第三人替代履行的费用。

2. 补救措施

补救措施,是债务人履行合同义务不符合约定,应当按照当事人的约定承担违约责任。对违约责任没有约定或者约定不明确,经协商无法达成一致的,受损害方根据标的的性质及损失的大小,可以合理选择请求对方承担修理、更换、重作、退货、减少价款或者报酬等违约责任。

3. 赔偿损失

赔偿损失,是指违约方依据合同的约定或者法律的规定承担赔偿对方当事人所受损失的责任。违约损害赔偿的方式以金钱赔偿为主。

赔偿损失的范围应当相当于因违约所造成的损失,包括合同履行后可以获得的利益;但是,不得超过违约一方订立合同时预见到或者应当预见到的因违约可能造成的损失。当事人一方违约后,对方应当采取适当措施防止损失的扩大。没有采取适当措施致使损失扩大的,不得就扩大的损失请求赔偿。当事人因防止损失扩大而支出的合理费用,由违约方负担。当事人一方违约造成对方损失,对方对损失的发生有过错的,可以减少相应的损失赔偿额。

4. 支付违约金

违约金,是按照当事人约定或者法律规定,一方当事人违约时应当根据违约情况向对方支付的一定数额的货币。《民法典》第五百八十五条规定,当事人可以约定一方违约时应当根据违约情况向对方支付一定数额的违约金,也可以约定因违约产生的损失赔偿额的计算方法。

约定的违约金低于造成的损失的,当事人可以请求人民法院或者仲裁机构予以增加;约定的违约金过分高于造成的损失的,当事人可以请求人民法院或者仲裁机构予以适当减少。当事人就迟延履行约定违约金的,违约方支付违约金后,还应当履行债务。

5. 定金

关于定金罚则的规定,详见合同担保部分关于定金的阐述。

当事人在合同中既约定违约金,又约定定金的,一方违约时,对方可以选择适用违约金或者定金条款。定金不足以弥补一方违约造成的损失的,对方可以请求赔偿超过定金数额的损失。

此外,根据《民法典》第九百九十六条的规定,因当事人一方的违约行为,损害对方人格权并造成严重精神损害,受损害方选择请求其承担违约责任的,不影响受损害方请求精神损害赔偿。

5.8.3 免责事由

免责事由,又称免责条件,是指法律规定或者合同中约定的当事人对其不履行或者不适当履行合同义务免于承担违约责任的条件。

1. 不可抗力

不可抗力是指不能预见、不能避免并不能克服的客观情况。常见的不可抗力有:自然灾害,如地震、台风、洪水、海啸等;政府行为,如运输合同订立后,由于政府颁布禁运的法律,使合同不能履行;社会事件,如战争、罢工等。根据合同自由原则,当事人可以在订立不可抗力条款时,具体列举各种不可抗力的事由。

当事人一方因不可抗力不能履行合同的,根据不可抗力的影响,部分或者全部免除责任,但是法律另有规定的除外。因不可抗力不能履行合同的，应当及时通知对方，以减轻可能给对方造成的损失，并应当在合理期限内提供证明。当事人迟延履行后发生不可抗力的，不能免除其违约责任。

2. 债权人的过错

债权人过错，是指债权人对违约行为或者违约损害后果的发生或者扩大存在过错。违约责任实行严格责任，是针对违约方(债务人)而言的，债权人的过错可以成为违约方全部或者部分免除责任的依据。如在约定检验期间的买卖合同中，买受人就标的物数量或者质量不符合约定的情形怠于通知出卖人，出卖人不承担违约责任。债务人按照约定履行债务，债权人无正当理由拒绝受领的，债务人可以请求债权人赔偿增加的费用。在债权人受领迟延期间，债务人无须支付利息。

3. 免责条款

免责条款，是指合同当事人约定的排除或者限制其将来可能发生的违约责任的条款。当事人在订立合同时，可以约定免责条款，但约定的免责条款不能违反法律规定，否则无效。

此外，关于免责的事由，在具体的合同类型中也有规定。如承运人证明货物的毁损、灭失是因货物本身的自然性质或者合理损耗造成的，不承担损害赔偿责任。

5.9 典型合同

《民法典》合同编第二分编规定了19种有名合同或典型合同。包括买卖合同，供用电、水、气、热力合同，赠与合同，借款合同，保证合同，租赁合同，融资租赁合同，承揽合同，建设工程合同，运输合同，技术合同，保管合同，仓储合同，委托合同，物业服务合同，行纪合同，中介合同和合伙合同等。这里仅介绍其中6种最常见的合同。

5.9.1 买卖合同

买卖合同是出卖人转移标的物的所有权于买受人，买受人支付价款的合同。买卖合同是典型的有偿合同，其他有偿合同，法律有规定的，依照其规定；没有规定的，参照适用买卖合同的有关规定。

1. 买卖合同双方当事人的权利义务

出卖方的主要义务有：按约定交付标的物和交付提取标的物的单证；移转标的物的所有权；承担瑕疵担保责任，包括物的瑕疵担保责任和权利瑕疵担保责任。因出卖人未取得处分权致使标的物所有权不能转移的，买受人可以解除合同并请求出卖人承担违约责任。买受人的主要义务有：按约定支付价款；受领标的物；对标的物的检验通知义务；拒收时的保管义务。

2. 标的物的风险负担和利益承受

1) 标的物的风险负担

标的物毁损、灭失的风险，在标的物交付之前由出卖人承担，交付之后由买受人承担，但是法律另有规定或者当事人另有约定的除外。因买受人的原因致使标的物不能按照约定的期限交付的，买受人应当自违反约定时起承担标的物毁损、灭失的风险。出卖人出卖交由承运人运输的在途标的物，除当事人另有约定外，物毁损、灭失的风险自合同成立时起由买受人承担。

出卖人按照约定将标的物运送至买受人指定地点并交付给承运人后，标的物毁损、灭失的风险由买受人承担。当事人未明确约定交付地点或者约定不明确的，按照规定标的物需要运输的，自出卖人将标的物交付给第一承运人后，标的物毁损、灭失的风险由买受人承担。因标的物不符合质量要求，致使不能实现合同目的的，买受人可以拒绝接受标的物或者解除合同。买受人拒绝接受标的物或者解除合同的，标的物毁损、灭失的风险由出卖人承担。

2) 标的物利益承受买卖合同中的孳息归属

交付之前标的物产生的孳息归出卖人所有，交付之后标的物产生的孳息归买受人所有，但当事人另有约定的除外。

> 👁 【大家讲坛 5-17】
>
> 甲、乙企业于 2019 年 2 月 1 日签订一份标的额为 100 万元的买卖合同，根据合同约定，乙企业应于 2019 年 2 月 10 日前到甲企业的库房领取全部货物，但由于乙企业的原因，乙企业于 2 月 20 日才领取该批货物，但 2 月 15 日因甲企业的库房发生火灾，致使部分货物受损。
>
> 根据《合同法》的规定，乙企业应当自什么时间起承担标的物毁损、灭失的风险？

3. 特殊买卖合同

1) 分批交付买卖

出卖人分批交付标的物的，出卖人对其中一批标的物不交付或者交付不符合约定，致使该标的物不能实现合同目的的，买受人可以就该批标的物解除；出卖人不交付其中一批标的物或者交付不符合约定，致使之后其他各批标的物的交付不能实现合同目的的，买受人可以就该批及之后其他各批标的物解除。买受人如果就其中一批标的物解除，该批标的物与其他各批标的物相互依存的，可以就已经交付和未交付的各批标的物解除。

2) 分期付款买卖

分期付款买卖是指买受人将应给付标的物的价款，在一定期限内分次交给出卖人的合同。买受人未支付到期价款的金额达到全部价款的 1/5 的，出卖人可以要求买受人支付全部价款或者解除合同。出卖人解除合同的，可以向买受人请求支付该标的物的使用费。

3) 凭样品买卖

凭样品买卖即以约定的样品来决定标的物质量的买卖。凭样品买卖的当事人应当封存样品，并可以对样品质量予以说明。出卖人交付的标的物应当与样品及其说明的质量相同。只要出卖人交付的标的物与样品及其说明的质量相同，就不承担瑕疵担保责任。但是若样品有隐蔽瑕疵而买受人又不知道，则即使交付的标的物与样品相同，出卖人交付的标的物的质量仍然应当符合同种物的通常标准。

4) 试用买卖

试用买卖即约定买受人先行试用标的物，然后在一定期间内再决定是否购买的买卖。试用买卖的当事人可以约定标的物的试用期间；当事人对试用期间没有约定或约定不明确，依其他办法仍不能确定试用期间的，由出卖人确定试用期间。在试用期内买受人享有自由决定是否购买的权利，在其决定购买前，标的物所有权仍属于出卖人，标的物在试用期内毁损、灭失的风险由出卖人承担。试用期间届满，买受人对是否购买标的物未做表示的，视为购买。买受人在试用期内已经支付部分价款或者对标的物实施出卖、出租、设立担保物权等行为的，视为同意购买。

试用买卖的当事人对标的物使用费没有约定或者约定不明确的,出卖人无权请求买受人支付。

为了降低分期付款买卖中出卖人不能立即取得标的物价款的风险,法律特别规定了所有权保留制度。

5) 所有权保留买卖

当事人可以在买卖合同中约定买受人未履行支付价款或者其他义务的,标的物的所有权属于出卖人。出卖人对标的物保留的所有权,未经登记,不得对抗善意第三人。当事人约定出卖人保留合同标的物的所有权,在标的物所有权转移前,买受人有未按照约定支付价款,经催告后在合理期限内仍未支付,或未按照约定完成特定条件,或将标的物出卖、出质或者做出其他不当处分等情形,造成出卖人损害的,出卖人有权取回标的物。出卖人可以与买受人协商取回标的物;协商不成的,可以参照适用担保物权的实现程序。

出卖人取回标的物后,买受人在双方约定或者出卖人指定的合理回赎期限内,消除出卖人取回标的物的事由的,可以请求回赎标的物。买受人在回赎期限内没有回赎标的物,出卖人可以以合理的价格将标的物出卖给第三人,出卖所得价款扣除买受人未支付的价款及必要费用后仍有剩余的,应当返还买受人;不足部分由买受人清偿。

> **【大家讲坛 5-18】**
>
> 某商场在促销活动期间贴出醒目告示:"本商场家电一律试用 20 天,满意者付款。"王某从该商场搬回冰箱一台,试用期满后退回,商场要求其支付使用费 100 元。
>
> 商场要求王某支付使用费 100 元是否合法?

5.9.2 赠与合同

赠与合同是赠与人将自己的财产无偿地给予受赠人,受赠人表示接受赠与的合同。赠与合同为单务、无偿、诺成合同。

1. 赠与合同双方的权利和义务

赠与人的主要义务有:移转赠与标的物的义务,赠与人因故意或重大过失致使赠与财产毁损、灭失的,负损害赔偿责任;瑕疵担保义务,赠与人原则上不承担瑕疵担保义务,但赠与人故意不告知瑕疵或保证无瑕疵并造成受赠人损失的,应承担损害赔偿责任。受赠人的权利义务是:受赠人有无偿取得赠与物的权利;赠与合同附义务的,受赠人须按约定履行义务。

2. 赠与合同的撤销与解除

1) 赠与合同任意撤销

任意撤销是指转移赠与财产之前,赠与人可依其意思任意撤销赠与合同。但具有救灾、扶贫等社会公益、道德义务性质的赠与合同和经过公证的赠与合同,赠与人不得撤销。赠与人不交付赠与财产的,受赠人可以请求交付。

2) 赠与合同的法定撤销

已履行的赠与合同,受赠人有如下情形的,赠与人享有法定撤销权:受赠人严重侵害赠与人或赠与人的近亲属的;受赠人对赠与人有扶养义务而不履行的;受赠人不履行赠与合同约定的义务的。赠与人的撤销权,自知道或者应当知道撤销原因之日起 1 年内行使。若因受赠人的违法行为致使赠与人死亡或者丧失民事行为能力的,赠与人的继承人或其法定代理人可以自知道或者应当知道撤销原因之日起 6 个月内行使撤销权。撤销权人撤销赠与的，可以向受赠人请求返还赠与的财产。

3) 赠与义务的免除

赠与人的经济状况显著恶化，严重影响其生产经营或家庭生活的，可以不再履行赠与义务。赠与人已履行的赠与，无权要求受赠人返还。

> 【大家讲坛 5-19】
>
> 甲曾表示将赠与乙 5000 元，且已实际交付乙 2000 元，后乙在与甲之子丙的一次纠纷中，将丙殴成重伤。关于此案，有下列四种说法：①甲可以撤销对乙的赠与；②丙可以要求撤销其父对乙的赠与；③甲应在丙被殴伤 6 个月内行使撤销权；④甲有权要求乙返还已赠与的 2000 元。
>
> 以上说法是否正确？请说明理由。

5.9.3 借款合同

借款合同是借款人向贷款人借款，到期返还借款并支付利息的合同。其中向对方借款的一方称借款人，出借钱款的一方称贷款人。

1. 当事人的权利或义务

1) 贷款人的权利和义务

贷款人的义务是按期、足额提供借款的义务。贷款人未按约定日期提供借款，造成借款人损失的，应当赔偿损失。贷款人应当按照合同约定的数额足额提供借款，借的利息不得预先在本金中扣除。利息预先在本金中扣除的，借款人有权按照实际借款数额返还借款并计算利息。贷款人对合同订立和履行阶段所掌握的借款人的各项商业秘密有保密义务，不得泄密或不正当使用。

贷款人的权利主要有：请求返还本金和利息；监督价款的使用；停止发放借款；提前收回借款和解除合同。

2) 借款人的主要义务

借款人的主要义务有：接收借款的义务；如实申报和接受检查监督的义务；按照约定用途使用借款的义务；按期返还借款的义务；按期支付利息的义务。

借款人应当按照约定的期限支付利息。对支付利息的期限没有约定或者约定不明确，如经协商仍不能确定，借款期间不满一年的，应当在返还借款时一并支付；借款期间一年以上的，应当在每届满一年时支付，剩余期间不满一年的，应当在返还借款时一并支付。借款人应当按照约定的期限返还借款。对借款期限没有约定或者约定不明确，如经协商仍不能确定，借款人可以随时返还；贷款人可以催告借款人在合理期限内返还。借款人未按照约定的期限返还借款的，应当按照约定或者国家有关规定支付逾期利息。借款人提前返还借款的，除当事人另有约定外，应当按照实际借款的期间计算利息。

2. 自然人之间借款合同的特殊性

自然人之间借款合同的特殊性表现在：第一，自然人之间借款合同是不要式合同、实践合同；第二，自然人之间的借款合同未明确约定利息的，视为不支付利息，但如果约定了还款时间，而对方没有在还款日内还款可主张逾期利息。约定支付利息的，借款的利率可以适当高于银行的利率，但不得违反法律的相关规定。

> 👁 **【大家讲坛 5-20】**
>
> 自然人甲与乙书面约定甲向乙借款 5 万元，未约定利息，也未约定还款期限。关于甲与乙之间的借款合同，有下列四种说法：①借款合同自乙向甲提供借款时生效；②乙有权随时要求甲返还借款，但应当给对方合理的时间；③乙可以要求甲按银行同期同类贷款利率支付利息；④经乙催告，甲仍不还款，乙有权主张逾期利息。
>
> 上述四种说法中正确的有哪些？

> **知识扩展：民间借贷的利息**
>
> 民间借贷，是指自然人、法人和非法人组织之间进行资金融通的行为。关于民间借贷的利率，2015 年的《最高人民法院关于审理民间借贷案件适用法律若干问题的规定》第二十六条规定了民间借贷利率的"两线三区"，即年利率不超过 24%的为法律保护区；超过 24%不到 36%之间为自然之债，已支付的利息不能请求返还，未支付的，不得要求支付；超过 36%部分无效，已支付的利息可以请求返还。2020 年 8 月 18 日，最高人民法院审判委员会第 1809 次会议通过《最高人民法院关于修改〈关于审理民间借贷案件适用法律若干问题的规定〉的决定》将"两线三区"的利率修改为：出借人请求借款人按照合同约定利率支付利息的，人民法院应予支持，但是双方约定的利率超过合同成立时一年期贷款市场报价利率四倍的除外。"一年期贷款市场报价利率"是指中国人民银行授权全国银行间同业拆借中心自 2019 年 8 月 20 日起每月发布的一年期贷款市场报价利率。

5.9.4 租赁合同

租赁合同是出租人将租赁物交付承租人使用、收益，承租人支付租金的合同。交付租赁物的一方为出租人，使用租赁物并支付租金的一方为承租人。

1. 租赁合同的期限

《民法典》规定租赁期限不得超过 20 年，超过 20 年的，超过部分无效。租赁合同分为定期租赁和不定期租赁。前者指合同约定明确期限的租赁。后者主要包括三种情形：其一为租赁合同中未约定租赁期限；其二为租赁期限约定为 6 个月以上，但未采取书面形式，无法确定租赁期限的，视为不定期租赁合同；其三为租赁期间届满，承租人继续使用租赁物，出租人未提出异议的，原租赁合同继续有效，但租赁期限为不定期。对不定期租赁，当事人可随时解除合同。

2. 租赁合同的效力

出租人的义务主要有：交付租赁物的义务；瑕疵担保责任；维修义务；负担税赋及费用返还义务；接受租赁物和返还押金或担保物。承租人的义务主要有：按约定使用收益的义务；妥善保管租赁物的义务；支付租金和返还租赁物的义务；不得随意对租赁物进行改善或在租赁物上增设他物；不得随意转租，未经出租人同意转租的，出租人可以解除合同。

当事人未依照法律、行政法规规定办理租赁合同登记备案手续的，不影响合同的效力。

3. 租赁合同的特别效力

1) 买卖不破租赁

租赁物在租赁期间发生所有权变动的,租赁合同对新的所有权人继续有效,承租人不需要与其签订新的租赁合同。新的所有权人应遵守原租赁合同的租金约定,不得提高租金。

2) 房屋承租人的优先购买权

所谓房屋承租人的优先购买权,是指出租人出卖房屋的,应当在出卖之前的合理期限内通知承租人,承租人享有以同等条件优先购买的权利。根据《民法典》的规定,出租人出卖租赁房屋的,应当在出卖之前的合理期限内通知承租人,承租人享有以同等条件优先购买的权利;但是,房屋按份共有人行使优先购买权或者出租人将房屋出卖给近亲属的除外。出租人履行通知义务后,承租人在 15 日内未明确表示购买的,视为承租人放弃优先购买权。出租人委托拍卖人拍卖租赁房屋的,应当在拍卖 5 日前通知承租人。承租人未参加拍卖的,视为放弃优先购买权。出租人未通知承租人或者有其他妨害承租人行使优先购买权情形的,承租人可以请求出租人承担赔偿责任。但是,出租人与第三人订立的房屋买卖合同的效力不受影响。

> 【大家讲坛 5-21】
>
> 冯某与张某口头约定将一处门面房租给张某,租期 2 年,租金每月 1000 元。合同履行 1 年后,张某向冯某提出能否转租给翁某,冯某表示同意。张某遂与翁某达成租期 1 年、月租金 1200 元的口头协议。翁某接手后,擅自拆除了门面房隔墙,冯某得知后欲收回房屋。有以下四种说法:①冯某与张某间的租赁合同为不定期租赁;②张某将房屋转租后,冯某有权按每月 1200 元向张某收取租金;③冯某有权要求张某恢复原状或赔偿损失;④冯某有权要求翁某承担违约责任。
>
> 以上四种说法中哪些是正确的?

5.9.5 承揽合同

承揽合同是承揽人按照定做人的要求完成工作并交付工作成果,定做人给付报酬的合同。其中,完成工作成果的一方为承揽人,接受工作成果并给付报酬的一方为定做人。承揽合同包括加工合同、定作合同、修理合同、复制合同、测试合同、检验合同等。

1. 当事人的主要义务

承揽人的义务主要有:按照合同约定,以自己的技术、设备完成所承揽的工作;按合同约定提供原材料或妥善保管定做人的材料;承揽人应按照定做人的要求保守秘密,未经定做人许可,不得留存复制品或者技术资料;接受定做人的监督检验;交付工作成果,并提交必要的技术资料和有关质量证明;瑕疵担保责任。

定做人的主要义务有:协助义务,如提供设计图纸;受领并验收工作成果;应按合同约定的数额支付报酬。

2. 承揽合同中的风险负担

工作成果须实际交付的,在工作成果交付前发生风险的,由承揽人负担;交付后发生风险的,由定做人负担。但工作成果的毁损、灭失于定做人受领迟延时发生的,则应由定做人承担该风险。工作成果无须实际交付的,在工作成果完成前发生的风险由承揽人负担;在工作成果完成后发生的风险,则由定做人负担。

定做人提供的材料意外毁损、灭失的风险。定做人提供的原材料意外毁损灭失的,若当事人约定由定做人提供材料而承揽人付给费用或价款时,则材料的所有权自交付给承揽人时起转移给承揽人,承揽人应当负担风险,仍应向定做人支付约定的材料费用或价款;若当事人未约定承揽人就定做人提供的材料支付费用或价款时,该材料意外毁损灭失的风险应由定做人自己承担。

3. 承揽合同中的解除权

定做人不履行协助义务的,承揽人可催告其在合理期限内履行,定做人逾期不履行的,承揽人享有合同解除权。承揽人未经许可,将主要承揽工作交给第三人完成的,定做人可以解除合同。依照《民法典》第七百八十七条的规定,定作人在承揽人完成工作前可随时解除合同,造成承揽人损失的,应当赔偿损失。

> 【大家讲坛 5-22】
>
> 甲汽车修理厂和乙运输公司签订一汽车大修合同,甲欲将主要的修理工作交由丙汽车修理厂,但不知这样做是否合法及效力如何,遂向某律师请教。在某律师的答复中,有以下四种说法:①甲可以将主要修理工作交给丙;②甲若将主要修理工作交给丙,须经乙同意;③主要修理工作交给丙后,对丙的修理工作由丙向乙负责;④将主要修理工作交给丙,若未获乙同意,乙须解除合同。
>
> 以上四种说法中正确的有哪些?

5.9.6 运输合同

运输合同是承运人将旅客或者货物从起运地点运输到约定地点,旅客、托运人或者收货人支付票款或者运输费用的合同。运输合同分为客运合同、货运合同和多式联运合同。

1. 客运合同

客运合同即旅客运输合同,是指当事人双方约定承运人将旅客及其行李安全运送到目的地,旅客为此支付运费的合同。

1) 旅客的主要义务

旅客的主要义务有:持有效客票乘运的义务;按照客票记载的时间乘坐的义务;限量携带行李的义务,超过限量携带行李的,应当办理托运手续;禁止携带或者夹带违禁物品的义务。

2) 承运人的主要义务

承运人的主要义务有:按时间和班次运输旅客的义务;告知义务,即向旅客及时告知运输中出现的不能正常进行运输的异常情况,以及有关运输安全应当注意的事项;不得变更运输工具;救助义务,即应当尽力救助患有急病、分娩、遇险的旅客;安全运送义务。实名制客运合同的旅客丢失客票的,可以请求承运人挂失补办,承运人不得再次收取票款和其他不合理费用。

2. 货运合同

货运合同即货物运输合同,是承运人按照约定的方式、时间将托运人托运的货物安全送达约定的地点,托运人或收货人为此支付运费的合同。

1) 托运人的主要义务

托运人的主要义务有:如实申报的义务;按规定提交审批、检验等文件;包装义务;托运危险物品时的义务,即托运人托运易燃、易爆、有毒等危险物品的,应按国家有关危险物品运输的规定对危险物品妥善包装,做出危险物标志和标签,并将有关危险物品的名称、性质和防范措施的书面材料提交承运人;支付运费的义务。

2) 承运人的主要义务

承运人的主要义务有:安全运输义务;通知义务,即承运人知道收货人的,应当及时通知收货人,以便收货人及时提货;按照合同约定接受托运人托运的货物并交付运输单证。

3) 收货人的主要义务

收货人的主要义务有:及时提货的义务;支付托运人未付或者少付的运费以及其他费用;检验货物的义务。

3. 多式联运合同

多式联运合同,是指多式联运经营人负责以两种以上的不同运输方式,将托运人托运的货物运输到目的地交付收货人,并收取全程运输费用的合同。

联运经营人对全程运输享有承运人的权利,承担承运人的义务,可以与参加多式联运的各区段的承运人就多式联运合同的各区段的运输约定相互之间的责任,但该约定不具有对抗第三人的效力,不影响多式联运经营人对全程运输承担的义务。

多式联运经营人对运输过程中货物的毁损灭失统一承担损害赔偿责任。若能够确定货物的毁损、灭失发生于多式联运的某一运输区段,则多式联运经营人的赔偿责任和责任限额,适用调整该区段运输方式的有关法律规定;若货物毁损、灭失发生的运输区段不能确定,则多式联运经营人依照单式运输的规定承担损害赔偿责任。

> 【大家讲坛 5-23】
>
> 甲公司要运送一批货物给收货人乙公司,甲公司法定代表人丙电话联系并委托某汽车运输公司运输。汽车运输公司安排本公司司机刘某驾驶。运输过程中,因刘某的过失发生交通事故,致货物受损。乙公司因未能及时收到货物而发生损失。
>
> 乙公司应向谁要求承担损失?

同步训练

一、单项选择题

1. 育红学校欲组建电脑教室,分别向几个电脑商发函,称"我学校急需电脑 50 台,如你公司有货,请速告知。"华夏公司第二日即派人将电脑 50 台送到学校,而育红学校此时已决定购买另一电脑商的电脑,故拒绝接受华夏公司的电脑,由此发生纠纷。下列关于本案的表述正确的是(   )。

  A. 育红学校的发函属于要约邀请
  B. 育红学校的发函属于要约
  C. 育红学校拒绝接受华夏公司电脑应承担缔约过失责任
  D. 育红学校拒绝接受华夏公司电脑属于违约行为

2. 甲公司与乙公司订立的买卖合同约定:甲公司向乙公司购买西服价款总值为 9 万元,甲公司于 2020 年 8 月 1 日前向乙公司预先支付货款 6 万元，余款于 10 月 15 日在乙公司交付西服后 2 日内一次付清。甲公司以资金周转困难为由未按合同约定预先支付货款 6 万元。2021 年 10 月 15 日，甲公司要求乙公司交付西服。根据《民法典》的规定，乙公司可以行使的权利是(　　)。

  A. 同时履行抗辩权 B. 后履行抗辩权 C. 不安抗辩权 D. 撤销权

 3. 甲公司从乙农场购入 10 头种牛，乙农场违约，将部分带有传染病的种牛交付给甲公司，致使甲公司所饲养其他奶牛大量患病造成财产损失。对此，甲公司要求乙农场承担责任的方式是(　　)。

  A. 只能要求乙农场承担违约责任

  B. 只能要求乙农场承担侵权责任

  C. 要求乙农场既承担违约责任又承担侵权责任

  D. 在违约责任或侵权责任中选择其一要求乙农场承担

 4. 赵某将一匹易受惊吓的马赠给李某，但未告知此马的习性。李某在用该马拉货的过程中，雷雨大作，马受惊狂奔，将行人王某撞伤。下列关于本案的表述正确的是(　　)。

  A. 应由赵某承担全部责任

  B. 应由李某承担责任

  C. 应由赵某与李某承担连带责任

  D. 应由李某承担主要责任，赵某也应承担一定的责任

 5. 甲、乙签订货物买卖合同，约定由甲代办托运。甲遂与丙签订运输合同，合同中载明乙为收货人。运输途中，因丙的驾驶员丁的重大过失发生交通事故，致货物受损，无法向乙按约交货。下列说法正确的是(　　)。

  A. 乙有权请求甲承担违约责任 B. 乙应当向丙要求赔偿损失

  C. 乙尚未取得货物所有权 D. 丁应对甲承担责任

二、多项选择题

 1. 根据《民法典》的规定，下列要约不得撤销的有(　　)。

  A. 要约人确定了承诺期限的要约

  B. 要约人明示不可撤销的要约

  C. 已经到达受要约人但受要约人尚未承诺的要约

  D. 受要约人有理由认为要约不可撤销，并且为履约做了准备的要约

 2. 甲与乙签订销售空调 100 台的合同，但当甲向乙交付时，乙以空调市场疲软为由，拒绝受领，要求甲返还货款。下列说法正确的是(　　)。

  A. 甲可以向有关部门提存这批空调

  B. 空调在向当地公证机关提存后，因遇火灾，烧毁 5 台，其损失应由甲承担

  C. 提存费用应由乙支付

  D. 若自提存之日起 5 年内乙不领取空调，则归甲所有

 3. 根据《民法典》的规定，下列合同中，属于无效合同的有(　　)。

  A. 以欺诈手段使对方在违背真实意思情况下订立

  B. 重大误解订立的合同

  C. 违反公序良俗的合同

  D. 显失公平的合同

 4. 甲公司与某希望小学乙签订赠与合同，决定捐赠给该小学价值 2 万元的钢琴两台，后甲

公司的法定代表人更换，不愿履行赠与合同。下列说法错误的是（   ）。

  A. 赠与合同属于单务法律行为，故甲公司可以反悔，且不承担违约责任

  B. 甲公司尚未交付设备，故可撤销赠与

  C. 乙小学有权要求甲公司交付钢琴

  D. 若甲公司以书面形式通知乙小学不予赠与，则甲公司不再承担责任

 5. 何女士提供三块木料给某家具厂订制一个衣柜，开工不久何女士觉得衣柜样式不够新潮，遂要求家具厂停止制作。家具厂认为这是个无理要求，便继续使用剩下两块木料，按原定式样做好了衣柜。下列说法正确的是（   ）。

  A. 家具厂应赔偿因此给何女士造成的损失　　B. 何女士应支付全部约定报酬

  C. 何女士应支付部分报酬　　　　　　　　　D. 何女士应支付全部约定报酬和违约金

解决几个大问题

 1. 2018 年 8 月 20 日，甲公司和乙公司订立承揽合同一份。合同约定，甲公司按乙公司要求，为乙公司加工 300 套桌椅，交货时间为 10 月 1 日。乙公司应在合同成立之日起 10 日内支付加工费 10 万元人民币。合同成立后，甲公司积极组织加工。但乙公司没有按约定期限支付加工费。2018 年 9 月 2 日，当地消防部门认为甲公司生产车间存在严重的安全隐患，要求其停工整顿。甲公司因此将无法按合同约定期限交货。乙公司在得知这一情形后，遂于 2018 年 9 月 10 日向人民法院提起诉讼，要求甲公司承担违约责任。甲公司答辩称，合同尚未到履行期限，其行为不构成违约。即使其在合同履行期限届满时不能交货，也不是其责任，而是因为消防部分要求其停工。并且乙公司至今未能按合同约定支付加工费，其行为已构成违约，因此提起反诉，要求乙公司承担违约责任。假如你是法官，该案应如何处理？

 2. 2021 年 2 月 10 日，甲公司与乙公司签订一份购买 1000 台 A 型微波炉的合同，约定由乙公司 3 月 10 日前办理托运手续，货到付款。

 乙公司如期办理了托运手续，但装货时多装了 50 台 B 型微波炉。

 甲公司于 2021 年 3 月 13 日与丙公司签订合同，将处于运输途中的前述合同项下的 1000 台 A 型微波炉转卖给丙公司，约定货物质量检验期为货到后 10 天内。

 2021 年 3 月 15 日，上述货物在运输途中突遇山洪暴发，致使 100 台 A 型微波炉受损报废。

 2021 年 3 月 20 日，货到丙公司，4 月 15 日丙公司以部分货物质量不符合约定为由拒付货款，并要求退货。

 顾客张三从丙公司处购买了一台 B 型微波炉，在正常使用过程中微波炉发生爆炸，致张三右臂受伤，花去医药费 1200 元。

 根据上述案例，回答以下问题：

 （1）如乙公司在办理完托运手续后即请求甲公司付款，甲公司应否付款？为什么？

 （2）乙公司办理完托运手续后，货物的所有权归谁？为什么？

 （3）对因山洪暴发报废的 100 台微波炉，应当由谁承担风险损失？为什么？

 （4）对于乙公司多装的 50 台 B 型微波炉，应当如何处理？为什么？

 （5）丙公司能否拒付货款和要求退货？为什么？

(6) 张三可向谁提出损害赔偿请求？为什么？

3．李某与刘某签订一房屋租赁合同。根据《民法典》的知识和相关法律规定，回答下列问题：

(1) 假如房屋租赁合同的期限为30年，合同是否有效？为什么？

(2) 假如租赁期间房屋需要维修，承租人也要求维修，但由于没有维修，致使房屋侧墙倒塌，造成承租人财产损失，责任应当由谁承担？为什么？

(3) 为了美观舒适，承租人自己对房屋进行了装修，要求出租人按照装修费用的一半支付是否合理？为什么？

(4) 承租人经出租人同意将房屋转租，承租人和出租人之间的关系是否解除？为什么？

(5) 在承租期间，出租人将房屋出售，是否需要承租人的同意？为什么？

第6章 知识产权法律制度

任务清单

序号	任务	要求
1	知识产权的概念与特征	掌握
2	著作权的主体、客体、内容和限制	掌握
3	专利权的主体、客体与内容	掌握
4	授予专利权的条件	理解
5	专利权的取得和终止；专利实施的强制许可	了解
6	专利权的保护	理解
7	商标权的概念、主体与客体	掌握
8	注册商标的续展、转让、使用许可	了解
9	商标注册的申请和审查核准	了解
10	商标专用权的保护	理解

思考一个小问题

过去十多年，茅台集团一直在申请注册"国酒茅台"商标。五粮液、剑南春、郎酒、汾酒等31家单位则表示反对。2018年5月25日，国家商标评审委员会根据有关法律法规，结合行业及相关方意见，对茅台集团提出的"国酒茅台"商标注册申请，复审决定不予注册。那么，国家商标评审委员会不予注册的理由是什么？

6.1 知识产权法概述

6.1.1 知识产权的概念与特征

1. 知识产权的概念

知识产权是在工业、科学、文学及艺术领域由智力活动产生的有关知识的所有权利。根据《民法典》第一百二十三条的规定，知识产权是权利人依法就下列客体享有的专有的权利：①作品；②发明、实用新型、外观设计；③商标；④地理标志；⑤商业秘密；⑥集成电路布图设计；⑦植物新品种；⑧法律规定的其他客体。根据《建立世界知识产权组织公约》，知识产权的范围则包括：①关于文学、艺术和科学作品的权利；②关于表演艺术家的演出、录音制品和广播节目的权利；③关于人类在一切领域的发明的权利；④关于科学发现的权利；⑤关于工业品外观设计的权利；⑥关于商标、服务标志和商号、商业性标记的权利；⑦关于制止不正当竞争的权利；⑧一切在工业、科学、文学或艺术领域由于智力活动产生的其他权利。

《与贸易有关的知识产权协议》(TRIPS)将知识产权的范围列举如下：①著作权及其相关权利；②商标权；③地理标志权；④工业品外观设计权；⑤专利权；⑥集成电路布图设计权；⑦未公开信息权(商业秘密权)。

2. 知识产权的特征

1) 客体的无体性

知识产权的客体是智力成果或工商业标记，其实质是一种信息，是一种无形体的财富。知识产权客体的无体性，是其与其他有形财产所有权最根本的区别。基于此，知识产权的客体与载体相分离。例如，当某人收到他人信件时，信件作为有体物归收信人所有，而存在于信件上的著作权仍归写信人享有。

2) 法定性

知识产权的法定性是指知识产权的种类、内容、获得要件、限制，乃至救济制度等，须由法律明文确定，除立法者在法律中特别授权外，任何人不得根据自己的意愿在法律之外创设知识产权。

3) 专有性

专有性即排他性。知识产权的专有性主要体现在两个方面：一是知识产权为权利人所独占，权利人垄断这种专有权并受到严格保护，无法律规定或未经权利人许可，任何人不得使用权利人的知识产品；二是不允许有两个或两个以上的主体同时对同一属性的知识产品享有权利(著作权除外)。

4) 地域性

知识产权作为专有权在空间上的效力并非无限，而要受地域限制，其效力仅限于本国境内。按照一国法律获得承认和保护的知识产权，只能在该国发生法律效力。同时，不同国家、地区可彼此独立地在同一时间，基于各自立法对同一智力成果设定不同内容或不同类别的知识产权。

5) 时间性

知识产权法规定了知识产权的存续期限，知识产权只在法定期限内有效，期限届满，权利归于消灭，其客体就会成为整个社会的共同财富，为全人类所共同享有。

> **知识扩展**：为何知识产权具有专有性
>
> 知识产权的专有性能使权利主体获得法定垄断利益，激励人们不断开发和创造新的智力成果，推动技术进步和社会发展。如果不承认知识产权的专有性，研发阶段所投入的巨大成本则难以收回。2019年3月19日，世界知识产权组织发布2018年专利国际申请数量，华为远远领先于其他公司，专利数量是第二位的日本三菱电机的约两倍。华为继2017年之后连续两年排在首位。当前，华为已经拥有超过8万项专利，其中在美国就注册了1.1万多项专利。此外，欧洲专利局2018年3月12日发布的2018年数字通信领域的专利申请企业排行榜上，华为公司也位居首位。任正非称，华为每年研发资金已经达到150亿～200亿美元，全世界都很少有公司像华为这样对研发进行这么大的投入，华为走到今天，产品的研发成功率还不到50%，相当于华为每年都有几十亿美金浪费了。
>
> (资料来源：佚名. 2018年专利国际申请数量显示：华为远远领先于其他公司[EO/OL]. [2019-03-21]. https://www.tmtpost.com/nictation/3832051.html.)

6.1.2 知识产权法的概念

广义的知识产权法不仅包括知识产权的专门法律法规，还涉及所有与知识产权创造、使用、保护和管理相关的法律规范。具体而言，其不仅包括著作权法、商标法、专利法、反不正当竞争法以及有关的条例，如计算机软件保护条例、海关知识产权保护条例、集成电路保护条例等，还包括一些并不是专门的单行法律，如宪法、刑法、民法典中涉及有关知识产权的法律规范等。因此知识产权法是指调整有关智力成果和工商业标记在创造、使用、保护和管理过程中所产生的法律规范的总称。

自改革开放以来，我国十分重视知识产权的立法工作。特别是加入 WTO 以后，立法部门对知识产权的有关法律、法规以及规章进行了修订和完善。至今为止，我国已经初步建立起了一套较为完整的知识产权法律制度。2021 年 1 月 1 日施行的《民法典》规定了知识产权的客体范围。1982 年 8 月通过了《中华人民共和国商标法》(以下简称《商标法》)，该法分别于 1993 年、2001 年、2013 年和 2019 年做了四次修正；1984 年 3 月通过了《中华人民共和国专利法》(以下简称《专利法》)，该法分别于 1992 年、2000 年、2008 年和 2020 年做了四次修正；1990 年 9 月通过了《中华人民共和国著作权法》(以下简称《著作权法》)，该法于 2001 年、2010 年和 2020 年做了三次修正。根据上述法律，国务院及有关部门出台了相关配套条例、实施细则。此外，我国还加入了一系列的保护知识产权的国际公约，如《建立世界知识产权组织公约》《保护工业产权巴黎公约》《保护文学艺术作品伯尔尼公约》《商标国际注册马德里协定》《世界版权公约》《专利合作条约》《保护表演者、唱片制作者和广播组织罗马公约》，以及 TRIPS 协议等。

6.2 著作权法

6.2.1 著作权与著作权法的概念

1. 著作权的概念

著作权，亦称版权，是指作者及其他著作权人对其创作的文学、艺术和科学作品依法享有的权利。著作权有广义和狭义之分。狭义著作权，是指作者及其他著作权人依法享有的权利。广义著作权，除包括狭义的著作权外，还包括邻接权，即与著作权相关的权利。著作权因作品的创作完成而自动产生，一般不必履行任何形式的登记或注册手续。

2. 著作权法的概念

著作权法是保护作者及其他著作权人对其文学、艺术和科学等作品所享有的专有权利的法律规范的总和。著作权法有广义和狭义之分。狭义的著作权法仅指《著作权法》。广义的著作权法又称实质意义的著作权法，它除了包括狭义的著作权法，还包括《宪法》《民法典》《刑法》和《民事诉讼法》中的有关条文，有关著作权法的司法解释等。此外，我国参加的有关著作权国际保护方面的条约、协定也属于广义的著作权法范围。

6.2.2 著作权的主体

著作权主体又称著作权人,是指依法对文学、艺术和科学作品享有著作权的人。根据《著作权法》的规定,著作权人包括作者以及其他依法享有著作权的自然人、法人或者非法人组织。外国人、无国籍人的作品根据其作者所属国或经常居住地国同中国签订的协议或共同参加的国际条约享有著作权。外国人、无国籍人的作品首先在中国境内出版的,依法享有著作权。未与中国签订协议或共同参加国际条约的国家的作者,以及无国籍人的作品首次在中国参加的国际条约的成员国出版的,或在成员国和非成员国同时出版的,受《著作权法》保护。

1. 作者

作者是指创作文学、艺术和科学作品的自然人。由法人或者非法人组织主持,代表法人或者非法人组织意志创作,并由法人或者非法人组织承担责任的作品,法人或者非法人组织视为作者。如无相反证明,在作品上署名的自然人、法人或者非法人组织为作者,且该作品上存在相应权利。

2. 著作权继受主体

继受主体也称其他著作权人,是指除作者之外的,其他享有著作权的自然人、法人、非法人组织或者国家。继受主体取得著作权的方式主要有:因继承、遗赠、遗赠扶养协议而取得;因受让合同而取得等。

【大家讲坛 6-1】

周作人(1967年5月6日去世)之孙周吉宜早在2012年发现某著名网站未经著作权人同意,在其读书频道转载他祖父周作人的散文作品,他认为这是侵犯了祖父的著作权。2014年9月25日,周吉宜等周作人16名后人向北京市第一中级人民法院提起诉讼,请求认定北京某公司的行为侵害了周作人的著作权,责令该公司立即停止侵权行为,并在其网站首页上赔礼道歉七日。被告北京某公司认为,自己于2009年与《周作人散文全集》(14册)出版方广西某出版社签订了《网络转载授权书》,约定该出版社授权该公司享有《周作人散文全集》的信息网络传播权等相关权利。该公司有权在其运营的若干新媒体平台免费转载该文学作品。

北京某公司的理由是否成立?

---

3. 特殊作品著作权主体的确定

1) 演绎作品的著作权主体

演绎作品是指改编、翻译、注释、整理已有作品而产生的作品。演绎作品的著作权由改编、翻译、注释、整理人享有,但其行使著作权时不得侵犯原作品的著作权。第三人使用演绎作品时,应征得原作品著作权人与演绎作品著作权人的同意。

2) 合作作品的著作权主体

合作作品是指两人以上合作创作的作品,其著作权由合作者共同享有。合作作品的著作权由合作作者通过协商一致行使;不能协商一致,又无正当理由的,任何一方不得阻止他方行使除转让、许可他人专有使用、出质以外的其他权利,但是所得收益应当合理分配给所有合作作者。合作作品可以分割使用的,作者对各自创作的部分可以单独享有著作权,但行使著作权时不得侵犯合作作品整体的著作权。

> 👁 **【大家讲坛 6-2】**
>
> 甲、乙合作完成一部剧本，丙影视公司欲将该剧本拍摄成电视剧。甲以丙公司没有名气为由拒绝，乙独自与丙公司签订合同，以 10 万元价格将该剧本摄制权许可给丙公司。
>
> 乙可以将该剧本摄制权许可给丙公司吗？

3) 汇编作品的著作权主体

汇编作品是指汇编若干作品、作品的片段或者不构成作品的数据或者其他材料，对其内容的选择或者编排体现独创性的作品。汇编作品的著作权由汇编人享有，但行使著作权时，不得侵犯原作品的著作权。汇编人汇编有著作权的作品，要受到著作权人汇编权的制约，即汇编他人的作品必须取得著作权人的许可，并支付报酬。

4) 视听作品的著作权主体

视听作品是指电影作品、电视剧作品及其他以类似摄制电影的方法创作的作品。视听作品中的电影作品、电视剧作品的著作权由制作者享有，但编剧、导演、摄影、作词、作曲等作者享有署名权，并有权按照与制作者签订的合同获得报酬。其他视听作品的著作权归属由当事人约定；没有约定或者约定不明确的，由制作者享有，但作者享有署名权和获得报酬的权利。视听作品中的剧本、音乐等可以单独使用的作品的作者有权单独行使其著作权。

5) 职务作品的著作权主体

职务作品是指自然人为完成法人或非法人组织工作任务所创作的作品。职务作品的著作权由作者享有，但法人或者非法人组织有权在其业务范围内优先使用。作品完成 2 年内，未经单位同意，作者不得许可第三人以与单位使用的相同方式使用该作品。

有下列情形之一的职务作品，作者享有署名权，著作权的其他权利由法人或者非法人组织享有，法人或者非法人组织可以给予作者奖励：主要是利用法人或者非法人组织的物质技术条件创作，并由法人或者非法人组织承担责任的工程设计图、产品设计图、地图、示意图、计算机软件等职务作品；报社、期刊社、通信社、广播电台、电视台的工作人员创作的职务作品；法律、行政法规规定或者合同约定著作权由法人或者非法人组织享有的职务作品。

📖 知识扩展：职务作品中的权利配置平衡

2006 年 7 月，原解放军画报社离休高级记者孟昭瑞向法院递交诉状，起诉某出版社未经许可，在其出版的《在志愿军司令部的岁月里》《朝鲜战争中的美英战俘纪事》等 7 本书中使用原告 12 幅摄影作品，仅有 3 幅以集体署名方式为原告署名，且未支付任何使用费，侵犯了原告对 12 幅摄影作品享有的著作权。被告称涉案摄影作品均系孟昭瑞在原解放军画报社工作期间完成的职务作品，孟昭瑞仅享有署名权而非全部著作权，因为同属于军队文艺系统，他们对这些照片有优先使用权，而使用职务作品、新闻作品是无须经过作者本人同意的。法院审理认为，涉案摄影作品均系孟昭瑞在工作期间、以原解放军画报社记者身份、受原解放军画报社指派所拍摄完成，应属于职务作品，孟昭瑞享有署名权等人身权利及一定范围之内的著作财产权利。考虑原、被告双方关系、涉案作品拍摄时的特定历史背景等情节，判决被告在就涉案 12 幅摄影作品以适当方式为原告孟昭瑞署名之前，不得出版发行《在志愿军司令部的岁月里》《朝鲜战争中的美英战俘纪事》等 7 本书；同时向原告孟昭瑞书面致歉并赔偿原告经济损失及诉讼合理支出共计 5000 元。

(资料来源：佚名. 职务作品著作权纠纷案例[J]. 检察日报. 2012(10).)

6) 委托作品的著作权主体

委托作品是指受他人委托而创作的作品。委托作品著作权的归属由委托人和受托人通过合同约定。合同未做约定或约定不明的，著作权属于受托人。

7) 作品原件所有权转移的著作权主体

美术作品包括绘画、书法、雕塑、建筑等作品。作品原件所有权的转移，不改变作品著作权的归属，但美术、摄影作品原件的展览权由原件所有人享有。作者将未发表的美术、摄影作品的原件所有权转让给他人，受让人展览该原件不构成对作者发表权的侵犯。

8) 匿名作品的著作权主体

匿名作品，又称作者身份不明的作品。匿名作品由作品原件的合法持有人行使除署名权以外的著作权。作者身份确定后，由作者或者其继承人行使著作权。

6.2.3　著作权的客体

著作权的客体，即著作权保护的对象，即为作品。

1. 作品的概念

作品，是指文学、艺术和科学领域内，具有独创性并能以一定形式表现的智力成果。受保护的作品应具备如下条件：属于文学、艺术和科学领域的思想表达；具有独创性、可复制性。

2. 著作权法保护的作品

根据《著作权法》的规定，作品包括以各种形式创作的文学、艺术和自然科学、社会科学、工程技术等作品。我国著作权法保护的作品主要有：文字作品；口述作品；音乐、戏剧、曲艺、舞蹈、杂技艺术作品；美术、建筑作品；摄影作品；视听作品；工程设计图、产品设计图、地图、示意图等图形作品和模型作品；计算机软件；符合作品特征的其他智力成果。

3. 不受著作权法保护的对象

不受著作权法保护的对象：法律、法规，国家机关决议、决定、命令和其他具有立法、行政、司法性质的文件，及其官方正式译文；单纯事实消息；历法、通用数表、通用表格和公式。

6.2.4　著作权的内容

著作权的内容是指著作权人享有的权利和承担的义务。著作权包括著作人身权和著作财产权。

1. 著作人身权

著作人身权又称精神权利，是指作者基于作品的创作而依法享有的以精神利益为内容的权利。著作人身权包括：发表权(即决定作品是否公之于众的权利)、署名权(即表明作者身份，在作品上署名的权利)、修改权(即修改或者授权他人修改作品的权利)和保护作品完整权(即保护作品不受歪曲、篡改的权利)。

2. 著作财产权

著作财产权，是指著作权人通过各种方式利用其作品以及基于利用作品而依法享有的以获得财产利益为内容的权利。根据《著作权法》的规定，著作财产权包括：复制权，即以印刷、复印、拓印、录音、录像、翻录、翻拍、数字化等方式将作品制作一份或多份的权利；发行权，即以出售或者赠与方式向公众提供作品的原件或者复制件的权利；出租权，即有偿许可他人临时使用视听作品、计算机软件的原件或者复制件的权利；展览权，即公开陈列美术作品、摄影作品的原件或者复制件的权利；表演权，即公开表演作品以及用各种手段公开播送作品的表演的权利；放映权，即通过放映机、幻灯机等技术设备公开再现美术、摄影、视听作品等的权利；广播权，即以有线或无线方式公开传播或者转播作品，以及通过扩音器或者其他传送符号、声音、图像的类似工具向公众传播广播作品的权利；信息网络传播权，即以有线或者无线方式向公众提供作品，使公众可以在其个人选定的时间和地点获得作品的权利；摄制权，即以摄制视听作品的方法将作品固定在载体上的权利；改编权，即改变作品，创作出具有独创性的新作品的权利；翻译权，即将作品从一种语言文字转换成另一种语言文字的权利；汇编权，即将作品或者作品的片段通过选择或者编排，汇集成新作品的权利。

6.2.5 著作权的保护期限和限制

1. 著作权的保护期限

著作权保护期限是指著作权人依法取得的著作权的有效期限。在保护期内，著作权人的著作权受法律保护；超过保护期，该作品即进入公有领域，著作权人不再享有专有使用权。

《著作权法》规定，作者的署名权、修改权、保护作品完整权的保护期不受限制。发表权的保护期与财产权的保护期相同。

自然人的作品，其发表权、著作财产权的保护期为作者终生及其死亡后 50 年，截止到作者死亡后第 50 年的 12 月 31 日；如果是合作作品，截止到最后死亡的作者死亡后第 50 年的 12 月 31 日。

法人或者非法人组织的作品，著作权(署名权除外)由法人或者非法人组织享有的职务作品，其发表权的保护期限为 50 年，截止于作品创作完成后第 50 年的 12 月 31 日；著作财产权的保护期限为 50 年，截止于作品首次发表后第 50 年的 12 月 31 日，但作品自创作完成后 50 年内未发表的，不再受著作权法的保护。

视听作品，其发表权的保护期为 50 年，截止于作品创作完成后第 50 年的 12 月 31 日；著作财产权的保护期限为 50 年，截止于作品首次发表后第 50 年的 12 月 31 日，但作品自创作完成后 50 年内未发表的，不再受著作权法的保护。

作者身份不明的作品，其发表权、著作财产权的保护期为 50 年，截止到作品首次发表后第 50 年的 12 月 31 日。在此保护期内，作者身份若确定，则适用自然人作品的保护期。

2. 著作权的限制

著作权的限制主要是针对著作权人所享有的财产权利的限制。著作权的限制除了时间限制和地域限制外，还有合理使用与法定许可的限制。

1) 合理使用

合理使用是指在法律规定的情形下，按照法律规定的条件使用他人作品的，可以不经著作权人许可，不向其支付报酬，但应当指明作者姓名或名称、作品名称，并且不得影响该作品的正常使用，也不得损害著作权人的合法权益。合理使用的情形主要有：

(1) 为个人学习、研究或者欣赏，使用他人已经发表的作品。

(2) 为介绍、评论某一作品或者说明某一问题，在作品中适当引用他人已发表的作品。

(3) 为报道新闻，在报纸、期刊、广播电台、电视台等媒体中不可避免地再现或者引用已发表的作品。

(4) 报纸、期刊、广播电台、电视台等媒体刊登或者播放其他报纸、期刊、广播电台、电视台等媒体已经发表的关于政治、经济、宗教问题的时事性文章,但著作权人声明不许刊登、播放的除外。

(5) 报纸、期刊、广播电台、电视台等媒体刊登或者播放在公众集会上发表的讲话,但作者声明不许刊登、播放的除外。

(6) 为学校课堂教学或者科学研究,翻译、改编、汇编、播放或者少量复制已经发表的作品,供教学或者科研人员使用,但不得出版发行。

(7) 国家机关为执行公务在合理范围内使用已发表的作品。

(8) 图书馆、档案馆、纪念馆、博物馆、美术馆、文化馆等为陈列或者保存版本的需要,复制本馆收藏的作品。

(9) 免费表演经发表的作品,该表演未向公众收取费用,也未向表演者支付报酬,且不以营利为目的。

(10) 对设置或者陈列在公共场所的艺术作品进行临摹、绘画、摄影、录像。对这些艺术作品的临摹、绘画、摄影、录像,可以对其成果以合理的方式和范围再行使用,不构成侵权。

(11) 将中国公民、法人或者非法人组织已经发表的以国家通用语言文字创作的作品翻译成少数民族语言文字作品在国内出版发行。

(12) 以阅读障碍者能够感知的无障碍方式向其提供已发表的作品。

(13) 法律、行政法规规定的其他情形。

上述合理使用情形适用于对与著作权有关的权利的限制。

2) 法定许可

法定许可是指在法律规定的范围内使用他人的作品,可以不经著作权人的许可,但须向其支付报酬。法定许可的情形主要包括:

(1) 为实施义务教育和国家教育规划而编写出版教科书,可以不经著作权人许可,在教科书中汇编已经发表的作品片段或者短小的文字作品、音乐作品或者单幅的美术作品、图形作品、摄影作品,但应当按照规定支付报酬,指明作者姓名或者名称、作品名称,并且不得侵犯著作权人依法享有的其他权利。

(2) 作品在报刊上刊登后,除著作权人声明不得转载、摘编的外,其他报刊可以转载或者作为文摘、资料刊登,但应当按照规定向著作权人支付报酬。

(3) 录音制作者使用他人已经合法录制为录音制品的音乐作品制作录音制品,可以不经著作权人许可,但应当按照规定支付报酬。著作权人声明不许使用的除外。

(4) 广播电台、电视台播放他人已发表的作品,可以不经著作权人许可,但应当支付报酬。

(5) 广播电台、电视台播放已经出版的录音制品,可以不经著作权人许可,但应当支付报酬。当事人另有约定的除外。

> 【大家讲坛 6-3】
>
> 北京市某会计资格考试中心组织编写了专业技术资格用书《初级会计实务》。某教育培训机构提供考试培训服务,在提供给学员的学习资料《初级会计实务重难点讲解》一书中,复制了《初级会计实务》图书中的大量内容。某会计资格考试中心认为该教育培训机构的行为构成著作权侵权,故将其诉至法院。被告某教育培训机构辩称,其组织编写的《初级会计实务重难点讲解》并未公开出版发行,仅供学员内部使用,不构成侵权。
>
> 某教育培训机构复制他人图书作为学习资料,是否属于"合理使用"?

6.2.6 邻接权

1. 邻接权的概念

邻接权也称与著作权有关的权利，是指作品的传播者所享有的权利。

邻接权与著作权不同，两者的主要区别如下：一是权利主体不同。前者除表演者以外，几乎均为法人或非法人组织；后者的权利主体为自然人、法人或非法人组织。二是权利内容不同。前者的内容通常不包括人身权(表演者权例外)；后者包括著作人身权和著作财产权。三是权利对象不同。前者保护的对象为是经过传播者加工后的作(制)品，其保护的是一种投"资"；后者保护的对象是文学、艺术和科学作品，其保护的更多的是一种投"智"。

2. 出版者权

出版者权的客体既涉及作品本身，又涉及作品的载体。对作品本身而言，出版者可以拥有专有出版权；对作品载体而言，出版者对其出版的作品的版式设计享有专有使用权。

1) 专有出版权

专有出版权是指图书出版者对著作权人交付出版的作品，根据合同约定，在合同有效期内和合同约定的地域内，享有以同种文字的原版、修订版和缩编本的方式出版图书的独占权。

2) 版式设计权

出版者有权许可或禁止他人使用其出版的图书、期刊的版式设计。出版者版式设计权的保护期为 10 年，截止于使用该版式设计的图书、期刊首次出版后第 10 年的 12 月 31 日。

3. 表演者权

1) 表演者权的概念

表演者权是表演者依法对其表演所享有的权利。著作权人将其作品的表演权许可给表演者行使，表演者即依法获得表演该作品的权利。表演者，是指演员、演出单位或者其他表演文学、艺术作品的人，即表演者是表演作品的人，不包括运动员、节目主持人等。

2) 表演者的权利

表明表演者身份；保护表演形象不受歪曲；许可他人从现场直播和公开传送其现场表演，并获得报酬；许可他人录音录像，并获得报酬；许可他人复制、发行、出租录有其表演的录音录像制品，并获得报酬；许可他人通过信息网络向公众传播其表演，并获得报酬。前两项权利的保护期不受限制；后四项权利的保护期为 50 年，截止到该表演发生后第 50 年的 12 月 31 日。被许可人以后四项的方式使用作品的，还应当取得著作权人许可，并支付报酬。

演员为完成本演出单位的演出任务进行的表演为职务表演，演员享有表明身份和保护表演形象不受歪曲的权利，其他权利归属由当事人约定。当事人没有约定或者约定不明确的，职务表演的权利由演出单位享有。职务表演的权利由演员享有的，演出单位可以在其业务范围内免费使用该表演。

3) 表演者的义务

表演者使用他人作品演出，表演者应当取得著作权人许可，并支付报酬。演出组织者组织演出，由该组织者取得著作权人许可，并支付报酬。

> **知识扩展：表演者权**
>
> 2016年6月19日，江苏卫视播出了《盖世英雄》节目，其中，含有邓紫棋的相关影像及表演，该节目还在乐视公司运营的乐视视频中播放。邓紫棋及蜂鸟音乐公司认为，上海灿星文化传媒股份有限公司、江苏省广播电视总台、乐视网信息技术(北京)股份有限公司侵犯其表演者权，艺人邓紫棋及其所属蜂鸟音乐有限公司将上述三家单位起诉至北京市朝阳区人民法院，索赔1348万元。权威人士指出，考虑到表演者的出场费、演出费、片酬等带有一定的商业秘密性质，并不会公开披露更多信息。根据以往类似纠纷来看，大多案件以调解结案或是在审理过程中达成和解而撤诉。在《视听表演北京条约》中，进一步加大了对表演者权利的保护，同时对表演者主体、表演者享有的权利、权利保护期限等进行了进一步释明，比如，"表演者"系指演员、歌唱家、音乐家、舞蹈家，以及对文学、艺术作品、民间文学艺术表达进行表演、歌唱、演说、朗诵、演奏、表现，或以其他方式进行表演的其他人员。
>
> (资料来源：张彬彬. 邓紫棋诉江苏卫视侵犯表演者权[J]. 中国知识产权报. 2018(11).)

4. 录音录像制作者权

1) 录音录像制作者权的概念

录音制品是指任何对表演的声音和其他声音的录制品。录像制品是指视听作品方法创作的作品以外的任何有伴音或无伴音的连续相关形象、图像的录制品。录音录像制作者权，是指录音录像制作者对其录音制品和录像制品所享有的权利。

2) 录音录像制作者的权利

录像制作者对其制作的录音录像制品享有许可他人复制、发行、出租、通过信息网络向公众传播并获得报酬的权利。该权利的保护期为50年，截止到该制品首次制作完成后第50年的12月31日。

3) 录音录像制作者的义务

录音录像制作者使用他人作品制作录音录像制品，应当取得著作权人许可，并支付报酬；录音制作者使用他人已经合法录制为录音制品的音乐作品制作录音制品，可以不经著作权人许可，但应当按照规定支付报酬；著作权人声明不许使用的不得使用；录音录像制作者制作录音录像制品，应当同表演者订立合同，并支付报酬；被许可人复制、发行、通过信息网络向公众传播录音录像制品，应当同时取得著作权人、表演者许可，并支付报酬。

将录音制品用于有线或者无线公开传播，或者通过传送声音的技术设备向公众公开播送的，应当向录音制作者支付报酬。

5. 广播组织权

1) 广播组织权的概念

广播组织权是指广播电台、电视台等广播组织基于播放作品、录音录像制品和视听作品的行为享有的邻接权。

2) 广播组织的权利

广播组织有权禁止未经其许可，将其播放的广播、电视以有线或者无线方式转播；有权禁止未经其许可，将其播放的广播、电视录制以及复制；将其播放的广播、电视通过信息网络向公众传播。广播电台、电视台行使前款规定的权利，不得影响、限制或者侵害他人行使著作权或者与著作权有关的权利。该权利的保护期为50年，截止到该广播、电视首次播放后第50年的12月31日。

3) 广播组织的义务

广播电台、电视台播放他人未发表的作品，应当取得著作权人许可，并支付报酬；广播电台、电视台播放他人已发表的作品，可以不经著作权人许可，但应当按照规定支付报酬；电视台播放他人的视听作品、录像制品，应当取得视听作品著作权人或者录像制作者许可，并支付报酬；播放他人的录像制品，还应当取得著作权人许可，并支付报酬。

6.2.7 著作权和与著作权有关的权利的保护

1. 著作权侵权行为的概念

侵犯著作权的行为是指未经作者或其他著作权人同意，又无法律根据，擅自对著作权作品进行利用或以其他非法手段行使著作权人专有权利的行为。

2. 著作权侵权行为的法律责任

1) 民事责任

民事责任主要包括：停止侵害、消除影响、赔礼道歉、赔偿损失等。对赔偿损失而言，侵犯著作权或者与著作权有关的权利的，侵权人应当按照权利人因此受到的实际损失或者侵权人的违法所得给予赔偿；权利人的实际损失或者侵权人的违法所得难以计算的，可以参照该权利使用费给予赔偿。对故意侵犯著作权或者与著作权有关的权利，情节严重的，可以在按照上述方法确定数额的1倍以上5倍以下给予赔偿。权利人的实际损失、侵权人的违法所得、权利使用费难以计算的，由人民法院根据侵权行为的情节，判决给予500元以上500万元以下的赔偿。赔偿数额还应当包括权利人为制止侵权行为所支付的合理开支。

2) 行政责任

行政责任主要包括：责令停止侵权行为；没收违法所得；没收、销毁侵权复制品；罚款等。

3) 刑事责任

构成侵犯著作权罪、销售侵权复制品罪的，应承担有期徒刑、拘役和罚金的刑事责任。

> **知识扩展：侵犯著作权罪**
>
> 《刑法》第二百一十七条专门规定了"侵犯著作权罪"。以营利为目的，有下列侵犯著作权情形之一，违法所得数额较大或者有其他严重情节的，处三年以下有期徒刑或者拘役，并处或者单处罚金；违法所得数额巨大或者有其他特别严重情节的，处三年以上七年以下有期徒刑，并处罚金：①未经著作权人许可，复制发行其文字作品、音乐、电影、电视、录像作品、计算机软件及其他作品的；②出版他人享有专有出版权的图书的；③未经录音录像制作者许可，复制发行其制作的录音录像的；④制作、出售假冒他人署名的美术作品的。
>
> 2019年4月26日是第19个世界知识产权日。最高人民检察院第四检察厅副厅长刘太宗说，侵犯著作权犯罪纷纷"触网"是近几年来的一大特点，几乎所有的作品都可以转换为数字形式在网络上传播，尤其是网络技术的快速发展，使作品的创作、传播和保护方式都发生了深刻变化。上海市检察机关办理侵犯著作权犯罪案件白皮书

(2014—2018年)显示,5年来,上海市检察机关受理侵犯著作权罪审查逮捕案件26件39人,批捕25件38人,批捕率97.4%。受理侵犯著作权罪审查起诉案件59件106人8单位,其中以侵犯著作权罪起诉39件67人8单位,案件起诉率66.1%;已判决案件33件54人6单位,被判处三年以下有期徒刑刑罚的共计36人,占比66.7%,缓刑35人,占比66%。

(资料来源:林中明,徐蕾蕾.上海检察机关去年受理侵犯知识产权犯罪案件434件781人[J].检察日报.2019(4).)

3. 执法措施

(1) 诉前申请临时禁令和财产保全。即著作权人或者与著作权有关的权利人有证据证明他人正在实施或者即将实施侵犯其权利的行为,如不及时制止将会使其合法权益受到难以弥补的损害的,可以在起诉前向人民法院申请采取责令停止有关行为和财产保全的措施。

(2) 诉前证据保全。即是指法院依据申请人、当事人的请求,对可能丢失或以后难以取得的证据予以调查收集和固定保存的行为。

(3) 人民法院依法处置权。人民法院审理案件,对于侵犯著作权或者与著作权有关的权利的,可以没收违法所得、侵权复制品以及进行违法活动的财物。

6.3 专利法

6.3.1 专利法概述

1. 专利权的概念

专利权,有时亦称专利,是指国家专利行政部门授予发明人或申请人及其权利继受人在一定期间内生产经营其发明创造并禁止他人生产经营其发明创造的独占权。专利权具有专有性(独占性)、地域性、时间性和国家授予性等特点。

2. 专利法的概念

专利法是指调整因发明创造的开发、实施及其保护等发生的各种社会关系的法律规范的总称。专利法有广义和狭义之分。狭义的专利法仅指全国人大常委会通过的《专利法》。广义的专利法除《专利法》外,还包括国家有关法律、行政法规和规章中关于专利的法律规范。如《中华人民共和国专利法实施细则》。我国参加缔结的有关专利国际保护方面的条约、协定,经批准公布的,也属于广义的专利法的范畴。

6.3.2 专利权的主体及归属

专利权的主体是指具体参加特定的专利权法律关系并享有专利权的人。根据《专利法》的规定,发明人或者设计人、职务发明创造的单位都可以成为专利权的主体。

1. 发明人(设计人)、申请人和专利权人

1) 发明人(设计人)

发明的完成人称为发明人,实用新型和外观设计的完成人称为设计人。发明人或设计人,是指对发明创造的实质性特点做出创造性贡献的人。只负责组织工作的人、为物质技术条件的

利用提供方便的人或者从事其他辅助工作的人，不是发明人或者设计人。

2) 申请人

与发明人相关的一个概念是专利申请人，专利申请人是指有资格就发明创造向专利行政部门申请专利的人。专利申请人可以是发明人、设计人，也可以不是。

3) 专利权人

发明创造被授予专利权后，专利申请人就成为专利权人。在一般情况下，专利权人为专利申请人。但是，如果在专利申请的审查过程中，专利申请人将专利申请转让或依法传给他人的，则专利申请被授权后，受让或继承了专利申请的人是专利权人。

2. 职务发明创造的专利权人

1) 职务发明创造的含义

职务发明创造是指发明人或者设计人执行本单位的任务，或者主要是利用本单位的物质技术条件所完成的发明创造。

发明人或设计人做出的发明创造，凡符合下列条件之一的，均属于职务发明创造：在本职工作中做出的发明创造；履行本单位交付的本职工作之外的任务所做出的发明创造；退职、退休或者调动工作后 1 年内做出的，与其在原单位承担的本职工作或者原单位分配的任务有关的发明创造；主要利用本单位的物质技术条件完成的发明创造。

2) 职务发明创造的专利权人

职务发明创造，其申请专利的权利属于该单位，申请被批准后，该单位为专利权人。该单位可以依法处置其职务发明创造申请专利的权利和专利权，促进相关发明创造的实施和运用。利用本单位的物质技术条件所完成的发明创造，单位与发明人对申请专利的权利和专利权的归属有约定的，从约定。在职务发明创造中，发明人或设计人有获得报酬权，有署名权。国家鼓励被授予专利权的单位实行激励，采取股权、期权、分红等方式，使发明人或者设计人合理分享创新收益。

> 👁 **【大家讲坛6-4】**
>
> 甲公司聘请乙专职从事汽车发动机节油技术开发，因开发进度没有达到甲公司的要求，甲公司减少了给乙的开发经费。乙于 2018 年 3 月辞职到丙公司，获得了更高的薪酬和更多的开发经费。2019 年 1 月，乙成功开发了一种新型汽车节油装置技术。
>
> 该技术专利申请权属于谁？

3. 非职务发明创造的专利权人

非职务发明创造，是指非为完成本单位的任务或不是主要利用本单位的物质技术条件所完成的发明创造。非职务发明创造的专利申请权属于发明人或设计人。申请被批准后，专利权归发明人或设计人所有。

4. 合作或委托完成发明创造的专利权人

合作或委托完成的发明创造，是指两个以上单位或个人合作，一个单位或个人接受其他单位或个人委托的研究、设计任务所完成的发明创造。合作或委托完成的发明创造，除另有协议的以外，申请专利的权利属于完成或者共同完成的单位或者个人；申请被批准后，申请的单位或者个人为专利权人。

6.3.3 专利权的客体

专利权的客体,也称专利法保护的对象,是指可以获得专利法保护的发明创造。我国《专利法》规定的发明创造是指发明、实用新型和外观设计。

1. 发明

发明是指对产品、方法或其改进所提出的新的技术方案。发明是利用自然规律进行的创造,其作为具体的技术方案,应能够解决特定的技术难题,产生一定的技术效果,具有一定的实用性。发明一般分为产品发明和方法发明。

2. 实用新型

实用新型,也称"小发明",是对产品的形状、构造或其组合所提出的适于实用的新技术方案。这种新技术方案能够在产业上制造出具有实用价值和实际用途的产品。

3. 外观设计

外观设计也称工业品外观设计,是指对产品的整体或者局部形状、图案、色彩或者其结合所做出的富有美感并适于工业上应用的新设计。

4. 专利权的排除客体

专利权的排除客体,是指不受专利法保护的发明创造。我国《专利法》规定了两类不受专利法保护的发明创造。一是违反国家法律、社会公德、妨害公共利益的发明创造;违反法律、行政法规的规定获取或者利用遗传资源,并依赖该遗传资源完成的发明创造。二是专利法不予保护的发明创造。包括科学发现;智力活动的规则和方法;疾病诊断和治疗方法;动物和植物品种;原子核变换方法及用原子核变换方法获得的物质;对平面印刷品的图案、色彩或者二者的结合做出的主要起标识作用的设计。

> **知识扩展:不能授予专利权的发明创造**
>
> 例如,某人研究制造出一台专用于复印人民币的复印机,其复印品与人民币一模一样,几乎可以乱真,这台机器的制造技术是不能获得专利的,尽管其技术确实先进。又如,某人发明赌博工具、吸毒工具等,即使符合发明创造的条件,但因违反社会公德、妨害公共利益,也是不能获得专利的。科学发现是指揭示出自然界原来存在但未被人认识的事实或规律。如某人发现了一种新的化学元素、发现了太阳系中一颗新的行星、找到了某种疾病的原因等,这些成果的取得虽然同样凝聚着科研人员的智慧和脑力劳动,也可能投入过巨额的资金,但不能授予专利权。原因有二:一是发现是"从有到有",即将原已存在的事物或规律揭示出来,并未创造新的事物;二是发现的成果无法直接被工农业所利用,而专利强调的是其成果要能直接被工农业所利用,两者有质的不同,由于科学发现不属于发明创造,无法为专利法所调整,因此不能获得专利权。

6.3.4 授予专利权的条件

1. 发明和实用新型授予专利权的条件

1) 新颖性

新颖性,是指该发明或者实用新型不属于现有技术,也没有任何单位或者个人就同样的发明或者实用新型在申请日以前向国务院专利行政部门提出过申请,并记载在申请日以后公布的专利申请文件或者公告的专利文件中。现有技术,是指申请日以前在国内外为公众所知的技术。

《专利法》第二十四条规定,申请专利的发明创造在申请日以前六个月内,有下列情形之一的,不丧失新颖性:在国家出现紧急状态或者非常情况时,为公共利益目的首次公开的;申请专利的发明创造在中国政府主办或者承认的国际展览会上首次展出的;在规定的学术会议或者技术会议上首次发表的;他人未经申请人同意泄露其内容的。

2) 创造性

创造性是指同申请日以前已有的技术相比,该发明有突出的实质性特点和显著的进步,该实用新型有实质性特点和进步。所谓"实质性特点"是指发明创造具有一个或几个技术特征,与现有技术相比有本质的区别。在评定一项发明创造是否具有实质性特点时,不仅要考虑技术方案本身的内容,还要考虑它的目的和效果,并将其作为一个整体来理解。所谓"进步"是指与现有技术相比有所发展和前进。如克服了现有技术存在的缺点和不足,或者具有新的优点或效果,或者代表了某种新的技术趋势。

3) 实用性

实用性是指该发明或者实用新型能够制造或使用,并且能够产生积极效果。实用性一般应具备三个条件:一是可实施性,即发明创造必须能够解决技术问题,并且能够在产业中应用。二是再现性,即能够重复实施专利申请中为解决技术问题所采用的技术方案。三是有益性,即发明创造能够在经济、技术和社会等领域产生积极和有益的效果。

2. 外观设计授予专利权的条件

《专利法》规定,授予专利权的外观设计,应当不属于现有设计;也没有任何单位或者个人就同样的外观设计在申请日以前向国务院专利行政部门提出过申请,并记载在申请日以后公告的专利文件中。授予专利权的外观设计与现有设计或者现有设计特征的组合相比,应当具有明显区别。授予专利权的外观设计不得与他人在申请日以前已经取得的合法权利相冲突。据此,外观设计专利权的实质条件应包括新颖性、不与他人的在先权利相冲突、富有美感、适于工业应用等。

6.3.5 专利权的取得、终止和无效

1. 专利权的取得

1) 专利的申请原则

(1) 书面原则。专利申请人及其代理人在办理各种手续时,须采用书面形式。

(2) 申请在先原则。在两个以上的申请人分别就同样的发明创造申请专利时,专利权授予先申请人。先申请的判断标准是专利申请日。如果两个以上申请人在同一日分别就同样的发明创造申请专利的,应当在收到专利行政管理部门的通知后自行协商确定申请人。

(3) 单一性原则。一份专利申请文件只能就一项发明创造提出专利申请,即"一申请一发明"原则。专利申请应当符合专利法有关单一性的规定。就发明或者实用新型的专利申请而言,一件发明或者实用新型专利申请应当限于一项发明或者实用新型。属于一个总的发明构思的两项以上的发明或者实用新型,可以作为一件申请提出。

(4) 优先权原则。优先权原则是指将专利申请人首次提出专利申请的日期,视为后来一定期限内专利申请人就相同主题在他国或本国提出专利申请的日期。专利申请人依法享有的这种

权利称为优先权,享有优先权的首次申请日称为优先权日。

优先权包括外国优先权和本国优先权。外国优先权,是指申请人自发明或者实用新型在外国第一次提出专利申请之日起 12 个月内,或者自外观设计在外国第一次提出专利申请之日起 6 个月内,又在中国就相同主题提出专利申请的,依照该外国同中国签订的协议或者共同参加的国际条约,或者依照相互承认优先权的原则,可以享有优先权。本国优先权,是指申请人自发明或者实用新型在中国第一次提出专利申请之日起 12 个月内,或者自外观设计在中国第一次提出专利申请之日起 6 个月内,又向国务院专利行政部门就相同主题提出专利申请的,可以享有优先权。

2) 专利申请文件

发明和实用新型专利申请。请求书,是指专利申请人向国务院专利行政部门提交的请求授予其发明或实用新型以专利权的一种书面文件。说明书,是对发明或实用新型的技术内容进行具体说明的陈述性文件。说明书摘要,是说明书公开内容的提要,仅是一种技术情报,无法律效力。权利要求书,是专利申请人向国务院专利行政部门提交的,用以确定专利保护范围的书面文件。

外观设计专利申请。请求书,由于外观设计难以命名,故无须填写外观设计的名称,但要依专利产品分类表填写使用该外观设计的产品及其所属类别,同时应清楚地写明该外观设计的内容及特点,写明使用该外观设计产品的主要创作部位、请求保护的色彩、省略视图等。图片或照片等文件,由于外观设计难以用文字说明或写成权利要求书,因此必须提交外观设计的图片或照片。

3) 专利申请的修改和撤回

专利申请的修改,是指对专利申请的改正、增补或删节。申请人可以对请求书、说明书、权利要求书和摘要提出修改,也可以根据国务院专利行政部门的要求加以修改。逾期不修改的,视为撤回;经修改后仍不符合专利法规定的,国务院专利行政部门应当予以驳回。

申请人可以在被授予专利权之前随时撤回其专利申请。专利申请被撤回后,该申请视为自始不存在。申请人无正当理由不请求实质审查的,该申请视为撤回。

4) 专利申请的审批与授权

国务院专利行政部门收到发明专利申请后,对申请文件的格式、法律要求等进行初步审查。国务院专利行政部门对发明专利申请经初步审查认为符合专利法规定要求的,自申请日起满 18 个月,即行公布。国务院专利行政部门也可以根据申请人的请求早日公布其申请。实质审查是国务院专利行政部门根据申请人的请求,对发明的新颖性、创造性、实用性等实质条件进行审查。发明专利申请自申请日起 3 年内,国务院专利行政部门可以根据申请人随时提出的请求,对其申请进行实质审查;申请人无正当理由逾期不请求实质审查的,该申请即被视为撤回。国务院专利行政部门认为必要时,可自行对发明专利申请进行实质审查。

国务院专利行政部门对发明专利申请进行实质审查后,认为不符合专利法规定的,应当通知申请人,要求其在指定的期限内陈述意见,或对其申请进行修改;无正当理由逾期不答复的,该申请即被视为撤回。发明专利申请经申请人陈述意见或者进行修改后,国务院专利行政部门仍然认为不符合专利法规定的,应当予以驳回。发明专利申请经实质审查没有发现驳回理由的,由国务院专利行政部门做出授予发明专利权的决定,发给发明专利证书,同时予以登记和公告。发明专利权自公告之日起生效。

以上审批和授权程序仅适用于发明专利申请。对实用新型和外观设计专利申请而言,国务院专利行政部门只进行初步审查,无申请公开和实质审查程序。经初步审查没有发现驳回理由的,由国务院专利行政部门做出授予实用新型专利权或外观设计专利权的决定,发给相应的专利证书,同时予以登记和公告。实用新型专利权和外观设计专利权自公告之日起生效。

5) 专利的复审

专利申请人对国务院专利行政部门驳回申请的决定不服的,可以自收到通知之日起 3 个月内,向国务院专利行政部门请求复审。国务院专利行政部门复审后,做出复审决定,并通知专利申请人。专利申请人对国务院专利行政部门的复审决定不服的,可以自收到通知之日起 3 个月内向人民法院起诉。

2. 专利权的终止

专利权的终止,是指专利权因期限届满或者其他原因在期限届满前失去法律效力。专利权终止的情形包括:专利权的期限届满;没有按照规定缴纳年费的;专利权人以书面声明放弃其专利的;专利权人死亡,无继承人或受遗赠人的。

专利权因未按照规定缴纳年费或者因专利权人以书面声明放弃而终止的,专利局均应将有关事项予以登记、公告。专利权终止后,发明创造成为无主财产,进入公有领域,任何人均可自由使用。

3. 专利权的无效

专利权无效是指已经取得的专利权因不符合专利法的规定,根据有关单位或个人的请求,经国务院专利行政部门审核后被宣告无效。

请求宣告专利权无效的单位或个人,应当向国务院专利行政部门提出请求书,并说明理由。对国务院专利行政部门宣告专利权无效或维持专利权的决定不服的,可以自收到通知之日起 3 个月内向人民法院起诉。人民法院应当通知无效宣告请求程序的对方当事人作为第三人参加诉讼。

宣告无效的专利权视为自始不存在。宣告专利权无效的决定,对在宣告专利权无效前人民法院做出并已执行的专利侵权的判决、调解书,已经履行或者强制执行的专利侵权纠纷处理决定,以及已经履行的专利实施许可合同和专利权转让合同,不具有追溯力。但是因专利权人的恶意给他人造成的损失,应当给予赔偿。专利权人或专利权转让人不向被许可实施专利人或者专利权受让人返还专利使用费或者专利权转让费,明显违反公平原则的,专利权人或者专利权转让人应当向被许可实施专利人或者专利权受让人返还全部或者部分专利使用费或者专利权转让费。

6.3.6 专利权的内容与限制

1. 专利权的内容

1) 专利权人的权利

(1) 独占权。专利权人对其专利享有独占权,任何人未经专利权人许可不得实施其专利。发明和实用新型专利权被授予后,除本法另有规定外,任何单位或者个人未经专利权人许可,不得为生产经营目的制造、使用、许诺销售、销售、进口其专利产品,或者使用其专利方法,以及使用、许诺销售、销售、进口依照该专利方法直接获得的产品。外观设计专利权被授予后,任何单位或者个人未经专利权人许可,不得为生产经营目的制造、许诺销售、销售、进口其外观设计专利产品。

(2) 许可实施权。专利权人有权根据专利实施许可合同,许可他人依合同约定制造、使用、许诺销售、销售、进口其专利产品,使用其专利方法以及使用、许诺销售、销售、进口依照该专利方法直接获得的产品。

(3) 转让权。专利权人有权将其获得的专利权转让他人。专利的转让导致专利权主体发生变更，原专利权人不再享有专利权，而受让人依法获得专利权。

(4) 标记权。专利权人享有在专利产品或该产品的包装、容器、说明书上，及产品广告中做专利标记或专利号的权利。专利标记由"中国专利""专利"或"P"符号表示。

(5) 署名权。发明人或设计人有在专利文件中写明自己是发明人或设计人的权利。职务发明创造的发明人或设计人虽不是专利权人，但同样享有署名权。

2) 专利权人的义务

我国《专利法》规定，专利权人有缴纳专利年费的义务。专利权人未按期缴纳年费时，可以在宽限期内补缴并支付滞纳金。

2. 专利权的限制

1) 期限限制

专利权有保护期间，保护期届满，专利技术进入公共领域，任何人均可自由使用。根据《专利法》的规定，发明专利权的期限为 20 年，实用新型专利权的期限为 10 年，外观设计专利权的期限为 15 年，均自申请日起计算。

2) 特别许可

(1) 推广使用。有企业事业单位的发明专利，对国家利益或公共利益具有重大意义的，国务院有关主管部门和省、自治区、直辖市人民政府报经国务院批准，可以决定在批准的范围内推广应用，允许指定的单位实施，由实施单位按照国家规定向专利权人支付使用费。

(2) 开放许可。专利权人自愿以书面方式向国务院专利行政部门声明愿意许可任何单位或者个人实施其专利，并明确许可使用费支付方式、标准的，由国务院专利行政部门予以公告，实行开放许可。任何单位或者个人有意愿使用开放许可的专利的，以书面方式通知专利权人，并依照公告的许可使用费支付方式、标准支付许可使用费后，即获得专利实施许可。开放许可实施期间，对专利权人缴纳专利年费相应给予减免。

(3) 强制许可

专利实施的强制许可，也称非自愿许可，是国家专利主管部门，根据具体情况，不经专利权人许可，授予他人实施发明或者实用新型专利的法律制度。根据《专利法》的规定，强制许可的情形有以下几种：

专利权人自专利权被授予之日起满 3 年，且自提出专利申请之日起满 4 年，无正当理由未实施或者未充分实施其专利的；专利权人行使专利权的行为被依法认定为垄断行为，为消除或者减少该行为对竞争产生的不利影响的；

在国家出现紧急状态或者非常情况时，或者为了公共利益的目的，国务院专利行政部门可以给予实施发明专利或者实用新型专利的强制许可；

为了公共健康目的，对取得专利权的药品，国务院专利行政部门可以给予制造并将其出口到符合中华人民共和国参加的有关国际条约规定的国家或者地区的强制许可；

一项取得专利权的发明或者实用新型比之前已经取得专利权的发明或者实用新型具有显著经济意义的重大技术进步，其实施又有赖于前一发明或者实用新型的实施的，国务院专利行政部门根据后一专利权人的申请，可以给予实施前一发明或者实用新型的强制许可。国务院专利行政部门根据前一专利权人的申请，也可以给予实施后一发明或者实用新型的强制许可。

国务院专利行政部门做出的给予实施强制许可的决定，应当及时通知专利权人，并予以登记和公告。给予实施强制许可的决定，应当根据强制许可的理由规定实施的范围和时间。取得实施强制许可的单位或者个人不享有独占的实施权，应当付给专利权人合理的使用费。使用费的数额由双方协商，双方不能达成协议的，由国务院专利行政部门裁决。

专利权人对国务院专利行政部门关于实施强制许可的决定不服的，专利权人和取得实施强制许可的单位或者个人对国务院专利行政部门关于实施强制许可的使用费的裁决不服的，可以自收到通知之日起3个月内向人民法院起诉。

3) 不视为侵犯专利权的行为

专利产品或者依照专利方法直接获得的产品，由专利权人或者经其许可的单位、个人售出后，使用、许诺销售、销售、进口该产品的；在专利申请日前已经制造相同产品、使用相同方法或者已经做好制造、使用的必要准备，并且仅在原有范围内继续制造、使用的；临时通过中国领陆、领水、领空的外国运输工具，依照其所属国同中国签订的协议或者共同参加的国际条约，或者依照互惠原则，为运输工具自身需要而在其装置和设备中使用有关专利的；专为科学研究和实验而使用有关专利的；为提供行政审批所需要的信息，制造、使用、进口专利药品或者专利医疗器械的，以及专门为其制造、进口专利药品或者专利医疗器械的。

4) 善意侵权

为生产经营目的使用、许诺销售或者销售不知道是未经专利权人许可而制造并售出的专利侵权产品，能证明该产品合法来源的，不承担赔偿责任。

> **【大家讲坛6-5】**
>
> 甲拥有一项节能热水器的发明专利权，乙对此加以改进后获得重大技术进步，并取得新的专利权，但是该专利的实施有赖于甲的专利的实施，双方又未能达成实施许可协议。
>
> 甲、乙可以申请许可强制实施对方的专利吗？

6.3.7 专利权的保护

1. 专利权的保护范围

判断某一行为是否侵犯专利权，需将被控侵权行为的客体与经确定的专利权的保护范围进行比较，判断其是否落入专利权的保护范围。

1) 发明和实用新型专利权的保护范围

根据《专利法》的规定，发明或者实用新型专利权的保护范围以其权利要求的内容为准，说明书及附图可以用于解释权利要求。

专利权的保护范围应当以权利要求书中明确记载的必要技术特征所确定的范围为准，也包括与该必要技术特征相等同的特征所确定的范围。等同特征是指与所记载的技术特征以基本相同的手段，实现基本相同的功能，达到基本相同的效果，并且本领域的普通技术人员无须经过创造性劳动就能够联想到的特征。

2) 外观设计专利权的保护范围

外观设计专利权的保护范围以表示在图片或者照片中的该外观设计专利产品为准。即其保护范围为申请时指定的产品上载有的、与图片或者照片中显示的设计相同的外观设计。如果在与外观设计专利产品相同或相似的产品上使用了相同或相似的外观设计，即被认为是落入了外观设计专利权的保护范围。

2. 专利侵权行为的种类

专利侵权行为，即侵犯专利权的行为，是指在专利权的有效期限内，任何他人在未经专利权人许可，也无其他法定事由，以生产经营为目的实施专利的行为。主要包括：未经专利权人许可，实施其专利的行为；假冒他人专利的行为；以非专利产品或方法冒充专利产品或方法。

3. 侵害专利权行为的法律责任

1) 民事责任

民事责任主要包括：停止侵害；赔偿损失；消除影响；恢复名誉等。其中，根据《专利法》的规定，侵犯专利权的赔偿数额按照权利人因被侵权所受到的实际损失确定或者侵权人因侵权所获得的利益确定；权利人的损失或者侵权人获得的利益难以确定的，参照该专利许可使用费的倍数合理确定。对故意侵犯专利权，情节严重的，可以再按照上述方法确定数额的1倍以上5倍以下确定赔偿数额。权利人的损失、侵权人获得的利益和专利许可使用费均难以确定的，人民法院可以根据专利权的类型、侵权行为的性质和情节等因素，确定给予3万元以上500万元以下的赔偿。赔偿数额还应当包括权利人为制止侵权行为所支付的合理开支。

2) 行政责任

行政责任主要包括：对未经专利权人许可实施其专利的行为，管理专利工作的部门认定侵权行为成立的，可以责令侵权人立即停止侵权行为；对假冒他人专利的行为，除依法承担民事责任外，由管理专利工作的部门责令改正并予以公告，没收违法所得，可以并处罚款；对以非专利产品冒充专利产品、以非专利方法冒充专利方法的行为，由管理专利工作的部门责令改正并予以公告，并可处以罚款；对侵夺发明人或设计人的非职务发明创造专利申请权以及其他权益的行为，由所在单位或者上级主管机关给予行政处分等。

3) 刑事责任

刑事责任只限于假冒他人专利且情节严重的情形，责任形式主要包括有期徒刑、拘役和罚金。

4. 专利侵权纠纷的解决

1) 专利侵权纠纷的解决途径

因专利侵权引起纠纷的，由当事人协商解决；不愿协商或者协商不成的，专利权人或者利害关系人可以向人民法院起诉，也可以请求管理专利工作的部门处理。管理专利工作的部门认定侵权行为成立的，可以责令侵权人立即停止侵权行为，当事人不服的，可以自收到处理通知之日起15日内依照《行政诉讼法》向人民法院起诉；侵权人期满不起诉又不停止侵权行为的，管理专利工作的部门可以申请人民法院强制执行。管理专利工作的部门应当事人的请求，可以就侵犯专利权的赔偿数额进行调解；调解不成的，当事人可以依照《民事诉讼法》向人民法院起诉。

2) 诉前禁令和证据保全

(1) 诉前禁令。专利权人或者利害关系人有证据证明他人正在实施或者即将实施侵犯专利权的行为，如不及时制止将会使其合法权益受到难以弥补的损害的，可以在起诉前向人民法院申请财产保全，责令做出一定行为或者禁止做出一定行为的措施。申请人提出申请时，应当提供担保；不提供担保的，驳回申请。人民法院应当自接受申请之时起48小时内做出裁定；有特殊情况需要延长的，可以延长 48 小时。裁定责令停止有关行为的，应当立即执行。当事人对裁定不服的，可以申请复议一次；复议期间不停止裁定的执行。申请人自人民法院采取责令停止有关行为的措施之日起 15 日内不起诉的，人民法院应当解除该措施。

(2) 证据保全。为了制止专利侵权行为，在证据可能灭失或者以后难以取得的情况下，专利权人或者利害关系人可以在起诉前向人民法院申请保全证据。人民法院采取保全措施，可以责令申请人提供担保；申请人不提供担保的，驳回申请。人民法院应当自接受申请之时起 48 小时内做出裁定；裁定采取保全措施的，应当立即执行。申请人自人民法院采取保全措施之日起 15 日内不起诉的，人民法院应当解除该措施。

3) 诉讼时效

根据《专利法》的规定，侵犯专利权的诉讼时效为 3 年，自专利权人或者利害关系人知道或者应当知道侵权行为以及侵权人之日起计算。发明专利申请公布后至专利权授予前使用该发明未支付适当使用费的，专利权人要求支付使用费的诉讼时效为 3 年，自专利权人知道或者应当知道他人使用其发明之日起计算，但是，专利权人于专利权授予之日前即已得知或者应当得知的，自专利权授予之日起计算。

权利人超过 3 年起诉的，如果侵权行为在起诉时仍在继续，在该项专利权有效期内，人民法院应当判决被告停止侵权行为，侵权损害赔偿数额应当自权利人向人民法院起诉之日起向前推算 3 年计算。

6.4 商标法

6.4.1 商标法概述

1. 商标的概念

商标是指由文字、图形、字母、数字、三维标志、颜色组合和声音等，以及上述要素的组合，使用于一定的商品或者服务上，用以区别商品或服务来源的显著标记。

2. 商标的分类

1) 按照商标构成要素的分类

(1) 文字商标，是仅以文字组成的商标，如"白玉牙膏"(见图 6-1)。

(2) 图形商标，是指人或事物的形状、图案，包括具体图形或抽象图形，也可以是虚构的图形构成的商标，如中国工商银行注册的钱币形商标(见图 6-2)。

(3) 数字商标，是指用阿拉伯数字、罗马数字或者是中文大写数字所构成的商标，如"3721"(见图 6-3)。

图 6-1　文字商标

图 6-2　图形商标

3721®
图 6-3　数字商标

(4) 三维商标，即立体商标，是指用具有长、宽、高三种度量的三维立体物标志构成的商标标志，如"可口可乐"的瓶形(见图6-4)。

(5) 颜色组合商标，是指由两种或两种以上的彩色排列、组合而成的商标，如金霸王电池的"黄铜色和黑色"颜色组合商标(见图6-5)。

(6) 声音商标，是指以能区别商品或服务来源的声音作为商标，如中国国际广播电台将其"开始曲"申请声音商标注册。这是2014年5月1日起施行的新《商标法》增加的一种可注册的商标类型。

(7) 组合商标，是以文字、图形、数字、颜色等组合起来的商标，如中国电信注册的商标包含了文字和图形的组合(见图6-6)。

图6-4　三维商标　　　　图6-5　颜色组合商标　　　　图6-6　组合商标

2) 按照商标使用对象的分类

(1) 商品商标。即生产者或销售者用于自己生产、制造、加工、挑选或者经销的商品上(包括在商品的容器上或包装上)的商标，如用于饮料上的可口可乐。

(2) 服务商标。即服务的提供者为了与他人提供的服务项目相区别，而用于自己所提供的服务项目上的商标，如用于快餐食品的肯德基。

3) 根据商标功能的分类

(1) 证明商标，也称保证商标，用来证明商品的原产地、特殊质量、原料、制造工艺、精密度或其他特征的商标，如绿色食品标志(见图6-7)即为证明商标。

(2) 集体商标，集体商标是指以团体、协会或者其他组织名义注册，供该组织成员在商事活动中使用，以表明使用者在该组织中的成员资格的标志，如吐鲁番葡萄商标(见图6-8)。

图6-7　证明商标　　　　　　　　　图6-8　集体商标

此外，根据商标的知名度可分为驰名商标、著名商标和知名商标。

> **知识扩展：联合商标和防御商标**
>
> 联合商标，是指同一商标所有人在同种或同类商品上注册的若干个近似商标。注册联合商标是为了保护其正商标，防止他人影射。因此，联合商标不受 3 年不使用则撤销其注册商标的限制。这些近似商标中首先注册的或者主要使用的商标为正商标，其余的为正商标的副商标。例如，娃哈哈为正商标，哈娃娃、娃娃哈、哈哈娃为副商标。
>
> 防御商标，是指驰名商标或已为公众熟知的商标所有人在不同类别的商品或服务上注册相同商标。原商品商标为正商标，注册在另外不同类别商品或服务上的商标为防御商标。驰名商标能带来巨大利益，一般消费者不易了解他确切的经营范围。因此，在不同类别的商品或服务上，他人如果使用，消费者因慕驰名商标之名，对产品或者服务来源会发生误认，商标所有人的信誉也会受影响，所以，防御商标能防止此类现象发生。如某厂生产"白玉"牌牙膏，遂又在化妆品、香皂、洗涤剂上注册使用该商标，后者即为防御商标。

3. 商标权

1) 商标权的概念

商标权，是指商标所有人对其注册商标进行支配并排除他人侵害的权利。我国和世界上大多数国家实行商标注册制度，只有依法注册才能取得商标权。我国现行法律用"商标专用权"替代"商标权"。

2) 商标权的内容

商标权的内容是指商标权人的权利与义务。商标权人的权利主要包括：独占使用权、禁止权、转让权、许可使用权、续展权和标示权等。商标权人的义务主要包括：正确使用注册商标的义务、不得自行改变注册商标、缴纳费用的义务。

3) 商标权的取得

商标权的取得分原始取得和继受取得两种。原始取得是指商标权通过注册、使用而取得。原始取得方式有使用取得、注册取得。继受取得是指商标权人之商标权是基于他人既存之商标权而取得。继受取得主要包括：根据合同转让取得和法律承受取得。

4) 商标权的消灭

商标权的消灭，是指基于法定原因，注册商标所有人丧失其商标权，法律不再对该注册商标予以保护。注册商标可以因注销、撤销和宣告无效而导致专用权消灭。

4. 商标法的概念

商标法是指调整商标的组成、注册、使用、管理和商标专用权的保护等各种社会关系的法律规范的总称。

商标法有广义和狭义之分。狭义的商标法仅指全国人大常委会通过的《商标法》。广义的商标法除《商标法》外，还包括有关法律、行政法规和规章中关于商标的法律规范等。

6.4.2 商标注册

1. 商标注册的条件

1) 申请人的条件

《商标法》第四条规定，自然人、法人或者其他组织在生产经营活动中，对其商品或者服务需要取得商标专用权的,应当向商标局申请商标注册。

申请人可以是两个以上的自然人、法人或者其他组织。多个主体共同向商标局申请注册同一商标的,共同享有和行使该商标专用权。共同申请注册同一商标的,应当在申请书中指定一个代表人;没有代表人的,以申请书中顺序排列的第一人为代表人。

外国人或者外国企业在中国申请商标注册的,应当按其所属国和中华人民共和国签订的协议或者共同参加的国际条约办理,或者按对等原则办理。外国人或者外国企业在中国申请商标注册和办理其他商标事宜的,应当委托国家认可的具有商标代理资格的组织代理。

2) 商标构成的条件

商标的必备要件包括:第一,应当具备法定的构成要素,商标的构成要素为任何能够将自然人、法人或者其他组织的商品与他人的商品区别的标志,包括文字、图形、字母、数字、三维标志、颜色组合和声音,以及上述要素的组合;第二,商标应当具有显著特征,便于识别。

3) 商标的禁止条件

(1) 禁止作为商标注册或使用的标志。同中华人民共和国的国家名称、国旗、国徽、国歌、军旗、军徽、军歌、勋章等相同或者近似的,以及同中央国家机关的名称、标志、所在地特定地点的名称或者标志性建筑物的名称、图形相同的;同外国的国家名称、国旗、国徽、军旗相同或者近似的,但该国政府同意的除外;同政府间国际组织的名称、旗帜、徽记相同或者近似的,但经该组织同意或者不易误导公众的除外;与表明实施控制、予以保证的官方标志、检验印记相同或者近似的,但经授权的除外;同"红十字""红新月"的名称、标志相同或者近似的;带有民族歧视性的;带有欺骗性,容易使公众对商品的质量等特点或者产地产生误认的;有害于社会主义道德风尚或者有其他不良影响的;县级以上行政区划名称或者公众知晓的地名,但该地名具有其他含义或者作为集体商标、证明商标组成部分的除外,已经注册的使用地名的商标继续有效。

(2) 禁止作为商标注册但可以作为未注册商标使用的标志。第一,仅有本商品的通用名称、图形、型号的;仅直接表示商品的质量、主要原料、功能、用途、重量、数量及其他特点的;其他缺乏显著特征的。前述所列标志经过使用取得显著特征,并便于识别的,可以作为商标注册。第二,以三维标志申请注册商标的,仅由商品自身的性质产生的形状、为获得技术效果而需有的商品形状或者使商品具有实质性价值的形状,不得注册。

(3) 不得侵犯他人的在先权利或合法利益。不得在相同或类似商品上与已注册或申请在先的商标相同或近似;就相同或者类似商品申请注册的商标是复制、模仿或者翻译他人未在中国注册的驰名商标,容易导致混淆的,不予注册并禁止使用;就不相同或者不相类似商品申请注册的商标是复制、模仿或者翻译他人已经在中国注册的驰名商标,误导公众,致使该驰名商标注册人的利益可能受到损害的,不予注册并禁止使用;未经授权,代理人或者代表人以自己的名义将被代理人或者被代表人的商标进行注册,被代理人或者被代表人提出异议的,不予注册并禁止使用;就同一种商品或者类似商品申请注册的商标与他人在先使用的未注册商标相同或者近似,申请人与该他人具有前款规定以外的合同、业务往来关系或者其他关系而明知该他人商标存在,该他人提出异议的,不予注册;不得以不正当手段抢先注册他人已经使用并有一定影响的商标;不得侵犯他人的在先权利,如外观设计专利权、著作权、姓名权、肖像权、商号权、特殊标志专用权等。

(4) 禁止恶意注册。为防止不具有真实使用目的的商标抢注和囤积行为，2019 年 4 月 23 日，第十三届全国人民代表大会常务委员会第十次会议通过了对《中华人民共和国商标法》的修改决定，修改条款自 2019 年 11 月 1 日起施行。修改后《商标法》第四条增加"不以使用为目的的恶意商标注册申请，应当予以驳回"的内容，赋予审查员在初审阶段可依职权主动驳回的权利；第十九条第三款增加了商标代理机构的审查义务，规定代理机构不得接受不以使用为目的的恶意商标注册申请的委托；第三十三条和第四十四条相应地将这种情况规定为提起异议和无效的理由之一。

> **知识扩展：恶意商标注册申请**
>
> 作为一家知名服装品牌，优衣库在我国各大商场随处可见。近年来，该品牌的权利人日本株式会社迅销却被两家中国企业在多家法院提起批量诉讼，诉由全部是商标侵权。其中，在上海法院审理的十几起案件中，法院认为，原告就相同事实在全国各地法院提起批量诉讼，明显具有通过利用注册商标进行批量诉讼，以获得多重赔偿之意图。优衣库品牌权利人被诉商标侵权是很多知名品牌商遭遇商标恶意注册的一个缩影。2017 年，我国商标注册申请量超过 500 万件，比 2016 年增长 55.7%，申请量和增速均创历史新高，且连续 17 年位居世界第一。在商标注册申请量快速增长的同时，商标恶意"抢注"及囤积现象大量涌现，严重阻碍了我国商标制度的健康发展。广东省深圳市中级人民法院知识产权庭副庭长祝建军介绍，在司法实践中，商标恶意注册主要表现在两个方面：一是恶意"抢注"他人在先使用并具有一定知名度的商标，随后指控商标在先使用人侵犯其注册商标专用权；二是行为人囤积大量他人在先使用商标，不以使用为目的，而是通过销售商标进行牟利。
>
> (资料来源：冯飞. 如何让商标注册不再"恶意" [J]. 中国知识产权报. 2018(9).)

2. 商标注册申请

1) 商标注册申请的原则

(1) 申请在先原则。两个或者两个以上申请人，先后在同一或类似商品或者服务上，以相同或类似的商标申请注册的，商标权授予申请在先的人。申请先后的确定以申请日为准。两个或者两个以上的申请人，在同一或类似商品或者服务上，以相同或类似的商标在同一天申请注册的，商标权授予使用在先的人。同日使用或者均未使用的，各申请人可以自收到商标局通知之日起 30 日内自行协商；不愿协商或者协商不成的，商标局通知各申请人以抽签的方式确定一个申请人，驳回其他人的注册申请。

(2) 自愿注册原则。自愿注册，是指商标使用人是否申请商标注册取决于自己的意愿。依自愿注册原则，商标无论注册与否均可使用。同时，我国对极少数商品采用强制注册。

(3) 优先权原则。优先权原则是商标权取得程序中的一项重要原则。根据《商标法》的规定，商标注册申请程序中优先权表现在两个方面：一是商标注册申请人自其商标在外国第一次提出商标注册申请之日起 6 个月内，又在中国就相同商品以同一商标提出商标注册申请的，依照该外国同中国签订的协议或者共同参加的国际条约，或者按照相互承认优先权原则，可以享有优先权。二是商标在中国政府主办的或承认的国际展览会展出的商品上首次使用的，自该商品展出之日起 6 个月内，该商标的注册申请人可以享有优先权。

> 👁 **【大家讲坛 6-6】**
>
> 　　甲公司是《保护工业产权巴黎公约》成员国 A 国的企业，于 2018 年 8 月 1 日向 A 国在牛奶产品上申请注册"白雪"商标被受理后，又于 2019 年 5 月 30 日向我国商标局申请注册"白雪"商标，核定使用在牛奶、糕点和食品容器这三类商品上。
> 　　甲公司是否可依法享有优先权？

　　2) 申请商标注册的文件和费用

　　申请商标注册应提供的文件包括：商标注册申请书、商标图样及相关证明文件。同时，应按照国家工商行政管理局的规定，缴纳申请费、注册费。

3. 商标注册的审查核准

1) 形式审查

　　商标局收到商标注册申请文件后，应当首先进行形式审查。其内容主要包括：申请手续是否齐备；申请人是否具备申请资格；申请文件是否齐全，填写是否正确；是否按规定缴纳了申请注册费等。经形式审查，凡符合规定的，商标局予以受理。

2) 实质审查

　　实质审查，是指商标局对经过形式审查、决定受理的商标注册申请，对构成商标的文字、图形、字母、数字、三维标志、颜色组合、声音或者上述要素的组合，通过检索、分析、对比和必要的调查研究，审核其实质要件的合法性，以确定是否准予初步审定并予以公告的行为。实质审查主要涉及商标是否具有显著性、是否使用了法律禁用的文字、是否与在先权利相冲突等。

3) 初步审定并公告

　　对申请注册的商标，商标局应当自收到商标注册申请文件之日起 9 个月内审查完毕，符合有关规定的，予以初步审定公告。对驳回申请、不予公告的商标，商标局应当书面通知商标注册申请人。商标注册申请人不服的，可以自收到通知之日起 15 日内向商标评审委员会申请复审。当事人对商标评审委员会的决定不服的，可以自收到通知之日起 30 内向人民法院起诉。

4) 异议及其复审

　　对初步审定公告的商标，自公告之日起 3 个月内，在先权利人、利害关系人认为违反《商标法》第十三条第二款和第三款、第十五条、第十六条第一款、第三十条、第三十一条、第三十二条规定的，或任何人认为违反本法第四条、第十条、第十一条、第十二条、第十九条第四款规定的，可以向商标局提出异议。

　　对初步审定公告的商标提出异议的，商标局应当听取异议人和被异议人陈述事实和理由，经调查核实后，自公告期满之日起 12 个月内做出是否准予注册的决定，并书面通知异议人和被异议人。商标局做出准予注册决定的，发给商标注册证，并予公告。异议人不服的，可以依照相关规定向商标评审委员会请求宣告该注册商标无效。商标局做出不予注册决定，被异议人不服的，可以自收到通知之日起 15 日内向商标评审委员会申请复审。商标评审委员会应当在规定期限内做出复审决定，并书面通知异议人和被异议人。被异议人对商标评审委员会的决定不服的，可以自收到通知之日起 30 日内向人民法院起诉。人民法院应当通知异议人作为第三人参加诉讼。

> **知识扩展：商标复审**
>
> 天堂寨系大别山第二主峰，海拔 1729 米。山之北为安徽金寨县，山之南为湖北罗田县。自 20 世纪 80 年代中期，安徽省就开始开发天堂寨旅游业。1987 年安徽省将天堂寨列为安徽省第一批省级风景区。2002 年 8 月，湖北省罗田县天堂寨林场向国家商标局申请将"天堂寨 Tiantangzhai 及图"进行商标注册。2004 年 1 月，国家商标局初步审定通过其申请并发布公告，在公告期内的 2004 年 2 月 15 日，安徽天堂寨国家森林公园管理处委托安徽精英商标事务有限公司向国家商标局递交了异议申请，国家商标局以异议理由不充分，于 2008 年 10 月核准注册了湖北省罗田县天堂寨林场的"天堂寨 Tiantangzhai 及图"旅游类商标。2008 年 11 月 24 日，安徽天堂寨再次向国家工商总局商标评审委员会递交了《天堂寨商标异议复审申请书》，并提供了大量翔实的安徽天堂寨行政区划地名使用在先、旅游开发在先的证据材料。2010 年 6 月 21 日，国家工商总局商标评审委员会做出复审裁定，支持了安徽天堂寨国家森林公园管理处的请求、撤销了湖北罗田县天堂寨林场申请的"天堂寨 Tiantangzhai 及图"商标。裁定认为，旅游风景区名称在旅行安排等服务上应视为一种公共资源，不宜为个别主体所独占。一场长达八年的"天堂寨"商标之争终于尘埃落定。
>
> （资料来源：张大鹏. 长达八年的"天堂寨"商标之争终于尘埃落定[EB/OL]. [2011-10-11]. http://www.people.com.cn/h/2011/1011/c25408-3843702828.html.）

5）商标的核准注册

对初步审定并公告的商标，公告期满无异议或者经裁定异议不能成立的，由商标局核准注册，发给注册证予以登记和公告。商标获准注册后，由商标局将核准的商标和核定使用的商品登记在《商标注册簿》上，并刊登在商标注册公告上；同时颁发商标注册证，自此商标注册人享有商标专用权。

6.4.3 注册商标的续展、转让、使用许可

1. 注册商标的续展

商标权的续展，是指注册商标所有人为了在注册商标有效期满后，继续享有注册商标专用权，按规定申请并经批准延续其注册商标有效期的一种制度。根据《商标法》的规定，注册商标的有效期为 10 年，自核准注册之日起计算。注册商标有效期满，需要继续使用的，应当在期满前 12 个月内申请续展注册；在此期间未能提出申请的，可以给予 6 个月的宽展期。宽展期满仍未提出申请的，注销其注册商标。续展注册无次数限制，每次续展注册的有效期为 10 年，自该商标上一次有效期满次日起计算。

2. 注册商标的转让

注册商标的转让是指注册商标所有人依法将商标权转让给他人的行为。转让注册商标的，转让人和受让人应当签订转让协议，并共同向商标局提出申请。受让人应当保证使用该注册商标的商品质量。转让注册商标经核准后，予以公告。受让人自公告之日起享有商标专用权。

3. 注册商标的使用许可

注册商标的使用许可是指注册商标所有人通过签订商标使用许可合同，许可他人使用其注

册商标，同时收取许可使用费的行为。商标使用许可类型包括独占使用许可、排他使用许可和普通使用许可。

许可人应当监督被许可人使用其注册商标的商品质量，被许可人应当保证使用该注册商标的商品质量。经许可使用他人注册商标的，必须在使用该注册商标的商品上标明被许可人的名称和商品产地。许可人应当将其商标使用许可报商标局备案，由商标局公告。商标使用许可未经备案不得对抗善意第三人。

6.4.4 注册商标的无效宣告

1. 商标注册无效宣告的含义

商标注册无效宣告，是指商标不具备注册条件但取得注册时，商标局可以依职权，或由商标评审委员会根据第三人的请求宣告该注册商标无效的制度。

2. 商标注册无效宣告的事由

(1) 商标局和其他人均可提出商标注册无效宣告的事由。已经注册的商标，违反本法第四条、第十条、第十一条、第十二条、第十九条第四款规定的，或是以欺骗手段或者其他不正当手段取得注册的，由商标局宣告该注册商标无效；其他单位或个人可以请求商标评审委员会宣告该注册商标无效。

当事人对商标局的决定不服的，可以自收到通知之日起 15 日内向商标评审委员会申请复审。当事人对商标评审委员会的决定不服的，可以自收到通知之日起 30 日内向人民法院起诉。其他单位或个人请求商标评审委员会宣告注册商标无效的，当事人对商标评审委员会的裁定不服的，可以自收到通知之日起 30 日内向人民法院起诉。人民法院应当通知商标裁定程序的对方当事人作为第三人参加诉讼。

(2) 仅商标所有人或利害关系人可提出商标注册无效宣告的事由。已经注册的商标，违反《商标法》第十三条第二款和第三款、第十五条、第十六条第一款、第三十条、第三十一条、第三十二条规定的，自商标注册之日起 5 年内，在先权利人或者利害关系人可以请求商标评审委员会宣告该注册商标无效。对恶意注册的，驰名商标所有人不受 5 年的时间限制。

当事人对商标评审委员会的裁定不服的，可以自收到通知之日起 30 日内向人民法院起诉。人民法院应当通知商标裁定程序的对方当事人作为第三人参加诉讼。

3. 商标注册无效宣告的法律效力

商标注册无效宣告的，注册商标专用权视为自始即不存在。宣告注册商标无效的决定或者裁定，对宣告无效前人民法院做出并已执行的商标侵权案件的判决、裁定、调解书和工商行政管理部门做出并已执行的商标侵权案件的处理决定以及已经履行的商标转让或者使用许可合同不具有追溯力。但是，因商标注册人的恶意给他人造成的损失，应当给予赔偿。不返还商标侵权赔偿金、商标转让费、商标使用费，明显违反公平原则的，应当全部或者部分返还。

【大家讲坛 6-7】

甲公司在食品上注册"乡巴佬"商标，后将该商标转让给乙公司，并获 5 万元转让费。乙公司在使用"乡巴佬"商标一段时间后，"乡巴佬"注册商标又因有"不良影响"被依法宣告无效。

甲公司要还乙公司 5 万元转让费吗？"乡巴佬"商标还能用吗？

6.4.5 商标使用的管理

商标的使用,是指将商标用于商品、商品包装或者容器以及商品交易文书上,或者将商标用于广告宣传、展览以及其他商业活动中,用于识别商品来源的行为。商标使用的管理是指商标局对注册商标、未注册商标的使用进行监督管理,并对违反商标法规定的侵权行为予以制裁的活动。

1. 注册商标使用管理

1) 使用注册商标的管理

商标注册人在使用注册商标的过程中,自行改变注册商标、注册人名义、地址或者其他注册事项的,由地方工商行政管理部门责令限期改正;期满不改正的,由商标局撤销其注册商标。

注册商标成为其核定使用的商品的通用名称或者没有正当理由连续 3 年不使用的,任何单位或者个人可以向商标局申请撤销该注册商标。

对商标局撤销或者不予撤销注册商标的决定,当事人不服的,可以自收到通知之日起 15 日内向商标评审委员会申请复审。当事人对商标评审委员会的决定不服的,可以自收到通知之日起 30 日内向人民法院起诉。法定期限届满,当事人对商标局做出的撤销注册商标的决定不申请复审或者对商标评审委员会做出的复审决定不向人民法院起诉的,撤销注册商标的决定、复审决定生效。

2) 被撤销、注销和宣告无效商标的管理

注册商标被撤销、被宣告无效或者期满不再续展的,自撤销、宣告无效或者注销之日起 1 年内,商标局对与该商标相同或者近似的商标注册申请,不予核准。

3) 必须使用注册商标商品的管理

按照国家规定必须使用注册商标的商品,未申请注册而在市场销售的,由地方工商行政管理部门责令限期申请注册,可以并处罚款。

2. 未注册商标使用的管理

未注册商标不享有商标专用权,但未注册商标的使用同样涉及商标专用权的保护、消费者权益的保障,因而商标管理工作也包括未注册商标使用的管理。

将未注册商标冒充注册商标使用的,或者使用未注册商标违反本法第十条规定的,由地方工商行政管理部门予以制止,限期改正,并可以予以通报与罚款。

6.4.6 注册商标专用权的保护

1. 注册商标专用权的保护范围

根据《商标法》的规定,注册商标专用权,以核准注册的商标和核定使用的商品为限。注册商标专用权的有效期限为 10 年,可无限续展。注册商标超过有效期限未续展的,不再受法律保护。

2. 侵犯注册商标专用权的行为

(1) 未经商标注册人的许可,在同一种商品上使用与其注册商标相同的商标的。

(2) 未经商标注册人的许可,在同一种商品上使用与其注册商标近似的商标,或者在类似商品上使用与其注册商标相同或者近似的商标，容易导致混淆的。

(3) 销售侵犯注册商标专用权的商品的。

(4) 伪造、擅自制造他人注册商标标识或者销售伪造、擅自制造的注册商标标识的。

(5) 未经商标注册人同意，更换其注册商标并将该更换商标的商品又投入市场的。

(6) 故意为侵犯他人商标专用权行为提供便利条件，帮助他人实施侵犯商标专用权行为的。

(7) 给他人的注册商标专用权造成其他损害的。

3. 侵犯注册商标专用权的法律责任

1) 民事责任

民事责任主要包括：停止侵犯；消除影响；赔偿损失等。其中，侵犯商标专用权的赔偿数额，按照权利人因被侵权所受到的实际损失确定；实际损失难以确定的，可以按照侵权人因侵权所获得的利益确定；权利人的损失或者侵权人获得的利益难以确定的，参照该商标许可使用费的倍数合理确定。对恶意侵犯商标专用权，情节严重的，可以在按照上述方法确定数额的 1 倍以上 5 倍以下确定赔偿数额。赔偿数额应当包括权利人为制止侵权行为所支付的合理开支。权利人因被侵权所受到的实际损失、侵权人因侵权所获得的利益、注册商标许可使用费难以确定的，由人民法院根据侵权行为的情节判决给予 500 万元以下的赔偿。

2) 行政责任

行政责任主要包括：责令立即停止侵权行为；没收、销毁侵权商品和专门用于制造侵权商品、伪造注册商标标识的工具；罚款。在处理商标侵权行为时，工商行政管理机关根据当事人的请求，可以就侵犯注册商标专用权的赔偿数额进行调解。调解不成的，当事人可以向人民法院起诉。

3) 刑事责任

对情节严重、构成犯罪的商标侵权行为应当依法追究其刑事责任，包括有期徒刑、拘役、管制和罚金。

知识扩展：假冒注册商标罪

我国《刑法》第二百一十三条规定，未经注册商标所有人许可，在同一种商品上使用与其注册商标相同的商标，情节严重的，处三年以下有期徒刑或者拘役，并处或者单处罚金；情节特别严重的，处三年以上七年以下有期徒刑，并处罚金。

假冒注册商标罪主要有以下几个认定标准：①被假冒的商标已成功注册并处在有效期内。②假冒者未获得商标注册人的授权。获得授权的商标使用自然不能算假冒。但需要说明的是，如果是获得授权，但被授权者未在使用商标时说明也是违法的，只是不构成假冒注册商标罪。③假冒者使用商标的商品与被假冒商标的商品是同一种商品。如果不是同一种商品的，不构成假冒注册商标罪。④假冒者假冒商标的行为是出于主观的。若是出于过失，在不知自己所使用商标是他人已注册的商标情形下，也构成商标侵权，但不构成假冒注册商标罪。⑤假冒者所使用的商标与被假冒商标是相同的。对于"相同"的认定，以假冒商标是否足以使一般消费者误认为是同一注册商标为标准。一般来讲，假冒商标与注册商标总会在某些方面存在差别，不可能完全相同，所以认定是否"相同"应考虑一般消费者的通常识别能力。

4. 注册商标专用权侵权纠纷的解决

对侵犯注册商标专用权的案件,首先由当事人协商解决;当事人不愿协商或者协商不成的,由商标注册人或者利害关系人请求工商行政管理部门处理,或向人民法院起诉。

1) 工商行政管理部门的处理

根据《商标法》的规定,商标注册人或者利害关系人对侵犯注册商标专用权的行为,可以请求工商行政管理部门进行处理。工商行政管理部门认定侵权行为成立的,责令立即停止侵权行为,没收、销毁侵权商品和专门用于制造侵权商品、伪造注册商标标识的工具,并可以处以罚款。当事人对处理决定不服的,可以自收到处理通知之日起 15 日内向人民法院起诉。侵权人期满不起诉又不履行的,工商行政管理部门可以申请人民法院强制执行。

2) 人民法院的处理

根据《商标法》的规定,商标注册人或者利害关系人对侵犯注册商标专用权的行为,可以向人民法院起诉。

商标注册人或者利害关系人有证据证明他人正在实施或者即将实施侵犯其注册商标专用权的行为,如不及时制止,将会使其合法权益受到难以弥补的损害的,可以在起诉前向人民法院申请采取责令停止有关行为和财产保全的措施。在证据可能灭失或以后难以取得的情况下,商标注册人或者利害关系人可以在起诉前向人民法院申请保全证据。

侵犯注册商标专用权的诉讼时效为 3 年,自商标注册人或者利害权利人知道或者应当知道侵权行为之日起计算。商标注册人或者利害关系人超过 3 年起诉的,如果侵权行为在起诉时仍在持续,在该注册商标专用权有效期限内,人民法院应当判决被告停止侵权行为,侵权损害赔偿数额应当自权利人向人民法院起诉之日起向前推算 3 年计算。

同步训练

一、单项选择题

1. 根据《著作权法》的规定,下列各项中不受著作权法保护的对象是( )。
   A. 计算机软件　　　　B. 口述作品　　　C. 工程设计图　　　　D. 时事新闻

2. 甲创作的一篇杂文,发表后引起较大轰动。该杂文被多家报刊、网站无偿转载。乙将该杂文译成法文,丙将之译成维文,均在国内出版,未征得甲的同意,也未支付报酬。下列选项正确的是( )。
   A. 报刊和网站转载该杂文的行为不构成侵权
   B. 乙和丙的行为均不构成侵权
   C. 乙的行为不构成侵权,丙的行为构成侵权
   D. 乙的行为构成侵权,丙的行为不构成侵权

3. 当事人甲于 2017 年 1 月 1 日在美国第一次提出"CPA"的注册商标申请,根据《商标法》的规定,甲在中国就相同商品以同一商标提出商标注册申请的,其申请在( )之前提出的,可以享有优先权。
   A. 2017 年 7 月 1 日　　　　　　　　　　B. 2018 年 1 月 1 日
   C. 2018 年 7 月 1 日　　　　　　　　　　D. 2019 年 1 月 1 日

4. 甲公司获得了某医用镊子的实用新型专利，不久后乙公司自行研制出相同的镊子，并通过丙公司销售给丁医院使用。乙、丙、丁都不知道甲已经获得该专利。下列选项正确的是(　　)。
    A. 乙的制造行为不构成侵权
    B. 丙的销售行为不构成侵权
    C. 丁的使用行为不构成侵权
    D. 丙和丁能证明其产品的合法来源，不承担赔偿责任

5. 甲经乙许可将乙的小说改编成电影剧本，丙获得剧本手稿后，未征得甲乙的同意，将该剧本编成电视剧剧本并予以发表。下列关于丙的行为的说法，正确的是(　　)。
    A. 侵犯了甲的著作权，但未侵犯乙的著作权
    B. 侵犯了乙的著作权，但未侵犯甲的著作权
    C. 同时侵犯了甲和乙的著作权
    D. 不构成侵权

6. 某地区花果山市出产的鸭梨营养丰富，口感独特，远近闻名，当地有关单位拟对其采取的以下保护措施中(　　)是合法的。
    A. 将"花果山"申请注册为集体商标，使用于鸭梨上
    B. 将鸭梨的形状申请注册为图形商标，使用于鸭梨上
    C. 将鸭梨的形状申请注册为立体商标，使用于鸭梨上
    D. 将"香梨"申请注册为文字商标，使用于鸭梨上

二、多项选择题

1. 根据《与贸易有关的知识产权协议》的规定，下列各项中属于知识产权的有(　　)。
    A. 工业品外观设计权　　　　　　　B. 商业秘密权
    C. 地理标志权　　　　　　　　　　D. 集成电路布图设计权

2. 根据《著作权法》的规定，下列各项中不属于创作的是(　　)。
    A. 为他人创作进行组织工作　　　　B. 为他人创作提供咨询意见
    C. 为他人创作提供物质条件　　　　D. 为他人创作进行辅助工作

3. 根据《专利法》及其实施细则的规定，下列各项中属于职务发明创造的有(　　)。
    A. 在本职工作中做出的发明创造
    B. 履行本单位交付的本职工作之外的任务所做出的发明创造
    C. 退休、退职或调动工作后1年内做出的与其在原单位承担的本职工作有关的发明创造
    D. 主要利用本单位的物质技术条件完成的发明创造

4. 甲电视台获得了某歌星演唱会的现场直播权，乙电视台未经许可对甲电视台直播的演唱会实况进行转播，丙广播电台经过许可将现场演唱制作成CD，丁音像店从正规渠道购买到CD用于出租，戊未经许可将丙广播电台播放的演唱会录音录下后上传到网站上传播。下列选项正确的是(　　)。
    A. 甲电视台有权禁止乙电视台的转播
    B. 乙电视台侵犯了该歌星的表演者权
    C. 丁音像店应取得该歌星或丙广播电台的许可并向其支付报酬
    D. 戊的行为应取得丙广播电台的许可并应向其支付报酬

5. 根据商标法律制度的规定，下列构成侵权注册商标专用权的有(　　)。

A. 甲复制乙注册的驰名商标,在不相同商品上作为商标使用,误导公众、致使乙的利益受到损害
B. 丙销售不知道是侵犯乙的注册商标权的商品,且证明了该商品是合法取得的
C. 未经商标注册人乙同意,丁更换乙商品上的注册商标并将该更换商标的商品用于个人消费
D. 戊擅自制造乙的注册商标标识,并将其卖给第三人庚

6. 某农业大学研究开发出"无籽西瓜新品种及培育方法",就此发明拟向中国专利局申请专利。下列各项中可以申请专利的是( )。
   A. 西瓜新品种的培育方法　　B. 西瓜新品种
   C. 培育无籽西瓜的方法　　　D. 用于无籽西瓜生长的除草剂

解决几个大问题

1. 约翰,英国人,2017 年 1 月做出一项有关齿轮变速技术的发明创造,2017 年 2 月 5 日就该发明创造在英国提起专利申请,2018 年 3 月在英国获得发明专利权。2017 年 6 月 3 日约翰就该发明创造在中国提起专利申请。

(1) 若我国公民陈某 2016 年 12 月做出同样的发明创造,2017 年 3 月 7 日就同样的发明创造向我国专利部门提出申请,若该专利申请符合实质性要求,该项专利权应授予约翰还是陈某,为什么?

(2) 若该发明创造 2018 年 12 月在中国获得专利权,张某在该专利申请日以前已经制造相同产品,在 2019 年 2 月在原有范围内继续制造,张某是否侵犯了其专利权?为什么?

(3) 2019 年 4 月,赵某在某大型商场购得黄某制造的相同产品,有合法发票为证明,赵某购买后进行零售,其行为是否侵犯了其专利权?为什么?

(4) 凯文系在美国登记的轮船船主,2019 年 1 月临时通过中国领海,为其轮船安装了上述专利产品,其行为未经专利权人的同意,是否侵犯了其专利权?为什么?

2. 邻省华鸣公司拥有注册商标的"华鸣"牌电热取暖器畅销本地,本地阳光百货商厦从邻省大型老牌国有企业九峰公司进货 1000 台"华鸣"牌电热取暖器并且销售一空。后来"华鸣"公司将阳光百货商厦、九峰公司一起诉至法院,指控两被告共同侵犯了其"华鸣"注册商标权,要求停止侵权、赔偿损失并登报道歉。法院查实,九峰公司委托华立电器厂仿冒生产"华鸣"牌电热取暖器供其销售;华立电器厂明知九峰公司仿冒"华鸣"牌电热取暖器还接受委托生产;阳光百货商厦误以为真,不知仿冒,从九峰公司购进上述"华鸣"牌电热取暖器。此后华鸣公司追加华立电器厂为第三被告。

请根据以上案例,回答下列问题:
(1) 九峰公司是否构成侵犯了"华鸣"注册商标权?如构成侵权,应承担哪些法律责任?
(2) 华立电器厂是否侵犯了"华鸣"注册商标权?如构成侵权,应承担哪些法律责任?
(3) 阳光百货商厦是否侵犯了"华鸣"注册商标权?如构成侵权,应承担哪些法律责任?

第 7 章 证券法律制度

任务清单

序号	任务	要求
1	证券市场的种类和主体	了解
2	证券发行方式	掌握
3	股票发行条件	掌握
4	公司债券发行条件	了解
5	证券发行程序	了解
6	证券承销	掌握
7	证券的上市交易	理解
8	禁止的证券交易行为	掌握
9	上市公司收购	理解
10	上市公司信息披露	了解

思考一个小问题

2019 年 1 月 10 日，甲上市公司董事会讨论通过了对乙公司的收购方案。甲公司董事程某第二天参加大学同学聚会，乘着酒兴和坐在旁边的同学张某聊起了这个收购方案。恰巧，张某正持有甲公司的少量股票。根据这个消息，张某集中资金大量买卖甲公司股票，经过一番短线操作获利 20 万元。那么，董事程某的行为有问题吗？

7.1 证券法概述

7.1.1 证券的概念

证券是持有人按证券所载内容取得权益的书面凭证。《中华人民共和国证券法》(以下简称《证券法》)规定的证券主要为股票、公司债券，政府债券、证券投资基金份额的上市交易适用《证券法》。政府债券指为弥补财政赤字或筹措建设资金，以政府名义发行的债券，主要包括国库券和公债，公债又分为国债和地方债。证券投资基金指通过公开发售基金份额募集资金，由基金管理人管理和运作，从事股票、债券等金融投资业务以获取收益的投资方式。

在中国境内的股票、公司债券和其他证券的发行和交易，适用《证券法》；《证券法》未规定的，适用《公司法》和其他法律、行政法规的规定。

7.1.2 证券市场

1. 证券市场的概念

证券市场是证券发行和交易活动的场所,由金融工具、交易场所和市场主体构成。

2. 证券市场的分类

1) 发行市场和流通市场

这是依据证券市场的功能划分的。由于证券发行是证券发行人将某种证券首次出售给投资者,属于第一次交易,故证券发行市场也称为"一级市场"或"初级市场"。在证券发行市场,证券发行人通过销售证券向认购人直接融资,资金只能由认购人流向发行人而不能相反,这是证券发行市场与证券交易市场的一个重要区别。

证券流通市场又称证券"交易市场""二级市场",是指对已发行的证券进行买卖转让的市场。证券流通市场不仅让在一级市场取得证券的投资者在二级市场变现,而且在二级市场持有证券者可以转让所持证券,同时又为新的投资者提供投资机会。

2) 场内交易市场和场外交易市场

这是依据证券市场的组织形式划分的。场内交易市场又称集中交易市场,指按固定的时间和统一的规则进行集中证券交易活动的市场。该市场一般为证券交易所,是上市证券的主要交易场所,有固定的交易场所和交易时间,证券交易价格主要通过集中竞价方式产生。

场外交易市场,指证券交易所以外分散进行的各种证券交易活动的总称。该市场通常是区域性市场,为非公开发行证券的发行、转让提供场所和设施。其市场交易也要借助证券公司柜台和交易网络才能完成,证券交易价格不是通过集中竞价方式而是通过交易双方协商产生。

3) 主板、中小企业板、创业板和科创板

这种分类主要针对股票市场,依据股票发行条件、规模的要求高低,市场依次分为主板、中小企业板、创业板、科创板。主板市场的上市门槛较高,主要为资质较优秀的公司股票提供交易服务;中小企业板主要安排股本流通规模较小,但成长性较好、科技含量较高的中小企业股票上市交易;创业板是以自主创新企业及其他成长型创业企业为服务对象,上市条件低于主板和中小企业板;科创板则定位于科技创新能力突出,主要依靠核心技术开展生产经营,市场认可度高,社会形象良好,具有较强成长性的企业。

就股票交易而言,我国上海证券交易所和深圳证券交易所都设置主板市场,上海证券交易所同时设置科创板,深圳证券交易所同时设置中小板和创业板市场。

3. 证券市场活动的基本原则

证券市场活动的基本原则主要是公开、公平、公正原则。

公开原则,是指有关证券发行、交易的信息必须依法及时、完整、真实、准确、持续披露,让投资者在充分了解真实情况后自行做出投资判断。公开的内容是可能影响投资者决策的所有重要信息,如公司章程、招股说明书、重大经济行为、重要财务会计信息等。公开的形式包括将有关信息发布于报刊或网站,将有关资料置备于有关场所,供公众随时查阅等。

公平原则,是指所有市场参与者都具有平等的地位,在证券发行和交易中应当机会均等、待遇相同,合法权益公平受到保护。

公正原则,是指证券的发行、交易活动执行统一的规则,适用统一的规范;证券监管机关在有关事务处理上，对所有证券市场参与者都要给予公正的待遇。

7.1.3 证券市场主体

证券市场的主体除了证券发行人、投资人以外，还有证券交易机构、证券中介机构、证券监管机构和证券业自律组织。

1. 证券交易机构

我国的证券交易机构主要是证券交易所，指为证券集中交易提供场所和设施，组织和监督证券交易，实行自律管理的法人。证券交易所不以营利为目的，是会员自治、自律、自我管理的事业法人。交易所实行会员制，其会员主要为证券商。证券交易所的职责有：提供证券交易的场所和设施；制定证券交易所的业务规则；接受上市公司申请、安排证券上市；组织、监督证券交易；对会员和上市公司进行监管；设立证券登记结算公司；管理和公布市场信息等。

我国原有上海证券交易所和深圳证券交易所两家全国性证券交易机构，后又设立北京证券交易所，作为第三家全国性证券交易场所。

2. 证券公司

证券公司是指依法设立的经营证券业务的有限责任公司或者股份有限公司。设立证券公司，必须经国务院证券监督管理机构审查批准并应具备下列条件：有符合法律、行政法规规定的公司章程；主要股东具有持续盈利能力，信誉良好，最近3年无重大违法违规记录，净资产不低于人民币2亿元；有符合《证券法》规定的注册资本；董事、监事、高级管理人员具备任职资格，从业人员具有证券从业资格；有完善的风险管理与内部控制制度；有合格的经营场所、业务设施和信息技术系统；法律、行政法规规定的和经国务院批准的国务院证券监督管理机构规定的其他条件。

证券公司可以经营下列部分或者全部业务：①证券经纪；②证券投资咨询；③与证券交易、证券投资活动有关的财务顾问；④证券承销与保荐；⑤证券融资融券；⑥证券做市交易；⑦证券自营；⑧其他证券业务。证券公司经营上述第①项至第③项业务的，注册资本最低限额为人民币5000万元；经营第④项至第⑧项业务之一的，注册资本最低限额为人民币1亿元；经营第④项至第⑧项业务中两项以上的，注册资本最低限额为人民币5亿元。证券公司的注册资本应当是实缴资本。

3. 证券登记结算机构

证券登记结算机构是指中国证券登记结算有限公司，即为证券交易提供集中登记、存管与结算服务，不以营利为目的的法人，股东为上海证券交易所、深圳证券交易所。设立证券登记结算机构必须经国务院证券监督管理机构批准，并应具备下列条件：自有资金不少于人民币2亿元；具有证券登记、存管和结算服务所必需的场所和设施；国务院证券监督管理机构规定的其他条件。

证券登记结算机构履行下列职能：证券账户、结算账户的设立；证券的存管和过户；证券持有人名册登记；证券交易所上市证券交易的清算和交收；受发行人的委托派发证券权益；办理与上述业务有关的查询、信息服务；国务院证券监督管理机构批准的其他业务。

4. 证券服务机构

证券服务机构是指为证券交易提供证券投资咨询和其他证券服务业务的机构，包括专业的证券服务机构和其他证券服务机构。专业的证券服务机构包括证券投资咨询机构、财务顾问机构、资信评级机构。其他证券服务机构主要是指经批准可以兼营证券投资咨询服务的资产评估机构、信息技术系统服务机构、会计师事务所以及律师事务所。从事证券投资咨询服务业务，应当经国务院证券监督管理机构核准；从事其他证券服务业务，应当报国务院证券监督管理机构和国务院有关主管部门备案。

证券服务机构为证券的发行、上市、交易等证券业务活动制作、出具审计报告、其他鉴证报告、资产评估报告、财务顾问报告、资信评级报告或者法律意见书等文件，应当勤勉尽责，对所制作、出具的文件内容的真实性、准确性、完整性进行核查和验证。其制作、出具的文件有虚假记载、误导性陈述或者重大遗漏，给他人造成损失的，应当与发行人、上市公司承担连带赔偿责任，但是能够证明自己没有过错的除外。

5. 证券监督管理机构

证券监督管理机构是指中国证券监督管理委员会，是全国证券期货市场的主管部门，依法对证券市场实行监督管理，维护证券市场公开、公平、公正，防范系统性风险，维护投资者合法权益，促进证券市场健康发展。

证券监督管理机构依法制定有关证券市场监督管理的规章、规则，并依法行使审批或者核准权；依法对证券的发行、上市、交易、登记、存管、结算进行监督管理；依法对证券发行人、上市公司、证券交易所、证券公司、证券登记结算机构、证券投资基金管理公司、证券服务机构的证券业务活动进行监督管理；依法制定从事证券业务人员的资格标准和行为准则，并监督实施；依法监督检查证券发行、上市和交易的信息披露；依法对证券业协会的活动进行指导和监督；依法监测并防范、处置证券市场风险；依法开展投资者教育；依法对证券违法行为进行查处；法律、行政法规规定的其他职责。

6. 证券业协会

中国证券业协会是证券业的自律性组织，是社会团体法人。经中国证券监督管理委员会批准设立的证券公司应当在设立后加入协会，成为法定会员。

中国证券业协会协助证券监督管理机构教育和组织会员及其从业人员遵守证券法律、行政法规，组织开展证券行业诚信建设，督促证券行业履行社会责任；依法维护会员的合法权益，向证券监督管理机构反映会员的建议和要求；督促会员开展投资者教育和保护活动，维护投资者合法权益；制定证券行业业务规范，组织从业人员的业务培训；调解会员之间、会员与客户之间发生的纠纷；组织会员就证券业的发展、运作及有关内容进行研究；制定和实施证券行业自律规则，监督、检查会员行为，对违反法律、行政法规或者协会章程的，按规定给予纪律处分或者实施其他自律管理措施；证券业协会章程规定的其他职责。

7.2 证券的发行与承销

7.2.1 证券发行方式

证券发行，是指符合法定条件的发行人以募集资金为目的向投资者出售有价证券的活动。

1. 公开发行和不公开发行

公开发行即公募发行，指发行人通过中介机构向不特定的社会公众发售证券。根据我国《证券法》的规定，有下列情形之一的为公开发行：向不特定对象发行证券；向累计超过 200 人的特定对象发行证券，但依法实施员工持股计划的员工人数不计算在内；法律、行政法规规定的其他发行行为。

公开发行证券，必须符合法律、行政法规规定的条件，并依法报经国务院证券监督管理机构或者国务院授权的部门注册；未经依法注册，任何单位和个人不得公开发行证券。

非公开发行即私募发行，指发行人依法向不超过 200 人的特定投资人发售全部证券。非公开发行证券不得采用广告、公开劝诱和变相公开劝募方式。特定投资人或特定对象通常会是与发行人有一定关系的个人或机构，例如股东、雇员、亲友、客户、机构投资者等。

2. 设立发行和增资发行

设立发行即首次发行，指股份有限公司设立时向发起人和社会公众发行股份。增资发行即新股发行，指股份有限公司设立后为增加或募足注册资本向原股东配售股份和向社会公众公开募集股份。

3. 平价发行和溢价发行

发行证券取得的收入与证券面额往往不一致，发行价格与证券面额相等的，称为平价发行；发行价格高于证券面额的，称为溢价发行；发行价格小于证券面额的，称为折价发行。依照我国《公司法》的规定，股票发行价格可以按票面金额，也可以超过票面金额，但不得低于票面金额。首次公开发行股票，可以通过向网下投资者询价的方式确定股票发行价格，也可以通过发行人与主承销商自主协商直接定价等合法方式确定股票发行价格。

4. 网上发行和网下发行

网上发行是指投资人通过证券交易所网上交易系统进行公开申购，任何持有证券交易账号的个人或机构都可以参与。网下发行又称网下配售，是指投资者不通过证券交易所的网上交易系统，而是通过证券营业部委托申购证券。网下发行针对的主要是机构投资者，个人投资者需具备"拥有不少于 1000 万元的流通市值、具备 5 年 A 股投资经验、具有良好的信用记录"等条件才能参与网下发行。

> **知识扩展：首次公开发行股票的方式**
>
> 公司首次公开发行股票时，网上发行和网下发行同步进行。对同一只股票，申购者只能选择其中一种方式。采用网上发行方式的，发行主承销商上网定价前，在证券交易所设立股票发行专户，投资者在申购委托前将申购款全额存入与办理该次发行的证券交易所联网的证券营业部指定账户。在上网申购期内，投资者按委托买入股票的方式，以发行价格委托证券营业部申购股票。发行人及其主承销商应当根据发行规模和市场情况，合理设定单一网上申购账户的申购上限，原则上不超过本次网上发行股数的千分之一。单个投资者只能使用一个合格账户申购新股。
>
> 采用网下发行方式的，发行人及其保荐人应向网下投资人进行推介和询价以确定股票发行价格和申购数量，网下投资人遵循独立、客观、合理的原则报价，不得串通抬高或压低报价。询价完成后，发行人及其保荐人将网下配售的股票余额向社会公众投资者公开发行。向网下投资人配售和向社会公众投资者网上发行作为同一次发行，发行价格相同。网下配售的股票，在约定的期间内不得上市流通。

7.2.2 证券发行条件

1. 股票发行条件

(1) 非公众公司非公开发行股票,发行后股东人数不超过 200 人,也未采用公开发行方式。这种股票发行方式不需报经证监会的核准,发行人只需要遵守《公司法》的规定自行决定和安排。

(2) 非公众公司向特定对象发行股票,导致发行后股东人数超过 200 人的发行。这种股票发行方式构成公开发行,应依法报经中国证监会的核准。发行股票后股东人数超过 200 人的,该公司被定性为非上市公众公司。

(3) 非公众公司申请股票以公开方式向社会公众公开转让。公司股东自行或者委托他人以公开方式向社会公众转让股票的行为,构成变相公开发行股票,必须报经中国证监会核准,核准后该公司被定性为非上市公众公司。

(4) 非上市公众公司的定向发行。非上市公众公司向特定对象定向发行股票,需要经过中国证监会的核准。

(5) 首次公开发行股票并上市。发行人公开发行股票,并在发行完毕后拟去证券交易所上市的,必须具备法定条件,并报经中国证监会核准。主板市场对发行人的营业期限、股本大小、盈利水平、最低市值等方面的要求标准较高,上市企业多为具有较大的资本规模以及稳定的盈利能力的大型企业。中小企业板市场主要面向已符合现有上市标准、成长性好、科技含量较高的中小企业,其首次公开发行股票的条件与主板市场基本相同。创业板市场则主要面向尚未达到现有上市标准但符合新规定的发行条件的成长型、科技型、创新型企业,所以与在主板和中小板上市的公司相比较,其首次公开发行股票的条件相对要低,部分发行条件对比如表 7-1 所示。

表 7-1 首次公开发行股票并上市的条件

	主板和中小板	创业板
存续时间	发行人是依法设立且持续经营 3 年以上的股份有限公司;有限责任公司变更为股份有限公司的,可以从有限责任公司成立之日起计算	
盈利能力	最近 3 个会计年度净利润均为正数且累计超过人民币 3000 万元。最近 3 个会计年度经营活动产生的现金流量净额累计超过人民币 5000 万元;或者最近 3 个会计年度营业收入累计超过人民币 3 亿元	最近 2 年连续盈利,最近 2 年净利润累计不少于 1000 万元;或者最近 1 年盈利,最近 1 年营业收入不少于 5000 万元
主营业务	生产经营活动符合法律、国家政策和公司章程规定	发行人应主要经营一种业务
最近一期期末净资产	无形资产占净资产的比例不超过 20% 不存在未弥补亏损	不少于 2000 万元
股本总额	发行前不少于人民币 3000 万元	发行后不少于人民币 3000 万元
股款缴纳	发行人的注册资本已定额缴纳,发起人或者股东用作出资的资产的财产权转移手续已办理完毕,发行人的主要资产不存在重大权属纠纷	
股权权属	发行人的股权清晰,控股股东和受控股股东、实际控制人支配的股东持有的发行人股份不存在重大权属纠纷	

(续表)

	主板和中小板	创业板
公司治理	发行人已建立健全公司治理制度，组织机构和人员能依法履行职责；内部控制制度健全且被有效执行，能够合理保证公司运行效率、合法合规和财务报告的可靠性	
业务独立性	发行人资产完整，业务及人员、财务、机构独立。发行人业务独立于控股股东、实际控制人及其控制的其他企业，与他们之间不存在同业竞争或者显失公平的关联交易	
管理人员	发行人最近3年内主营业务和董事、高管人员均没有发生重大变化，实际控制人没有发生变更	发行人最近2年内主营业务和董事、高管人员均没有发生重大变化，实际控制人没有发生变更
违法行为	发行人最近3年内不存在损害投资者合法权益和社会公共利益的重大违法行为 董事、监事和高管人员未处于证券市场禁入期；最近3年内未受到中国证监会行政处罚，或最近1年内未受到证券交易所公开谴责；未因涉嫌犯罪正被司法机关立案侦查或者涉嫌违法违规被中国证监会立案调查	
财务会计	发行人会计基础工作规范，财务报表的编制符合企业会计准则和相关会计制度的规定，在所有重大方面公允地反映了发行人的财务状况、经营成果和现金流量，并由注册会计师出具无保留意见的审计报告	

(6) 上市公司增发股票。上市公司增发股票，可以公开发行，也可非公开发行，但都要具备法定条件，并报经中国证监会核准。股份有限公司公开发行新股，应当符合下列条件：具备健全且运行良好的组织机构；具有持续盈利能力，财务状况良好；最近3年财务会计文件无虚假记载，无其他重大违法行为；国务院证券监督管理机构规定的其他条件。如果上市公司公开增发股票的，除应符合增发股票一般条件外，还应满足其他特定条件，如表7-2所示。

表7-2 上市公司增发股票的条件

公开增发股票的条件		
一般条件	具备健全且运行良好的组织机构	
	具有持续盈利能力	
	财务状况良好	
	财务会计文件无虚假记载，无其他重大违法行为	
	募集资金的数额和使用符合规定	
特定条件	向不特定对象公开发行	最近3个会计年度加权平均净资产收益率平均不低于6%
		除金融类企业外，最近一期期末不存在持有金额较大的交易性金融资产和可供出售的金融资产、借予他人款项、委托理财等财务性投资的情形
		发行价格应不低于"公告招股意向书前20个交易日"公司股票均价或前一个交易日的均价
特定条件	向原股东配售	拟配售股份数量不超过本次配售股份前股本总额的30%
		控股股东应当在股东大会召开前公开承诺认配股份的数量
		采用证券法规定的代销方式发行
非公开发行股票的条件		
特定发行对象不超过10名，并符合股东大会决议规定的条件。信托公司作为发行对象，只能以自有资金认购；发行对象为境外战略投资者的，应当经国务院相关部门事先批准。		
本次发行的股份自发行结束之日起，12个月内不得转让；控股股东、实际控制人及其控制的企业认购的股份，36个月内不得转让		

(续表)

非公开发行股票的条件
发行价格不低于定价基准日前20个交易日公司股票均价的90%
募集资金使用符合有关规定
公司及其董事、高管人员不存在妨碍股票发行的涉嫌违规、违法和犯罪的行为

公司对公开发行股票所募集资金，必须按照招股说明书所列资金用途使用。改变招股说明书所列资金用途，必须经股东大会做出决议。擅自改变用途而未做纠正的，或者未经股东大会认可的，不得公开发行新股。

> **【大家讲坛 7-1】**
>
> A城市经济发达，很多企业在经营中善于使用金融手段，公司股票的融资和交易非常活跃。2019年有甲上市公司向某战略投资者定向增发股票；乙上市公司向所有现有股东配股；有30名股东的丙非上市股份有限公司拟将其股票公开转让；有199名股东的丁非上市股份有限公司拟通过增资引入3名风险投资人。
>
> 上述情形中哪些须经中国证监会核准？

2. 公司债券发行条件

1) 公开发行公司债券

公开发行的条件主要包括：股份有限公司的净资产额不低于人民币3000万元，有限责任公司的净资产额不低于人民币6000万元；本次发行后累计债券总额不超过公司净资产额的40%；最近3年平均可分配利润足以支付公司债券1年的利息；公司的生产经营符合法律法规和公司章程的规定，募集的资金投向符合国家产业政策；债券的利率不得超过国务院限定的利率水平；公司内部控制制度健全，内部控制制度的完整性、合理性、有效性不存在重大缺陷；经资信评级机构评级，债券信用级别良好。

公开发行公司债券筹集的资金，必须按照公司债券募集办法所列资金用途使用；改变资金用途，必须经债券持有人会议做出决议；不得用于弥补亏损和非生产性支出。

2) 非公开发行公司债券

非公开发行的公司债券应当向合格投资者发行，不得采用广告、公开劝诱和变相公开劝募方式，每次发行的对象不超过200人。合格投资者应当符合法律规定的资质，并具备相应的风险识别和承担能力。

3) 公开发行可转换公司债券

上市公司可以公开发行可转换公司债券，除了应当符合公开发行公司债券的条件和增发股票的一般条件之外，还应当符合以下条件：最近3个会计年度加权平均净资产收益率平均不低于6%；本次发行后累计公司债券余额不超过最近一期末净资产额的40%；最近3个会计年度实现的年均可分配利润不少于公司债券1年的利息。

4) 禁止性规定

公司有下列情形之一的，不得公开发行公司债券：前一次公开发行的公司债券尚未募足；对已公开发行的公司债券或者其他债务有违约或者延迟支付本息的事实，仍处于继续状态；违反证券法规定,改变公开发行公司债券所募集资金的用途;最近 36 个月内公司财务会计文件存在虚假记载,或公司存在其他重大违法行为;本次发行申请文件存在虚假记载、误导性陈述或重大遗漏;其他严重损害投资者合法权益和社会公共利益的情形。

上市公司有下列情形之一的,不得公开发行可转换公司债券:本次发行申请文件存在虚假记载、误导性陈述或重大遗漏;违反证券法规定,改变公开发行公司债券所募集资金的用途而未纠正;最近 12 个月内受到证券交易所的公开谴责;公司及其控股股东或实际控制人最近 12 个月内存在未履行向投资者做出的公开承诺的行为;公司或其现任董事、高级管理人员因涉嫌犯罪被司法机关立案侦查、涉嫌违法违规被证监会立案调查;其他严重损害投资者合法权益和社会公共利益的情形。

公司债券的期限为 1 年以上,每张面值为 100 元,发行价格由发行人及其保荐人通过市场询价确定。

> 【大家讲坛 7-2】
>
> 某上市公司 2013 年 5 月发行 5 年期公司债券 1000 万元、3 年期公司债券 1500 万元。2017 年 1 月,该公司鉴于到期债券已偿还且具备再次发行债券的其他条件,计划再次发行公司债券。经审计,确认该公司 2016 年 12 月末净资产额为 9000 万元。
>
> 这家公司此次发行公司债券的最高限额是多少?

7.2.3 证券发行程序

1. 一般程序

(1) 发行人董事会应当依法就本次证券发行的具体方案、本次募集资金使用的可行性及其他必须明确的事项做出决议,并提请股东会或股东大会批准,由股东会或股东大会做出决议。

(2) 发行人向不特定对象发行的证券,法律、行政法规规定应当由证券公司承销的,发行人应当同证券公司签订承销协议,同银行签订代收股款协议。

(3) 发行人应当按照证监会的有关规定制作申请文件向国务院证券监督管理机构或者国务院授权的部门提交申请。

(4) 国务院证券监督管理机构或者国务院授权的部门自受理证券发行申请文件之日起 3 个月内,依照法定条件和法定程序做出予以注册或者不予注册的决定。

(5) 证券发行申请经核准,发行人应当依法在证券公开发行前,公告公开发行募集文件,并将该文件置备于指定场所供公众查阅。发行证券的信息依法公开前,任何知情人不得公开或者泄露该信息。

(6) 证券发行申请经注册后,发行人应当依照法律、行政法规的规定,在证券公开发行前公告公开发行募集文件,并将该文件置备于指定场所供公众查阅。发行人不得在公告公开发行募集文件前发行证券。

(7) 发行股票,一般由证券公司承销。发行公司债券应当由证券公司承销,可以申请一次核准,分期发行。

2. 其他规定

(1) 发行人申请首次公开发行股票的,在提交证券发行申请文件后,应当按照国务院证券监督管理机构的规定预先披露有关申请文件。

(2) 发行人申请首次公开发行股票并上市、公开发行股票，上市公司发行新股、可转换公司债券，或者公开发行法律、行政法规规定实行保荐制度的其他证券的，应当聘请具有保荐资格的证券公司担任保荐人。保荐机构决定推荐发行人证券发行上市的，可以根据发行人的委托，组织编制申请文件并出具推荐文件。

(3) 可转换公司债券，自发行结束之日起 6 个月后方可转换为公司股票。

(4) 非公开发行公司债券，发行人和承销机构应按照证监会、证券业协会的规定，评估投资者的风险识别和承担能力，确认其合格性，并向其充分提示风险。

(5) 非公开发行公司债券，承销机构或依法自行销售的发行人，应当在每次发行完成后向中国证券业协会备案。

7.2.4 证券承销

1. 承销方式

证券承销，是指证券公司依照协议包销或者代销发行人向社会公开发行证券的行为。发行人向不特定对象发行的证券，应当由证券公司承销，发行人有权依法自主选择承销的证券公司，并应当同证券公司签订承销协议。证券承销业务采取代销或者包销方式。

(1) 证券代销，又称代理发行，是指证券公司代发行人发售证券，在承销期结束时，将未售出的证券全部退还给发行人的承销方式。对发行人而言，这种承销方式风险较大，但承销费用相对较低。

(2) 证券包销，是指证券公司将发行人的证券按照协议全部购入或者在承销期结束时，将售后剩余证券全部自行购入的承销方式。包销又可分为全额包销和余额包销两种形式。证券包销合同签订后，发行人将证券的所有权转移给证券承销人。因此，证券销售不出去的风险由承销人承担，但其费用高于代销的费用。

证券的代销、包销期限最长不得超过 90 日。

2. 承销团及主承销人

(1) 承销团又称联合承销。承销团又称联合承销，指两个以上的证券经营机构组成承销人，为发行人发售证券的一种承销方式。向社会公开发行的证券票面总值超过人民币 5000 万元的，必须采取承销团的形式销售。为了保证销售者对巨额销售有足够的承受能力，分散风险和稳定证券市场，承销团应当由主承销和参与承销的证券公司组成。

(2) 主承销人。主承销人是指承销团中牵头组织承销团的证券公司。主承销可以由证券发行人按照公平竞争的原则，通过竞标的方式产生，也可以由证券公司之间协商确定。发行人和主承销商应当签订承销协议，明确双方的权利义务关系。采用包销方式的，应当明确包销责任。主承销商一般要承担组建承销团、代表承销团与证券发行者签订承销合同和有关文件等事项。作为主承销的证券公司与参与承销的证券公司之间应签订承销团协议，就当事人的情况，承销股票的种类、数量、金额、发行价格，承销的具体方式，各承销成员承销的份额及报酬，以及承销组织工作的分工、承销期及起止日期、承销付款的日期及方式等达成一致意见。

3. 承销机构责任

证券公司承销证券，应当对公开发行募集文件的真实性、准确性、完整性进行核查；发现有虚假记载、误导性陈述或者重大遗漏的，不得进行销售活动；已经销售的，必须立即停止销售活动，并采取纠正措施。

股票发行采用代销方式的，代销期限届满，向投资者出售的股票数量未达到拟公开发行股票数量70%的，为发行失败。发行人应当按照发行价并加算银行同期存款利息返还股票认购人。如果采用包销方式，不存在发行失败。

> **【大家讲坛 7-3】**
>
> 恒秀公司委托某证券公司以代销方式公开发行股票6000万股。代销期限届满，投资者只认购了恒秀公司4000万股的股票数量。恒秀公司对此结果很失望，打算更换承销商继续销售剩余的2000万股，或者干脆自己出资购入剩余的2000万股。
>
> 恒秀公司的打算是否能实现？

7.3 证券的上市交易

公开发行的证券，应当在依法设立的证券交易所上市交易，或者国务院批准的其他证券交易场所如全国中小企业股份转让系统交易。非公开发行证券，可以在证券交易所、国务院批准的其他全国性证券交易场所、按照国务院规定设立的区域性股权市场转让。

7.3.1 证券上市交易的概念和条件

1. 证券上市交易的概念

证券上市交易是指发行人的证券等按照法定条件和程序，获准在证券交易所或其他依法设立的证券交易所公开挂牌交易。申请股票、公司债券等证券上市交易，应当向证券交易所提出申请，由证券交易所依法审核同意，并由双方签订上市协议。

证券发行与上市属于不同制度，证券发行旨在使发行人募集一定数量的社会资金，确立公司与投资者之间的股权或债权债务关系。证券发行成功后，证券须以适当形式进行流动，如上市交易，以实现投资流通性和投资变现。

2. 证券上市交易的条件

1) 股票上市的条件

股票经国务院证券监督管理机构核准已公开发行；公司股本总额不少于人民币3000万元；公开发行的股份达到公司股份总数的25%以上，公司股本总额超过人民币4亿元的公开发行股份比例为10%以上；公司最近3年无重大违法行为，财务会计报告无虚假记载。证券交易所可以规定高于上述规定的上市条件，并报国务院证券监督管理机构批准。上海证券交易所和深圳证券交易所都规定，发行人首次公开发行股票后申请其股票上市，公司股本总额不少于人民币5000万元。

2) 公司债券上市的条件

公司债券的期限为 1 年以上；公司债券实际发行额不少于人民币 5000 万元；公司申请债券上市时应符合法定的公司债券发行条件。上述条件既适用于普通公司债券，也适用于上市公司可转换公司债券。

7.3.2 证券交易方式

证券交易当事人买卖的证券可以采用纸面形式或者中国证监会规定的其他形式。证券在证券交易所上市交易，应当采用公开的集中交易方式或者国务院证券监督管理机构批准的其他方式。

1. 集中竞价交易

集中竞价交易，是指某证券的所有买方和卖方集中在证券交易平台公开申报价格，按一定的竞价规则取得交易机会的方式。集中竞价交易又包括集合竞价和连续竞价两种具体交易方式。集合竞价是对一段时间接收的买卖申报一次性集中撮合，用于证券市场每日开盘前接收买卖订单，然后按最大成交量的原则确定每个交易日的开盘价。连续竞价是对买卖申报连续撮合交易，用于证券市场开盘后，对每个交易日内所有时间点的买卖报价根据订单匹配规则，不断撮合成交。

证券买卖匹配规则包括价格优先和时间优先。价格优先，是指同时有两个或两个以上的交易者买卖同种证券时，买方中出价最高者，应处在优先购买的地位；而卖方中出价最低者，应处在优先卖出的地位。时间优先，是指买卖方向和出价相同时，以最先出价者优先成交；先后顺序按交易主机接收申报的时间来确定。

2. 大宗交易

大宗交易又称为大宗买卖，是指达到规定的最低限额的证券单笔买卖申报，买卖双方经过协议达成一致并经交易所确定成交的证券交易。证券交易所设置大宗交易系统，可以提高大宗交易的撮合效率、降低交易成本，减少大规模交易对市场的冲击。

单笔交易达到证券交易所规定的份额或金额的最低限额，才可以采用大宗交易方式。投资者进行大宗交易，应委托其指定的证券交易所会员办理。交易双方在场外就证券名称、交易价格、交易数量达成一致，然后代表交易双方的证券交易所会员在规定时间分别通过各自席位进行成交申报，交易系统核实该大宗交易符合相关条件后确认交易、划拨证券和资金到交易对方账户。大宗交易的成交申报须经证券交易所确认，之后买卖双方不得撤销或变更成交申报，并必须承认交易结果、履行相关的清算交收义务。

3. 限制性交易

证券交易当事人依法买卖的证券，必须是依法发行并交付的证券。依法发行的股票、公司债券及其他证券，法律对其转让期限有限制性规定的，在限定的期限内不得买卖。

上市公司持股 5%以上的股东、实际控制人、董事、监事、高级管理人员，以及其他持有上市公司首次公开发行前发行的股份或者上市公司非公开发行的股份的股东，转让其持有的本公司股份的，应当遵守证券交易所的业务规则，不得违反法律、行政法规和国务院证券监督管理机构关于持有期限、卖出时间、卖出数量、卖出方式、信息披露等规定。

上述人员计划通过集中竞价交易转让股份的，应当在 15 个交易日前通知上市公司并予公告。上市公司持股 5%以上的股东在 3 个月内通过集中竞价交易转让股份的总数，不得超过公司股份总数的 1%。

7.3.3 证券交易的终止

1. 股票交易的终止

1) 主动退市

如果上市公司认为维持上市地位的成本过高,或为了调整公司股权结构、公司治理结构、公司的长远发展等原因,决定其股票不在某证券交易所交易,或申请在其他交易所交易,应当召开股东大会做出决议,向该证券交易所提交退市申请。

因全面要约收购上市公司股份、实施以上市公司为对象的公司合并、上市公司全面回购股份以及上市公司自愿解散,导致公司股票退出市场交易的,证券交易所应当在上市公司公告回购或者收购结果、完成合并交易、做出解散决议之日起 15 个交易日内,做出终止其股票上市的决定。

2) 强制退市

上市交易的证券,有证券交易所规定的终止上市情形的,由证券交易所按照业务规则终止其上市交易。上市公司存在两类重大违法情形,其股票应当被强制退市。

(1) 上市公司存在欺诈发行、重大信息披露违法或者其他严重损害证券市场秩序的重大违法行为,且严重影响上市地位,其股票应当被终止上市的情形。包括:①上市公司首次公开发行股票申请或披露文件存在虚假记载、误导性陈述或重大遗漏,被中国证监会行政处罚决定认定构成欺诈发行,或者被人民法院以欺诈发行股票、债券罪做出有罪生效判决;②上市公司发行股份购买资产并构成重组上市,申请或披露文件存在虚假记载、误导性陈述或重大遗漏,被中国证监会行政处罚决定认定构成欺诈发行,或者被人民法院以欺诈发行股票、债券罪做出有罪生效判决;③上市公司披露的年度报告存在虚假记载、误导性陈述或重大遗漏,根据中国证监会行政处罚决定认定的事实,导致连续会计年度财务指标实际已触及证券交易所《股票上市规则》规定的终止上市标准;④证券交易所根据上市公司违法行为的事实、性质、情节及社会影响等因素认定的其他情形。

(2) 存在涉及国家安全、公共安全、生态安全、生产安全和公众健康安全等领域的违法行为,情节恶劣,严重损害国家利益、社会公共利益,或者严重影响上市地位,其股票应当被终止上市的情形。包括:①上市公司或其主要子公司被依法吊销营业执照、责令关闭或者被撤销;②上市公司或其主要子公司依法被吊销主营业务生产经营许可证,或者存在丧失继续生产经营法律资格的其他情形;③证券交易所根据上市公司重大违法行为损害国家利益、社会公共利益的严重程度,结合公司承担法律责任类型、对公司生产经营和上市地位的影响程度等情形,认为公司股票应当终止上市的。

对上市公司股票实施重大违法强制退市决定的,按照《股票上市规则》的规定,依序对公司股票实施退市风险警示和终止上市,退市风险警示期间为30个交易日。上市公司因欺诈发行情形,其股票被终止上市的,不得在原证券交易所重新上市。因其他重大违法行为,其股票被终止上市的,自其股票进入全国中小企业股份转让系统挂牌转让之日起 5 个完整会计年度内,原证券交易所不受理其重新上市申请。

另外,当上市公司的各项交易指标不能满足证券交易所的要求时,为维护公开交易股票的总体质量与市场信心,证券交易所可以要求交投不活跃、股权分布不合理、市值过低而不再适合公开交易的股票终止交易。

2. 债券交易的终止

公司债券上市交易后，有以下第①项、第④项所列情形之一经查实后果严重的，或者有上述第②项、第③项、第⑤项所列情形之一，在限期内未能消除的，由证券交易所决定终止其公司债券上市交易：①公司有重大违法行为；②公司情况发生重大变化不符合公司债券上市条件；③发行公司债券所募集的资金不按照核准的用途使用；④未按照公司债券募集办法履行义务；⑤公司最近2年连续亏损。

公司解散或者被宣告破产的，由证券交易所终止其公司债券上市交易。

7.3.4 禁止的交易行为

1. 内幕交易行为

1) 内幕交易行为的概念

内幕交易行为是指证券交易内幕信息的知情人员利用其掌握的内幕信息买卖证券，或者建议他人买卖证券。内幕信息知情人员自己未买卖证券，也未建议他人买卖证券，但将内幕信息泄露给他人，接受内幕信息者依此买卖证券的，也属内幕交易行为。它侵犯了广大投资者的利益，违反了证券发行与交易中的"公开、公平、公正"原则，扰乱证券市场秩序。《证券法》禁止证券交易内幕信息的知情人和非法获取内幕信息的人利用内幕信息从事证券交易活动。

证券交易活动中，涉及发行人的经营、财务或者对该发行人证券的市场价格有重大影响的尚未公开的信息，为内幕信息。具体来说，凡是证券上市的公司发生可能对证券交易价格产生较大影响的重大事件，都属于内幕信息(见7.5 信息披露)。

2) 内幕信息知情人员

内幕交易的主体是内幕信息知情人员，包括：发行人的董事、监事、高级管理人员；持有公司5%以上股份的股东及其董事、监事、高级管理人员，公司的实际控制人及其董事、监事、高级管理人员；发行人控股的公司及其董事、监事、高级管理人员；由于所任公司职务可以获取公司有关内幕信息的人员；上市公司收购人或者重大资产交易方及其控股股东、实际控制人、董事、监事和高级管理人员；因职务、工作可以获取内幕信息的证券交易场所、证券登记结算机构、证券公司、证券服务机构的有关人员；因职责、工作可以获取内幕信息的证券监督管理机构工作人员；因法定职责对证券的发行、交易或者对上市公司及其收购、重大资产交易进行管理可以获取内幕信息的有关主管部门、监管机构的工作人员；可以获取内幕信息的其他人员。

3) 禁止行为

证券交易内幕信息的知情人和非法获取内幕信息的人，在内幕信息公开前，不得买卖该公司的证券，或者泄露该信息，或者建议他人买卖该证券。内幕交易行为给投资者造成损失的，行为人应当依法承担赔偿责任。

为股票发行出具审计报告、资产评估报告或者法律意见书等文件的证券服务机构和人员，在该股票承销期内和期满后6个月内，不得买卖该种股票。除前述规定外，为上市公司出具审计报告、资产评估报告或者法律意见书等文件的证券服务机构和人员，自接受上市公司委托之日起至上述文件公开后5日内，不得买卖该种股票。

证券交易所、证券公司和证券登记结算机构的从业人员、证券监督管理机构的工作人员以及法律、行政法规禁止参与股票交易的其他人员，在任期或者法定限期内，不得直接或者以化名、借他人名义持有、买卖股票，也不得收受他人赠送的股票。任何人在成为前款所列人员时，其原已持有的股票，必须依法转让。

上市公司董事、监事、高级管理人员、持有上市公司股份5%以上的股东，将其持有的该公司的股票在买入后6个月内卖出，或者在卖出后6个月内又买入，由此所得收益归该公司所有，公司董事会应当收回其所得收益。

2. 操纵市场行为

操纵市场是指单位或个人以获取利益或者减少损失为目的，利用其资金、信息等优势或者滥用职权影响证券市场价格，制造证券市场假象，诱导或者致使投资者在不了解事实真相的情况下做出买卖证券的决定，扰乱证券市场秩序的行为。操纵证券市场行为给投资者造成损失的，行为人应当依法承担赔偿责任。

禁止任何人以下列手段操纵证券市场，影响或者意图影响证券交易价格或者证券交易量：单独或者通过合谋，集中资金优势、持股优势或者利用信息优势联合或者连续买卖；与他人串通，以事先约定的时间、价格和方式相互进行证券交易；在自己实际控制的账户之间进行证券交易；不以成交为目的，频繁或者大量申报并撤销申报；利用虚假或者不确定的重大信息，诱导投资者进行证券交易；对证券、发行人公开做出评价、预测或者投资建议，并进行反向证券交易；利用在其他相关市场的活动操纵证券市场；操纵证券市场的其他手段。

3. 制造虚假信息行为

制造虚假信息包括编造、传播虚假信息和进行虚假陈述或信息误导两种情况。编造、传播虚假信息或者误导性信息，给投资者造成损失的，行为人应当依法承担赔偿责任。

各种传播媒介传播证券市场信息必须真实、客观，禁止误导。传播媒介及其从事证券市场信息报道的工作人员不得从事与其工作职责发生利益冲突的证券买卖。禁止证券交易所、证券公司、证券登记结算机构、证券服务机构及其从业人员、证券业协会、证券监督管理机构及其工作人员，在证券交易活动中做出虚假陈述或者信息误导。

4. 欺诈客户行为

欺诈客户是指证券公司及其从业人员在证券交易中违背客户的真实意愿，侵害客户利益的行为。欺诈客户行为给客户造成损失的，行为人应当依法承担赔偿责任。

下列为损害客户利益的欺诈行为：违背客户的委托为其买卖证券；不在规定时间内向客户提供交易的书面确认文件；挪用客户所委托买卖的证券或者客户账户上的资金；未经客户的委托，擅自为客户买卖证券，或者假借客户的名义买卖证券；为牟取佣金收入，诱使客户进行不必要的证券买卖；其他违背客户真实意思表示，损害客户利益的行为。

欺诈客户行为给客户造成损失的，行为人应当依法承担赔偿责任。

5. 其他有关规定

禁止法人非法利用他人账户从事证券交易；禁止法人出借自己或者他人的证券账户。禁止投资者违规利用财政资金、银行信贷资金买卖证券。国有企业和国有资产控股的企业买卖上市交易的股票，必须遵守国家有关规定。

证券交易所、证券公司、证券登记结算机构、证券服务机构及其从业人员对证券交易中发现的禁止的交易行为，应当及时向证券监督管理机构报告。

> **【大家讲坛 7-4】**
>
> 某知名证券投资咨询公司经常在重要媒体互联网平台免费公开发布咨询报告，并向公众推荐股。汪某是该公司负责人，常常将自己已经买入的股票在公司咨询报告中予以推荐，并在咨询报告发布后将股票卖出，获益不少。
>
> 汪某这样做对不对？

7.4 上市公司收购

7.4.1 上市公司收购概述

1. 收购的概念

上市公司收购，是指收购人通过取得股份，或通过投资、协议等其他途径获得或可能获得上市公司实际控制权的行为。实施收购行为的人称为收购人，作为收购目标的上市公司称为被收购公司，收购人包括投资者和一致行动人。按照中国证监会颁布的《上市公司收购管理办法》的规定，构成"实际控制"情形的有：投资者为上市公司持股 50%以上的控股股东；投资者可以实际支配上市公司股份表决权超过 30%；投资者通过实际支配上市公司股份表决权能够决定公司董事会半数以上成员选任；投资者依其可实际支配的上市公司股份表决权足以对公司股东大会的决议产生重大影响；中国证监会认定的其他情形。

> **知识扩展：一致行动人**
>
> 一致行动人指投资者通过协议或其他安排，与其他投资者共同扩大其所能够支配的一个上市公司股份表决权数量的行为或者事实的人。在上市公司的收购及相关股份权益变动活动中有一致行动情形的投资者，互为一致行动人。如无相反证据，投资者有下列情形之一的，为一致行动人：投资者之间有股权控制关系；投资者受同一主体控制；投资者的董事、监事或者高级管理人员中的主要成员，同时在另一个投资者担任董事、监事或者高级管理人员；投资者参股另一投资者，可以对参股公司的重大决策产生影响；银行以外的其他法人、组织和自然人为投资者取得相关股份提供融资安排；投资者之间存在合伙、合作、联营等其他经济利益关系；持有投资者 30%以上股份的自然人，与投资者持有同一上市公司股份；在投资者任职的董事、监事及高级管理人员，与投资者持有同一上市公司股份；持有投资者 30%以上股份的自然人和在投资者任职的董事、监事及高级管理人员，其父母、配偶、子女及其配偶、配偶的父母、兄弟姐妹及其配偶、配偶的兄弟姐妹及其配偶等亲属，与投资者持有同一上市公司股份；在上市公司任职的董事、监事、高级管理人员及其前项所述亲属同时持有本公司股份的，或者与自己或者前项所述亲属直接或者间接控制的企业同时持有本公司股份；上市公司董事、监事、高级管理人员和员工与其所控制或者委托的法人或者其他组织持有本公司股份；投资者之间具有其他关联关系。

2. 收购的方式

收购人可以通过取得股份的方式成为一个上市公司的控股股东,可以通过投资关系、协议或其他途径成为一个上市公司的实际控制人,也可以同时采取上述方式和途径取得上市公司控制权。投资者可以采取要约收购、协议收购及其他合法方式收购上市公司。

3. 收购的原则要求

上市公司收购活动应当遵循"公开、公平、公正"的原则,相关当事人应当诚实守信,自觉维护证券市场秩序。收购人对其所收购的上市公司及其股东负有诚信义务,并应当就其承诺的具体事项提供充分有效的履行保证,不得利用上市公司收购损害被收购公司及其股东的合法权益。

有下列情形之一的,不得收购上市公司:收购人负有数额较大债务,到期未清偿,且处于持续状态;收购人最近3年有重大违法行为或者涉嫌有重大违法行为;收购人最近3年有严重的证券市场失信行为;收购人为自然人董事、监事、高级管理人员的,存在违反法律法规、公司章程,违背对公司的忠实和勤勉义务,利用职权收受贿赂或者其他非法侵占公司财产的行为;法律法规规定以及中国证监会认定的不得收购上市公司的其他情形。

7.4.2 上市公司收购规则

1. 报告和公告持股情况

(1) 通过证券交易所的证券交易,投资者持有或者通过协议、其他安排与他人共同持有一个上市公司已发行的有表决权股份达到5%时,应当在该事实发生之日起3日内,向国务院证券监督管理机构、证券交易所做出书面报告,通知该上市公司,并予公告;在上述期限内,不得再行买卖该上市公司的股票。

(2) 投资者持有或者通过协议、其他安排与他人共同持有一个上市公司已发行的股份达到5%后,其所持该上市公司已发行的有表决权股份比例每增加或者减少5%,应当依前述规定进行报告和公告。如果投资者增加或者减少持股比例达到或超过5%的整数倍的,也应履行披露义务。在报告期限内和做出报告、公告后2日内,不得再行买卖该上市公司的股票。

投资者持有或者通过协议、其他安排与他人共同持有一个上市公司已发行的有表决权股份达到5%后,其所持该上市公司已发行的有表决权股份比例每增加或者减少1%,应当在该事实发生的次日通知该上市公司,并予公告。

2. 要约收购

投资者自愿选择以要约方式收购上市公司股份的,可以向被收购公司所有股东发出收购其所持有的全部股份的要约(简称全面要约),也可以向被收购公司所有股东发出收购其所持有的部分股份的要约(简称部分要约)。

通过证券交易所的证券交易,投资者持有或者通过协议、其他安排与他人共同持有一个上市公司的股份达到该公司已发行股份的30%时,继续增持股份的,应当采取要约方式进行,发出全面要约或者部分要约。要约收购应当遵守下述规定。

(1) 以要约方式收购一个上市公司股份的,其预定收购的股份比例均不得低于该上市公司已发行股份的5%。

(2) 收购人应当公平对待被收购公司的所有股东,收购要约提出的各项收购条件,适用于被收购公司的所有股东。上市公司发行不同种类股份的,收购人可以针对不同种类股份提出不同的收购条件,持有同一种类股份的股东应当得到同等对待。

(3) 收购人对同一种类股票的要约价格,不得低于要约收购提示性公告日前 6 个月内收购人取得该种股票所支付的最高价格。

(4) 收购要约约定的收购期限不得少于 30 日,并不得超过 60 日,在收购要约约定的承诺期限内,收购人不得撤销其收购要约。收购人在收购期限届内,不得卖出被收购公司的股票,也不得采取要约规定以外的形式和超出要约的条件买入被收购公司的股票。

(5) 收购上市公司部分股份的收购要约应当约定,被收购公司股东承诺出售的股份数额超过预定收购的股份数额的,收购人按比例进行收购。

3. 协议收购

采取协议方式收购上市公司的,收购人可以依法同被收购公司的股东协议转让股份。收购协议达成后,收购人必须在 3 日内将该收购协议向国务院证券监督管理机构及证券交易所做出书面报告,并予公告。在公告前不得履行收购协议。协议收购的双方可以临时委托证券登记结算机构保管协议转让的股票,并将资金存放于指定的银行。

采取协议收购方式的,收购人收购或者通过协议、其他安排与他人共同收购一个上市公司已发行的股份达到 30%时,继续进行收购的,应当向该上市公司所有股东发出收购上市公司全部或者部分股份的要约。但是,经国务院证券监督管理机构免除发出要约的除外。

无论采用哪种收购方式,收购期限届满,被收购公司股权分布不符合上市条件,该上市公司的股票由证券交易所依法终止上市交易。在收购行为完成前,其余仍持有被收购公司股票的股东,有权在收购报告书规定的合理期限内向收购人以收购要约的同等条件出售其股票,收购人应当收购。

收购行为完成后,被收购公司不再具备股份有限公司条件的,应当依法变更企业形式。收购行为完成后,收购人与被收购公司合并,并将该公司解散的,被解散公司的原有股票由收购人依法更换。

> **【大家讲坛 7-5】**
>
> 甲公司在证券市场上陆续买入力扬股份公司的股票,持股达 6%时才公告,被证券监督管理机构以信息披露违法为由处罚。之后甲公司欲继续购入力扬公司股票,力扬公司的股东乙想收购力扬公司,认为甲公司的行为已违法,无权再买入力扬公司股票,而且认为其先前购买股票的行为无效。
>
> 乙的观点是否有理?乙又如何收购力扬股份公司?

7.5　信息披露

信息披露也称信息公开,是指证券发行人和其他法定负有信息公开义务的人在证券发行、上市、交易过程中,按照法定或约定要求将应当向社会公开的财务、经营及其他有关影响证券投资者投资判断的信息向证券监督管理机构和证券交易所报告,并向社会公众公告的活动。

信息公开规范主要适用于公开发行的证券。

7.5.1 信息披露的内容

1. 首次信息披露

首次信息披露,也称发行信息披露。这里主要说明首次公开发行股票和公司债券的信息披露。根据有关规定,首次信息披露主要有招股说明书、债券募集说明书和上市公告书等。

1) 招股说明书

招股说明书是公开发行股票最基本的法律文件,是由发行人制订,经中国证监会核准,向社会公众公开披露公司主要事项以及招股情况的文件。发行人首次公开发行股票的信息主要是通过招股说明书进行披露。招股说明书应当按照中国证券监督管理委员会的有关规定编制。

发行人及其全体董事、监事和高级管理人员应当在招股说明书上签署书面确认意见,保证招股说明书的内容真实、准确、完整。招股说明书应当加盖发行人公章。保荐人及其保荐代表人应当对招股说明书的真实性、准确性、完整性进行核查,并在核查意见上签字、盖章。在创业板上市的公司,发行人的控股股东、实际控制人应当对招股说明书出具确认意见,并签名、盖章。

发行人股票发行前应当在中国证监会指定网站全文刊登招股说明书,同时在中国证监会指定报刊刊登提示性公告,告知投资者网上刊登的地址及获取文件的途径。发行人应当将招股说明书及备查文件置备于发行人、拟上市证券交易所、保荐人、主承销商和其他承销机构的住所,以备公众查阅。

2) 债券募集说明书

公司债券募集说明书,是公司债券的发行人依法编制,经中国证监会核准,记载公司债券发行相关的重要信息的法律文件。上述有关招股说明书的规定,适用于公司债券募集说明书。

3) 上市公告书

发行人发行证券完成后,申请证券上市交易,应当按照证券交易所的规定编制上市公告书,并经证券交易所审核同意后公告。发行人的董事、监事、高级管理人员应当对上市公告书签署书面确认意见,保证所披露的信息真实、准确、完整。

2. 持续信息披露

这是指证券上市后,信息披露义务人承担的持续披露义务。持续信息披露的信息主要有定期报告和临时报告。

1) 定期报告

定期报告是股票和公司债券上市交易的公司定期公布其财务和经营状况的文件,包括年度报告、中期报告、季度报告,如表 7-3 所示。

表 7-3 定期报告的种类及其内容

	年度报告	中期报告	季度报告
编制完成并披露的时间	应当在每一会计年度结束之日起 4 个月内	上半年结束之日起 2 个月内	第 3 个月、第 9 个月结束后的 1 个月内

(续表)

		年度报告	中期报告	季度报告
报告内容	公司基本情况			
	主要会计数据和财务指标			
	公司股票、债券发行及变动情况,报告期末股票、债券总额、股东总数,公司前10大股东持股情况			
	董事、监事、高级管理人员的任职情况、持股变动情况、年度报酬情况			
	董事会报告			
	管理层对经营情况的讨论与分析			
	报告期内重大交易、重大诉讼或仲裁等重大事项及对公司的影响			
	财务会计报告和审计报告		财务会计报告	
	中国证监会规定的其他事项			
报告对象	向国务院证券监督管理机构和证券交易所报送,并予公告			

上市公司预计经营业绩发生亏损或者发生大幅变动的,应当及时进行业绩预告。定期报告披露前出现业绩泄露,或者出现业绩传闻且公司证券及其衍生品种交易出现异常波动的,上市公司应当及时披露本报告期相关财务数据。

年度报告中的财务会计报告应当经具有证券、期货相关业务资格的会计师事务所审计。定期报告中财务会计报告被出具非标准审计报告的,上市公司董事会立当针对该审计意见涉及事项做出专项说明。定期报告中财务会计报告被出具非际准审计意见,证券交易所认为涉嫌违法的,应当提请中国证监会立案调查。

2) 临时报告

临时报告是指在定期报告之外临时发布的报告。证券上市的公司发生可能对证券交易价格产生较大影响的重大事件,投资者尚未得知时,该公司应当立即将有关该重大事件的情况向国务院证券监督管理机构和证券交易场所报送临时报告,并予公告,披露事件内容,说明事件的起因、目前的状态和可能产生的影响。

> **知识扩展**:对股票价格产生较大影响的重大事件
>
> 根据《证券法》的规定,此类重大事件包括:公司的经营方针和经营范围的重大变化;公司重大投资行为和重大购买后处置财产的决定;公司订立重要合同,从事关联交易或者公司债务担保的重要变更,可能对公司的资产、负债、权益和经营成果产生重要影响;重大债务和未能清偿到期重大债务的违约情况;发生重大亏损或者损失;生产经营的外部条件发生的重大变化;董事、1/3以上监事或者经理发生变动,董事长或者经理无法履行职责;持有公司5%以上股份的股东或者实际控制人持有股份或者控制公司的情况发生较大变化;公司分配股利、增资的计划,公司股权结构的重要变化,公司减资、合并、分立、解散及申请破产的决定,或者依法进入破产程序、被责令关闭;涉及公司的重大诉讼、仲裁,股东大会、董事会决议被依法撤销或者宣告无效;公司涉嫌违法行为被有关机关调查,公司控股股东、实际控制人、董事、监事、高级管理人员涉嫌违法行为被有关机关调查或者采取强制措施;国务院证券监督管理机构规定的其他事项。

7.5.2 信息披露的管理与监督

1. 信息披露义务人的职责

信息披露义务人是指证券发行人和其他法定负有信息公开义务的人,如上市公司及其控股股东、实际控制人、收购人、董事、监事、高级管理人员,以及证券公司、证券服务机构等。

(1) 信息披露义务人应当依法及时、真实、准确、完整地披露信息,不得有虚假记载、误导性陈述或者重大遗漏。

(2) 信息披露义务人披露的信息应当同时向所有投资者披露,不得提前向任何单位和个人泄露。法律、行政法规另有规定的除外。任何单位和个人不得非法要求信息披露义务人提供依法需要披露但尚未披露的信息。任何单位和个人提前获知的前述信息,在依法披露前应当保密。

(3) 依法披露的信息,应当在证券交易场所的网站和符合国务院证券监督管理机构规定条件的媒体发布,同时将其置备于公司住所、证券交易场所,供社会公众查阅。

2. 监管人职责

中国证监会作为中国证券市场的监管机构,对证券市场信息披露履行监督管理职能。依法对上市公司年度报告、中期报告、临时报告以及公告的情况进行监督,对上市公司分派或者配售新股的情况进行监督,对上市公司控股股东及其他信息披露义务人的行为进行监督。

中国证监会可以要求上市公司及其他信息披露义务人或者其董事、监事、高级管理人员对有关信息披露问题做出解释、说明或者提供相关资料,并要求上市公司提供保荐人或者证券服务机构的专业意见。对保荐人和证券服务机构出具的文件的真实性、准确性、完整性有疑义的,可以要求相关机构做出解释、补充,并调阅其工作底稿。上市公司及其他信息披露义务人、保荐人和证券服务机构应当及时做出回复,并配合中国证监会的检查、调查。

证券交易场所应当对其组织交易的证券的信息披露义务人的信息披露行为进行监督,督促其依法及时、准确地披露信息。

👁 【大家讲坛 7-6】

甲上市公司上一期经审计的净资产额为 50 亿元人民币。甲公司拟为乙公司提供保证担保,担保金额为 6 亿元,并经董事会会议决议通过。甲公司章程规定,单笔对外担保额超过公司最近一期经审计净资产 10%的担保须经公司股东大会批准。在甲公司股东大会就该笔担保形成决议后,甲公司与乙公司的债权人签订保证合同。

甲公司最早应该在什么时候披露该笔担保的情况?

同步训练

一、单项选择题

1. 下列有关公开发行股票的说法正确的是( )。
   A. 必须是向特定对象发行
   B. 向累计超过300人的特定对象发行
   C. 向累计超过200人的特定对象发行
   D. 向累计超过100人的特定对象发行

2. 根据证券法律制度的规定,下列关于证券交易所大宗交易时间的表述中,正确的是( )。
   A. 交易日9点25分至9点30分
   B. 交易日9点15分至9点25分
   C. 交易日14点30分至15点
   D. 交易日15点至15点30分

3. 甲以协议转让方式取得乙上市公司7%的股份,之后又通过交易所集中竞价交易陆续增持乙公司5%的股份。根据证券法律制度的规定,甲需要进行权益披露的时点分别是( )。
   A. 其持有乙公司股份5%和10%时
   B. 其持有乙公司股份7%和10%时
   C. 其持有乙公司股份5%和7%时
   D. 其持有乙公司股份7%和12%时

4. 上市公司的下列各项中,不属于由证券交易所决定暂停其股票上市交易情形的有( )。
   A. 公司的股本总额由6000万元减至4000万元
   B. 公司对财务会计报告做虚假记载
   C. 公司有重大违法行为
   D. 公司最近3年连续亏损

5. 股票或债券上市交易的公司,应当在每一会计年度结束之日起( )内,向国务院证券监管机构和证券交易所提交年度报告并予以公告。
   A. 15日　　B. 30日　　C. 3个月　　D. 4个月

6. 甲公司已持有乙上市公司30%的股份,乙公司已发行股份总额为5亿元。甲公司计划采用要约方式继续收购乙公司的股份,其预定收购的股份数额最低为( )。
   A. 2500万股　　B. 2.5亿股　　C. 5000万股　　D. 2000万股

7. 甲证券公司为谋取利益,使用自有资金以客户康某的名义购入W公司股票10 000股,这构成( )行为。
   A. 操纵市场　　B. 内幕交易　　C. 欺诈客户　　D. 信息误导

8. 根据证券法律制度的规定,下列关于证券大宗交易系统的表述中,正确的有( )。
   A. 大宗交易的交易时间为交易日的13:30—15:30
   B. 目前只有上海证券交易所建立了大宗交易系统
   C. 买方和卖方就大宗交易达成一致后,自行交易,无须证券交易所确认
   D. 买方和卖方可以就大宗交易的价格和数量等要素进行议价协商

9. 两年前某公司净资产2亿元申请发行5千万元债券,因承销人原因剩余500万元尚未发行完。该公司净资产现已增加到3亿元,欲申请再发行8千万元债券。该公司的申请( )。
   A. 可以批准
   B. 若本次8千万元中包括上次余额500万元即可批准
   C. 不应批准
   D. 若该公司变更债券承销人,可以批准

二、多项选择题

1. 根据《证券法》的规定，下列属于禁止的证券交易行为的有(　　)。
   A. 甲会计师事务所为某企业出具的审计报告存在虚假陈述
   B. 乙证券公司未在规定时间内向客户提供证券交易的书面确认文件
   C. 丙证券公司利用资金优势连续买卖某上市公司股票，操纵交易价格
   D. 上市公司董事丁某在本公司未能清偿到期重大债务的信息公开前转让所持本公司股份

2. 公司首次公开发行股票时，网上发行和网下发行同步进行，下列对此表述正确的有(　　)。
   A. 网上网下申购参与对象应该分开
   B. 单一网上申购账户的申购上限，原则上不超过本次网上发行股数的3‰
   C. 单个投资者只能使用一个合格账户申购新股
   D. 对同一只股票，申购者只能选择网上或网下其中一种方式

3. 根据证券法律制度的规定，凡发生可能对上市公司证券及其衍生品种交易价格产生较大影响的重大事件，投资者尚未得知时，上市公司应当立即提出临时报告披露该事件。下列各项中，属于重大事件的有(　　)。
   A. 公司董事因涉嫌职务犯罪被公安机关刑事拘留
   B. 公司1/3以上监事辞职
   C. 公司董事会的决议被依法撤销
   D. 公司经理被撤换

4. 定期报告是上市公司进行持续信息披露的主要形式之一。甲上市公司下列做法中，符合证券法律制度有关定期报告的规定的有(　　)。
   A. 该公司第一季度报告的披露时间早于上一年度年度报告的披露时间
   B. 该公司的中期报告在该会计年度的第7个月披露
   C. 该公司的第三季度报告在该会计年度的第11个月披露
   D. 该公司的年度报告在该会计年度结束之日后的第3个月披露

5. 根据证券法律制度的有关规定，下列各项中，属于发行公司债券应当符合的条件有(　　)。
   A. 股份有限公司的净资产不低于3000万元
   B. 有限责任公司的净资产不低于5000万元
   C. 本次发行后累计公司债券余额不超过最近一期末净资产额的50%
   D. 最近3个会计年度实现的年均可分配利润不少于公司债券1年的利息

6. 下列股份有限公司向不特定对象发行股票的情形中，应当由承销团承销的有(　　)。
   A. 发行总额为6300万，每股价格4.8元
   B. 发行总额为5300万，每股价格3.8元
   C. 发行总额为4300万，每股价格4.2元
   D. 发行总额为3300万，每股价格2.7元

7. 根据上市公司证券发行的有关规定，下列关于上市公司非公开发行股票的表述中，正确的有(　　)。
   A. 发行对象不得超过200人

B. 发行价格不得低于市场交易价格
C. 控股股东认购的股份 36 个月内不得转让
D. 非控股股东认购的股份在 12 个月内不得转让

8. 下列对证券交易所表述正确的有(   )。
   A. 证券交易所既提供发行市场服务也提供流通市场服务
   B. 我国的证券交易所的股票交易都设置了主板、中小企业板、创业板
   C. 证券交易所是提供集中证券交易活动的市场
   D. 投资人所持股票只能通过证券交易所进行转让

9. 甲证券公司注册资本 3 亿元，依照《证券法》的规定可以经营下列业务(   )。
   A. 证券经纪、证券投资咨询、证券交易财务顾问
   B. 证券经纪、证券承销与保荐、证券自营
   C. 证券经纪、证券资产管理、证券投资咨询
   D. 证券经纪、证券自营、证券资产管理

解决几个大问题

1. 中国证监会在组织对 A 上市公司(以下称 A 公司)进行例行检查时，发现该公司存在下列事实。

(1) A 公司是由 B 国有企业(以下称 B 企业)经批准于 2012 年 7 月独家发起，向社会公开发行股票，以募集方式设立的股份有限公司。A 公司申请公开发行股票时拟订的募集资金投向包括投资人民币 3000 万元新建一条化工生产线。在上市后，董事会通过决议将原用于该项目的资金用于补充流动资金。

(2) A 公司根据有关规定向公司职工发行了 500 万股公司职工股。甲会计师事务所在查验公司提供的公司职工股股东名单后，就认购公司职工股的股款出具了验资报告。A 公司在其公告的上市公告书中称，公司职工股股款已经全部到位。后经查实，公司职工股股款未完全到位。

(3) 2016 年 10 月 18 日，A 公司决定投资收购一家生物医药开发公司，该收购行为完成后，将使 A 公司经营范围发生重大变化。在上述信息披露之前，B 企业购入 A 公司流通股票，并于该信息披露后售出，盈利 1000 万元人民币。

根据上述事实及有关法律规定，回答下列问题：

(1) 根据事实(1)所述内容，A 公司改变募集资金投向的程序是否符合法律规定？并说明理由。

(2) 根据事实(2)所述内容，A 公司及甲会计师事务所有何违法之处？

(3) 根据事实(3)所述内容，B 企业有何违法之处？

2. 中国证监会在对 A 上市公司进行例行检查中，发现以下事实。

(1) A 公司于 2010 年 5 月 6 日由 B 企业、C 企业等 6 家企业作为发起人共同以发起设立方式成立，成立时的股本总额为 8200 万股(每股面值为人民币 1 元，下同)。2013 年 8 月 9 日，A 公司获准发行 5000 万股社会公众股，并于同年 10 月 10 日在证券交易所上市。此次发行完毕

后，A 公司的股本总额达到 13 200 万股。

(2) 2014 年 9 月 5 日，B 企业将所持 A 公司股份 680 万股转让给了宏达公司，从而使宏达公司持有 A 公司的股份达到 800 万股。直到同年 9 月 15 日，宏达公司未向 A 公司报告。

(3) 2014 年 10 月 6 日，A 公司董事会召开会议，通过了发行公司债券的方案和于同年 11 月 25 日召开临时股东大会审议发行公司债券方案的决定。在如期举行的临时股东大会上，除审议通过了发行公司债券的决议外，还根据控股股东 C 企业的提议，临时增加了一项增选一名公司董事的议案，并经出席会议的股东所持表决权的半数以上通过。

(4) 为 A 公司出具 2015 年度审计报告的注册会计师陈某，在 2016 年 3 月 10 日公司年度报告公布后，于同年 3 月 20 日购买了 A 公司 2 万股股票，并于同年 4 月 8 日抛售，获利 3 万余元；E 证券公司的证券从业人员李某认为 A 公司的股票具有上涨潜力，于 2016 年 3 月 15 日购买了 A 公司股票 1 万股。

根据上述事实及有关法律规定，回答下列问题并说明理由：

(1) A 公司上市后，其股本结构中社会公众股所占股本总额比例是否符合法律规定？

(2) B 企业转让 A 公司股份的行为以及宏达公司未向 A 公司报告所持股份情况的行为是否符合法律规定？

(3) A 公司临时股东大会增选一名公司董事的决议是否符合法律规定？

(4) 陈某、李某买卖 A 公司股票的行为是否符合法律规定？

第 8 章 票据法律制度

任务清单

序号	任务	要求
1	票据种类和特征	了解
2	票据上的法律关系	理解
3	票据行为的成立条件	掌握
4	票据权利及票据时效	掌握
5	票据丧失的补救措施	掌握
6	票据抗辩事由及其限制	理解
7	商业汇票的种类、出票	掌握
8	商业汇票的背书、承兑、保证	理解
9	商业汇票的付款	掌握
10	银行汇票的法律规定	了解
11	本票的法律规定	了解
12	支票的法律规定	掌握

思考一个小问题

A 于 2019 年 4 月 1 日签发一张出票后 3 个月付款的银行承兑汇票给 B，汇票金额 100 万元，承兑人为甲银行。之后，B 背书转让给 C，C 又背书转让给 D。该汇票于 7 月 1 日到期，持票人 D 于 7 月 5 日向甲银行提示付款，甲银行发现 A 的资金账户上只有 80 万元。那么，甲银行可以拒绝付款吗？

8.1 票据法一般理论

8.1.1 票据的种类、特征和功能

票据，是指出票人依法签发的，约定自己或委托付款人在见票时或票面指定日期向收款人或持票人无条件支付一定金额的有价证券。

1. **票据的种类**

1) 汇票、本票、支票

根据《中华人民共和国票据法》(以下简称《票据法》)的规定，我国票据有汇票、本票、

支票三种。

(1) 汇票是出票人签发的、委托付款人在见票时或者在指定日期无条件支付确定金额给收款人或者持票人的票据。

(2) 本票是出票人签发的，承诺自己在见票时无条件支付确定金额给收款人或者持票人的票据。

(3) 支票是出票人签发的，委托银行或者其他金融机构在见票时无条件支付确定金额给收款人或者持票人的票据。

2) 即期票据和远期票据

根据票据所记载的到期日不同分为即期票据和远期票据。

(1) 即期票据，是指票据无记载到期日，而在收款人或者持票人请求付款之时即为到期的票据，也称"见票即付"，如支票、本票。

(2) 远期票据，是指根据票据记载的或经计算的特定日期到来时，收款人或者持票人才能请求付款的票据。汇票可以是即期票据，也可以是远期票据。

3) 自付票据和委付票据

根据票据付款人的不同分为自付票据和委付票据。

(1) 自付票据，是指出票人自己承担付款义务的票据，如银行本票、银行汇票。

(2) 委付票据，是指出票人委托他人付款的票据，如商业汇票、支票。

2. 票据的特征

(1) 票据是债权证券。支付对价的善意持票人享有票据权利，有权要求付款人无条件支付票据所载金额，这种权利其实质就是债权。

(2) 票据是设权证券。票据权利的发生必须先做成票据，签发票据是为了创设票据权利而非仅仅事后证明这种权利，离开了票据就无所谓票据权利。

(3) 票据是文义证券。票据上的权利义务严格按票据上记载的文义而定，不以文义以外的事由为根据。为保护善意持票人的利益，即使票据上记载的文义有错误，也不允许用票据以外的证据改变其效力。

(4) 票据是无因证券。票据行为的效力，不受票据当事人之间授受票据的原因的影响，持票人只要向票据债务人提示票据就可行使票据权利。

3. 票据的功能

(1) 支付。充当支付工具，代替现金流通，省去清点现金的麻烦。

(2) 汇兑。代替现金用于异地间支付，避免货币携带或运送的安全问题。

(3) 信用。在无法支付足够资金时，签发远期汇票作为预付货款或延期付款，体现了商业信用。

(4) 结算。不同当事人之间通过票据交换，使各方债务相抵，简化结算过程，降低交易成本。

(5) 融资。将尚未到期的远期汇票向银行贴现，相当于获得一笔短期贷款；也可以将票据质押以换取资金。

8.1.2 票据上的法律关系

票据上的法律关系，是指票据当事人之间在票据的签发和流通等过程中涉及的所有法律关系，包括票据法律关系和民法上的非票据关系。票据法律关系又包括票据关系和票据法上的非票据关系。

1. 票据法律关系

1) 票据关系

票据关系，是指票据当事人基于票据行为发生的，以请求支付票据金额为内容的债权债务关系。如出票人与收款人之间的关系、持票人与付款人之间的关系、背书人与被背书人之间的关系等。持票人可以对在票据上签名的债务人主张票据法规定的权利；在票据上签名的债务人按照票据上记载的文义对票据债权人承担相应的义务。

2) 票据法上的非票据关系

票据法上的非票据关系，是指为保障票据关系中权利义务的实现，由票据法直接规定的、不是基于票据行为而发生的法律关系。主要包括如下两种情形。

(1) 票据返还的非票据关系。如票据上的正当权利人对于因恶意而取得票据的人请求返还票据，或票据付款人付款后请求持票人交还票据而发生的法律关系等。

(2) 利益返还的非票据关系。如持票人因超过票据权利时效或票据记载事项欠缺而丧失票据权利的，仍享有请求出票人或者承兑人返还其与未支付的票据金额相当利益的权利而发生的法律关系。

2. 民法上的非票据关系

民法上的非票据关系或票据基础关系，是指根据民法产生的与票据有关的法律关系。票据关系的发生是基于票据的签发和授受行为，而票据的签发和授受又基于一定的原因或前提，即此前已存在民法上的非票据关系。主要包括如下两种情形。

(1) 票据原因关系，是指因票据当事人之间授受票据的特定原因而形成的法律关系。例如，一方因购买货物或返还借款向对方签发或转让票据以支付相应金额，这里的买卖关系或借贷关系虽然不是票据关系，但是产生票据关系的基础。票据原因关系只存在于授受票据的直接当事人之间，如出票人与收款人、背书人与被背书人。

(2) 票据资金关系，是指出票人因委托付款与付款人或其他资金义务人之间的资金交付与返还关系。例如，向银行申请签发银行汇票、银行本票的申请人，需要向银行足额交存相应金额后，银行才会签发。但是，资金关系的存在或有效与否，一般不影响票据的效力。例如，支票出票人在委托银行的账户有足额存款，当持票人向出票人行使追索权时，出票人不得以已向付款人提供资金为由拒绝承担票据责任。

依照《票据法》的规定，票据的签发、取得和转让应当遵循诚实信用的原则，具有真实的交易关系和债权债务关系，此所谓原因关系。但银行汇票的申请人、银行本票的申请人、本票的出票人可以将自己填写为收款人，也可以要求将他人填写为收款人，出票人与收款人之间可以不存在任何"交易关系"，而是银行汇票的申请人、银行本票的申请人或本票的出票人与付款银行之间存在资金关系。所以在实践中，这个规定主要是针对商业汇票而言的。

3. 票据当事人

票据当事人是在票据法律关系中享有票据权利、承担票据义务的人，包括基本当事人和非基本当事人。

1) 基本当事人

基本当事人是在票据作成和交付时就已存在的当事人，是构成票据法律关系的必要主体。

包括出票人、付款人、收款人。出票人是签发票据并交付给收款人的人；收款人是有权按票面记载到期收取款项的人；付款人是受出票人委托付款的人或自行承担付款义务的出票人。缺少基本当事人，票据行为无效，票据法律关系也就不能建立。

2) 非基本当事人

非基本当事人是票据做成和交付后，通过各种票据行为而加入票据关系中的当事人，包括承兑人、背书人、被背书人、保证人等。承兑人是受商业汇票出票人委托，同意承担付款义务的人；背书人是转让票据时在票据上背书，并交付受让人的收款人或持有人；被背书人是被前手记名让与票据并接受票据转让的(受让)人；保证人是为票据债务人提供保证担保的票据以外的第三人。

在具体的票据关系中，当事人可能有多重身份，如商业汇票中的承兑人也是付款人；本票的出票人也是付款人。

8.1.3 票据行为

票据行为，是指票据当事人以发生票据权利义务关系为目的，在票据上签章的法律行为。票据行为包括出票、背书、承兑和保证。

1. 票据行为的成立条件

票据行为的成立必须符合法律规定的有效条件，才能产生票据效力，包括实质要件和形式要件。

1) 实质要件

(1) 行为人必须具有从事票据行为的能力。在票据上签章的自然人必须具有完全民事行为能力，否则该签章无效，但不影响票据上其他签章的效力。仅有无民事行为能力人或限制民事行为能力人的签章，行为人并不因此而成为票据上的债务人，其他票据当事人也不得据此签章向其主张票据权利。

法人具有从事票据行为的能力。

(2) 行为人的意思表示必须真实。票据上记载的事项为行为人的真实意思，不得以票据记载事项之外的文字证明行为人的意思。持票人以欺诈、偷盗、胁迫、伪造、变造等手段取得票据的，或者明知有前列情形，出于恶意取得票据的，不得享有票据权利。持票人因重大过失取得票据的，也不得享有票据权利。

2) 形式要件

票据行为是一种要式行为，非常注重外在表示形式，所以必须采用法律规定的形式。

(1) 书面做成。票据法要求票据行为必须以书面方式为之，票据当事人应当使用中国人民银行规定的统一格式的票据，否则无效。

(2) 签章。票据上的签章是当事人在票据上的姓名或单位名称以及印章。签章是票据行为表现形式中的绝对应记载事项，任何票据无该项内容，票据行为无效。票据上的签章因票据行为的性质不同，签章人也不相同。票据签发时，由出票人签章；票据转让时，由背书人签章；票据承兑时，由承兑人签章；票据保证时，由保证人签章；票据代理时，由代理人签章；持票人行使票据权利时，由持票人签章等。

自然人签章可以是签名，也可以是盖章，还可以是签名加盖章。对于法人和其他使用票据的单位，签章一般为该法人或者该单位的票据专用章加其法定代表人或者其授权代理人的签章，如表8-1所示。凡在票据上签名的，都应当签署其本名。

表 8-1 票据签章

签章人	票据上签章			
银行汇票出票人	人民银行批准使用的该银行	汇票专用章	+	法定代表人或授权代理人的签名或盖章
银行本票出票人		本票专用章		
银行承兑商业汇票及其办理转贴现、再贴现		汇票专用章		
商业承兑汇票承兑人	其预留银行签章			
支票出票人				
商业汇票出票人	单位公章或财务专用章		+	法定代表人或授权代理人的签名或盖章
其他票据行为的单位				
个人	该个人签名或盖章			

(3) 记载事项。有效成立的票据行为,应依票据法的要求记载以下有关事项。

绝对记载事项,指票据法规定必须记载的事项,欠缺此类事项之一的,票据即为无效。

相对记载事项,指票据法规定应予记载的事项而未记载,票据并非当然无效,而是根据法律确定其效力。即有记载时依记载,无记载时依法推定。

任意记载事项,指票据法规定由当事人任意记载的事项,不记载时不影响票据效力,记载时则产生票据效力。例如,出票人或背书人在汇票上记载"不得转让"字样,其后手再背书转让的,原背书人对其直接被背书人以后通过背书方式取得汇票的一切当事人,不负担保责任。

票据金额、日期、收款人名称不得更改,更改的票据无效。对票据上的其他记载事项,原记载人可以更改,更改时应当由原记载人签章证明。

因票据种类不同,票据记载事项也有差异,如表 8-2 所示。

表 8-2 票据记载事项

	汇票	本票	支票
绝对记载事项	表明"汇票"的字样	表明"本票"的字样	表明"支票"的字样
	无条件支付的承诺或委托	无条件支付的承诺	无条件支付的委托
	确定的金额		出票人可以授权补记金额
	付款人名称	付款人为出票银行	付款人名称
	收款人名称	收款人名称	出票人可以授权补记收款人
	出票日期		
	出票人签章		
相对记载事项	付款日期	不记载(见票即付)	不记载(见票即付)
	付款地		
	出票地		
任意记载事项	由当事人任意记载		

(4) 交付。票据行为人将票据交给相对人持有,票据行为才能成立。

> 👁 **【大家讲坛 8-1】**
>
> 甲公司与乙公司签订买卖合同,为了支付货款,甲公司签发了一张以乙公司为收款人的银行承兑汇票,公司财务经理签字,并加盖了公司的合同专用章。承兑人丙银行的代理人签字并加盖了银行的汇票专用章。乙公司背书转让给丁公司后,丁公司在票据到期时向丙银行请求付款。
>
> 丙银行可以拒绝付款吗?如果丙银行拒绝付款,丁公司可以向甲乙行使追索权吗?

2. 票据行为的种类

(1) 出票,是指出票人依法做成票据,在票据上签章并将票据交付给收款人的行为。

(2) 背书,是指收款人或持票人为将票据权利转让或授权,在票据上记载和签章的行为。

(3) 承兑,是指商业汇票的付款人承诺到期日时支付票面金额并签章的行为。

(4) 保证,是指票据债务人以外的第三人,为保证特定票据债务人履行票据债务,在票据上记载和签章的行为。

上述票据行为的详细内容见本章"8.2 汇票"部分。

8.1.4　票据权利和票据责任

1. 票据权利的概念

票据权利是指持票人向票据债务人请求支付票据金额的权利。票据权利是以获得一定金钱为目的的债权,包括付款请求权和追索权。

付款请求权,指持票人对主债务人所享有的请求支付票据所载金额的权利。付款请求权是第一顺序权利,持票人必须向主债务人主张,不能越过主债务人直接行使追索权。

追索权,指持票人付款请求权未能实现时,要求其一切前手清偿票据金额及有关费用的权利。票据追索权的行使以持票人第一顺序权利未能实现为前提,相对而言是第二顺序权利,主张的对象是次债务人,包括出票人、前手背书人和保证人的一切前手。代为清偿的背书人、保证人可以向其前手债务人行使追索权,这称为代位追索权或再追索权。

"前手"是指在票据签章人或者持票人之前签章的其他票据债务人;"后手"是指在票据签章人之后签章的其他票据债务人,包括票据的最后持票人。

2. 票据权利的取得

票据行为是取得票据权利的主要原因,也可以因为其他原因取得票据权利。

1) 因票据行为取得票据权利

因票据行为取得票据权利的情形包括:收款人因接受出票人的票据取得付款请求权;被背书人因持票人背书转让的票据取得付款请求权;持票人因承兑人的承兑行为取得付款请求权;持票人因保证人的保证行为取得追索权等。

2) 因法律规定直接取得票据权利

依据《票据法》,代为清偿的背书人、保证人取得再追索权。依据其他法律以税收、继承、受赠、企业合并等合法方式取得票据的,也享有票据权利。

3. 票据时效

票据时效即票据权利的消灭时效，是指持票人未在法定期间行使票据权利，期间届满时该权利消灭。票据已过时效或记载事项欠缺而丧失票据权利，持票人仍享有民事权利，可要求出票人或承兑人返还与未支付的票据金额相当的利益。

票据时效期间因票据种类和票据权利的不同有如下规定，如表 8-3 所示。

表 8-3 票据时效

票据权利	持票人	债务人	时效期间
付款请求权	收款人、最后被背书人	商业汇票出票人、承兑人	自票据到期之日起 2 年
		见票即付的汇票、本票出票人	自票据出票之日起 2 年
		支票出票人	自票据出票之日起 6 个月
追索权	收款人、最后被背书人	商业汇票出票人、承兑人	分别与付款请求权的规定相同
		其他票据出票人	
		前手背书人、保证人	自被拒绝承兑或被拒绝付款之日起 6 个月
再追索权	代为清偿的背书人、保证人	出票人、前手背书人、保证人	自清偿之日或被提起诉讼之日起 3 个月

【大家讲坛 8-2】

甲持有一张本票，出票日期为 2017 年 5 月 20 日，于 2018 年 5 月 27 日行使票据的付款请求权。乙持有一张出票后 1 个月付款的汇票，出票日期为 2016 年 5 月 20 日，于 2018 年 5 月 27 日行使票据的付款请求权。丙持有一张见票即付的汇票，出票日期为 2016 年 5 月 20 日，于 2018 年 5 月 27 日行使票据的付款请求权。丁持有一张支票，出票日期为 2017 年 5 月 20 日，于 2018 年 4 月 27 日行使票据的付款请求权。

谁的票据会因时效而致使票据权利消灭？

4. 票据责任

票据责任又称票据义务，是指票据债务人向持票人支付票据金额的义务。票据责任是基于债务人的出票、承兑、背书的票据行为而产生的，包括本票出票人因出票承担付款义务；汇票承兑人因承兑承担付款义务；支票付款人在与出票人存在资金关系时承担付款义务；汇票、本票、支票的背书人在票据不获承兑或付款时承担清偿票据金额义务；汇票的出票人、支票的出票人、保证人在票据不获承兑或付款时承担清偿票据金额义务。

知识扩展：主债务人和次债务人

票据债务人中，在票据上无条件承担第一顺序付款责任者的称为主债务人，即由主债务人首先满足持票人的付款请求权。在票据上承担第二顺序付款责任者的称为次债务人，在票据不获承兑或付款时次债务人才承担清偿票据金额义务。各种票据债务人的情形如表 8-4 所示。

表 8-4　票据债务人

	汇票	支票	本票
主债务人	承兑前是出票人	没有主债务人	任何情况下，出票人都是主债务人
	承兑后是承兑人		
次债务人	背书人、保证人、已承兑商业汇票的出票人、支票的出票人等		

支票的情形比较特殊，支票款项虽然最终由出票人承担，但是首先由银行付款，所以出票人不是主债务人。银行虽然是支票付款人，但其付款行为是有条件的，如果出票人账户余额不足，银行则不予付款，所以也不是主债务人。

8.1.5　票据丧失及补救

1. 票据丧失的概念

票据丧失，指持票人非出于本意而丧失对票据的实际占有。实践中依据票据丧失的具体情况，分为绝对丧失和相对丧失：前者即票据灭失，是指票据从物质形态上已经发生了根本变化，如被火烧成纸灰、被水洗成纸浆等；后者是指票据在物质形态上没有发生变化，只是脱离了原持票人的占有，如持票人不慎丢失或被人盗窃、被抢夺等。在绝对丧失的情况下，虽然失票人暂时不能行使权利，但采取了法定的补救措施后，最终还是能够实现自己的票据权利；在相对丧失的情况下，如果失票人不立即采取补救措施，票款很容易被他人取得。

2. 票据丧失的补救

票据丧失的补救有挂失止付、公示催告、民事诉讼三种措施，无论是哪一种均须符合以下条件：第一，必须有丧失票据的事实；第二，失票人必须是真正的票据权利人；第三，丧失的票据必须是未获付款的有效票据。

1) 挂失止付

挂失止付指失票人将丧失票据的情况通知付款人或代理付款人，请求其停止票据支付的行为。只有确定付款人及其代理付款人的票据才能挂失止付，包括已承兑的商业汇票、支票、填明"现金"字样和代理付款人的银行汇票、填明"现金"字样的银行本票。

失票人应当在通知挂失止付后 3 日内，也可以在票据丧失后直接向法院申请公示催告或提起诉讼；否则，挂失止付失去效力。可见，挂失止付并不是票据丧失后票据权利补救的必经程序，它仅仅是失票人在丧失票据后可以采取的一种临时性措施，最终要通过申请公示催告或提起普通诉讼维护票据权利。

2) 公示催告

公示催告指失票人申请法院以公示方式催告利害关系人在一定期限向法院申报权利。失票人可以直接向法院申请公示催告，或在挂失止付后 3 日内申请公示催告。公示催告适用于失票人不知票据下落且利害关系人不明的情形；公示催告适用于可背书转让的票据，填明"现金"字样的银行汇票和银行本票、现金支票不得背书转让，不能申请公示催告。

法院决定受理申请后，应当立即向票据付款人发出止付通知，并自立案之日起 3 日内发出公告，催促利害关系人申报权利，公示催告的期间自公告发布之日起不少于 60 日。法院收到利害关系人的申报后，应当裁定终结公示催告程序，通知公示催告申请人在指定期间查看票据。

公示催告期间届满，没有利害关系人申报权利的，经申请人向法院申请，法院做出除权判决。判决生效后，票据失效，公示催告申请人有权依据判决向付款人请求付款或向其他票据债务人行使追索权。

3) 民事诉讼

失票人应当在通知挂失止付后 3 日内向法院提起诉讼；如果票据权利的利害关系人明确，无须公示催告，可在票据丧失后直接起诉。失票人以承兑人或出票人为被告，请求法院判决被告向失票人付款；或以非法持有票据人为被告，请求法院判决被告向失票人返还票据。

公示催告期间法院收到利害关系人申报，应当裁定终结公示催告程序，申请人或申报人可以就票据权利归属向法院提起确权之诉。

> 【大家讲坛 8-3】
> 亿凡公司与五悦公司签订了一份买卖合同，由亿凡公司向五悦公司供货。五悦公司取得一张经连续背书已由银行承兑的汇票，交付给亿凡公司。亿凡公司持该汇票请求银行付款时，得知该汇票已被五悦公司申请公示催告，但法院尚未做出除权判决。
> 谁享有票据权利？银行在此期间对该汇票是否还承担付款责任？

8.1.6 票据抗辩

票据抗辩指票据的债务人依照合法事由，对票据债权人拒绝履行义务的行为。

1. 票据抗辩的事由

(1) 行为人不具有从事票据行为的能力。签章人是无民事行为能力人或限制民事行为能力人，票据行为无效，行为人不承担票据上的债务。

(2) 票据代理行为属无权代理。没有代理权而以代理人名义在票据上签章的，应当由签章人承担票据责任；代理人超越代理权限的，应当就其超越权限的部分承担票据责任。

(3) 票据行为人意思表示不真实。持票人以欺诈、偷盗、胁迫等手段取得票据，并非出票人或原持票人真实意思。持票人以欺诈、偷盗、胁迫等手段取得票据，或者明知有前列情形取得票据的，不享有票据权利。

(4) 票据行为的形式不符合法律规定。票据未使用中国人民银行规定的统一格式，票据上的签章不符合法律规定，票据欠缺绝对记载事项，出现上述情形票据无效。背书不连续的，付款人可以拒绝向持票人付款。

(5) 票据记载事项系伪造、变造。票据上有伪造、变造的签章的，被伪造人不承担票据责任，但不影响票据上其他真实签章的效力；持票人按规定提示承兑、提示付款或行使追索权时，在票据上真正签章人不能以其他人伪造、变造为由进行抗辩。

票据签章以外的记载事项系被变造的，变造之前在票据上签章的人，对原记载事项负责，可以拒绝依据变造后的记载事项承担票据责任；在变造之后签章的人，则应按变造后的记载内容负责；如果无法辨别是在票据被变造之前或之后签章的，视同在变造之前签章。

(6) 持票人因重大过失取得票据。持票人虽不是明知，如果凭一般业务交往和日常经验就可查知票据存在伪造、变造、欠缺记载事项、背书或书写不规范等瑕疵，却未能查知的，视为因重大过失取得票据,持票人不享有票据权利。

(7) 票据文义不符。持票人行使权利的时间、地点不符合票据记载。票据未到期、付款地不符的,持票人不能提出付款请求。

(8) 票据时效经过。持票人未在法定期间行使票据权利,期间届满时该权利消灭。持票人超过提示付款期提示付款,付款人或代理付款人不予付款,且持票人丧失对出票人以外的前手的追索权,但出票人对持票人仍负有票据责任。

(9) 持票人未进行票据权利保全。持票人未采取票据权利保全措施导致追索权丧失。票据权利的保全措施有:持票人为防止付款请求权与追索权因时效而丧失,采取中断时效的行为;为防止追索权丧失而请求做成拒绝证明的行为;按期提示票据,在请求付款被拒绝后仍可行使追索权。

(10) 除权判决。票据遗失后,法院依票据权利人的公示催告请求,做出除权判决后,票据就丧失了效力,任何人都不得依此票据主张权利。

(11) 票据原因关系的事由。票据债务人可以对不履行约定义务的与自己有直接债权债务关系的持票人,拒绝履行票据债务。例如,甲因购买货物向乙签发或转让票据,当乙向甲主张票据权利时,如果乙在买卖合同中构成违约,则甲可以此为由拒绝对乙承担票据责任。

(12) 债务人与出票人或持票人的前手之间的事由。如果持票人明知票据债务人与出票人之间,或者票据债务人与持票人的前手之间存在抗辩事由,仍然受让票据的,票据债务人可以此为由对抗持票人。在此情况下,票据债务人应对持票人恶意取得票据的行为承担举证责任。在上例中,乙拟将票据背书转让给丙,如果丙知道甲乙买卖合同中,乙已对甲构成违约,却仍受让该票据,则甲可以此为由拒绝对持票人丙承担票据责任。

(13) 取得票据未给付对价,票据权利不得优于其前手。票据的取得,原则上应给付对价。如果无对价取得票据属善意,仍然享有票据权利。因税收、继承、赠与可以依法无偿取得票据,不受给付对价之限制,但该票据权利不得优于其前手。

取得票据未给付对价,持票人必须承受其前手的权利瑕疵,票据债务人可以以对抗持票人前手的抗辩事由对抗该持票人。例如,甲因购买货物向乙签发或转让票据,当乙向甲主张票据权利时,如果乙在买卖合同中构成违约,则甲可以此为由拒绝对乙承担票据责任;如果乙以赠与为目的将票据背书转让给丙,即使丙是善意取得,甲仍可以此为由拒绝对丙承担票据责任。

2. 票据抗辩的限制

票据当事人之间授受票据存在特定原因,但票据一经转让,该原因关系对票据效力的影响力即被切断。凡是善意的、已支付对价的正当持票人可以向票据上的一切债务人请求付款,票据债务人就必须依票据上的记载事项对持票人承担票据责任,而不得以自己与出票人之间的抗辩事由对抗善意持票人,也不得以自己与持票人的前手之间的抗辩事由对抗善意持票人,这正体现了票据的无因性。这里的"善意",是指持票人取得票据时,不知道票据债务人与出票人或持票人的前手之间的抗辩事由。例如,甲因购买货物向乙签发或转让票据,乙将票据背书转让给丙,如果丙不知道乙已对甲构成违约,受让乙背书转让的票据,则甲就不能以乙在买卖合同中违约为由,拒绝对持票人丙承担票据责任。

> **【大家讲坛 8-4】**
>
> 甲公司向乙公司订购一批货物,为了支付货款向乙公司签发一张 50 万元、出票后 3 个月付款的银行承兑汇票,承兑银行是 A 银行。乙公司将该票据背书转让给丙公司,丙公司背书转让给丁公司,丁公司按期向 A 银行提示付款时,A 银行以出票人甲公司的银行资金账户上只有 30 万元为由拒绝付款,丁公司取得了 A 银行的拒绝付款证明书。丁公司持拒绝证明向甲公司进行追索时,甲公司以乙公司的货物质量不符合标准为由拒绝承担票据责任。
>
> A 银行可以拒绝付款吗?甲公司可以以货物质量不符合标准为由对抗丁公司吗?

8.2 汇 票

汇票是出票人签发的、委托付款人在见票时或者在指定日期无条件支付确定的金额给收款人或者持票人的票据,分为银行汇票和商业汇票。除《票据法》对本票和支票的专门规定外,本票和支票适用汇票的法律规定,所以本节有关商业汇票的部分内容如出票、背书、保证、付款等在其他票据中不再一一叙述。

> **知识扩展:汇票的种类**
>
> 汇票的种类比较复杂,我国使用的有银行汇票和商业汇票,商业汇票又分为商业承兑汇票和银行承兑汇票,所以从票据书面样式看,汇票有银行汇票、商业承兑汇票和银行承兑汇票三种。
>
> 票据在理论上有即期票据和远期票据之分,主要指的就是即期汇票和远期汇票。即期汇票,是持票人一经提示即为到期,付款人就应当付款的汇票,包括标明见票即付、到期日与出票日相同、未记载到期日视为见票即付等情形。远期汇票,是约定付款人见票后在一定期限或特定日期付款的汇票,包括定日付款、出票日后定期付款、见票后定期付款等情形。
>
> 在汇票的实际运用中,又分为跟单汇票和光票。跟单汇票指需附加各种单据(如提货单、运货单、保险单、装箱单、商业发票等单据),才能付款的汇票。光票是指只需提出汇票本身即可付款,无须附加任何单据的汇票。商业汇票多为跟单汇票,银行汇票多为光票。

8.2.1 商业汇票

商业汇票是以银行以外的单位或个人为出票人,由承兑人承兑,并于到期日向收款人或持票人支付款项的票据。

1. 种类

商业汇票按承兑人不同分为商业承兑汇票和银行承兑汇票(见图 8-1)。商业承兑汇票,是由收款人签发经付款人承兑,或由付款人签发并承兑的商业汇票。银行承兑汇票,是由在承兑银行开立存款账户的存款人签发,并由承兑申请人向开户银行申请,经银行审查同意承兑的商业汇票。

商业汇票基本当事人有出票人、付款人、收款人；因为存在承兑程序，承兑人也是当事人。

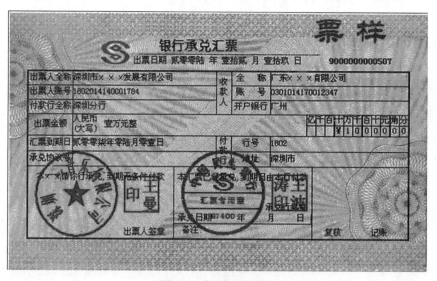

图 8-1　商业汇票票样

2. 出票

出票，是指出票人依法做成票据，在票据上签章并将票据交付给收款人的行为。出票人按照法律规定的形式做成票据并将其交付给收款人时，出票行为即完成。

1) 出票人资格

商业承兑汇票可以由付款人签发并承兑，也可以由收款人签发交由付款人承兑，然后由承兑人委托其开户行付款，银行实质上处于代理人地位。商业承兑汇票的出票人必须具备下列条件：在银行开立存款账户的法人以及其他组织；与付款人具有真实的委托付款关系；具有支付汇票金额的可靠资金来源。

银行承兑汇票由在承兑银行开立存款账户的存款人签发，然后由承兑申请人向其开户行申请承兑。承兑银行作为付款人，也是主债务人。银行承兑汇票的出票人必须具备下列条件：在承兑银行开立存款账户的法人以及其他组织；与承兑银行具有真实的委托付款关系；资信状况良好，具有支付汇票金额的可靠资金来源；能提供相应的担保。

2) 记载事项

商业汇票 7 个绝对记载事项如下:

(1) 表明"汇票"的字样。

(2) 无条件支付的委托。汇票是出票人委托他人进行付款的票据,在付款上附条件会导致票据无效。

(3) 确定的金额。汇票金额记载欠缺或更改,汇票无效;记载汇票金额时应确定货币种类;金额上不得做选择性或浮动性的记载;汇票上金额以中文大写和数码同时记载,必须一致,否则无效。

(4) 付款人名称。付款人是指出票人在汇票上的委托支付汇票金额的人。付款人只有在承兑后,才成为汇票上的主债务人,承担到期无条件付款的绝对责任。

(5) 收款人名称。收款人是指出票人在汇票上记载的受领汇票金额的最初票据权利人。收款人名称的记载必须用全称,不得使用简称或企业代码。

(6) 出票日期。出票日期是指出票人在汇票上记载的签发汇票的日期。

(7) 出票人签章。出票人签章是指出票人在票据上亲自书写自己的姓名或盖章。

商业汇票相对记载事项如下:

(1) 付款日期,又称汇票到期日。指支付票据金额的日期。根据当事人约定,付款日期有:见票即付、定日付款、出票后定期付款、见票后定期付款。未记载到期日的视为见票即付。

(2) 付款地,指汇票金额的支付地点。未记载的,付款人的营业场所、住所或者经常居住地为付款地。

(3) 出票地,是指出票人签发票据的地点。未记载的,出票人的营业场所、住所或者经常居住地为出票地。

汇票上可以记载非法定记载事项,但是该记载事项不具有汇票上的效力。如签发票据的原因或用途、该票据项下交易的合同号码等,约定的违约金等。

3) 效力

出票人依照《票据法》的规定完成出票行为之后,即产生票据上的效力。

(1) 对收款人的效力。收款人取得出票人签发的汇票后,即取得票据权利,一方面就票据金额享有付款请求权;另一方面,在该请求权不能满足时,享有追索权。

(2) 对付款人的效力。出票行为是单方行为,付款人并不因此当然负有付款义务。承兑人只有在对汇票进行承兑后,才成为付款人。

(3) 对出票人的效力。出票人委托他人付款,即产生了保证该汇票能获得承兑和付款的责任。如果汇票得不到承兑或得到承兑被拒绝付款,出票人必须向持票人清偿汇票金额和有关费用。出票人的上述保证责任是票据法上必须承担的责任,与其是否具有保证的意思无关,出票人不得以在票据上进行相关记载的方式来免除自己的该种保证责任。

3. 背书

背书,是指收款人或持票人为将票据权利转让或授权,在票据上记载和签章的行为,分为转让背书和非转让背书。

1) 转让背书

转让背书,指背书人做以转让票据权利为目的的背书。转让背书是从转让目的角度说的,从取得票据的行为方式看,称为背书转让;而以背书以外的方式如税收、继承、赠与取得票据的,称为非背书转让。我国《票据法》规定的汇票转让只能采用背书的方式,一般不限制背书的次数,在背书栏或票据背面写满时,可以在票据上粘贴"粘单"继续进行背书。

以背书转让的汇票,背书应当连续,否则付款人可以拒绝向持票人付款。持票人以背书的连续,证明其汇票权利;非经背书转让,而以其他合法方式取得汇票的,依法举证,证明其汇票权利。背书连续,是指在票据转让中,转让汇票的背书人与受让汇票的被背书人在汇票上的签章依次前后衔接。第一次背书的背书人为收款人,第二次背书的背书人应是第一次背书的被背书人,以此类推(见图8-2)。如果背书形式上连续,实质上不连续如中间环节有伪造签章的,付款人仍应对持票人付款,但付款人已知持票人不是真正票据权利人的,不得付款。

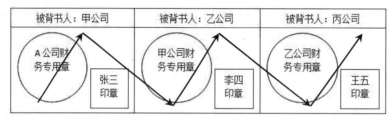

图8-2 背书连续

背书人签章为绝对记载事项,未记载的背书行为无效;背书日期为相对记载事项,未记载视为汇票到期日前背书。被背书人的名称为绝对记载事项,背书人未记载该事项便将汇票交付他人的,持票人在票据被背书人栏内记载自己的名称与背书人记载具有同等法律效力。

转让背书的效力如下。

(1) 一般效力。转让背书生效后,被背书人取得票据权利,背书人票据权利消灭。背书人应对所有后手承担保证承兑和保证付款的责任,后手应当对其直接前手背书的真实性负责。当持票人行使追索权时,背书人必须承担票据责任。

(2) 附条件背书。背书不得附有条件以限制或影响背书的效力,背书附有条件的所附条件无效,但不影响背书本身的效力。

(3) 分别背书和部分背书。分别背书是指将票据金额分别转让给不同的被背书人的背书,部分背书是指将票据金额的一部分进行转让的背书。根据《票据法》规定,上述背书无效,票据权利未发生转移。

(4) 限制背书和法定禁止背书。出票人或背书人可以对票据的转让效力给予一定限制,出票人或背书人在汇票上记载"不得转让"字样,其后手再背书转让的,原背书人对其直接被背书人以后通过背书方式取得汇票的一切当事人,不承担保证责任。即如果受让人再背书转让的,其背书行为对原背书人无效,但对其后手被背书人有效。例如,A在将一张汇票背书转让给B时,在该汇票的背面记载了"不得转让"的字样,但B仍将该汇票背书转让给C,C又背书转让给D。则A对B的后手C、D不再承担保证汇票能够获得付款的责任,但B对自己的后手C、D必须承担保证能够获得付款的责任。

以下情形禁止背书转让,背书转让的,背书人应当承担票据责任:被拒绝承兑的汇票,指持票人在汇票到期日前,向付款人提示承兑遭拒绝;被拒绝付款的汇票,指对不需承兑的汇票或者已获承兑的汇票,持票人于汇票到期日向付款人提示付款而被拒绝;超过付款提示期限的汇票,指持票人未在法定付款提示期间内向付款人提示付款的汇票;填明"现金"字样的银行汇票、银行本票和用于支取现金的支票。

【大家讲坛 8-5】

甲公司因购买货物将所持汇票背书转让给乙公司,因担心以此方式付款后对方不交货,于是在背书栏中记载了"乙公司必须按期交货,否则不付款"的字样,乙公司在收到票据后没有按期交货。

这次背书有效吗?

2) 非转让背书

非转让背书,指背书人做以转让票据权利之外目的的背书。包括委托收款背书和质押背书。

(1) 委托收款背书,指背书人委托他人代理行使票据权利、收取票据金额的背书。以此可见,委托收款背书并不以转让票据权利为目的,而是给予被背书人以代理权代为收取款项,票据权利仍属于背书人所有。

委托收款背书时,背书人必须记载"委托收款"字样,作为绝对记载事项;若无此记载事项,则形式上构成转让背书。被背书人因委托收款背书而取得代理权后,可以代为行使付款请求权和追索权,但被背书人不得再背书转让票据权利。否则,原背书人对后手的被背书人不承担票据责任,但不影响出票人、承兑人以及原背书人之前手的票据责任。

(2) 质押背书,是指以设定质权、提供债务担保为目的而进行的背书。它由背书人通过背书的方式,将票据转移给质权人,以票据金额的给付作为对被背书人债务清偿担保的一种方式。背书人是原持票人,也是出质人,被背书人则是质权人。背书人做成背书并交付后,背书人仍然是票据权利人,被背书人并不因此而取得票据权利。

背书人在设定质押背书时,应当以背书记载"质押"字样,作为绝对记载事项。若无此记载事项,则形式上仍构成转让背书。如果出质人只记载了"质押"字样而未在票据上签章,或者出质人未在汇票或粘单上记载"质押"字样而是另行签订质押合同、质押条款的,不构成票据质押。持票人质押背书后,其后手再背书转让或者质押的,原背书人对后手的被背书人不承担票据责任,但不影响出票人、承兑人以及原背书人之前手的票据责任。

【大家讲坛 8-6】

甲公司对乙公司负有债务,为了担保其债务的履行,甲公司将一张以本公司为收款人的汇票质押给乙公司。虽然没有在汇票上记载"质押"字样,但双方为此专门订立了书面的质押合同,并交付了票据。后甲公司未按时履行债务,乙公司遂于该票据到期时持票据向承兑人提示付款,被承兑人拒绝。于是,乙公司提供了书面质押合同证明自己的权利,承兑人仍然拒绝付款。

承兑人可以拒绝付款吗?

4. 承兑

承兑,是指商业汇票的付款人承诺到期日时支付票面金额并签章的行为,这是商业汇票特有的制度。出票是单方行为,付款人也不因取得出票人资金而当然地成为票据债务人,就商业汇票而言付款人的承兑行为才是其承担票据债务的法定条件。

1) 程序

(1) 提示承兑。提示承兑指持票人向付款人出示汇票,并要求付款人承诺付款的行为。提示承兑是承兑行为的前提和条件,是行使和保全票据权利的手段。因汇票付款期限不同,提示承兑的期限也不一样。除即期汇票见票即付无须承兑外,其他三种远期汇票的规定如下。

定日付款的汇票,票面已明确记载到期日,持票人应在到期日前提示承兑。出票后定期付款的汇票,从出票时间按票面确定的期间顺延计算到期日,持票人应在到期日前提示承兑。见票后定期付款的汇票,从见票时间按票面确定的期间顺延计算到期日,但持票人应当自出票日起1个月内向付款人提示承兑。

见票指持票人向付款人提示汇票,付款人验看票据,认为无误时在票据上记载"见票"字样并签章的行为。出票人与承兑人约定的从"出票日"起到"到期日"止的延期付款时间最长不能超过6个月,这段时间也称商业汇票付款期限。

汇票未按按期提示承兑的,持票人丧失对其前手的追索权,但不丧失对出票人的追索权。

(2) 承兑表示。持票人按期提示付款人请求汇票承兑后,付款人应当自收到提示承兑的汇票之日起3日内承兑或者拒绝承兑,期满未表示的应视为拒绝承兑。付款人承兑汇票的,应当在汇票正面记载"承兑"字样并签章,这是绝对记载事项。承兑日期是相对记载事项,如果承兑人未记载的,以收到汇票之日起的第3日为承兑日期。

付款人承兑汇票后,应当承担到期付款的责任。付款人承兑汇票,不得附有条件;承兑附有条件的,视为拒绝承兑。付款人拒绝承兑的,持票人可以请求做成拒绝证明,以便向自己的前手行使追索权。

(3) 汇票交还。付款人表示承兑的,在进行承兑记载后,应当将汇票交还给持票人。付款人表示拒绝承兑的,应当向持票人交还汇票,并出具拒绝证明。

2) 效力

付款人做出承兑表示并将汇票交还持票人,承兑即发生法律效力,付款人称为承兑人即成为汇票上的主债务人,承担到期无条件付款责任。即使持票人未按期提示付款,也不丧失对承兑人的追索权。

承兑人必须对汇票上的一切权利人承担责任,承受持票人的付款请求权和追索权。承兑人不得以其与出票人之间的资金关系来对抗持票人,拒绝支付汇票金额。

5. 保证

保证,是指票据债务人以外的第三人,为保证特定票据债务人履行票据债务,在票据上记载和签章的行为。

1) 当事人

保证的当事人为保证人与被保证人。之前已成为票据债务人的如出票人、背书人、承兑人,不得再充当票据上的保证人。票据债务人一旦由他人为其提供保证,其在保证关系中就被称为被保证人。

2) 记载事项

票据保证的绝对应当记载事项有:表明"保证"的字样、保证人的签章两项。相对应记载事项有:被保证人的名称、保证日期和保证人住所。票据保证必须做成于汇票或者粘单之上,如果另行签订保证合同或者保证条款的,不属于票据保证,应适用《中华人民共和国担保法》的规定。

保证不得附有条件,附有条件的,不影响保证人对汇票的保证责任,所附条件不发生票据法上的效力。

3) 效力

保证一旦成立，保证人便成为票据上的债务人，必须与被保证人一起向被保证人的所有后手承担连带票据责任。以承兑人为被保证人的，持票人可以向承兑人行使付款请求权，也可以向保证人行使付款请求权。以某一背书人为被保证人的，票据到期后得不到付款，持票人应该向前手背书人或其保证人行使追索权。保证人为二人以上的，保证人之间承担连带责任。

保证人在向持票人清偿债务后，依法取得持票人对被保证人及其前手的追索权，被保证人及其前手不得以对抗持票人的事由而对抗善意的保证人。

汇票的出票人、背书人、承兑人和保证人对持票人承担连带责任，持票人可以不按照汇票债务人的先后顺序，对其中任何一人、数人或者全体行使追索权。持票人对汇票债务人中的一人或者数人已经进行追索的，对其他汇票债务人仍可以行使追索权。被追索人清偿债务后，与持票人享有同一权利。

【大家讲坛8-7】

甲签发汇票一张，汇票上记载收款人为乙，金额为20万元，汇票到期日为2018年11月1日。乙持票后将其背书转让给戊，由丙、丁作为保证人，丙、丁两人约定各自承担50%的保证份额。戊再背书转让给乙，乙要求付款银行付款时，被以背书不具连续性为由拒绝付款。

乙可以向谁行使追索权？

6. 付款

付款是指付款人或代理付款人依据票据文义支付票据金额，以消灭票据关系的行为。

1) 程序

(1) 提示付款。提示付款是指持票人向付款人出示票据，请求付款的行为。提示付款人应为合法持票人，持票人也可以委托代理人进行提示，通过委托收款银行或者通过票据交换系统向付款人提示付款的，视同持票人提示付款。受提示人通常是付款人，在汇票中包括已进行承兑的承兑人及未承兑的付款人。

持票人应在法定期限内提示付款，见票即付的汇票，其提示付款的期限是自出票日起1个月；定日付款、出票后定期付款或者见票后定期付款的汇票，其提示付款的期限是自到期日起10日。如果持票人未在上述法定期限内为付款提示的，仅丧失对其前手的追索权；在做出说明后，承兑人或者付款人仍应当继续对持票人承担付款责任。

持票人提示承兑或者提示付款被拒绝的，承兑人或者付款人必须出具拒绝证明，或者出具退票理由书。

(2) 支付票款。付款人在对提示付款行为审查无误后，无条件地在当日按票据金额足额支付给持票人。付款人及其代理付款人应当对汇票背书的连续、提示付款人合法证件等形式进行审查，但付款人因恶意或者重大过失付款的，应自行承担责任。

银行承兑汇票的付款人应无条件支付；商业承兑汇票的银行在办理划款时，发现付款人的存款账户不足支付，应填制付款人未付票款通知书，连同商业承兑汇票邮寄持票人开户银行转交持票人。

2) 效力

付款人依法足额付款后,全体汇票债务人的责任解除,票据法律关系全部归于消灭。但是,如果付款人付款存在瑕疵,即未尽审查义务而对不符法定形式的票据付款,或其存在恶意或重大过失而付款的,则不发生上述法律效力,付款人的义务和其他债务人的责任不能免除。

8.2.2 银行汇票

银行汇票是出票银行签发的,由其在见票时按照实际结算金额支付给收款人或者持票人的票据(见图 8-3)。银行汇票可以用于转账,标明"现金"字样的银行汇票也可以提取现金。

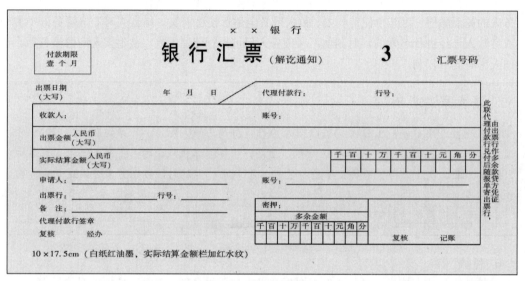

图 8-3 银行汇票票样

1. 出票

1) 当事人

银行汇票基本当事人有出票人、收款人,银行既是出票人(行)又是付款人。另有申请人向其存款银行申请使用银行汇票,但该申请人不是银行汇票的当事人。实际上,申请出票的原因,就是该申请人需使用银行汇票向收款人支付。

2) 程序

申请人向出票行填交"银行汇票申请书",出票银行受理申请书,足额收存申请人款项后签发银行汇票交给申请人。申请人和收款人均为个人的可申请现金汇票,之一为单位的不能申请现金汇票。需要支取现金的,应在"出票金额"栏先填写"现金"字样,然后填写金额。

3) 记载事项

记载事项基本同商业汇票规定。但"确定的金额"事项包括出票金额和实际结算金额两部分,更改实际结算金额的汇票无效;不记载付款日期,在提示付款期内见票即付。

2. 转让

银行汇票转让遵循背书转让的一般规定,但银行汇票的背书转让以不超过出票金额的实际结算金额为限;填明"现金"字样的、未填写实际结算金额或实际结算金额超过出票金额的银行汇票,不得背书转让。

3. 付款

银行汇票的提示付款期限为自出票日起 1 个月。持票人通常向自己的开户银行(代理付款人)提示付款,超过付款期限提示付款的,代理付款人不予受理。银行汇票的代理付款人,是代理本系统出票银行或跨系统签约银行审核支付汇票款项的银行。付款人应于审查合格后,在出票金额内按实际金额结算,余款退交申请人。

持票人超期提示付款而不获付款,可在 2 年的票据权利时效内向出票行做出说明,向其请求付款。

银行汇票丢失,失票人可凭法院出具的其享有票据权利的证明请求出票行付款或退款。

8.3 本票和支票

8.3.1 本票

本票是出票人签发的,承诺自己在见票时无条件支付确定的金额给收款人或者持票人的票据(见图 8-4)。《票据法》上的本票仅指银行本票,银行本票可以用于转账,标明"现金"字样的银行汇票也可以提取现金。实践中,银行本票又分为定额银行本票和不定额银行本票。

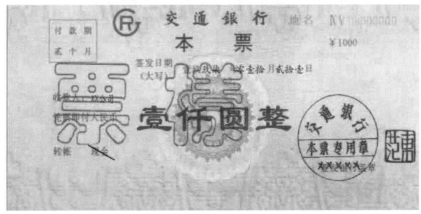

图 8-4 本票票样

1. 出票

1) 当事人

本票是由出票人约定自己付款的一种自付证券,银行本票基本当事人只有出票人、收款人,银行既是出票人(行)又是付款人。另有申请人向其存款银行申请使用银行本票,但该申请人不是银行本票的当事人。

2) 程序

申请人向出票行填交"银行本票申请书",出票银行受理申请书,足额收存申请人款项后签发银行本票交给申请人。申请人和收款人均为个人的可申请现金本票,之一为单位的不能申请现金本票。用于转账的,在本票上划去"现金"字样;需要支取现金的,划去"转账"字样。

3) 记载事项

绝对事项有:表明"本票"的字样、无条件支付的委托、确定金额、收款人名称、出票日期、出票人签章。付款人就是出票行,无须另行记载。

相对事项有:付款地、出票地。不记载付款日期,在提示付款期内见票即付。

2. 付款

在完成出票行为后,出票人成为主债务人,即承担了到期日无条件支付票据金额的责任。银行本票是见票付款的票据,付款人应于审查合格后,按票面金额向持票人支付。

持票人应自出票日起 2 个月内向出票人提示付款,未按期提示见票的,丧失对出票人以外的前手的追索权。超期提示付款被拒的,持票人可在 2 年的票据权利时效内向出票行做出说明,向其请求付款。

因超期提示等原因,申请人可将本票提交出票行要求退款。银行本票丧失,失票人可凭法院出具的其享有票据权利证明请求出票行付款或退款。对在本行开立存款账户的申请人,出票行只能将款项转入申请人账户;对现金本票和未在本行开立存款账户的申请人,出票行才能退付现金。

> 【大家讲坛 8-8】
>
> 甲出具一张本票给乙,乙将该本票背书转让给丙,丁作为乙的保证人在票据上签章。丙又将该本票背书转让给戊,戊作为持票人未按规定期限向出票人提示本票。
>
> 目前戊可以对谁行使追索权?

8.3.2 支票

支票是出票人签发的,委托银行或者其他金融机构在见票时无条件支付确定金额给收款人或者持票人的票据(见图 8-5)。支票分为普通支票、现金支票和转账支票,现金支票专门用于支取现金,转账支票只能用于转账。普通支票未印有"现金"或"转账"字样,则既可以用来支取现金,亦可用来转账;在普通支票左上角划两条平行线的,称为划线支票,只能用于转账。

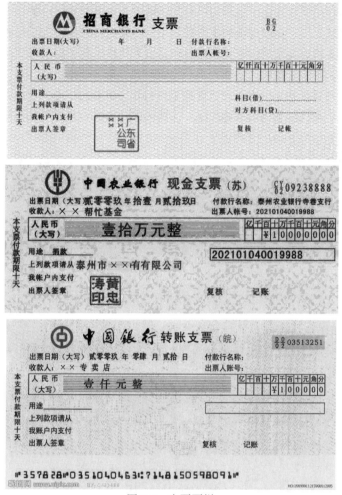

图 8-5　支票票样

1. 出票

1) 条件

支票的基本当事人有出票人、付款人、收款人，付款人也是支票上记载的出票人开户行。支票的出票人只有符合下列条件，才能签发支票：出票人在付款银行使用本名建立账户并预留印鉴或使用支付密码；领用支票应当有可靠的资信并存入一定的资金。出票人不得签发与其预留本名的签名式样或者印鉴不符的支票；出票人签发支票不得超过其付款时在付款人处实有的存款金额，禁止签发空头支票。

2) 记载事项

绝对事项有：表明"支票"的字样；无条件支付的委托；确定的金额；付款人名称；出票日期；出票人签章。支票上的金额可以由出票人授权补记，未补记前的支票，不得使用。出票人可以在支票上记载自己为收款人；未记载收款人名称的，经出票人授权，出票人可以补记。

相对事项有：付款地、出票地。不记载付款日期，在提示付款期内见票即付。

2. 付款

支票限于见票即付，支票的出票日实质上就是到期日。另行记载付款日期的，该记载无效。

支票的持票人应当在出票日起 10 日内提示付款。持票人可以委托开户银行收款或直接向出票人开户银行提示付款，用于支取现金的支票仅限于向出票人开户银行提示付款。持票人按期提示票据，付款人审查符合规定后，于见票当日向持票人付款。超过提示付款期限的，付款人可以不予付款；付款人不予付款的，出票人仍应当对持票人承担票据责任。

支票出票人的出票行为是出票人单方面地委托付款人付款的行为，付款人并不承担无条件付款责任，仅仅是一项代出票人付款的权限。出票人账户余额不足，付款人有权拒付并退票。

> 【大家讲坛 8-9】
>
> 东霖公司向忠阳公司购买元器件，应付价款 960 元。东霖公司为付款开出一张支票，因金额较小，财务人员不小心将票据金额仅填写了数字的"￥960 元"，没有记载票据金额的中文大写。忠阳公司业务员也没细看，拿到支票后就放入文件袋。
>
> 忠阳公司还可以使用这张支票吗？

同步训练

一、单项选择题

1. 丙公司持有一张以甲公司为出票人、乙银行为承兑人、丙公司为收款人的汇票，汇票到期日为 2014 年 6 月 5 日，但是丙公司一直没有主张票据权利。根据票据法律制度的规定，丙公司对甲公司的票据权利的消灭时间是（　　）。

    A. 2014 年 6 月 15 日　　　　　　B. 2014 年 12 月 5 日
    C. 2015 年 6 月 5 日　　　　　　 D. 2016 年 6 月 5 日

2. 甲、乙签订买卖合同后，甲向乙背书转让 3 万元的汇票作为价款。后乙又将该汇票背书转让给丙。如果在乙履行合同前，甲、乙协议解除合同。甲的下列行为中，符合票据法律制度规定的是（　　）。

    A. 请求乙返还汇票　　　　　　　B. 请求乙返还 3 万元价款
    C. 请求丙返还汇票　　　　　　　D. 请求付款人停止支付汇票上的款项

3. 一张汇票的出票人是甲，乙、丙、丁、戊依次是背书人，己是持票人。现查出这张汇票的金额被变造，且确定丁、戊是在变造之后签章，乙是在变造之前签章，但不能确定丙是在变造之前或变造之后签章。则下列说法中正确的是（　　）。

    A. 汇票中的金额被变造导致这张汇票无效
    B. 甲、乙、丙、丁、戊均只就变造前的票据金额对己负责
    C. 甲、乙就变造之前的票据金额对己负责，丙、丁、戊就变造后的金额对己负责
    D. 甲、乙、丙就变造之前的票据金额对己负责，丁、戊就变造后的金额对己负责

4. 甲所持有的一张支票遗失后，向法院申请公示催告。在公告期间内，乙持一张支票到法院申报权利，甲确认该支票就是其所遗失的支票，但是乙主张自己已经善意取得该支票上的权利。根据票据法律制度的规定，下列表述中正确的是（　　）。

A. 法院经审查认为乙的主张成立的，应当裁定驳回甲的申请

B. 法院经审查认为乙的主张成立的，应当裁定终结公示催告程序

C. 法院经审查认为乙的主张成立的，应当判决乙胜诉

D. 法院应当直接终结公示催告程序

5. 乙公司因支付货款签发一张金额为 100 万元的汇票给甲公司，付款人为丙公司，保证人为丁公司和戊公司。保证人在签章上注明：丁公司担保 80 万元，戊公司担保 20 万元。后甲公司向丙公司提示承兑时遭拒绝。甲公司向丁、戊公司主张保证责任，引起纠纷。对此下列表述正确的是(   )。

A. 甲公司只能向丁公司追索 80 万元，向戊公司追索 20 万元

B. 甲公司只能向乙公司追索 100 万元

C. 甲公司既可以向丁公司追索 100 万元，也可以向戊公司追索 100 万元

D. 甲公司只能依据与乙公司的交易合同要求乙公司付款

6. 票据权利人为将票据权利出质给他人而进行背书时，如果未记载"质押""设质"或者"担保"字样，只是签章并记载被背书人名称，则该背书行为的效力是(   )。

A. 票据转让　　　　　　B. 票据质押　　　　　　C. 票据承兑　　　　　　D. 票据贴现

7. 甲将一张 100 万元的汇票分别背书转让给乙 70 万元、丙 30 万元，下列有关该背书效力的表述中正确的是(   )。

A. 背书无效　　　　　　　　　　　　　　B. 背书有效

C. 乙和丙中数额较大的有效　　　　　　　D. 乙和丙中签章在前的有效

二、多项选择题

1. 甲公司是一张 3 个月以后到期的银行承兑汇票所记载的收款人。甲公司和乙公司合并为丙公司，丙公司于上述票据到期时向承兑人提示付款。根据票据法律制度的规定，下列表述不正确的是(   )。

A. 丙公司不能取得票据权利

B. 丙公司取得票据权利

C. 甲公司背书后，丙公司才能取得票据权利

D. 甲公司和乙公司共同背书后，丙公司才能取得票据权利

2. 下列关于票据背书的说法中，正确的有(   )。

A. 汇票金额可以分别转让给甲某和乙某

B. 背书未记载日期的，视为无效

C. 汇票以背书转让时应记载被背书人名称

D. 背书人背书时，必须在票据上签章，背书才能成立

3. 根据我国票据法律制度的规定，下列各项中，属于不可以挂失止付的票据的有(   )。

A. 已承兑的商业汇票　　　　　　　B. 未记载付款人的汇票

C. 未填明"现金"字样的银行汇票　　D. 未填明"现金"字样的银行本票

4. 甲签发一张银行承兑汇票给乙。下列有关票据关系当事人的表述中正确的有(   )。

A. 甲是出票人　　　　　　　　　　B. 乙是收款人

C. 甲是承兑申请人　　　　　　　　D. 承兑银行是付款人

5. 下列有关汇票追索权的表述中，符合票据法律制度的是(   )。

A. 汇票的出票人、背书人、承兑人、保证人对持票人承担连带责任

B. 持票人可以不按照汇票债务人的先后顺序对出票人、背书人、承兑人、保证人中的任何一人、数人或者全体行使追索权

C. 持票人对汇票债务人中的一人或者数人已经开始进行追索的,对其他汇票债务人仍可以行使追索权

D. 持票人为出票人的,对其前手无追索权

6. 甲公司为了支付货款,签发了一张以本市乙银行为付款人、以丙公司为收款人的转账支票。丙公司在出票日之后的第 14 天向乙银行提示付款。根据票据法律制度的规定,下列表述中错误的有(   )。

A. 如果甲公司在乙银行的存款足以支付支票金额,乙银行应当足额付款

B. 乙银行可以拒绝付款

C. 乙银行应当无条件付款

D. 如果乙银行拒绝付款,甲公司仍应承担票据责任

7. 甲公司为了支付货款,签发了一张以本市的乙银行为付款人、以丙公司为收款人的转账支票。丙公司在出票日之后的第 14 天向乙银行提示付款。根据票据法律制度的规定,下列表述中错误的有(   )。

A. 如果甲公司在乙银行的存款足以支付支票金额,乙银行应当足额付款

B. 乙银行可以拒绝付款

C. 乙银行应当无条件付款

D. 如果乙银行拒绝付款,甲公司仍应承担票据责任

解决几个大问题

1. 2017 年 2 月 10 日,甲公司向乙公司签发一张金额为 50 万元的商业汇票,以支付所欠货款。汇票到期日为 2017 年 8 月 10 日。A 银行作为承兑人在汇票票面上签章。

3 月 10 日,乙公司将该汇票背书转让给丙公司,用于支付装修工程款,并在汇票上注明:"票据转让于工程验收合格后生效。"后丙公司施工的装修工程因存在严重质量问题未能通过验收。

4 月 10 日,丙公司将该汇票背书转让给丁公司,用于支付房屋租金。丁公司随即将该汇票背书转让给戊公司,用于购买办公设备,并在汇票背书人栏内记载"不得转让"字样。

5 月 10 日,戊公司将该汇票背书转让给庚公司,用于支付咨询服务费用,但未在汇票背书人栏内记载庚公司名称。

8 月 15 日,庚公司持该汇票向 A 银行提示付款。A 银行以庚公司名称未记载于汇票被背书人栏内为由拒付。庚公司在汇票被背书人栏内补记本公司名称后,再次向 A 银行提示付款。A 银行以自行补记不具效力为由再次拒付。庚公司向乙、丙、丁、戊公司追索,均遭拒绝。其中,丙公司拒绝的理由是,丁公司在汇票背书人栏内记载有"不得转让"字样;乙公司的拒绝理由是,丙公司的装修工程未通过验收,不符合乙公司在汇票上注明的转让生效条件。

根据上述内容,分别回答下列问题并说明理由:

(1) A 银行第一次拒付的理由是否成立?

(2) A 银行第二次拒付的理由是否成立？
(3) 丙公司拒绝庚公司追索的理由是否成立？
(4) 乙公司拒绝庚公司追索的理由是否成立？

2. 甲公司为支付货款，向乙公司签发一张以 A 银行为承兑人、金额为 100 万元的银行承兑汇票。A 银行作为承兑人在汇票票面上签章，甲公司的股东郑某在汇票上以乙公司为被保证人，进行了票据保证的记载并签章。甲公司将汇票交付给乙公司工作人员孙某。孙某将该汇票交回乙公司后，利用公司财务管理制度的疏漏，将汇票暗中取出，并伪造乙公司财务专用章和法定代表人签章，将汇票背书转让给与其相互串通的丙公司。丙公司随即将该汇票背书转让给丁公司，用于支付房屋租金，丁公司对于孙某伪造汇票之事不知情。丁公司于汇票到期日向 A 银行提示付款。A 银行在审核过程中发现汇票上的乙公司签章系伪造，故拒绝付款。丁公司遂向丙公司、乙公司和郑某追索，均遭拒绝。后丁公司知悉孙某伪造汇票之事，遂向其追索，亦遭拒绝。

根据上述内容，分别回答下列问题并说明理由：
(1) 丁公司能否因丙公司的背书转让行为而取得票据权利？
(2) 乙公司是否应当向丁公司承担票据责任？并说明理由。
(3) 郑某是否应当向丁公司承担票据责任？并说明理由。
(4) 孙某是否应当向丁公司承担票据责任？并说明理由。

第 9 章 竞争法律制度

任务清单

序号	任务	要求
1	不正当竞争行为和反不正当竞争法的概念	了解
2	混淆行为、商业贿赂行为、虚假宣传行为、侵犯商业秘密行为	掌握
3	不正当有奖销售行为、诋毁商誉行为、互联网领域不正当竞争行为	理解
4	垄断行为的概念、反垄断法的适用范围、反垄断调查机制	理解
5	垄断协议、滥用市场支配地位行为、经营者集中	理解
6	滥用行政权力排除限制竞争	掌握

思考一个小问题

2017 年 12 月，浙江省金华市金东区的徐某等 6 名水果经销商分别在陕西、甘肃、山西等地收购当地产的苹果，共购进此类苹果 9100 余箱，计 5 万余公斤，价值 30 万元，装进印有"阿克苏糖心苹果"和"产地：新疆阿克苏"等字样的纸箱，运往金华市，存放在不同冷库，以待春节前旺季销售。经新疆维吾尔自治区阿克苏地区的商标权利人鉴定均为假冒"阿克苏糖心苹果"。你认为徐某等人的行为是否违反了《反不正当竞争法》的规定？

9.1 竞争法律制度概述

9.1.1 竞争和竞争法的概念

竞争法上所讲的竞争即市场竞争，是指具有不同经济利益的两个以上的经营者，为争取自身利益最大化，以其他利益关系人为对手，采用各种商业策略，争取交易机会而进行的相互争胜的活动。

竞争法是反不正当竞争法和反垄断法的合称。因此，竞争法是指调整在反对垄断和反对不正当竞争过程中发生的社会关系的法律规范的总称。竞争法所调整的竞争关系是国家对市场竞争进行控制、管理和协调过程中所形成的关系，这种关系既包括市场主体之间的横向竞争关系，也包括国家对市场竞争进行控制、管理和协调而形成的纵向的竞争管理关系。

9.1.2 反不正当竞争法与反垄断法的关系

我国既有反不正当竞争立法，又有反垄断立法，均属调整市场竞争关系的法律，两者相互配合、相互补充，共同规范经营者的竞争行为，维护市场秩序，在根本上都有利于维护竞争者和消费者的合法利益。打破垄断和引入竞争是反不正当竞争法的目的，反垄断法又为反不正当竞争法的执行提供保障。但是，从立法的目的上两者存在差异。

反不正当竞争法主要是反对经营者出于竞争的目的，违反市场交易中诚实信用的原则和公认的商业道德，通过不正当的手段攫取他人竞争优势的行为。因此，它首先保护的是受不正当竞争行为损害的善意经营者的利益，以维护公平竞争的市场秩序。从这个意义上说，反不正当竞争法所追求的价值理念是公平竞争。

反垄断法则是从维护市场的竞争性出发，目的是保证市场上有足够的竞争者，以便使交易对手和消费者在市场上有选择商品的权利。只有当市场上出现了垄断或者垄断趋势的时候，政府方可干预市场，降低市场集中度。因此概括地说，反垄断法所追求的价值理念是自由竞争，目的是保障企业有自由参与市场竞争的权利，提高经济效益和消费者的社会福利。

9.2 反不正当竞争法

9.2.1 反不正当竞争法概述

1. 不正当竞争行为的概念

不正当竞争行为，是指经营者在生产经营活动中，违反法律规定，扰乱市场竞争秩序，损害其他经营者或者消费者的合法权益的行为。它包含以下三方面的含义：(1)不正当竞争的主体是经营者，即从事商品经营和营利性服务的法人、其他经济组织和个人；(2)经营者的行为具有违法，即违反反不正当竞争法的基本原则、行为和一般性规定；(3)经营者的违法行为损害其他经营者或者消费者的合法权益。

2. 反不正当竞争法的概念

反不正当竞争法，是指所有关于反不正当竞争的法律规范的总称。在我国，反不正当竞争法首先是指《中华人民共和国反不正当竞争法》(以下简称《反不正当竞争法》，2019年修正)，该法确立了我国社会主义市场经济的基本竞争规则和经营者的市场行为规范，作为我国第一个竞争法律规范，使市场主体有了一个基本行为标准，使管理机关在监管时有章可循，优化了国内市场环境，并与国际惯例接轨，有利于我国进一步开发国际市场。除《反不正当竞争法》外，《民法典》《消费者权益保护法》《商标法》《专利法》《著作权法》《价格法》《广告法》等法律法规中也包含了关于反不正当竞争的内容。

9.2.2 不正当竞争行为的表现形式

1. 混淆行为

混淆行为是指行为人通过使用与他人商品相同或相似的标识或表征,引人误认为是他人商品或者与他人存在特定联系。

(1) 擅自使用与他人有一定影响的商品名称、包装、装潢等相同或者近似的标识。这类行为表现为:擅自使用他人有一定影响力的商品名称、包装、装潢,或者使用与他人有一定影响的商品近似的名称、包装、装潢,造成和他人有一定影响的商品相混淆,使购买者误认为是该有一定影响的商品。

有一定影响的商品,是指在市场上具有一定知名度,为相关公众所知悉的商品。有一定影响的商品名称,是指有一定影响的商品独有的与通用名称有显著区别的商品名称。商品的装潢通常是指为识别和美化商品而在商品或者其包装上附加的文字、图案、色彩及其排列组合。

在不同地域范围内使用相同或者近似的有一定影响的商品名称、包装、装潢,在后使用者能够证明其善意使用的,不构成此项不正当竞争行为。因后来的经营活动进入相同地域范围而使其商品来源足以产生混淆,在先使用者有权要求在后使用者附加足以区别商品来源的其他标识。

(2) 擅自使用他人有一定影响的企业名称(包括简称、字号等)、社会组织名称(包括简称等)、姓名(包括笔名、艺名、译名等)。企业名称(包括简称、字号等)是企业重要的营业标识,消费者或者购买者可以以此识别商品来源,评价商业信誉。社会组织名称(包括简称等)、姓名(包括笔名、艺名、译名等)与特定商品联系起来时,也能起到这样的作用。所以,经营者凡未经他人许可而在市场中使用他人有一定影响的企业名称(包括简称、字号等)、社会组织名称(包括简称等)、姓名(包括笔名、艺名、译名等),就会造成消费者或者购买者的误认。

(3) 擅自使用他人有一定影响的域名主体部分、网站名称、网页等。擅自使用他人有一定影响的域名主体部分、网站名称、网页等,足以造成相关公众误认的,构成不正当竞争,即模仿他人有一定影响的域名、网站、网页等,将受到反不正当竞争法的规制,这对于规范网络环境,保护互联网企业有着重要作用。

(4) 其他足以引人误认为是他人商品或者与他人存在特定联系的混淆行为。混淆行为的兜底条款大大增加了该条款的适用范围,所有市场中的故意模仿、抄袭他人的行为几乎都将被认为是混淆行为,从而受到相应惩罚。

> **【大家讲坛9-1】**
>
> 某食品公司与某保健酒厂达成口头委托生产协议,委托该保健酒厂生产××牌增力酒,具体生产根据当事人的订单安排。根据协议,某食品公司负责产品包装设计,保健酒厂负责××牌增力酒配方、原材料采购和生产事宜。某食品公司委托他人生产并自行经销的××牌增力酒和劲牌有限公司的劲牌中国劲酒保健酒在外观包装上十分近似。
>
> 某食品公司的行为属于哪种不正当竞争行为?

2. 商业贿赂行为

商业贿赂是指经营者为争取交易机会,暗中给予交易对方有关人员或者其他能影响交易的相关人员以财物或其他好处的行为。经营者不得采用财物或者其他手段贿赂单位或者个人,包括交易相对方的工作人员;受交易相对方委托办理相关事务的单位或者个人;利用职权或者影响力影响交易的单位或者个人,以谋取交易机会或者竞争优势。

经营者在交易活动中,可以以明示方式向交易相对方支付折扣,或者向中间人支付佣金。经营者向交易相对方支付折扣、向中间人支付佣金的,应当如实入账。接受折扣、佣金的经营者也应当如实入账。回扣与正当的折扣、佣金是有区别的。折扣和佣金必须如实入账,而回扣是账外暗中进行的。在账外暗中给予对方单位或者个人回扣的,以行贿论处;对方单位或者个人在账外暗中收受回扣的,以受贿论处。

经营者的工作人员进行贿赂的,应当认定为经营者的行为;但是,经营者有证据证明该工作人员的行为与为经营者谋取交易机会或者竞争优势无关的除外。

> **知识扩展:葛兰素史克中国行贿案**
>
> 2013年7月11日,公安部的一则通报成为国内外医药界的一枚重磅炸弹:因涉嫌严重商业贿赂等经济犯罪,葛兰素史克(中国)投资有限公司(简称GSK中国)部分高管包括GSK中国4名高管在内,超过20名药企和旅行社工作人员被警方立案侦查。2014年9月19日,湖南省长沙市中级人民法院依法对GSK中国和马克锐等人对非国家工作人员行贿、非国家工作人员受贿案进行不公开开庭审理,法院以对非国家工作人员行贿罪判处被告单位GSK中国罚金人民币30亿元;判处被告人马克锐有期徒刑三年,缓刑四年,并处驱逐出境;判处被告人张国维有期徒刑三年,缓刑三年;判处被告人梁宏有期徒刑二年,缓刑三年;判处被告人赵虹燕有期徒刑二年,缓刑两年;以对非国家工作人员行贿罪判处被告人黄红有期徒刑二年,以非国家工作人员受贿罪判处其有期徒刑二年,决定执行有期徒刑三年,缓刑四年。宣判后,被告单位的诉讼代表人及各被告人均当庭表示认罪服判,不提出上诉。
>
> 作为大型跨国药企,GSK中国在华经营期间,为达到打开药品销售渠道、提高药品售价等目的,利用旅行社等渠道,采取直接行贿或赞助项目等形式,向个别政府部门官员、少数医药行业协会和基金会、医院、医生等大肆行贿,已构成商业贿赂,并且助推了药价虚高。据调查,GSK中国在中国销售的药品大多冠以海外原研药名义,在药品进口前通过转移定价的方式,增高药品报关价格,在将巨额利润预提在境外的基础上,设定高额销售成本用于支撑贿赂资金。GSK中国药品的价格远高于在其他国家的价格,最高的达到其他国家的7倍。

3. 虚假宣传行为

虚假宣传行为是指经营者利用广告或者其他方法,对商品的性能、功能、质量、销售状况、用户评价、曾获荣誉等做虚假或者引人误解的商业宣传,欺骗、误导消费者。经营者不得通过组织虚假交易等方式,帮助其他经营者进行虚假或者引人误解的商业宣传。虚假宣传的行为主体广告经营者、广告发布者,以明显的夸张方式宣传商品,不足以造成相关公众误解的,不属于引人误解的虚假宣传行为。

广告经营者、广告发布者除按《反不正当竞争法》承担法律责任外,还应根据我国《广告法》等法律规定承担相应的法律责任。发布虚假广告,欺骗、误导消费者,使购买商品或者接受服务的消费者的合法权益受到损害的,由广告主依法承担民事责任。广告经营者、广告发布者不能提供广告主的真实名称、地址和有效联系方式的，消费者可以要求广告经营者、广告发布者先行赔偿。关系消费者生命健康的商品或者服务的虚假广告，造成消费者损害的，其广告经营者、广告发布者、广告代言人应当与广告主承担连带责任。前述规定以外的商品或者服务的虚假广告，造成消费者损害的，其广告经营者、广告发布者、广告代言人，明知或者应知广告虚假仍设计、制作、代理、发布或者做推荐、证明的，应当与广告主承担连带责任。

> 👁 【大家讲坛9-2】
>
> 　　某公司为了提升其天猫店铺"双十一"促销活动的排名，获得更多的人气和销量，安排2名员工在网上销售时，采取"刷单"方式进行虚构交易行为。共计虚构交易233单，虚假交易额44 498元，支付刷单佣金1398元。
> 　　某公司的行为属于不正当竞争行为的哪种表现形式？

4. 侵犯商业秘密行为

　　商业秘密，是指不为公众所知悉、具有商业价值并经权利人采取相应保密措施的技术信息、经营信息等商业信息。侵犯商业秘密行为是指以不正当手段获取、披露、使用他人商业秘密的行为。该行为有以下表现。

　　(1) 以盗窃、贿赂、欺诈、胁迫、电子侵入或者其他不正当手段获取权利人的商业秘密。盗窃商业秘密既包括内部知情人员盗窃权利人的商业秘密，也包括外部人员盗窃权利人的商业秘密；贿赂手段是指行为人通过向掌握或了解商业秘密的有关人员直接提供财物或提供其他优厚条件，以排斥竞争对手，获得更大利益的行为；欺诈手段是指行为人以使掌握或了解权利人的商业秘密的有关人员发生错误认识为目的的故意行为；胁迫手段是指行为人威胁、强迫掌握或了解权利人的商业秘密的有关人员。

　　(2) 披露、使用或者允许他人使用以前项手段获取的权利人的商业秘密。"以前项手段"是指以盗窃、贿赂、欺诈、胁迫或其他不正当手段。以这些手段获取的权利人的商业秘密，都是以不正当手段获取的。因此，获取者再向第三人披露、自己使用或允许第三人使用自然也是不正当的。

　　(3) 有义务保守商业秘密的人披露、使用或者允许他人使用其所掌握的商业秘密。根据法律和合同，掌握或了解权利人商业秘密的人，应当遵守有关保密协议或权利人的保密要求，擅自披露、自己使用或允许他人使用其所掌握或了解的商业秘密，不仅是一种违约行为，而且是侵犯商业秘密的不正当竞争行为。

　　(4) 教唆、引诱、帮助他人违反商业秘密的行为。教唆、引诱、帮助他人违反保密义务或者违反权利人有关保守商业秘密的要求，获取、披露、使用或者允许他人使用权利人的商业秘密。

　　第三人明知或者应知商业秘密权利人的员工、前员工或者其他单位、个人实施前款所列违法行为，仍获取、披露、使用或者允许他人使用该商业秘密的，视为侵犯商业秘密。

5. 不正当有奖销售行为

　　不正当有奖销售行为是指经营者违反诚实信用原则和公平竞争原则，利用物质、金钱或其他经济利益引诱购买者与之交易，排挤竞争对手的不正当竞争行为。

有奖销售的方式大致可分为两种：一种是奖励给所有购买者的附赠式有奖销售；另一种是奖励部分购买者的抽奖式有奖销售。法律并不禁止所有的有奖销售行为，作为经营者的一种促销手段，对市场竞争秩序有着双重的影响：符合商业道德且限定在一定范围内的有奖销售，促进商品的流通和合理竞争；超过一定的范围或采取不正当手段进行有奖销售，导致价格信号失真，引诱消费者做出非理性消费，扰乱市场秩序。

我国《反不正当竞争法》规定，经营者不得从事下列有奖销售：所设奖的种类、兑奖条件、奖金金额或者奖品等有奖销售信息不明确，影响兑奖；采用谎称有奖或者故意让内定人员中奖的欺骗方式进行有奖销售；抽奖式的有奖销售，最高奖的金额超过5万元。

6. 诋毁商誉行为

诋毁商誉行为是指经营者编造、传播虚假信息或者误导性信息，损害竞争对手的商业信誉、商品声誉，从而削弱其竞争力的行为。商业信誉是社会对经营者商业道德、商业品质、价格、服务等方面的综合性积极评价，商品声誉则是社会对特定商品品质、性能的积极评价，两者都是经营者投入一定的金钱、时间及精力才取得的，给经营者带来市场竞争优势。

> **【大家讲坛 9-3】**
>
> 　　森德公司专门生产实木家具。为了扩大销售量，该公司以专家身份告诫用户当地的复合板家具容易变形且甲醇含量过高，使得当地复合板家具销量锐减。后经有关部门质量鉴定，证明当地的复合板家具完全符合质量标准，不存在上述危害。
> 　　森德公司的上述行为属于什么性质？

7. 互联网领域不正当竞争行为

经营者利用网络从事生产经营活动，不得利用技术手段，通过影响用户选择或者其他方式，实施下列妨碍、破坏其他经营者合法提供的网络产品或者服务正常运行的行为。

(1) 未经其他经营者同意，在其合法提供的网络产品或者服务中，插入链接、强制进行目标跳转。

(2) 误导、欺骗、强迫用户修改、关闭、卸载其他经营者合法提供的网络产品或者服务。

(3) 恶意对其他经营者合法提供的网络产品或者服务实施不兼容。

(4) 其他妨碍、破坏其他经营者合法提供的网络产品或者服务正常运行的行为。

9.2.3 不正当竞争行为的法律责任

1. 民事责任

经营者违反本法律规定，给他人造成损害的，应当依法承担民事责任。因不正当竞争行为受到损害的经营者的赔偿数额，按照其因被侵权所受到的实际损失确定；实际损失难以计算的，按照侵权人因侵权所获得的利益确定。经营者恶意实施侵犯商业秘密行为，情节严重的，可以在按照上述方法确定数额的1倍以上5倍以下确定赔偿数额。赔偿数额还应当包括经营者为制止侵权行为所支付的合理开支。

经营者有混淆行为和侵犯商业秘密行为的，权利人因被侵权所受到的实际损失、侵权人因侵权所获得的利益难以确定的，由人民法院根据侵权行为的情节判决给予权利人500万元以下的赔偿。

2. 行政责任

经营者违反《反不正当竞争法》第六条规定，实施混淆行为的，由监督检查部门责令停止违法行为，没收违法商品。违法经营额 5 万元以上的，可以并处违法经营额 5 倍以下的罚款；没有违法经营额或者违法经营额不足 5 万元的，可以并处 25 万元以下的罚款。情节严重的，吊销营业执照。经营者登记的企业名称违反本法第六条规定的，应当及时办理名称变更登记；名称变更前，由原企业登记机关以统一社会信用代码代替其名称。

经营者违反《反不正当竞争法》第七条规定，贿赂他人的，由监督检查部门没收违法所得，处 10 万元以上 300 万元以下的罚款。情节严重的，吊销营业执照。

经营者违反《反不正当竞争法》第八条规定，对其商品做虚假或者引人误解的商业宣传，或者通过组织虚假交易等方式帮助其他经营者进行虚假或者引人误解的商业宣传的，由监督检查部门责令停止违法行为，处 20 万元以上 100 万元以下的罚款；情节严重的，处 100 万元以上 200 万元以下的罚款，可以吊销营业执照。

经营者违反本法第八条规定，属于发布虚假广告的，依照《中华人民共和国广告法》的规定处罚。

经营者以及其他自然人、法人和非法人组织违反《反不正当竞争法》第九条规定，侵犯商业秘密的，由监督检查部门责令停止违法行为，没收违法所得，处 10 元以上 100 万元以下的罚款；情节严重的，处 50 万元以上 500 万元以下的罚款。

经营者违反《反不正当竞争法》第十条规定，进行有奖销售的，由监督检查部门责令停止违法行为，处 5 万元以上 50 万元以下的罚款。

经营者违反《反不正当竞争法》第十一条规定，损害竞争对手商业信誉、商品声誉的，由监督检查部门责令停止违法行为、消除影响，处 10 万元以上 50 万元以下的罚款；情节严重的，处 50 万元以上 300 万元以下的罚款。

经营者违反《反不正当竞争法》第十二条规定，妨碍、破坏其他经营者合法提供的网络产品或者服务正常运行的，由监督检查部门责令停止违法行为，处 10 万元以上 50 万元以下的罚款；情节严重的，处 50 万元以上 300 万元以下的罚款。

经营者违反《反不正当竞争法》规定实施不正当竞争，有主动消除或者减轻违法行为危害后果等法定情形的，依法从轻或者减轻行政处罚；违法行为轻微并及时纠正，没有造成危害后果的，不予行政处罚。

3. 刑事责任

对情节严重、构成犯罪的不正当竞争行为应当依法追究其刑事责任。

9.3 反垄断法

9.3.1 反垄断法概述

1. 垄断行为的概念

垄断的原意是独占，即一个市场上只有一个经营者。竞争法所说的垄断行为，是指经营者以独占或有组织联合等形式，凭借其经济优势或行政权力，操纵或支配市场，限制或排斥竞争的反竞争行为。垄断行为包括经营者达成垄断协议、经营者滥用市场支配地位、具有或者可能具有排除、限制竞争效果的经营者集中等。

2. 反垄断法的适用范围

我国的反垄断法主要是指《中华人民共和国反垄断法》(以下简称《反垄断法》，2022年修正)，广义上的反垄断法还包括《价格法》《对外贸易法》等其他法律法规中的相关规范。就适用地域而言，一般一国法律适用的地域范围仅限于本国境内，但《反垄断法》的适用范围不仅包括本国境内，而且涉及境外。中国境外的垄断行为，对境内市场竞争产生排除、限制影响的，也可适用我国反垄断法。就适用主体而言，《反垄断法》通常适用于从事商品生产、经营或者提供服务的自然人、法人和其他组织，但我国还存在一定形式的"行政垄断"，所以适用主体还包括滥用行政权力排除、限制竞争行为的行政机关和法律法规授权的具有管理公共事务职能的组织。

同时，为了促进科技进步、保护幼稚产业或者弱势团体，维护全体或者长远的社会公共利益，对于某些领域、某些行业还需承认、维持某种垄断。我国反垄断法秉持上述理念，同时借鉴国外立法经验，对不适用反垄断法的领域及行业做出了规定。

(1) 为鼓励创新和科技进步，赋予知识产权权利人以垄断权，经营者依照有关知识产权的法律法规行使知识产权的行为，不适用《反垄断法》；但是，经营者滥用知识产权，排除、限制竞争的行为适用《反垄断法》。

(2) 为弱化农业领域的竞争风险，稳定农民收入，农业生产者及农村经济组织在农产品生产、加工、销售、运输、储存等经营活动中实施的联合或者协同行为，不适用《反垄断法》。

3. 反垄断调查机制

1) 调查机构

国务院设立反垄断委员会，负责组织、协调、指导反垄断工作，国务院规定的承担反垄断执法职责的机构依照本法规定，负责反垄断执法工作。国务院反垄断执法机构根据工作需要，可以授权省、自治区、直辖市人民政府相应的机构，依法负责有关反垄断执法工作。我国现有反垄断法执法机构分工主要为：由商务部门负责对经营者集中的审查，由国家工商总局负责查处滥用市场支配地位，由国家发改委负责查处垄断协议中的价格同盟等。

2) 调查程序

反垄断执法机构可以依举报人举报对涉嫌垄断的行为立案调查；也可以是依职权主动立案调查。在立案后应采取进入有关场所进行检查，询问有关人员，查阅、复制有关资料，查扣相关证据，查询经营者的银行账户等措施进行调查。在对涉嫌垄断行为调查核实后，认为构成垄断行为的，应当依法做出处理决定，并可以向社会公布。

3) 当事人的义务

调查者对执法过程应保守知悉的商业秘密，应保障被调查的经营者和利害关系人依法能够充分行使知悉权、陈述权、申辩权参与调查程序。认为构成垄断行为的，应当依法做出处理决定，并可以向社会公布。被调查的经营者、利害关系人或者其他有关单位或者个人应当配合反垄断执法机构依法履行职责，不得拒绝、阻碍反垄断执法机构的调查。

9.3.2 垄断协议

垄断协议，也称限制竞争的协议，即两个或两个以上的经营者以协议、决议或者其他联合方式实施的限制竞争行为。垄断协议主要可分为以下两种。

1. 横向垄断协议

横向垄断协议，是指具有竞争关系的经营者之间或处于产业链同一环节的经营者之间达成的，旨在排除、限制竞争或者实际上具有排除、限制竞争效果的协议、决定或者其他协同一致的行为。横向垄断协议包括以下几种。

1) 固定价格协议

固定价格协议通过人为操纵扭曲市场价格信号，屏蔽市场竞争机制，垄断商品价格，严重损害消费者利益。固定价格协议最基本的方式是经营者之间通过协议统一确定、维持商品的价格，或统一提高商品价格，或对经营者定价过程设定统一的限制标准，从而限制经营者之间的价格竞争。

> **知识扩展**：娄丙林诉北京市水产批发行业协会横向垄断协议纠纷案
>
> 娄丙林是一名主要经营海鲜产品的个体工商户，与妻子刘克兰在北京市丰台区大红门京深海鲜批发市场(下称京深海鲜批发市场)销售海鲜产品，主要经营大连獐子岛集团股份有限公司(下称獐子岛公司)生产的扇贝(下称獐子岛扇贝)。后来，娄丙林加入了北京市水产批发行业协会(下称北京水产批发协会)并委托刘克兰代为处理与北京水产批发协会有关的一切事务。娄丙林表示，由北京水产批发协会发布的《北京市北京批发手册》(以下简称《手册》)，中的"奖罚规定"部分变更和固定了獐子岛扇贝的销售价格，并禁止北京水产批发协会会员向其会员所在市场的非会员销售整件獐子岛扇贝，如果协会会员违反规定，将被以各种理由处以罚款，甚至停供獐子岛扇贝。据娄丙林介绍，刘克兰在2011年多次因违反北京水产批发协会规定而被罚款。2011年12月，娄丙林退出北京水产批发协会，但此后一直无法获得獐子岛扇贝供货渠道，无法销售獐子岛扇贝。娄丙林认为，北京水产批发协会的行为侵害其合法权益并造成了较大的经济损失，故诉至法院。北京市第二中级人民法院就娄丙林诉北京水产批发协会垄断纠纷一案做出一审判决，确认涉案《手册》中"奖罚规定"第一条、第二条无效，判令北京水产批发协会停止组织会员达成涉案变更和固定獐子岛扇贝价格垄断协议的行为。
>
> 法院认为，首先，北京水产批发协会的31名单位会员彼此之间具有竞争关系，属于反垄断法所规定的具有竞争关系的经营者。其次，根据已经查明的事实，从北京水产批发协会以会议记录的形式记录了其组织、协调会员达成的各项协议中可以看出，北京水产批发协会多次组织、协调会员进行研究、讨论，促使具有竞争关系的会员达成变更和固定扇贝价格的协议，使得本应存在的价格差别趋于一致，这必然在一定程度上减弱或消除市场竞争，产生排除、限制竞争的效果。同时，北京水产批发协会组织会员为达成变更和固定商品价格的协议，并对不按协会规定的销售价格折价销售扇贝的会员处以罚款的行为，意在防止本来具有竞争关系的协会会员之间产生内部竞争，联合抵制其他非协会会员的市场经营者对协会会员的竞争，影响价格的正常变动，客观上产生了排除、限制竞争的效果。因此，法院认为北京水产批发协会的上述涉案行为属于组织会员达成固定和变更商品价格的垄断协议。另一方面，禁止北京水产批发协会会员向有会员的市场的非会员整件销售獐子岛扇贝的做法，实际上具有固定、控制价格的目的，损害了消费者的利益，具有排除、限制竞争的效果。因此，北京水产批发协会的上述涉案行为亦属于组织会员达成固定和变

更商品价格的垄断协议。被告北京水产批发协会不服，提起上诉，二审法院北京市高级人民法院驳回上诉，维持原判。

(资料来源：娄丙林诉北京市水产批发行业协会横向垄断协议纠纷上诉案[北京市高级人民法院(2013)高民终字第4325号民事判决])

2) 限制数量协议

限制数量协议，是指参与垄断协议的经营者通过限制相关市场上商品的生产或销售数量，间接控制商品价格的垄断协议。实践中，限制数量的协议与价格垄断协议往往合并使用，以保证和巩固价格垄断的实现和维持。

3) 分割市场协议

分割市场协议，是经营者之间达成划分地域、客户和产品的协议。划分地域即经营者各自在约定的地域范围销售或采购，相互不跨区活动；划分客户是经营者针对各自约定的采购或销售对象，互不向他方的客户销售或采购；划分产品是约定各自经营的产品类型。这类协议使经营者在各自市场内取得垄断地位，进而可以自由定价，获取垄断利润。

4) 限制技术协议

限制技术协议可以缓解经营者的竞争压力，在不增加开发投入成本的基础上维持现有产品的供求平衡、价格和利润。但这类协议限制了经营者通过创新进行竞争，妨碍科技创新和社会进步。

5) 抵制交易协议

抵制交易协议是指具有竞争关系的经营者联合杜绝与其他的特定经营者进行交易的行为。这类协议常用来惩罚违反或不配合固定价格协议的同行，还可以被用来要挟客户接受其价格或其他条件，迫使他们停止与其他任何竞争对手进行交易。达到限制竞争，减少消费者选择机会，抬高商品价格的效果。

6) 其他垄断协议

国务院反垄断执法机构认定的，包括利用行业规则限制竞争、限制其他经营者进入，以及《反不正当竞争法》规定的串通招投标行为等。

2. 纵向垄断协议

纵向垄断协议，是指经营者在向其他经营者提供商品的过程中，设定其向第三人转售商品的价格或者其他排除、限制竞争的交易条件。即在不同生产经营阶段的上下游经营者，包括供应商与销售商、生产商与批发商、批发商与零售商之间达成的限制竞争协议。其具体形式如下。

1) 维持转售价格协议

供应商通过合同对销售商的最终销售价格进行固定或者做出不得低于某一价格水平的限制，对违反转售价格约定的行为进行惩罚，或者限制供应数量。

2) 地域或客户限制协议

供应商对不同销售商的销售区域和对象进行划分，严禁销售商越界销售。

3) 排他性交易协议

排他性交易协议也称独家交易，通常包括一个或者一系列协议，其中约定供应商同意在特定的地区内向销售商独家销售商品，或者销售商同意只从供应商购买用于转售的一类商品，或者双方当事人相互承担上述两个方面的约束。在订立地域或客户限制协议时双方常以排他性交易协议作为给予对方的补偿。如销售商要求供应商给予销售商区域或客户范围内的独家分销权，供应商也会要求销售商不得代理任何竞争产品。

3. 垄断协议的适用除外

垄断行为限制了竞争，但并非当然都有危害。反垄断法在概括地禁止垄断的同时，也允许乃至鼓励某些垄断行为的存在，从而形成反垄断法上的适用除外制度。我国《反垄断法》规定的除外行为包括：为改进技术、研究开发新产品的；为提高产品质量、降低成本、增进效率，统一产品规格、标准或者实行专业化分工的；为提高中小经营者经营效率，增强中小经营者竞争力的；为实现节约能源、保护环境、救灾救助等社会公共利益的；因经济不景气，为缓解销售量严重下降或者生产明显过剩的；为保障对外贸易和对外经济合作中的正当利益的；农业生产者及农村经济组织在农产品生产、加工、销售、运输、储存等经营活动中实施的联合或者协同行为。

> **【大家讲坛 9-4】**
>
> 2006 年 12 月 26 日，国内某方便面协会在北京召开了一届八次峰会，研究棕榈油和面粉涨价引起的企业成本增加的问题。会议商定了高价面(当时价格每包 1.5 元以上)和低价面(当时价格每包 1 元以下)涨价的时间和实施步骤。2007 年 4 月 21 日，该方便面协会在杭州召开一届九次峰会，再次研究方便面调价日程，明确了调价幅度和调价时间，高价面从每包 1.5 元直接涨到 1.7 元，计划从 6 月 1 日起全行业统一上调。2007 年 7 月 5 日，该方便面协会又一次在北京召开价格协调会议，部分企业决定从 7 月 26 日起全面提价。有关企业按照以上会议协调安排，从 2007 年 6 月起，相继调高了方便面的价格。
>
> 该方便面协会的行为属于我国《反垄断法》中的哪一种垄断行为？

9.3.3 滥用市场支配地位行为

1. 滥用市场支配地位概述

市场支配地位，也称市场优势地位，是指经营者在相关市场内具有能够控制商品价格、数量或者其他交易条件，或者能够阻碍、影响其他经营者进入相关市场能力的市场地位。滥用市场地位行为是指具有市场支配地位的经营者凭借其市场支配地位实施的排挤竞争对手或不公平交易行为。

反垄断法一般只禁止滥用市场支配地位，而不禁止市场支配地位本身，这是因为市场支配地位的产生一般不违法。例如，在我国向社会提供电力、电信、铁路、邮政、自来水等服务的公用事业企业基本上都占有市场支配地位。然而，它们的市场支配地位甚至垄断地位是因为政府的授权，这种市场支配地位是合法的。

2. 滥用市场支配地位的认定

滥用市场支配地位的认定须解决三个问题：如何界定相关市场；如何认定市场支配地位；如何认定滥用市场支配地位的行为。

1) 界定相关市场

相关市场是指经营者一定时期内就特定商品或者服务进行竞争的商品范围和地域范围。界定相关市场需要考虑三个因素：相关产品、相关地域和相关时间。

(1) 相关产品，是指根据产品(包括服务)的特性、价格和用途，消费者认为它们具有相互可替代性的所有产品。需求替代是对特定产品供货商最直接和最有效的约束力量。

(2) 相关地域，就是这些具有可替代性的相关产品所活动的地理范围。因为在这个地理范围内，这些相关产品开展竞争的条件是一致的，相关地域市场就能够与具有不同竞争条件的其他市场区别开来。根据具体案情，反垄断执法机构可能会将一个地方性的市场或整个国内市场视为相关地域市场。

(3) 在个别案件中，界定相关市场还需考虑竞争关系所发生的时间。例如，当一个限制竞争行为发生在展销会期间，或者限制竞争具有季节性。在这种情况下，界定相关市场就需要考虑时间的因素。

2) 认定市场支配地位的因素

认定经营者具有市场支配地位，应当依据下列因素：该经营者在相关市场的市场份额，以及相关市场的竞争状况；该经营者控制销售市场或者原材料采购市场的能力；该经营者的财力和技术条件；其他经营者对该经营者在交易上的依赖程度；其他经营者进入相关市场的难易程度；与认定经营者市场支配地位有关的其他因素。下列情况可以推断市场支配地位：一个经营者在相关市场的份额达到 1/2；两个经营者在相关市场的份额合计达到 2/3 以上；三个经营者在相关市场的份额合计达到 3/4 以上。其中有的经营者市场份额不足 1/10 的，不应推定具有市场支配地位；有证据证明不具有市场支配地位的经营者，不应当认定为具有市场支配地位。

3) 认定滥用市场支配地位的行为

(1) 以不公平的高价销售商品或者以不公平的低价购买商品。在市场缺乏竞争的情况下，当卖方拥有市场支配地位时，可能抬高价格盘剥买方；当买方拥有市场优势地位时，可能压低价格盘剥卖方。这两类不公平定价行为的目的在于获取超额的利润，而不是排挤竞争对手。

(2) 没有正当理由，以低于成本的价格销售商品。当具有市场支配地位的企业通过低于成本的掠夺性定价将竞争对手逐出市场后，再恢复垄断价格，将掠夺战中的损失捞回来。当具有销售鲜活商品，处理有效期限即将到期的商品或者其他积压的商品，季节性降价，因清偿债务、转产、歇业降价销售商品等正当理由时，以低于成本的价格销售商品行为不违法。

(3) 没有正当理由，拒绝与交易相对人进行交易。虽然根据合同自由原则经营者有权选择自己的交易伙伴，但对于具有市场支配地位的经营者而言，却具有与所有具备资格的交易相对人进行交易的义务。所以这些经营者没有正当理由，一般不得拒绝与其交易相对人进行交易，或限制交易数量与范围。

(4) 没有正当理由，限定交易相对人的交易。也称强制交易行为。通过强制交易，经营者限定交易相对人只能与其或者与其指定的经营者进行交易，限制交易相对人与自己的竞争者进行交易，从而达到抑制竞争者甚至将其逐出市场的目的。

(5) 没有正当理由搭售商品，或者在交易时附加其他不合理的交易条件。搭售及附加不合理交易条件行为，是指经营者利用其市场支配地位，在销售某种产品时强迫交易相对人购买其不愿购买的其他商品，或接受其他不合理条件。搭售的目的是为了将市场支配地位扩大到被搭售产品的市场上，或者妨碍潜在的竞争者进入。被搭售的商品与第一种商品须是两个独立的商品，如果两个商品从交易习惯或功能上看必须搭配使用，则不属于独立商品。

(6) 没有正当理由，对条件相同的交易相对人在交易价格等交易条件上实行差别待遇。也称为差别待遇行为或价格歧视行为，其中价格歧视是差别对待中最常见的一种形式，即卖方无正当理由要求购买同一等级、同一质量商品的若干买主支付不同的价格，实际上限制了交易对象之间的竞争。

(7) 国务院反垄断执法机构认定的其他滥用市场支配地位的行为。

> 【大家讲坛 9-5】
>
> 2013—2015 年，伊士曼公司在中国大陆醇酯十二成膜助剂(用于商品乳液的成膜，如乳胶漆)市场长期保持较高市场份额，在财力条件等方面具有明显优势，客户对伊士曼公司存在较大程度的依赖。伊士曼公司与国内相关涂料客户签订并实施了具有限定交易效果的协议，促使相关涂料客户向伊士曼公司及其关联公司购买大部分甚至全部醇酯十二成膜助剂，使得其他竞争对手和潜在经营者无法通过正常竞争手段进入封锁市场。
>
> 伊士曼公司的行为属于我国《反垄断法》中的哪一种垄断行为？

9.3.4 经营者集中

1. 经营者集中概述

经营者集中是指通过经营者之间合并，取得其他经营者的股份、资产以及通过合同等方式取得对其他经营者的控制权，或者能够对其他经营者施加决定性影响的情形。

反垄断法所称的经营者集中包括下列三种情形：一是经营者合并；二是经营者通过取得股权或者资产的方式获得对其他经营者的控制权；三是经营者通过人事兼任、委托经营合同等方式取得对其他经营者的控制权或者能够对其他经营者施加决定性影响。

根据参与集中的经营者在产业中的位置和相互关系，集中分为：横向集中，指因生产或销售同类产品，或者提供同种服务而具有相互直接竞争关系的经营者之间的集中；纵向集中，指同一产业中处于不同阶段，彼此之间不存在竞争关系，但有买卖关系的经营者之间集中；混合集中，是指生产经营的产品或服务在彼此没有关联的经营者之间的集中。

2. 经营者集中申报制度

经营者集中并不当然违法，但由于经营者集中有可能导致排除和限制竞争，所以要进行一定的政府管制。主要是采取申报审查制度。我国采用事前申报的强制申报制度，经营者集中达到国务院规定的申报标准的，应当事先向国务院反垄断执法机构申报；未达到国务院规定的申报标准，但有证据证明该经营者集中具有或可能具有排除、限制竞争效果的，国务院反垄断执法机构可以要求经营者申报。

1) 经营者集中的申报标准

(1) 参与集中的所有经营者上一会计年度在全球范围内的营业额合计超过 100 亿元人民币，并且其中至少两个经营者上一会计年度在中国境内的营业额超过 4 亿元人民币。

(2) 参与集中的所有经营者上一会计年度在中国境内的营业额合计超过 20 亿元人民币，并且其中至少两个经营者上一会计年度在中国境内的营业额超过 4 亿元人民币。

2) 申报的例外

属于关系极为紧密的关联企业之间的集中，可以免于申报。这些企业之间在集中前本来就已具有控制与被控制关系，集中不会产生或加强其市场支配地位。经营者集中有下列情形之一的，可以不向国务院反垄断执法机构申报：参与集中的一个经营者拥有其他每个经营者 50%以上有表决权的股份或者资产的;参与集中的每个经营者 50%以上有表决权的股份或者资产被同一个未参与集中的经营者拥有的。

3. **经营者集中申报审查程序**

1) 经营者集中申报

经营者向国务院反垄断执法机构申报集中,并提交下列文件、资料:申报书;集中对相关市场竞争状况影响的说明;集中协议;参与集中的经营者经会计师事务所审计的上一会计年度财务会计报告;国务院反垄断执法机构规定的其他文件、资料。

2) 初步审查程序

国务院反垄断执法机构应当自收到经营者提交的文件、资料之日起 30 日内,对申报的经营者集中进行初步审查,做出是否实施进一步审查的决定。国务院反垄断执法机构做出决定前,经营者不得实施集中;国务院反垄断执法机构逾期未做出决定的,经营者可以实施集中。

3) 进一步审查程序

国务院反垄断执法机构决定实施进一步审查的,应当自决定之日起 90 日内审查完毕,做出是否禁止经营者集中的决定。若做出禁止经营者集中的决定,应当说明理由。审查期间,经营者不得实施集中;国务院反垄断执法机构逾期未做出书面决定的,经营者可以实施集中。审查期间,经营者不得实施集中。

4. **经营者集中申报审查内容**

(1) 参与集中的经营者在相关市场的市场份额及其对市场的控制力。经营者在相关市场的市场份额越大,对市场的控制力就越大,就越有能力自主决定在市场上的交易条件,就越有可能排挤竞争对手或者损害消费者的利益。

(2) 相关市场的市场集中度。市场集中度与市场支配地位有着密切的联系,市场集中度越高,产生或者加强市场支配地位的可能性也就越大,具有排除或者限制竞争效果的可能性也会越大。

(3) 经营者集中对市场进入、技术进步的影响。集中后的经营者在没有竞争压力的情况可能不再有技术创新的动力,所以在进行经营者集中审查时,也要考虑对技术进步的影响。

(4) 经营者集中对消费者和其他有关经营者的影响。主要是指拟实施的集中是否有利于消费者更加方便,并有更多选择的机会以获得优质产品和服务,或是否有利于其他经营者开展经营活动。

(5) 经营者集中对国民经济发展的影响。主要指从宏观的角度判断拟实施的经营者集中对国民经济发展是否将产生不利影响。

(6) 国务院反垄断执法机构认为应当考虑的影响市场竞争的其他因素。

5. **经营者集中申报审查决定**

根据不同情况,国务院反垄断执法机构应做出以下不同决定。

(1) 经营者集中具有或者可能具有排除、限制竞争效果的,应当做出禁止决定。

> **知识扩展**:商务部首次做出禁止经营者集中的决定
>
> 2008 年 9 月 18 日,可口可乐公司向商务部递交了收购中国汇源公司经营者集中的申报材料。2008 年 9 月 25 日、10 月 9 日、10 月 16 日和 11 月 19 日,可口可乐公司根据商务部要求对申报材料进行了补充。2008 年 11 月 20 日,商务部认为可口可乐公司提交的申报材料达到了《反垄断法》第二十三条规定的标准,对此项申报进行立案审查,并通知了

可口可乐公司。立案后，商务部对此项申报依法进行了审查，对申报材料进行了认真核实，对此项申报涉及的重要问题进行了深入分析，并通过书面征求意见、论证会、座谈会、听证会、实地调查、委托调查以及约谈当事人等方式，先后征求了相关政府部门、相关行业协会、果汁饮料企业、上游果汁浓缩汁供应商、下游果汁饮料销售商、集中交易双方、可口可乐公司中方合作伙伴以及相关法律、经济和农业专家等方面意见。由于此项申报集中规模较大、影响复杂，2008年12月20日，初步阶段审查工作结束后，商务部决定实施进一步审查，书面通知了可口可乐公司。在进一步审查过程中，商务部对集中造成的各种影响进行了评估，并于2009年3月20日前完成了审查工作，并据此做出审查决定：此项经营者集中具有排除、限制竞争效果，将对中国果汁饮料市场有效竞争和果汁产业健康发展产生不利影响。鉴于参与集中的经营者没有提供充足的证据证明集中对竞争产生的有利影响明显大于不利影响或者符合社会公共利益，在规定的时间内，可口可乐公司也没有提出可行的减少不利影响的解决方案，因此，决定禁止此项经营者集中。

(资料来源：中华人民共和国商务部发布[2009年]第22号(商务部关于禁止可口可乐公司收购中国汇源公司审查决定的公告)

(2) 经营者集中不具有排除、限制竞争效果的，或者国务院反垄断执法机构虽认为经营者集中具有或者可能具有排除、限制竞争效果，但是经营者能够证明该集中对竞争产生的有利影响明显大于不利影响或者符合社会公共利益的，可以做出不予禁止的决定。

(3) 对不予禁止的经营者集中，可以决定附加减少集中对竞争产生不利影响的限制性条件，即做出附条件的不予禁止决定。

6. 经营者集中国家安全审查

国家对经营者集中实施的审查，除了反垄断审查外，对外资并购国内企业，可能影响国家安全的，还应当按照国家有关规定进行"国家安全审查"。如禁止外商投资"危害国家安全或者损害社会公共利益"的项目，以及"运用我国特有工艺或者技术生产产品"的项目。"外国投资者并购境内企业取得实际控制权，涉及重点行业，可能影响国家经济安全的，或者并购导致拥有驰名商标或中华老字号的境内企业实际控制权转移的"，须向商务部申报审查等。

9.3.5 滥用行政权力排除、限制竞争

1. 滥用行政权力排除、限制竞争的概念

滥用行政权力排除、限制竞争，即通常所谓"行政性垄断"，是指行政机关和法律法规授权的具有管理公共事务职能的组织滥用行政权力，排除、限制竞争的行为。行政性垄断与普通的市场性垄断有共同的本质，即排除、限制竞争，从而损害市场绩效，减损消费者福利。此外，由于政府具有公共管理的职能和权力，具有制订、颁布规范性文件等行政手段，因此，行政性垄断的危害可能比市场性垄断更加严重。

2. 滥用行政权力排除、限制竞争的行为

1) 地区封锁

地区封锁是指行政机关和法律、法规授权的具有管理公共事务职能的组织滥用行政权力，限制外地商品进入本地市场，或者限制本地商品流向外地市场的行为。

地区封锁通过妨碍商品在地区之间的自由流通，以保护地方利益。最常见、最典型的表现形式有如下几种。

(1) 限制商品在地区之间自由流通的行为。包括对外地商品设定歧视性收费项目、实行歧视性收费标准，或者规定歧视性价格；对外地商品规定与本地同类商品不同的技术要求、检验标准，或者对外地商品采取重复检验、重复认证等歧视性技术措施，限制外地商品进入本地市场；采取专门针对外地商品的行政许可，限制外地商品进入本地市场；设置关卡或者采取其他手段，阻碍外地商品进入或者本地商品运出；妨碍商品在地区之间自由流通的其他行为。

(2) 排斥或者限制外地经营者参加本地的招标投标活动。有关管理组织滥用行政权力，以设定歧视性资质要求、评审标准或者不依法发布信息等方式，排斥或者限制外地经营者参加本地的招标投标活动。

(3) 排斥或者限制外地经营者在本地投资或者设立分支机构。有关管理组织滥用行政权力，采取与本地经营者不平等待遇等方式，排斥或者限制外地经营者在本地投资或者设立分支机构。

2) 强制交易

强制交易是指行政机关及其他依法具有管理公共事务职能的组织，利用行政权力强制安排市场交易活动，限制和排斥竞争、妨碍公平交易的行为。常见的方式是限定或者变相限定单位或者个人经营、购买、使用其指定的经营者提供的商品。

3) 强制经营者实施危害竞争的垄断行为

行政管理者为了本地区或本部门的利益，违背经营者的意愿，强制其从事有利于本地区、本部门的垄断行为。

4) 制定含有限制竞争内容的行政法规、行政命令

行政机关利用行政权力通过制定行政法规、规章或者发布具有普遍约束力的决定、命令，将具有限制竞争性质的条款或内容包含其中，要求相对人执行以达到限制竞争的目的。

> **【大家讲坛9-6】**
>
> 某市城管局为了整顿市容市貌，专门发布文件加强商业条幅和户外广告的管理，规定城市主干道旁的商户需要用商业条幅和户外广告进行宣传的，其条幅和广告应由菲达广告公司统一制作和悬挂安装，其他公司不得承接本市的此项业务，违者将予以罚款。
>
> 某市城管局的做法属于我国《反垄断法》中的哪一种垄断行为？

同步训练

一、单项选择题

1. 下列行为中属于商业贿赂行为的是( )。
   A. 在公开招标中为取得中标机会，给予发标单位财物
   B. 根据《反不正当竞争法》，该行为构成虚假表示行为
   C. 被胁迫情况下给予交易对方财物
   D. 为晋升而收买有关人员

2. 甲超市在各大报纸上做广告，称该超市到货一批美国聚酯漆组合家具。乙购买了一套，发现这些家具均产于广东省佛山市，遂向工商局举报，经工商局查明该批家具确实使用了美国进口聚酯漆。工商局对甲超市做出了罚款的行政处罚。下列说法中正确的是( )。
   A. 甲超市应向人民法院提起行政诉讼，提起行政复议不当
   B. 甲超市的广告并无虚假内容，不构成不正当竞争
   C. 甲超市的广告易使人误解，构成不正当竞争
   D. 工商行政管理局对甲超市做出罚款的行政处罚缺乏法律依据

3. 某百货公司销售空调机，在门口广告牌上写明："凡在本处购买空调者，给予总价款 3% 的回扣，介绍推销者给付总价款 1% 的佣金。"被人发现后举报到有关部门，经调查发现该公司给付的回扣、佣金、账面上均有明确记载。该公司给付回扣的行为是( )。
   A. 不正当竞争行为   B. 变相行贿行为
   C. 降价排挤行为   D. 正当的促销交易行为

4. 根据反不正当竞争法律制度的规定，下列行为中属于不正当竞争行为的是( )。
   A. 甲因其所居住小区内的超市过于吵闹，影响其休息，遂捏造该超市存在出售伪劣商品的情况并进行散布，导致该超市营业额严重下降
   B. 乙家具制造企业将产自中国的家具产品的原产地标注为意大利
   C. 丙歌厅见与其相邻的另外一家歌厅价格低、服务好、客源多，遂雇用打手上门寻衅滋事，进行威胁
   D. 入夏前，丁商场为了筹集资金购进夏装，以低于进货价的价格甩卖了一批库存的羽绒服

5. 以下( )不属于垄断协定。
   A. 甲公司和乙公司商定：前者商品占领北京市场，后者商品占领天津市场
   B. 由于价钱问题，甲乙两家汽车厂口头商定都不购买丙钢铁公司的钢材
   C. 甲药厂和乙医药连锁超市商定：后者出售前者的某种专利药品只能按某价格出售
   D. 甲药厂和乙医药连锁超市商定：后者出售前者的某种专利药品最高按某价格出售

6. 某商场声称进口一批美国纽约时尚香水，吸引了不少消费者。但有消费者发现该产品并非来自美国，而是国内厂家生产。该商场的行为应定性为( )。
   A. 虚假宣传行为   B. 假冒他人注册商标行为
   C. 伪造产地行为   D. 正常促销宣传行为

二、多项选择题

1. 构成商业秘密的技术信息或经营信息应当符合的条件是(　　)。
   A. 已获得专利权
   B. 不为公众所知悉
   C. 具有商业价值
   D. 经权利人采取相应保密措施

2. 下列行为中，属于法律规定的不正当竞争行为的是(　　)。
   A. 某市政府发文规定，由于最近本市连续发生多起煤气中毒事件，因此各单位必须统一使用本市煤气公司生产的煤气安全阀
   B. 某商场为促销，张贴海报，宣传在11月期间将举办"快乐双十一"系列有奖销售活动，抽奖共分三次，参加者抽奖次数不限，每次最高奖品为价值49 999元的彩电、空调、电脑各一台
   C. 某市果品公司由于货源信息不畅，重复购进了一大批水果，于是决定降价销售，致使本市水果价格大幅度下降
   D. 甲公司为打开市场，经常在各地举行座谈会，并高薪聘请演员在会上表演小品，以调侃的方式演示说明使用其他公司的同类产品可能会导致的不良后果

3. 甲旅行社的欧洲部副经理李某，在劳动合同未到期时提出辞职，未办移交手续即跳槽到了乙旅行社，并将甲社的欧洲合作伙伴情况、旅游路线设计、报价方案和客户资料等信息带到乙社。乙社原无欧洲业务，自李某加入后欧洲业务猛增，成为甲社的有力竞争对手。现甲社向人民法院起诉乙社和李某侵犯商业秘密。法院如认定乙社和李某侵犯甲社的商业秘密，须审查的事实有(　　)。
   A. 甲社所称的"商业秘密"是否属于从公开渠道不能获得的
   B. 乙社的欧洲客户资料是否有合法来源
   C. 甲社所称的"商业秘密"是否向有关部门申报过"密级"
   D. 乙社在聘用李某时是否明知或应知其掌握甲社的上述业务信息

4. 根据《反垄断法》的规定，下列各项中经营者应当事先向商务部申报的有(　　)。
   A. 参与集中的所有经营者上一会计年度在全球范围内的营业额合计为90亿元人民币，其中有两个经营者上一会计年度在中国境内的营业额分别为5亿元人民币、8亿元人民币
   B. 参与集中的所有经营者上一会计年度在全球范围内的营业额合计为120亿元人民币，其中有两个经营者上一会计年度在中国境内的营业额分别为6亿元人民币、7亿元人民币
   C. 参与集中的所有经营者上一会计年度在中国境内的营业额合计为30亿元人民币，其中有两个经营者上一会计年度在中国境内的营业额分别为5亿元人民币、8亿元人民币
   D. 参与集中的所有经营者上一会计年度在中国境内的营业额合计为25亿元人民币，其中有两个经营者上一会计年度在中国境内的营业额分别为6亿元人民币、7亿元人民币

5. 下列行为中，属于《反垄断法》所禁止的垄断行为的有(　　)。
   A. 某药品生产企业因拥有一项治疗心血管疾病的药品专利，占据了相关市场95%的份额
   B. 年销售额在1亿元以上的药品零售企业之间达成联盟协议，共同要求药品生产企业按统一的优惠价格向联盟内的企业供应药品，联盟内的企业按统一的零售价向消费者销售药品

C. 某市政府在与某国有医药企业签订的战略合作协议中承诺，该国有医药企业在本市医疗机构药品招标中享有优先中标机会
D. 某省政府招标办公室发布文件称：凡不在本省纳税的企业，一律不得参与本省的招投标活动

解决几个大问题

1. 2012年2月初，奇虎公司的6款软件被苹果公司宣布下架。随后不久，贝壳公司即通过其经营的网站对相关新闻进行转载，并在《刷排名、盗隐私，360 遭遇苹果史上最大惩罚》中突出奇虎公司6款软件被下架系可能存在"窃取用户隐私"等原因。而金山公司的金山电池医生软件则通过弹出对话框的形式，散布"安全预警360旗下全线产品被苹果 App Store 封杀，据媒体报道是360涉嫌偷窃用户隐私所致"的信息，同时还将其链接至涉案文章《刷排名、盗隐私，360 遭遇苹果史上最大惩罚》。后奇虎公司就北京金山安全软件有限公司、贝壳网际(北京)安全技术有限公司的行为向北京市第一中级人民法院提起诉讼。

贝壳公司和金山公司的行为是否构成不正当竞争？为什么？

2. 某燃气公司在办理燃气入户前，要求用户缴纳一笔"预付气费款"，否则不予供气。待不再用气时，用户可申请返还该款项。经查，该款项在用户日常购气中不能冲抵燃气费。关于此案，有下列三种说法：①反垄断机构执法时应界定该公司所涉相关市场；②只要该公司在当地独家经营，就能认定其具有市场支配地位；③如该公司的上游气源企业向其收取预付款，该公司就可向客户收取预付气费款。

根据《反垄断法》的规定，上述的说法是否正确？为什么？

第 10 章　产品质量法律制度

任务清单

序号	任务	要求
1	产品与产品质量的概念	掌握
2	产品质量法的概念和原则	了解
3	产品质量监督管理制度	了解
4	经营者的产品质量责任和义务	掌握
5	产品质量责任的含义与承担方式	理解

思考一个小问题

夏莹看好友们在朋友圈发布自制的糕点,也想买一台电动面包机。她在一家电器超市选购时,销售人员向她推荐了一款德国进口的面包机,并给她认真讲解了正确使用方法和维护保养常识。夏莹买回去后用的还算满意,但她发现包装盒里只有外文说明书,根本看不懂。她担心以后使用和维护缺乏指导,到超市要求退货。超市表示产品质量没有问题,拒绝退货。那么,这台面包机到底可不可以退货?

10.1　产品质量法概述

10.1.1　产品的概念

从经济学上讲,产品即劳动生产物,是人们为了生存的需要,通过有目的的生产劳动所创造的物资资料,包括直接从自然界获取的各种农产品、矿产品,也包括手工、加工工业的各种产品。《中华人民共和国产品质量法》(以下简称《产品质量法》)规定,"本法所称产品是指经过加工、制作,用于销售的产品"。这里所称"产品"应做以下理解:

(1) 必须是经过加工、制作的制成品。加工是指通过一定工序和方式将原材料、半成品转化为达到所需要的状态,如改变原材料、半成品的大小、外观、性质、精度、纯度、功用等。既然法律要求生产者、经营者对产品质量承担责任,那么这种产品的质量就应该能被生产者、经营者所控制,那些内在质量只能由自然因素决定的产品就不在上述"产品"的范围内。因此,各种直接来自于自然,且未经加工、制作的农作物、生物等初级农产品,以及原油、原煤、原矿等都不是《产品质量法》所规定的"产品"。

(2) 必须是用于销售的产品。生产者、经营者未投入流通的自用产品、实验产品，不适用《产品质量法》。这里所说的"销售"，不仅包括生产者、经营者直接为了销售交付的产品，还包括视为销售的情形。即无论生产者、经营者是否具有商业目的，也不论是否有偿，只要向他人提供产品都应视为销售，如赠与、试用。

(3) 必须是动产。建设工程即建设房屋、桥梁、公路、隧道等不动产工程，不适用《产品质量法》规定，但是建设工程使用的建筑材料、建筑构配件和设备如水泥、钢筋、门窗，属于《产品质量法》规定的产品。

> 【大家讲坛 10-1】
>
> 康某的中学同学洪某是 A 电器公司的仓库管理员，他到 A 公司找洪某闲聊时，看中了仓库里一台漂亮的电吹风机，要求洪某送他一个。经不住康某恳求，洪某私自拿了一台电吹风机给康某。几天后，康某在使用电吹风机时，电吹风机突然温度失控，烫伤了康某的头皮和一只手。经检验，该电吹风机设计和制造有严重缺陷。
>
> 康某是否有权向 A 电器公司索赔？

10.1.2　产品质量的概念

产品质量是指产品所具备的，满足人们需要的适用性、安全性、可靠性等特征的总和。不同质量水平或质量等级的产品，反映了该产品在满足适用性、安全性、可靠性等方面的不同程度。质量低劣的产品，基本不能甚至完全不能满足使用者对该产品的合理需求。适用性是指产品应当具有使用所需要的性能；安全性是指产品在使用时能够保障人身、财产的安全；可靠性是指产品在规定条件和时间内能够持续达到其应有性能。

10.1.3　产品质量法

产品质量法是指调整产品的生产和销售以及在对产品质量的监督管理过程中所形成的经济关系的法律规范的总称。产品质量调整的法律关系包括产品质量责任关系和产品质量监督管理关系。产品质量法除《产品质量法》以外，还包括《民法典》《食品安全法》《药品管理法》《消费者权益保护法》《标准化法》等法律法规中关于产品质量规定的内容。《产品质量法》应遵循以下原则。

1) 加强产品质量的监督管理原则

国家根据国际适用的质量管理标准和国际先进的产品标准，推行企业质量体系认证制度和产品质量认证制度，从而在国家监督管理的同时，发挥舆论导向和社会监督的作用。

2) 严格产品质量责任原则

对一般产品质量实行无过错责任，由销售者对存在一般质量问题的产品负责修理、更换、退货，并赔偿损失；属于生产者或供应者责任的，销售者赔偿后可以向他们进行追偿。对缺陷产品造成的损害，由生产者承担无过错责任，销售者承担过错推定责任。

3) 保护产品使用者的合法权益原则

对可能危及人体健康和人身、财产安全的工业产品，必须符合保障人体健康和人身、财产安全的国家标准、行业标准；未制定国家标准或行业标准的，必须符合保障人体健康和人身、财产安全的要求。

4) 奖优罚劣原则

对于生产、销售不合格产品的行为，执法机关可以责令停止生产或销售，没收违法生产或销售的商品及其违法所得，并可以处以罚款、吊销营业执照。造成严重后果构成犯罪的，依法追究其刑事责任。国家鼓励推行科学的质量管理方法，采用先进的科学技术，鼓励企业产品质量达到并且超过行业标准、国家标准和国际标准。对产品质量管理先进和产品质量达到国际先进水平、成绩显著的单位和个人，给予奖励。

10.2 产品质量监督

10.2.1 产品质量监督的概念

从狭义上讲，产品质量监督是指国家市场监督管理部门依照法定的职权对产品质量进行监督管理的行为。从广义上讲，产品质量监督是指国家、社会、产品使用者以及企业自身等对产品质量所做的监督管理行为的总称。广义上的监督具体来说包括企业监督、社会监督、国家监督等。

国务院市场监督管理部门主管全国产品质量监督工作，国务院有关部门在各自的职责范围内负责产品质量监督工作，县级以上地方市场监督管理部门主管本行政区域内的产品质量监督工作，县级以上地方人民政府有关部门在各自的职责范围内负责产品质量监督工作。

10.2.2 产品质量监督管理制度

1. 产品质量标准制度

产品质量标准是指对产品的结构、规格、质量和检验方法等所做的技术规定。按照判定的主体和适用范围，产品质量标准可以分为国际标准、国家标准、行业标准、地方标准和企业标准。国家鼓励推行科学的质量管理方法，采用先进的科学技术，鼓励企业产品质量达到并且超过行业标准、国家标准和国际标准。

我国国家标准和行业标准分为强制性标准和推荐性标准。凡属保障人体健康，人身、财产安全的标准和法律、行政法规规定强制执行的标准，属于强制性标准。除此之外的其他的国家标准和行业标准，为推荐性标准，任何单位均有权决定是否采用。但采用的标准低于推荐性标准的，企业必须向消费者明示其产品标准水平。

对于可能危及人体健康和人身、财产安全的工业产品，必须符合保障人体健康和人身、财产安全的国家标准、行业标准；未制定国家标准、行业标准的，必须符合保障人体健康和人身、财产安全的要求。保障人体健康和人身、财产安全是对产品最基本的要求，适用强制性标准。

2. 工业产品生产许可证制度

工业产品生产许可证制度，是为保证部分工业产品的质量，由国家市场监督管理部门制定并实施的一项旨在控制生产企业生产条件的监控制度。国家对生产重要工业产品的企业实行生产许可证制度，将建筑用钢筋、水泥、电线电缆、危险化学品、化肥、直接接触食品的材料等产品列入工业产品生产许可证管理目录。从事列入上述目录的产品生产企业，必须具备保证产品质量的基本生产条件。产品质量通过消费者自我判断、企业自律和市场竞或者通过认证认可制度能够有效保证的，不实行生产许可证制度。

生产许可证标志由"企业产品生产许可"汉语拼音"Qiyechanpin Shengchanxuke"的缩写"QS"和"生产许可"中文字样组成(见图10-1)。企业应当在产品或者其包装、说明书上标注生产许可证标志和编号。根据产品特点难以标注的裸装产品，可以不予标注。对列入目录的直接关系公共安全、人体健康、生命财产安全的重要工业产品，企业生产提出申请，经审查验收合格许可。任何单位和个人未取得生产许可证不得生产列入目录产品。任何单位和个人不得销售或者在经营活动中使用未取得生产许可证的列入目录产品。

图 10-1　生产许可标志

3. 企业质量体系认证制度

企业质量体系认证是指按照国际通用的质量管理和质量保证系列标准，由国家认可的认证机构对企业质量体系的检查、确认，通过颁发认证证书的形式，证明企业质量体系和质量保证能力符合相应标准要求的制度。企业质量体系认证的对象不是产品，而是企业质量体系。获得企业质量体系的企业，并不意味着其生产的产品也获得产品质量认证。

我国的质量体系认证实行自愿原则，企业可以向国务院市场监督管理部门认可或市场监督管理部门授权的部门认可的认证机构申请企业质量体系认证。企业质量体系认证采用国际标准化组织推荐世界各国采用的 ISO9000、ISO10000、ISO14000 等系列标准，经认证合格的，由认证机构颁发企业质量体系认证证书。

4. 产品质量认证制度

产品质量认证是指按照具有国际水平的产品标准和技术要求，经过认证机构确认并通过颁发认证证书和产品质量认证标志的形式，证明产品符合相应标准和技术要求的制度。企业根据自愿原则可以向国务院市场监督管理部门认可的或者市场监督管理部门授权的部门认可的认证机构申请产品质量认证。经认证合格的，由认证机构颁发产品质量认证证书，准许企业在产品或者其包装上使用产品质量认证标志。

产品质量认证分为安全认证和实行合格。对有关人身安全、健康和其他法律法规有特殊规定的产品实行强制性认证，其他产品实行自愿认证制度。即安全认证属于强制认证，实行安全认证的产品，必须符合《中华人民共和国标准化法》中有关强制性标准的要求。目前，我国对电线电缆、电路开关及保护或连接用电器装置、低压电器、电动工具、电焊机、家用电器、音视频设备类、信息技术设备、照明设备、机动车辆及安全附件、安全玻璃、电信终端设备、玩具、装饰装修材料等产品，实行强制性认证。

CCC 是"中国强制认证"(China Compulsory Certification)的英文缩写，CCC 构成中国强制认证标志的基本图案(见图 10-2)。经过强制认证的产品，应将 CCC 认证标志加施在产品外部明显位置上；在商品上不能加施的，应加施于商品最小包装和随附文件中。

图 10-2　3C 认证标志

合格认证是依据商品标准的要求，对商品的全部性能进行的综合性质量认证，一般属于自愿性认证，企业可以自主决定是否申请产品质量认证。实行合格认证的产品，必须符合《标准化法》规定的国家标准或者行业标准的要求。

5. 产品质量检查制度

产品质量监督检查是国家、社会对产品质量进行检查和监督的一种制度。它包括以下三个方面：

(1) 产品质量抽查制度。国家对产品质量实行以抽查为主要方式的监督检查制度，对可能危及人体健康和人身、财产安全的产品，影响国计民生的重要工业产品以及消费者、有关组织反映有质量问题的产品进行抽查。抽查的样品应当在市场上或者企业成品仓库内的待销产品中随机抽取。监督抽查工作由国务院市场监督管理部门规划和组织，县级以上地方市场监督管理部门在本行政区域内也可以组织监督抽查。对依法进行的产品质量监督检查，生产者、销售者不得拒绝。国家监督抽查的产品，地方不得另行重复抽查；上级监督抽查的产品，下级不得另行重复抽查。

(2) 产品质量检验制度。国家可以根据抽查的需要对产品进行检验，产品检验机构和认证机构也可以对产品进行检验和认证。检验机构必须具备相应的检测能力和条件，具有独立性，依法客观公正地出具检验结果。

(3) 产品质量社会监督制度。产品使用者有权就产品质量问题向产品的生产者、组织者查询，有权向市场监督管理部门投诉。

6. 产品召回制度

缺陷产品召回是指缺陷产品的生产商、销售商、进口商对其生产、销售或进口的产品存在可能引发消费者健康、安全问题的缺陷时，依法从市场上、消费者手中收回缺陷产品，并进行免费修理或更换。2004 年 10 月 1 日，《缺陷汽车产品召回管理规定》的正式实施，标志我国缺陷产品召回制度正式确立。之后，又相继颁布了《缺陷汽车产品召回管理条例》《食品召回管理办法》《药品召回管理办法》《医疗器械召回管理办法》《儿童玩具召回管理规定》。

产品召回分为主动召回和责令召回。生产企业应当建立健全质量保证体系和监测系统，收集、记录产品的质量问题与不良反应信息，对可能存在的安全隐患进行调查评估，并按规定及时向市场监督管理部门报告。生产企业获知其提供的产品可能存在缺陷的，应当立即启动缺陷调查，确认是否存在缺陷。生产企业发现产品存在危及人体健康和生命安全的不合理危险的，应当决定召回，采取必要的措施防控产品安全风险，并以通知或者公告的方式告知购买者停止使用。生产企业应当召回产品而未主动召回的，市场监督管理部门应当责令生产企业召回产品，被责令召回的产品应当立即停止生产、销售或进口。

10.3 经营者的产品质量责任和义务

10.3.1 生产者的产品质量责任和义务

1. 保证产品质量

保证产品质量要求生产者对其产品做到以下几点：①产品不存在危及人身、财产安全的不合理的危险，有保障人体健康和人身、财产安全的国家标准、行业标准的，应当符合该标准；②具备产品应当具备的使用性能，但是，对产品存在使用性能的瑕疵做出说明的除外；③符合在产品或者其包装上注明采用的产品标准，符合以产品说明、实物样品等方式表明的质量状况。

2. 标示产品标识

生产者对其产品或者其包装上的标识必须真实，并符合下列要求：①有产品质量检验合格证明；②有中文标明的产品名称、生产厂厂名和厂址；③根据产品的特点和使用要求，需要标明产品规格、等级、所含主要成分的名称和含量的，用中文相应予以标明；需要事先让消费者知晓的，应当在外包装上标明，或者预先向消费者提供有关资料；④限期使用的产品，应当在显著位置清晰地标明生产日期和安全使用期或者失效日期；⑤使用不当，容易造成产品本身损坏或者可能危及人身、财产安全的产品，应当有警示标志或者中文警示说明。

裸装的食品和其他根据产品的特点难以附加标识的裸装产品，可以不附加产品标识。易碎、易燃、易爆、有毒、有腐蚀性、有放射性等危险物品，以及储运中不能倒置和其他有特殊要求的产品，其包装质量必须符合相应要求，依照国家有关规定做出警示标志或者中文警示说明，标明储运注意事项。

3. 不得为法律禁止的行为

生产者不得为法律所禁止的行为：①生产者不得生产国家明令淘汰的产品；②生产者不得伪造产地，不得伪造或者冒用他人的厂名、厂址；③生产者不得伪造或者冒用认证标志等质量标志；④生产者生产产品，不得掺杂、掺假，不得以假充真、以次充好，不得以不合格产品冒充合格产品。

> 【大家讲坛 10-2】
>
> 　　一家商场正在做"十周年店庆"活动，秦尚在这家商场买了一台特价分体双制式空调。几天后，空调送货安装到位，秦尚发现这台空调制冷还可以，制热时温度却上不来，于是要求退货。商场辩解说，空调是有点问题，但做活动价格只是正常的一半，消费者并不吃亏，不同意退货。
>
> 　　秦尚有理由退货吗？

10.3.2　销售者的产品质量责任和义务

1. 进货检查验收

销售者应当建立并执行进货检查验收制度，验明产品合格证明和其他标识。如果发生了产品质量责任事故，销售者可能承担产品质量责任。设立进货检查验收制度目的在于防患于未然，保证产品质量，保护消费者合法权益不受侵犯。

2. 采取措施保证产品质量

销售者采取必要和适当的分类、防潮、通风、防晒、防霉变，以及对特殊产品的温度控制等保管、维护措施，保证销售产品的质量。

3. 产品标识符合法律规定

销售者销售的产品或其包装上的标识必须真实，应当符合一定的要求。对生产者有关产品标识的要求同样适用于销售者。

4. 不得实施的行为

销售者不得销售国家明令淘汰并停止销售的产品和失效、变质的产品；不得伪造产地，不得伪造或者冒用他人的厂名、厂址；销售产品不得掺杂、掺假，不得以假充真、以次充好，不得以不合格产品冒充合格产品。

> **【大家讲坛 10-3】**
>
> 　　王浩在一家超市看到某品牌一种标称"绿色食品"和"非转基因"的花生食用油，觉得不错就买了几桶。在家里放了一段时间，发现食用油有沉淀，怀疑质量有问题，就拿到市场监督管理部门投诉。经检查，市场监督管理部门认为花生食用油在天冷时沉淀是正常现象，但同时发现该种食用油并非"绿色食品"和"非转基因"。
>
> 　　这种食用油的质量合格吗？

10.4　产品质量责任制度

10.4.1　产品责任与产品质量责任

　　产品责任是指由于产品有缺陷，造成了产品的消费者、使用者或其他第三者的人身伤害或财产损失，依法应由生产者或销售者承担的侵权法律责任，仅涉及民事赔偿问题。

　　产品质量责任是指生产者、销售者以及对产品质量负有直接责任的人员违反产品质量义务，造成他人人身、财产损害时所应承担的法律责任，包括民事、行政和刑事责任。产品质量责任发生于以下三种情况：

1. 违反默示担保义务

　　默示担保义务是指法律、法规对产品质量所做的强制性要求，即使当事人之间有合同的约定，也不能免除和限制这种义务。它要求生产、销售的产品应该具有安全性和普通公众期待的使用性能，因此是对产品内在质量的基本要求。违反该义务，无论是否造成了消费者的损失，均应承担产品质量责任。

2. 违反明示担保义务

　　明示担保义务是指生产者、销售者以各种公开的方式，就产品质量向消费者所做的说明或者陈述。这些方式，如订立合同，体现于产品标识及说明书中，展示实物样品，做广告宣传等。一旦生产者、销售者以上述方式明确表示产品所依据和达到的质量标准，就产生了明示担保义务。如果产品质量不符合承诺的标准，必须承担相应的法律责任。

3. 产品存在缺陷

　　产品缺陷是指产品存在危及人身、他人财产安全的不合理的危险；产品有保障人体健康和人身、财产安全的国家标准、行业标准的，是指不符合该标准。在大部分国家的相关法律中，产品存在不合理的危险，是认定产品存在缺陷的核心标准。合理的危险是不可避免的危险，不是产品缺陷，但要如实说明，如香烟一般都含有焦油，否则便无香味，包装上应明确注明"吸烟有害健康"，若不提示也要承担产品缺陷责任。

10.4.2 产品质量责任的方式

1. 民事责任

1) 瑕疵担保责任

瑕疵担保责任,是指产品的销售者违反法律规定或合同约定的质量要求所应承担的违约责任。我国《产品质量法》规定,出售的产品具有下列情形之一的,销售者应当负责修理、更换或退货,给购买产品的用户、消费者造成损失的,还应当赔偿损失:①产品不具备产品应当具备的使用性能而事先未做说明的;②不符合在产品或者其包装上注明采用的产品标准的;③不符合以产品说明、实物样品等方式表明的质量状况的。

瑕疵担保适用无过错责任(严格责任),即只要销售者提供的产品不符合法定或约定的质量要求,除了法定可以免责的事由外,不论有无过错,均应承担法律责任。销售者依照前款规定负责修理、更换、退货、赔偿损失后,属于生产者的责任或者属于向销售者提供产品的其他销售者的责任的,销售者有权向生产者、供货者追偿。

2) 缺陷产品的损害赔偿责任

缺陷产品的损害赔偿责任是指产品的生产者、销售者因产品存在缺陷,造成他人人身、财产损害时应当承担的侵权赔偿责任。

生产者的产品质量侵权责任实行无过错责任原则,不管其主观上是否有过错,只要产品存在缺陷并造成人身、财产损害的,均应承担责任,但生产者能够证明有下列情形之一的,不承担赔偿责任:①未将产品投入流通的;②产品投入流通时,引起损害的缺陷尚不存在的;③将产品投入流通时的科学技术水平尚不能发现缺陷的存在的。

由于销售者的过错使产品存在缺陷,造成人身、他人财产损害的,销售者应当承担赔偿责任。销售者不能指明缺陷产品的、生产者也不能指明缺陷产品的供货者的,销售者应当承担赔偿责任。

因产品存在缺陷造成人身、他人财产损害的,受害人可以向产品的生产者请求赔偿,也可以向产品的销售者请求赔偿。属于产品的生产者的责任,产品的销售者赔偿的,产品的销售者有权向产品的生产者追偿。属于产品的销售者的责任,产品的生产者赔偿的,产品的生产者有权向产品的销售者追偿。根据《民法典》第一千二百零七条的规定,明知产品存在缺陷仍然生产、销售,或者没有采取停止销售、警示、召回等有效补救措施,造成他人死亡或健康严重损害的,受害人有权请求相应的惩罚性赔偿。

因产品存在缺陷造成受害人人身伤害的,侵害人应当赔偿医疗费、治疗期间的护理费、因误工减少的收入等费用;造成残疾的,还应当支付残疾者生活自助具费、生活补助费、残疾赔偿金以及由其扶养的人所必需的生活费等费用;造成受害人死亡的,应当支付丧葬费、死亡赔偿金以及由死者生前扶养的人所必需的生活费等费用。因产品存在缺陷造成受害人财产损失的,侵害人应当恢复原状或者折价赔偿。受害人因此遭受其他重大损失的,侵害人应当赔偿损失。

因产品存在缺陷造成损害要求赔偿的诉讼时效期间为3年,自当事人知道或者应当知道其权益受到损害时起计算。因产品存在缺陷造成损害要求赔偿的请求权,在造成损害的缺陷产品交付最初消费者满10年丧失;但是,尚未超过明示的安全使用期的除外。

> 👁 **【大家讲坛 10-4】**
>
> 　　中学生夏某的父母在金福商场给夏某买了一辆变速自行车，一次夏某骑车回家，突然自行车前叉根部折断，夏某当即摔倒，昏迷不醒。夏某因此住院 10 天，鼻梁缝合 6 针，口腔内缝合 3 针，医疗费达 1 万多元。事故发生后金福商场只答应赔偿夏某一辆同型的自行车，至于其他损失，认为应由生产企业美康公司承担。后经专业机构检测，造成此事故的原因在于该自行车存在产品缺陷。
>
> 　　夏某应该找谁索赔？

2. 行政责任

1) 经营者的行政责任

　　生产者、销售者违法产品质量法律规定的行为，具体包括：①生产、销售不符合保障人体健康和人身、财产安全的国家标准、行业标准的产品的；②在产品中掺杂、掺假，以假充真，以次充好，或者以不合格产品冒充合格产品的；③生产国家明令淘汰的产品的，销售国家明令淘汰并停止销售的产品的；④销售失效、变质的产品的；⑤伪造产品产地的，伪造或者冒用他人厂名、厂址的，伪造或者冒用认证标志等质量标志的；⑥产品标识不符合规定的；⑦拒绝接受依法进行的产品质量监督检查的。相关行政机关针对生产者、销售者违法行为可以做出责令停止违法行为、没收违法所得、罚款、吊销营业执照等措施。

　　服务业的经营者将禁止销售的产品用于经营性服务的，责令停止使用；对知道或者应当知道所使用的产品属于禁止销售的产品的，按照违法使用的产品(包括已使用和尚未使用的产品)的货值金额，对其处罚。

2) 运输、保管、仓储者的行政责任

　　知道或者应当知道禁止生产、销售的产品而为其提供运输、保管、仓储等便利条件的，或者为以假充真的产品提供制假生产技术的，没收全部运输、保管、仓储或者提供制假生产技术的收入，并处违法收入 50%以上 3 倍以下的罚款。

3) 产品质量检验机构、认证机构的行政责任

　　产品质量检验机构、认证机构伪造检验结果或者出具虚假证明的，责令改正，对单位处 5 万元以上 10 万元以下的罚款，对直接负责的主管人员和其他直接责任人员处 1 万元以上 5 万元以下的罚款；有违法所得的，并处没收违法所得；情节严重的，取消其检验资格、认证资格；构成犯罪的，依法追究刑事责任。

　　产品质量检验机构、认证机构出具的检验结果或者证明不实，造成损失的，应当承担相应的赔偿责任；造成重大损失的，撤销其检验资格、认证资格。

　　产品质量认证机构对不符合认证标准而使用认证标志的产品，未依法要求其改正或者取消其使用认证标志资格的，对因产品不符合认证标准给消费者造成的损失，与产品的生产者、销售者承担连带责任；情节严重的，撤销其认证资格。

4) 社会团体、社会中介机构的行政责任

　　社会团体、社会中介机构对产品质量做出承诺、保证，而该产品又不符合其承诺、保证的质量要求，给消费者造成损失的，与产品的生产者、销售者承担连带责任。

3. 刑事责任

(1) 生产、销售不符合保障人体健康和人身、财产安全的国家标准、行业标准的产品构成

犯罪的，依法追究刑事责任。

(2) 在产品中掺杂、掺假，以假充真，以次充好，或者以不合格产品冒充合格产品构成犯罪的，依法追究刑事责任。

(3) 销售失效、变质的产品构成犯罪的，依法追究刑事责任。

(4) 知道或者应当知道属于禁止生产、销售的产品而为其提供运输、保管、仓储等便利条件构成犯罪的，依法追究刑事责任。

(5) 产品质量检验机构、认证机构伪造检验结果或者出具虚假证明构成犯罪的，依法追究刑事责任。

(6) 以暴力、威胁方法阻碍产品质量监督部门或者工商行政管理部门的工作人员依法执行职务的，依法追究刑事责任。

> 【大家讲坛 10-5】
>
> 朱军经营的电器厂生产并销售室内加热器、嵌入式灯具，当地市场监督管理局行政执法人员在对朱军经营的电器厂进行执法检查时，发现该厂在未取得强制性产品认证的情况下擅自生产列入强制性产品目录的室内加热器、嵌入式灯具。经查实，朱军共生产室内加热器 34 箱 136 只、嵌入式灯具 35 箱 384 只。经抽样检测，上述产品均为不合格产品，朱军违法行为已涉嫌刑事犯罪。
>
> 朱军可能要承担哪些法律责任？

同步训练

一、单项选择题

1. 关于产品缺陷责任，下列选项中符合《产品质量法》规定的是( )。

    A. 基于产品缺陷的更换、退货等义务属于合同责任，因产品缺陷致人损害的赔偿义务属于侵权责任

    B. 产品缺陷责任的主体应当与受害者有合同关系

    C. 产品缺陷责任一律适用过错责任原则

    D. 产品质量缺陷责任一律适用举证责任倒置

2. 知道或者应当知道属于《产品质量法》禁止的产品，而为其提供运输服务的，没收全部收入并处违法收入( )罚款。

    A. 50%以上 3 倍以下 B. 20%以上 3 倍以下

    C. 50%以上 2 倍以下 D. 1 倍以下 3 倍以下

3. 钟某为其 3 岁儿子购买某品牌的奶粉，小孩喝后上吐下泻，住院 7 天才恢复健康。钟某之子从此见任何奶类制品都拒食。经鉴定，该品牌奶粉属劣质品。为此，钟某欲采取维权行动。钟某亲友们提出的下列建议中缺乏法律依据的是( )。

    A. 请媒体曝光，并要求工商管理机关严肃查处

B. 向出售该奶粉的商场索赔，或向生产该奶粉的厂家索赔

C. 直接提起诉讼，要求商场赔偿医疗费、护理费、误工费、交通费等

D. 直接提起仲裁，要求商场和厂家连带赔偿钟某全家所受的精神损害

4. 一日，李女士在家中做饭时高压锅突然爆炸，李女士被炸飞的锅盖击中头部，抢救无效死亡。后据质量检测专家鉴定，高压锅发生爆炸的直接原因是设计不尽合理，使用时造成排气孔堵塞而发生爆炸。本案中，可以以下列何种依据判定生产者承担责任(　　)。

　　A. 产品存在的缺陷　　　　　　　　B. 产品买卖合同约定

　　C. 产品默示担保条件　　　　　　　D. 产品明示担保条件

5. 某厂开发一种新型节能炉具，先后制造出 10 件样品。后样品中有 6 件丢失。2018 年 6 月某户居民的燃气罐发生爆炸，查明原因是使用了某厂丢失的 6 件样品炉具中的一件，而该炉具存在重大缺陷。该户居民要求某厂赔偿损失。某厂不同意赔偿，下列理由中哪一项最能支持某厂的立场(　　)。

　　A. 该炉具尚未投入流通

　　B. 该户居民如何得到炉具的事实不清

　　C. 该户居民偷盗样品，由此造成的损失应由其自负

　　D. 该户居民应向提供给其炉具的人索赔

6. 下列产品(　　)可以不附加产品标识。

　　A. 瓶装白酒　　　B. 罐装牛奶　　　C. 散装饼干　　　D. 盒装皮鞋

二、多项选择题

1. 张某到一美容院做美容，美容院使用甲厂生产的"梦洁"牌护肤液为其做脸部护理，结果因该护肤液系劣质产品而致张某脸部皮肤严重灼伤，张某为此去医院治疗，花去近 10 000 元医药费。关于此事例下列选项中正确的是(　　)。

　　A. 张某有权要求美容院赔偿医药费

　　B. 张某有权要求甲厂赔偿医药费

　　C. 张某若向美容院索赔，可同时请求精神损害赔偿

　　D. 美容院若向张某承担了责任，则其可以向甲厂追偿

2. 甲从国外低价购得一项未获当地政府批准销售的专利产品"近视治疗仪"。甲将产品样品和技术资料提交给我国 X 市卫生局指定的医疗产品检验机构。该机构未做任何检验，按照甲书写的文稿出具了该产品的检验合格报告。随后，该市退休医师协会的秘书长乙又以该协会的名义出具了该产品的质量保证书。该产品投入市场后，连续造成多起青少年因使用该产品致眼睛严重受损的事件。现除要求追究甲的刑事责任外，受害者还可以采用的民事补救方法有(　　)。

　　A. 要求甲承担损害赔偿责任　　　　　　B. 要求该卫生局承担连带赔偿责任

　　C. 要求该检验机构承担连带赔偿责任　　D. 要求该退休医师及协会承担连带赔偿责任

3. 下列关于产品责任的表述中正确的是(　　)。

　　A. 缺陷产品的生产者应对因该产品造成的他人人身、财产损害承担无过错责任

　　B. 缺陷产品造成他人人身、财产损害的，该产品的销售者和生产者承担连带责任

　　C. 因缺陷产品造成损害要求赔偿的诉讼时效为 1 年

　　D. 销售者不能指明缺陷产品的生产者也不能指明其供货者的，应承担赔偿责任

4. 某医院给病人高某开的治疗湿疹的药物，使用后反而加重了病情。经检验，这批药品因在医院库房存放过久已经变质。下列有关该案处理的表述中正确的是(　　)。
   A. 对医院应依据《产品质量法》进行处罚
   B. 对医院应依据《中华人民共和国药品管理法》进行处罚
   C. 医院应赔偿给高某带来的损失
   D. 药品生产者应承担赔偿责任
5. 下列哪些产品的包装不符合《产品质量法》的要求(　　)。
   A. 某商场销售的"三星"彩电只有韩文和英文的说明书
   B. 某厂生产的火腿肠没有标明厂址
   C. 某厂生产的香烟上没有标明"吸烟有害身体健康"
   D. 某厂生产的瓶装葡萄酒没有标明酒精度
6. 以下不属于缺陷产品的有(　　)。
   A. 损伤皮肤的化妆品　　　　B. 制冷效果不好的空调
   C. 容易喝醉的白酒　　　　　D. 加热效果不良的电饭煲

解决几个大问题

1. 2018 年 5 月，甲物流公司从乙机电公司购买了一套电梯，并在甲公司办公楼内安装使用。张某被丙劳务派遣公司派遣到甲物流公司工作，2018 年 7 月 7 日，张某刚进甲公司办公楼三楼电梯，尚未触动任何按键，电梯却突然发生故障，猛地坠落到一楼地面。张某当即被送往医院住院治疗，被诊断为：左腿踝关节粉碎性骨折，右脚足弓断裂，共计住院 35 天，花去了医疗费 180 000 元。出院后，张某又在门诊治疗中花去医疗费 20 000 元。2018 年 10 月 13 日，张某被鉴定为七级伤残。后张某要求乙机电公司赔偿，被该公司拒绝，理由是张某不是电梯的购买方，无权主张赔偿，并且该公司仅仅是电梯的销售者，张某应当追究的是电梯生产厂家丁公司的责任。张某索赔无果后，遂将乙公司起诉至法院。

请根据上述案例，回答下列问题并说明理由：
(1) 张某是否有权对乙公司提起诉讼？
(2) 张某的损失由谁赔偿？赔偿范围有哪些？

2. 2019 年 8 月 3 日，谢某与女友在市内某大酒店举行婚宴，上百名亲朋好友聚此庆贺进餐。不料当天晚上赴宴归来的朋友、同事陆续出现腹痛、呕吐、腹泻等中毒症状，被送进医院抢救。至 8 月 4 日止，中毒者达 108 人，严重中毒者 10 余人。2019 年 8 月 5 日，市卫生防疫站工作人员赶到饭店提取部分食物样品，经化验，中毒事故系宴席中被细菌污染的对虾造成的。受害者谢某认为：酒店要给予经济和精神赔偿，餐费不该付。酒店老板贾某认为，谢某要先付清餐费，才能考虑赔偿问题。

请根据上述案例，回答下列问题并说明理由：
(1) 谢某拒付餐费是否合法？
(2) 酒店应当承担什么样的责任？

第 11 章　消费者权益保护法律制度

任务清单

序号	任务	要求
1	消费者的含义	掌握
2	消费者权益保护法的概念和原则	了解
3	消费者的权利	掌握
4	经营者的义务	掌握
5	消费者权益的保护组织	了解
6	消费争议解决的方式	了解
7	赔偿主体的确定	理解
8	侵犯消费者权益的法律责任	了解

思考一个小问题

2018年10月25日，王某在孙某位于某商场的经营场所购买了一部苹果牌手机，价格为4000元。同时，孙某向王某出具一张购货单据，其上写明了手机型号、单价及数量，并写明"保原装、假一赔十"。之后王某获悉该手机被鉴定为假冒产品，于是起诉孙某至人民法院，要求孙某按照"假一赔十"的承诺支付赔偿金40 000元，并支付鉴定费800元。那么，王某"假一赔十"的要求是否会得到法院支持？

11.1　消费者权益保护法概述

11.1.1　消费者的概念

消费是社会再生产中的重要环节，是生产、交换、分配的目的与归宿，它包括生产消费和生活消费两大方面。狭义上的消费者仅限于生活性消费者，广义的消费者还包括生产性消费者，即有偿取得商品和服务，满足生产消费或物质、文化消费的单位和个人。1978年5月，国际标准化组织"消费政策委员会"在瑞士日内瓦召开的第一届年会上，把消费者定义为"为个人目的购买或者使用商品和接受服务的个体社会成员"。从定义上来看，消费者是指为了满足个人生活消费的需要而购买、使用商品或者接受服务的个体社会成员。《中华人民共和消费者权益保护法》(以下简称《消费者权益保护法》)采用了国际通行的做法,把消费者限定于生活性消费者,但同时还规定,农民购买、使用直接用于农业生产的生产资料,参照《消费者权益保护法》执行。

> 【大家讲坛 11-1】
>
> 王某是一个个体户出租车司机,一直在"康凯"加油站加汽油,因为这个加油站给的优惠较多。一段时间后,王某的出租车突然开不动了。经检查,王某的出租车油泵和发动机损坏、汽油杂质堵塞油路,导致车辆无法启动,其原因是长期使用"康凯"加油站的"掺水汽油"。
>
> 王某可不可以依据《消费者权益保护法》要求加油站赔偿损失?

11.1.2 消费者权益保护法的概念

消费者权益保护法有广义和狭义之分,广义的消费者权益保护法是指所有关于保护消费者权益的法律规范的总称。狭义的消费者权益保护法是指关于保护消费者权益的专门性法律或者法典。在我国,狭义上的消费者权益保护法是指《消费者权益保护法》,而随着社会经济的发展,特别是近年来随着科学技术的不断进步,人们的消费领域越来越广,消费行为和消费方式也发生着很大变化,消费者遇到的消费问题也越来越多,该法律为适应社会发展需要进行了修正。广义上的消费者权益保护法除《消费者权益保护法》外,还包括《民法典》《反不正当竞争法》《产品质量法》《商标法》《广告法》《食品安全法》《药品管理法》等法律法规中关于保护消费者权益的内容。

11.1.3 消费者权益保护法的立法宗旨和基本原则

1. 消费者权益保护法的立法宗旨

我国《消费者权益保护法》立法宗旨是保护消费者的合法权益,维护社会经济秩序,促进社会主义市场经济的健康发展。

2. 消费者权益保护法的基本原则

消费者权益保护法的基本原则是有关消费者权益保护法的立法、执法和司法实践的指导思想,也是消费者权益保护法立法宗旨的集中化、具体化的体现。

1) 特别保护原则

特别保护原则,是指给予消费者以特别保护的原则。消费者与经营者包括生产者和销售者在传统民法上是平等的主体,但这是形式上的平等。由于消费者对生产者的经营过程缺乏有效参与,对产品的适用性和安全性往往只能通过生产经营者的质量表示和其自身的判断力来识别,使得消费者在客观中往往处于弱者的地位,从而造成消费者与生产者之间的地位实际上的不平等,所以必须通过消费者权益保护法给予消费者以特别的保护,从而使得消费者与经营者之间的关系成为实质性的平等关系。

2) 自愿、平等、公平、诚实信用原则

经营者与消费者进行交易时,双方当事人意思表示完全出于自愿,不允许一方强迫对方屈从自己。双方当事人的法律地位是平等的，而不是隶属、服从的关系。在交易的过程中，要进行公平竞争，要诚实、守信用，不能采取欺诈、胁迫等手段来订立各种销售协议。商品的买卖要明码标价，按质论价，禁止经营者向消费者推销各种假冒伪劣商品，以保护消费者权益。

3) 国家保护原则

在经济生活中，由于各种原因，消费者的合法权益受到不法侵害时却没有足够的力量来保护自己。这种侵害不仅对于消费者自身，而且对国家、社会经济整体的有效运行、对社会秩序的稳定都有极大的危害。为了平衡这种状况，以国家为核心的公权力主动介入到微观经济层面，通过保护消费者的合法权益，去规范和控制不法经营者的行为，达到经济协调、社会稳定的目标。

4) 社会监督原则

对消费者权益的保护要动用一切社会力量，对经营者及其他可能或实际侵害消费者的行为进行预防、控制、规范和监督。只有动员全社会的力量才能使消费者权益得到切实保护。

11.2 消费者的权利

11.2.1 消费者权利的概念

消费者的权利是指消费者为了满足生活消费需要，依法能够做出或者不做出一定行为，以及要求经营者和其他有关主体做出或不做出一定行为的资格。

世界上最早提出消费者权利概念的是前美国总统约翰·肯尼迪，他在 1962 年向美国国会提出的"关于保护消费者权益的特别国情咨文"中，提出了消费者应享有的四项具体权利，即获得商品的安全保障的权利；获得正确的商品信息资料的权利；对商品的自由选择的权利；提出消费者意见的权利。1969 年美国前总统尼克松又加上一项"求偿权"，成为五项权利。1985 年 4 月，联合国大会通过的《保护消费者准则》提出的保护消费者的一般原则中明确了消费者的六项权利。我国消费者权益保护法提出了九项权利。

11.2.2 消费者的具体权利

1. 安全保障权

安全保障权是指消费者在购买、使用商品或接受服务时所享有的保障其人身、财产安全不受侵害的权利。它包括人身安全权和财产安全权，是消费者最为基本的权利。消费者有权要求经营者提供的商品和服务，符合保障人身、财产安全的要求。消费者有权要求经营者提供的商品和服务能够保障人身、财产安全，对于有国家标准、行业标准的，消费者有权要求商品和服务符合该标准。没有国家、行业标准的，消费者有权要求商品和服务符合社会普遍公认的安全、卫生要求。

【大家讲坛 11-2】

2018 年 5 月 6 日，姚某随其朋友张某、吴某等十多人到孟某经营的位于湖边的饭店就餐。到达后，姚某及其朋友被该饭店服务员安排在位于湖面的船上就餐。该船仅在四周设置 0.8 米高的护栏，别无其他防护设施，也未设置任何安全警示标识。酒宴快结束时，姚某从就餐船上跨越护栏来到与就餐船紧邻的无任何防护设施的小铁船上闲坐，后又用手机与人通话。由于坐立不稳，姚某不慎落入湖中，溺水而亡。姚某亲属诉至法院，要求该饭店赔偿损失 80 万元。

孟某是否要对姚某的溺亡承担责任？

2. 知悉真情权

知悉真情权也称知情权，是指消费者在购买、使用商品或者接受服务时，有了解商品和服务真实情况的权利。消费者有权根据商品或者服务的不同情况，要求经营者提供商品的价格、产地、生产者、用途、性能、规格、等级、主要成分、生产日期、有效期限、检验合格证明、使用方法说明书、售后服务，或者服务的内容、规格、费用等有关情况。经营者必须如实提供，不得拒绝。

3. 自主选择权

自主选择权是指消费者享有自主选择商品或者服务的权利，它是消费者意思自治的表现。该权利具体来说包括以下四个方面：①自主选择提供商品或者服务的经营者的权利；②自主选择商品品种或者服务方式的权利；③自主决定购买或者不购买任何一种商品、接受或者不接受任何一项服务的权利；④在自主选择商品或服务时所享有的进行比较、鉴别和挑选的权利。经营者在为消费者提供商品或者服务时，应遵循当事人意思自治原则，不得以任何理由限制或剥夺消费者的选择权。

4. 公平交易权

公平交易权是指消费者在购买商品或者接受服务时，享有公正、合理地进行交易的权利。消费者在购买商品或者接受服务时，有权获得质量保障、价格合理、计量正确等公平交易条件，有权拒绝经营者的强制交易行为。具体来说，公平交易权表现在两个方面：一是有权获得质量保障、价格合理、计量准确等公平交易条件；二是有权拒绝经营者的强制交易行为。

5. 求偿权

求偿权是指消费者因购买、使用商品或接受服务受到人身或财产损害时，依法享有获得赔偿的权利，求偿权包括人身损害求偿权和财产损害求偿权。消费者在权利受到侵害时，可依法要求经营者支付违约金、赔偿金以及采取退货、换货、修理等措施。

【大家讲坛 11-3】

罗婕到某商业广场逛街，在一个化妆品柜台被一款保湿美容护肤品吸引。柜台销售人员热情招呼罗婕进店，并说可以先试用一下。销售员在罗婕脸上涂抹按摩以后，罗婕感觉并不好，就表示这款产品不合适，自己不会购买。哪知，销售员拦住罗婕声称，产品已开封给罗婕用了，就必须购买，不买就别想走。见销售人员态度强硬，罗婕急于脱身，无奈买了一瓶。

销售人员侵犯了罗婕的什么权利？

6. 结社权

结社权是指消费者依法享有成立维护自身合法权益的社会团体的权利。消费者有权依照法定标准和程序组织固定的社会团体组织，目前我国的消费者组织主要是中国消费者协会和地方消费者权益保护组织。消费者组织应当遵守法律规定，不得损害国家、社会、集体利益和其他公民的合法的自由和权利。

7. 获取知识权

获取知识权也称接受教育权，是从知悉真情权中引申出来的一种权利，它是指消费者享有获得有关消费者和消费者权益保护方面知识的权利。这一权利包括两个方面：一是获得有关消费方面的知识，如商品和服务的基本知识等；二是获得有关消费者权益保护方面的知识，如争议的解决途径、消费者保护机构等。

8. 维护尊严和个人信息得到保护权

维护尊严和个人信息得到保护权是指消费者在购买、使用商品或接受服务时享有的人格尊严、民族风俗习惯得到尊重的权利。这一权利包括两个方面：一是人格尊严受尊重权，消费者享有独立人格，其身体和精神不受非法侵犯；二是民族风俗习惯受到尊重的权利，消费者拥有的特殊的民族习惯、礼节、禁忌等行为方式不受非法侵犯。

9. 监督批评权

监督批评权是指消费者享有对经营者提供的商品或服务以及保护消费者权益工作进行监督和批评的权利。消费者有权检举、控告侵害消费者权益的行为和国家机关及其工作人员在保护消费者权益工作中的违法失职行为，有权对保护消费者权益工作提出批评、建议。

10. 信息保护权

消费者有权决定是否向经营者提供个人信息，经营者收集、使用消费者个人信息，应当遵循合法、正当、必要的原则，明示收集、使用信息的目的、方式和范围，并经消费者同意。经营者收集、使用消费者个人信息，应当公开其收集、使用规则，不得违反法律、法规的规定和双方的约定收集、使用信息。

11. 后悔权

经营者采用网络、电视、电话、邮购等方式销售商品，消费者有权自收到商品之日起7日内退货，且无须说明理由，但下列商品除外：①消费者定做的；②鲜活易腐的；③在线下载或者消费者拆封的音像制品、计算机软件等数字化商品；④交付的报纸、期刊。

除上述所列商品外，其他根据商品性质并经消费者在购买时确认不宜退货的商品，不适用无理由退货。消费者退货的商品应当完好，经营者应当自收到退回商品之日起7日内返还消费者支付的商品价款。退回商品的运费由消费者承担；经营者和消费者另有约定的，按照约定。

11.3　经营者的义务

11.3.1　经营者义务的概念

经营者的义务是一种法定义务,是指经营者在消费活动中必须依照法律的规定或合同的约定为一定的行为或不为一定的行为。经营者的义务与消费者的权利是对等统一的,包含着经营者对国家、社会承担的义务。

11.3.2　经营者的具体义务

我国《消费者权益保护法》主要规定了经营者的以下义务。

1. 依法定或约定履行、不得强制交易的义务

经营者在为消费者提供商品或服务时,应当依照《产品质量法》和其他相关法律、法规的规定履行义务。经营者与消费者有约定的,应当按照约定履行义务,但双方的约定不得违背法律、法规的规定。此外,经营者向消费者提供商品或者服务,应当恪守社会公德,诚信经营,保障消费者的合法权益;不得设定不公平、不合理的交易条件,不得强制交易。

2. 听取意见和接受监督的义务

经营者应当听取消费者对其提供的商品或服务的意见,接受消费者监督。对经营者提出意见或建议的消费者,可以是实际发生的消费者,也可以是一般社会公众——"潜在消费者"。

3. 保障人身和财产安全的义务

经营者应当保证其提供的商品或服务符合人身、财产安全的要求,对可能危及人身、财产安全的商品或服务,应当向消费者做出真实说明和明确警示,并说明和标明正确使用商品或接受服务的方法以及防止危害发生的方法。宾馆、商场、餐馆、银行、机场、车站、港口、影剧院等经营场所的经营者,应当对消费者尽到安全保障义务。经营者发现其提供的商品或者服务存在缺陷,有危及人身、财产安全危险的,应当立即向有关行政部门报告和告知消费者,并采取停止销售、警示、召回、无害化处理、销毁、停止生产或者服务等措施。采取召回措施的,经营者应当承担消费者因商品被召回支出的必要费用。

> 👁 【大家讲坛 11-4】
>
> 　　李某在万向航海通信仪器店购买了 6 台导航雷达,每台价格为 13 700 元,由该公司送货并负责安装。安装时,李某发现该产品没有合格证、保修卡、生产厂家以及厂名厂址等,唯一的标志是"made in Japan"的字样,于是要求退货。
> 　　李某要求退货的理由是什么?

4. 提供真实信息的义务

经营者向消费者提供有关商品或者服务的质量、性能、用途、有效期限等信息,应当真实、

全面，不得做虚假或者引人误解的宣传。经营者对消费者就其提供的商品或者服务的质量和使用方法等问题提出的询问，应当做出真实、明确的答复。经营者提供商品或者服务应当明码标价。经营者应当标明真实名称和标记，不得假冒或仿冒他人的企业名称和他人持有的营业标记。租赁他人柜台或者场地的经营者，应当标明其真实名称和标记。

5. 出具购货凭据或者服务单据的义务

经营者提供商品或者服务，应当按照国家有关规定或者商业惯例向消费者出具发票等购货凭证或者服务单据；消费者索要发票等购货凭证或者服务单据的，经营者必须出具。

6. 提供符合要求的商品和服务的义务

经营者应当保证在正常使用商品或者接受服务的情况下其提供的商品或者服务应当具有的质量、性能、用途和有效期限；但消费者在购买该商品或者接受该服务前已经知道其存在瑕疵，且存在该瑕疵不违反法律强制性规定的除外。经营者以广告、产品说明、实物样品或者其他方式表明商品或者服务的质量状况的，应当保证其提供的商品或者服务的实际质量与表明的质量状况相符。经营者提供的机动车、计算机、电视机、电冰箱、空调器、洗衣机等耐用商品或者装饰装修等服务，消费者自接受商品或者服务之日起6个月内发现瑕疵，发生争议的，由经营者承担有关瑕疵的举证责任。

7. 履行"三包"或其他责任的义务

除用户使用、保管不当以外，经营者承担所售商品"包修、包换、包退"的质量责任。经营者提供的商品或者服务不符合质量要求的，消费者可以依照国家规定、当事人约定退货，或者要求经营者履行更换、修理等义务。没有国家规定和当事人约定的，消费者可以自收到商品之日起7日内退货；7日后符合法定解除合同条件的，消费者可以及时退货，不符合法定解除合同条件的，可以要求经营者履行更换、修理等义务。依照规定进行退货、更换、修理的，经营者应当承担运输等必要费用。

> **【大家讲坛 11-5】**
>
> 蒋先生在某家居商场3楼购买了一套价值40 000元的实木家具，送货到家时，蒋先生发现床的颜色与订货时样品有差异，茶几表面也有被烫过的痕迹。他找到商场协商退换，商场以该套家具是特价商品为由，拒绝处理。蒋先生向消费者协会投诉，消费者协会工作人员查看产品质量后证实该实木板床颜色与消费者所订颜色有差异，茶几表面也有烫痕。
>
> 蒋先生的要求是否符合法律的规定？

8. 不得单方限制消费者权利的义务

经营者在经营活动中使用格式条款的，应当以显著方式提请消费者注意商品或者服务的数量和质量、价款或者费用、履行期限和方式、安全注意事项和风险警示、售后服务、民事责任等与消费者有重大利害关系的内容，并按照消费者的要求予以说明。经营者不得以格式条款、通知、声明、店堂告示等方式，做出排除或者限制消费者权利、减轻或者免除经营者责任、加重消费者责任等对消费者不公平、不合理的规定，不得利用格式条款并借助技术手段强制交易。格式条款、通知、声明、店堂告示等含有前款所列内容的，其内容无效。

9. 不得侵犯消费者人格权的义务

经营者不得对消费者进行侮辱、诽谤，不得搜查消费者身体及其携带的物品，不得侵犯消费者的人身自由。

10. 特殊经营者提供相关信息的义务

采用网络、电视、电话、邮购等方式提供商品或者服务的经营者，以及提供证券、保险、银行等金融服务的经营者，应当向消费者提供经营地址、联系方式、商品或者服务的数量和质量、价款或者费用、履行期限和方式、安全注意事项和风险警示、售后服务、民事责任等信息。

11. 信息保密的义务

经营者及其工作人员对收集的消费者个人信息必须严格保密，不得泄露、出售或者非法向他人提供。经营者应当采取技术措施和其他必要措施，确保信息安全，防止消费者个人信息泄露、丢失。在发生或者可能发生信息泄露、丢失的情况时，应当立即采取补救措施。经营者未经消费者同意或者请求，或者消费者明确表示拒绝的，不得向其发送商业性信息。

11.4 消费者权益的保护

11.4.1 消费者权益的国家保护

国家通过立法机关、行政机关、司法机关来保护消费者的合法权益。

1. 立法机关保护

我国的立法机关通过制定和实施各项法律，充分保障消费者依法行使职权，维护消费者的合法权益。国家在制定各项法律时，要充分听取消费者的意见和要求。

2. 行政机关保护

各级人民政府组织、协调和督促有关行政部门做好保护消费者合法权益的工作，并加强监督，预防危害消费者人身、财产安全的情况发生，及时制止危害消费者人身、财产安全的行为。国家和地方各级工商行政管理机关应当依照法律法规的规定，在其职权范围内，采取各种有效措施查处各类侵犯消费者利益的行为。各级物价、卫生、食品检验、质监、农业等部门应在各自的职权范围内，加强对经营者的监督管理，提高部门之间的联动机制，保护消费者权益。

3. 司法机关保护

人民法院应当采取有效措施，对消费纠纷和侵犯消费者权益的案件，及时受理、裁判，有效从司法上保障消费者的合法权益。对构成犯罪的侵权案件，公安、人民检察机关应及时介入，追究相关当事人的刑事责任。

11.4.2 消费者权益的保护组织

消费者权益保护组织是依法成立的，对商品和服务进行社会监督的保护消费者合法权益的社会组织。消费者权益保护组织的宗旨是：对商品和服务进行社会监督，保护消费者的合法权益,引导广大消费者合理、科学消费,促进社会主义市场经济健康发展。

根据《消费者权益保护法》的规定,中国消费者协会及其指导下的各级协会履行下列公益性职责。

(1) 向消费者提供消费信息和咨询服务,提高消费者维护自身合法权益的能力,引导文明、健康、节约资源和保护环境的消费方式。

(2) 参与制定有关消费者权益的法律、法规、规章和强制性标准。

(3) 参与有关行政部门对商品和服务的监督、检查。

(4) 就有关消费者合法权益的问题,向有关部门反映、查询,提出建议。

(5) 受理消费者的投诉,并对投诉事项进行调查、调解。

(6) 投诉事项涉及商品和服务质量问题的,可以委托具备资格的鉴定人鉴定,鉴定人应当告知鉴定意见。

(7) 就损害消费者合法权益的行为,支持受损害的消费者提起诉讼或者依照本法提起诉讼。

(8) 对损害消费者合法权益的行为,通过大众传播媒介予以揭露、批评。

各级人民政府对消费者权益保护组织履行职责应当予以必要的经费等支持。消费者协会应当认真履行保护消费者合法权益的职责,听取消费者的意见和建议,接受社会监督。

除消费者权益保护组织外,还有其他消费者组织来保护消费者权益。依法成立的其他消费者组织依照法律、法规及其章程的规定,开展保护消费者合法权益的活动。

为了保证消费者组织的独立性和公正性,我国法律明确规定消费者组织不得从事商品经营和营利性服务,不得以收取费用或者其他牟取利益的方式向消费者推荐商品和服务。

11.5 消费者权益争议的解决

11.5.1 消费者权益争议的解决途径

消费者在买卖商品、接受服务过程中,因权利受到侵害会与经营者产生各种冲突争议。根据《消费者权益保护法》的规定,消费者在和经营者发生争议时,可以通过下列途径解决。

1. 与经营者协商和解

与经营者协商和解是指消费争议发生后,消费者与经营者在平等、自愿的基础上,按照法律规定,本着实事求是、诚实信用原则合理、简便地解决纠纷。

2. 请求消费者协会或者依法成立的其他调解组织调解

消费者在与经营者协商不成后,可以向当地的消费者权益保护组织进行投诉,请求消费者权益保护组织调解,消费者权益保护组织对双方的争议进行调解,解决争议。消费者权益保护组织的调解属于民间调解,不具有法律强制执行力,如一方当事人对协议反悔,则需要通过其他途径予以解决。消费者也可以请求依法成立的其他调解组织进行调解。

3. 向有关行政部门投诉

消费者认为其合法权益受到损害的,可以选择向有关行政部门投诉,该部门应当自收到投诉之日起7个工作日内,予以处理并告知消费者。

4. 提请仲裁机构仲裁

发生消费争议的消费者可以根据与经营者达成的仲裁协议，自愿将争议提交给约定的仲裁机构进行仲裁。仲裁机构做出的裁决具有强制力，双方当事人应当自觉履行，否则，权利人可以申请人民法院强制执行。

5. 向人民法院提起诉讼

消费者可以直接向有管辖权的人民法院提起诉讼，通过诉讼途径解决消费争议。这是消费者合法权益最具权威的一种保护方法。对侵害众多消费者合法权益的行为，中国消费者协会以及在省、自治区、直辖市设立的消费者权益保护组织，可以向人民法院提起诉讼。

11.5.2 赔偿责任主体的确定

1. 一般责任主体的确定

消费者在购买、使用商品时，其合法权益受到损害的，可以向销售者要求赔偿。销售者赔偿后，属于生产者的责任或者属于向销售者提供商品的其他销售者的责任的，销售者有权向生产者或者其他销售者追偿。

消费者或者其他受害人因商品缺陷造成人身、财产损害的，可以向销售者要求赔偿，也可以向生产者要求赔偿。属于生产者责任的，销售者赔偿后，有权向生产者追偿。属于销售者责任的，生产者赔偿后，有权向销售者追偿。

消费者在接受服务时，其合法权益受到损害的，可以向服务者要求赔偿。

2. 特殊责任主体的确定

1) 变更后的企业承担责任

消费者在购买、使用商品或者接受服务时，其合法权益受到损害，因原企业分立、合并的，可以向变更后承受其权利义务的企业要求赔偿。

2) 营业执照持有人、租借人责任

使用他人营业执照的违法经营者提供商品或者服务，损害消费者合法权益，消费者可以向其要求赔偿，也可以向营业执照的持有人要求赔偿。

3) 展销会举办者、柜台出租者的责任

消费者在展销会、租赁柜台购买商品或者接受服务，其合法权益受到损害的，可以向销售者或者服务者要求赔偿。展销会结束或者柜台租赁期满后，也可以向展销会的举办者、柜台的出租者要求赔偿。展销会的举办者、柜台的出租者赔偿后，有权向销售者或者服务者追偿。

4) 网络交易平台提供者的责任

消费者通过网络交易平台购买商品或者接受服务，其合法权益受到损害的，可以向销售者或者服务者要求赔偿。网络交易平台提供者不能提供销售者或者服务者的真实名称、地址和有效联系方式的，消费者也可以向网络交易平台提供者要求赔偿；网络交易平台提供者做出更有利于消费者的承诺的，应当履行承诺。网络交易平台提供者赔偿后，有权向销售者或者服务者追偿。网络交易平台提供者明知或者应知销售者或者服务者利用其平台侵害消费者合法权益，未采取必要措施的，依法与该销售者或者服务者承担连带责任。

5) 虚假广告的广告经营者、发布者的责任

消费者因经营者利用虚假广告或者其他虚假宣传方式提供商品或者服务，其合法权益受到

损害的，可以向经营者要求赔偿。广告经营者、发布者发布虚假广告的，消费者可以请求行政主管部门予以惩处。广告经营者、发布者不能提供经营者的真实名称、地址和有效联系方式的，应当承担赔偿责任。

广告经营者及发布者设计、制作、发布关系消费者生命健康商品或者服务的虚假广告，造成消费者损害的，应当与提供该商品或者服务的经营者承担连带责任。社会团体或者其他组织、个人在关系消费者生命健康商品或者服务的虚假广告或者其他虚假宣传中向消费者推荐商品或者服务，造成消费者损害的，应当与提供该商品或者服务的经营者承担连带责任。

11.5.3 侵犯消费者权益的法律责任

1. 民事责任

经营者提供商品或者服务有下列情形之一的，除《消费者权益保护法》另有规定外，应当依照其他有关法律、法规的规定，承担民事责任：①商品或者服务存在缺陷的；②不具备商品应当具备的使用性能而出售时未做说明的；③不符合在商品或者其包装上注明采用的商品标准的；④不符合商品说明、实物样品等方式表明的质量状况的；⑤生产国家明令淘汰的商品或者销售失效、变质的商品的；⑥销售的商品数量不足的；⑦服务的内容和费用违反约定的；⑧对消费者提出的修理、重做、更换、退货、补足商品数量、退还货款和服务费用或者赔偿损失的要求，故意拖延或者无理拒绝的；⑨法律、法规规定的其他损害消费者权益的情形。经营者对消费者未尽到安全保障义务，造成消费者损害的，应当承担侵权责任。

1) 侵犯人身权的民事责任

(1) 致人伤害的民事责任。经营者提供商品或者服务，造成消费者或者其他受害人人身伤害的，应当赔偿医疗费、护理费、交通费等为治疗和康复支出的合理费用，以及因误工减少的收入。造成残疾的，还应当赔偿残疾生活辅助具费和残疾赔偿金。

(2) 致人死亡的民事责任。经营者提供商品或者服务，造成消费者或者其他受害人的死亡的，还应当赔偿丧葬费、死亡赔偿金。

(3) 侵害人格尊严、侵犯人身自由或者侵害个人信息得到保护的权利的民事责任。经营者侵害消费者的人格尊严、侵犯消费者人身自由或者侵害消费者个人信息依法得到保护的权利的，应当停止侵害、恢复名誉、消除影响、赔礼道歉，并赔偿损失。经营者有侮辱诽谤、搜查身体、侵犯人身自由等侵害消费者或者其他受害人人身权益的行为，造成严重精神损害的，受害人可以要求精神损害赔偿。

2) 侵犯财产权的民事责任

(1) 经营者提供商品或者服务，造成消费者财产损害的，应当依照法律规定或者当事人约定承担修理、重做、更换、退货、补足商品数量、退还货款和服务费用或者赔偿损失等民事责任。

(2) 经营者以预收款方式提供商品或者服务的，应当按照约定提供。未按照约定提供的，应当按照消费者的要求履行约定或者退回预付款；并应当承担预付款的利息、消费者必须支付的合理费用。

(3) 依法经有关行政部门认定为不合格的商品，消费者要求退货的，经营者应当负责退货。

(4) 经营者提供商品或者服务有欺诈行为的，应当按照消费者的要求增加赔偿其受到的损失，增加赔偿的金额为消费者购买商品的价款或者接受服务的费用的3倍；增加赔偿的金额不足500元的，为500元。法律另有规定的，依照其规定。经营者明知商品或者服务存在缺陷，仍然向消费者提供，造成消费者或者其他受害人死亡或者健康严重损害的，受害人有权要求经营者依照《消费者权益保护法》规定赔偿财产和精神损失，并有权要求所受损失2倍以下的惩罚性赔偿。

> 【大家讲坛11-6】
>
> 　　刘女士在安斯达汽车公司购买了一辆大众速腾家用轿车，价格12.8万元。几天后，刘女士的新车与一辆三轮车发生轻微刮擦，到某汽车修理店补漆。汽修工在对比车身进行调漆时，发现车左后叶子板漆面与原车漆面色差十分明显。刘女士找安斯达汽车公司交涉，要求退车并赔偿损失。该公司乔经理承认该车喷过漆，但否认销售环节出现问题，认为刘女士的要求太高。
> 　　刘女士的要求是否合理？

2. 行政责任

经营者违反该法律规定，侵害消费者合法权益的，除承担相应的民事责任外，其他有关法律、法规对处罚机关和处罚方式有规定的，依照法律、法规的规定执行；法律、法规未做规定的，由市场监督管理部门或者其他有关行政部门责令改正，可以根据情节单处或者并处警告、没收违法所得、处以违法所得1倍以上10倍以下的罚款，没有违法所得的，处以50万元以下的罚款；情节严重的，责令停业整顿、吊销营业执照。

3. 刑事责任

经营者有下列情形的，应当承担刑事责任：①经营者违反《消费者权益保护法》规定提供商品或者服务，侵害消费者合法权益，构成犯罪的；②以暴力、威胁等方法阻碍有关行政部门工作人员依法执行职务的；③国家机关工作人员玩忽职守或者包庇经营者侵害消费者合法权益的行为，情节严重构成犯罪的。

同步训练

一、单项选择题

1. 郭某与10岁的儿子到饭馆用餐，入厕时将手提包留在座位上叮嘱儿子看管，回来后发现手提包丢失。郭某要求饭馆赔偿被拒绝，遂提起民事诉讼。根据消费者安全保障权，下列说法正确的是(   )。
    A. 饭馆应保障顾客在接受服务时的财产安全，并承担顾客随身物品遗失的风险
    B. 饭馆应保证其提供的饮食服务符合保障人身、财产安全的要求，但并不承担对顾客随身物品的保管义务，也不承担顾客随身物品遗失的风险
    C. 饭馆应对顾客妥善保管随身物品做出明显提示，否则应当对顾客的物品丢失承担赔偿责任
    D. 饭馆应确保其服务环境绝对安全，应当对顾客在饭馆内遭受的一切损失承担赔偿责任
2. 某美容店向王某推荐一种"雅兰牌"护肤产品。王某对该品牌产品如此便宜表示疑惑，

店家解释为店庆优惠。王某买回使用后，面部出现红肿、瘙痒，苦不堪言。质检部门认定系假冒劣质产品。王某遂向美容店索赔。对此下列选项正确的是(　　)。

　　A. 美容店不知道该产品为假名牌，不应承担责任

　　B. 美容店不是假名牌的生产者，不应承担责任

　　C. 王某对该产品有怀疑仍接受了服务，应承担部分责任

　　D. 美容店违反了保证商品和服务安全的义务，应当承担全部责任

3. 在经营者有下列哪一种行为的情况下，消费者可对经营者请求"退一赔三"(　　)。

　　A. 进口的眼镜及说明书没有标注生产厂名和厂址

　　B. 出售国家明令淘汰的农药

　　C. 速冻食品及包装上没有标注生产日期和保质期

　　D. 由中国制造的皮鞋标明为意大利原产进口

4. 农民贾某从某种子站购买了五种农作物良种，正常耕种后有三种农作物分别减产30%、40%和50%。经鉴定，这三种种子部分属于假良种。对此下列选项不正确的为(　　)。

　　A. 贾某可以向消费者保护组织投诉

　　B. 贾某只能要求种子站退还购良种款

　　C. 贾某可以要求种子站赔偿减产损失

　　D. 贾某可以向当地市场监督管理局举报要求对种子站进行罚款

5. 钟某在电脑公司购买一台电脑，使用10个月后出现故障。在"三包"有效期内，经两次修理仍无法正常使用。此时市面上已无同型号电脑。依照有关法律规定，该事件的处理方法为(　　)。

　　A. 钟某只能要求再次修理

　　B. 钟某只能要求调换其他型号的电脑

　　C. 电脑公司应无条件退货或予以更换

　　D. 电脑公司应予退货，但可抵销折旧费

6. 贾某到美容店美容，美容店用一名牌面膜为其美容。不料当天夜里贾某脸就肿了起来，经市场监督部门鉴定，该面膜是假冒名牌的劣质产品。下列选项中正确的有(　　)。

　　A. 美容店不是劣质产品的生产者，不应承担责任

　　B. 美容店不是劣质产品的销售者，不应承担责任

　　C. 美容店也是受害者，所以不应承担责任

　　D. 美容店是服务的提供者，应当承担责任

二、多项选择题

1. 某公司生产销售一款新车，该车在有些新设计上不够成熟，导致部分车辆在驾驶中出现故障，甚至因此造成交通事故。事后，该公司拒绝就故障原因做出说明，也拒绝对受害人提供赔偿。该公司的行为侵犯了消费者的权利包括(　　)。

　　A. 安全保障权　　B. 知悉真情权　　C. 公平交易权　　D. 获取赔偿权

2. 下列各项中销售者、生产者的行为不符合法律规定的是(　　)。

　　A. 张三在超市买了一个电暖器，保修期内修了两次仍无法正常使用，超市表示可以给予更换，但不能退货

B. 某方便面厂家做推销，在大街上展示了其方便面样品，李某买了几包，回去发现与样品不太一样，少了两种配料

C. 王某在超市买东西，随身带了一个小包，出来时被保安拦住要检查，王某一气之下，把包里东西倒了出来

D. 某西瓜摊前黑板上写"一角"，刘某见如此便宜，便买了10斤，不料摊主便要10元，后来发现一角后面隐约写着两个小字"一两"

3. 经营者的下列哪些行为违反了《消费者权益保护法》的规定(　　)。

A. 商家在商场内多处设置监控录像设备，其中包括服装销售区的试衣间

B. 商场的出租柜台更换了承租商户，新商户进场后，未更换原商户设置的名称标牌

C. 顾客以所购商品的价格高于同城其他商店的同类商品的售价为由要求退货，商家予以拒绝

D. 餐馆规定，顾客用餐结账时，餐费低于50元的不开发票

4. 某大型商场在商场各醒目处张贴海报：本商场正以3折的价格处理一批因火灾而被水浸过的商品。消费者葛某见后，以488元购买了一件原价1464元的名牌女皮衣。该皮衣穿后不久，表面出现严重的泛碱现象，葛某要求商场退货但被拒绝。下列说法正确的是(　　)。

A. 商场不承担退货责任

B. 商场应当承担退货责任

C. 商场可以不退货，但应当允许葛某用该皮衣调换一件价值488元的其他商品

D. 商场可以对该皮衣进行修复处理并收取适当的费用

5. 王某购买的商品房交付后即进行装修，后发现墙体严重渗水，客厅、卧室墙壁和卫生间的顶部及墙面各有二分之一的渗水面，造成装修后的壁纸卷曲、剥落。开发商接到王某反映后，经检验，属于施工单位未按设计要求施工，漏做王某家楼土地面的防水层所致。开发商应向王某提供的补救措施有(　　)。

A. 接受退房、返回购房款并赔偿损失

B. 退房并按房价双倍赔偿

C. 妥善修理并支付相应赔偿

D. 按原房价在原地置换一套面积更大、楼层更好并且装修完毕的房屋

6. 个体工商户王某的朋友陈某，借用王某的营业执照，租赁了甲商场的柜台，销售乙公司生产的小家电。消费者张某在该柜台购买了一个榨汁机，使用时刀片飞出，割伤了张某的妻子李某，李某有权向(　　)要求承担赔偿责任。

A. 陈某　　　　B. 王某　　　　C. 甲商场　　　　D. 乙公司

三、简答题

1. 消费者有哪些具体权利？
2. 经营者有哪些具体义务？
3. 消费者权益争议的解决途径有哪些？
4. 侵犯消费者合法权益要承担哪些法律责任？

 **解决几个大问题**

1. 吴某在某超市准备购买一张凳子,发现其标价与自己在其他商店看到的价格不同,遂将标价用手机拍下来以便回家比较。超市工作人员发现后,怀疑吴某是别的商家派来刺探商业秘密的,要求吴某删除那张照片,吴某不同意。超市工作人员动手打了吴某,并将其带往保安办公室强行搜身。事发后,该超市有关负责人声称吴某违反了超市"严禁拍照或抄写商品价格"的规定,侵犯了超市的"商业秘密"。

根据以上案例,回答下列问题并说明理由:
(1) 本案消费者吴某的行为是否侵犯超市的商业秘密?
(2) 超市在入口处张贴店规的内容是否有效?
(3) 吴某的哪些消费者权益受到了侵犯?

2. 吴女士在某大型商场购买了一件纯羊毛大衣,售价880元,商场标明"换季商品,概不退换。"吴女士穿了三天后,衣服起满毛球,于是,到市质量技术监督部门去检验,鉴定结果证明"纯羊毛大衣"所用原料为100%腈纶。吴女士遂到购买衣服的商场要求退货并赔偿因此而造成的损失,商场营业员回答:"当时标明'换季商品,概不退换',再说店内该柜是出租给个体户李某的,现在他已负债累累,租借柜台的费用尚未付清,人也找不到,你只好自认倒霉。"

根据以上案例,回答下列问题并说明理由:
(1) 该商场违反了我国《消费者权益保护法》的哪些内容?
(2) 该商场的辩解是否成立?

参考文献

[1] 赵威. 经济法[M]. 北京：中国人民大学出版社，2019.

[2] 中国会计师协会. 经济法[M]. 北京：中国财政经济出版社，2018.

[3] 冯果. 公司法[M]. 武汉：武汉大学出版社，2017.

[4] 侯东德. 票据法学[M]. 武汉：武汉大学出版社，2010.

[5] 冯果. 证券法[M]. 武汉：武汉大学出版社，2014.

[6] 史际春，肖竹. 公司法教程[M]. 北京：中国政法大学出版社，2013.

[7] 王欣新. 破产法[M]. 北京：中国人民大学出版社，2019.

[8] 王欣新. 公司法[M]. 北京：中国人民大学出版社，2012.

[9] 张士元. 企业法[M]. 北京：法律出版社，2015.

[10] 会计精品教材编委会. 财经法规与会计职业道德[M]. 上海：立信会计出版社，2017.

[11] 叶林. 证券法教程[M]. 北京：法律出版社，2010.

[12] 薄燕娜. 破产法教程[M]. 北京：对外经济贸易大学出版社，2009.

[13] 吕明瑜. 竞争法教程[M]. 北京：中国人民大学出版社，2015.

[14] 刘心稳. 票据法.[M] 北京：中国政法大学出版社，2018.

[15] 郑友德. 知识产权法[M]. 北京：高等教育出版社，2010.

[16] 隋彭生. 合同法[M]. 北京：中国人民大学出版社，2019.